地図と読む
現代語訳

信長公記

太田牛一 著
中川太古 訳

KADOKAWA

はしがき

『信長公記《しんちょうこうき》』は、太田《おおた》牛一《ぎゅういち》《（うしかず）》が慶長《けいちょう》の頃〔西暦一六〇〇年頃〕に著わした織田信長の伝記である。首巻《しゅかん》および巻一から巻十五まで、計十六巻。

著者太田牛一〔和泉守、一五二七〜一六一三〕は織田信長〔一五三四〜一五八二〕に仕えた武士で、七歳年下の信長の生涯を実見していた。したがって、『信長公記』の記事は歴史書としても信用度が高く、また叙事文学・戦記文学としても優れた作品となっている。

『信長公記』は著者自筆本あるいは転写本が諸方の文庫等に伝えられており、活字本として刊行されるようになったのは明治以後のことである。近年の一般向きのものとしては、読み下し文に改められたもの、あるいは現代語に訳されたものが、次のように数点刊行されている。

『改訂　信長公記』〔史料叢書〕桑田忠親校注、新人物往来社、一九六五年

『信長公記』〔角川文庫〕奥野高広・岩沢愿彦校注、角川書店、一九六九年

『信長公記』〔原本現代訳・教育社新書〕上・下、榊山潤訳、教育社、一九八〇年

現代語訳について

原文を単純に、あるいは正確に現代語に置き換えただけでは、文意が通じないことが多い。たとえば、次の一文。

「去十日の夜、岩村の攻め衆の陣取る水精山《すいしょうざん》へ敵方より夜討を入れ候。則《すなわ》ち、河尻与兵衛、毛利河内、浅野左近、猿荻甚太郎、爰《ここ》かしこを支へ水精山を追ひ払ひ、岩村の城に楯籠《たてこも》り、尺《さく》を引き破り、夜討の者と一手になり候はんと仕《つかまつ》り候を、信長御息、織田菅九郎、御先懸《おんさきが》けなされ、城へ追ひ入れさせらる。今度の御働き、御高名申すばかりなし」

これを単純・正確に逐語訳すると、次のようになる。

「去る十日の夜、岩村の攻撃軍が陣取る水精山へ、敵方から夜討ちをかけて来ました。そこで、河尻与兵衛、毛利河内守、浅野左近、猿荻甚太郎があちらこちらで防戦して水精山から追い払い、岩村城に立て籠もり、柵を破壊して、夜討ちの者と合流しようとなさったのを、信長の令息、織田菅九郎が、御先陣として出撃なさって、城へ追い入れさせられました。このたびの御活躍は、御名を高めたことは申すまでもありません」

これでは、文意が通じにくいので、次のように訳した。

「去る十日の夜、岩村城を攻めている織田勢が陣取る水精山へ、敵が出撃して夜討ちをかけて来た。そこで、河尻秀隆・毛利長秀・浅野左近・猿荻甚太郎が諸所で応戦し、敵を水精山から追い払った。岩村城に立て籠もり、織田勢が包囲のために設けた柵を破壊して夜討ちに出撃した軍勢に、武田勝頼は合流しようとしたのである。信長の嫡男織田信忠が先陣として進撃し、出撃していた敵勢を岩村城へ追い入れた。この戦いに立てた手柄で信忠の名が上がったことは、いうまでもない」

すなわち、①必要な語句を補い、②主語を明確にし、③人名については通称を実名に替え、④敬語表現を廃し、⑤文の区切り等を変えた。

文段の配列について

原典では、記事が年月日の順に配列されていないところがある。これをそのままの形で読むと、たとえば桶狭間《おけはざま》の合戦で討ち死にした今川義元が再登場したりするので、文段の配列順を変更して年月日の順に改めた。目次の〈　〉内に表示した番号が、原典における記事の配列順である。〈六1〉と表示したものは、原典では巻六の第1段であったものを、別の巻に移したものである。原典での年月日の記載誤り・記載洩れは、判明するかぎり正しい年月日を〔　〕内に記した。

見出しについて

文段ごとに付けた見出しは、原典では各巻の巻頭に一括して掲げられ、本文中には表示されていない。また、見出しの原文はやや雑然として統一性に欠けるきらいがあり、さらに量的にも不足であると思われるので、①全体の流れを考慮して統一し、②単純な表現に変え、③補足したほうがよいと思われる箇所には新たに見出しを付けた。

底本について

現代語訳をするための底本には、前掲の新人物往来社版を使用し、ときに角川文庫版を参照した。特に角川文庫版の詳細な注釈を、ありがたく活用させていただいた。いわば、新人物往来社版と角川文庫版のお蔭でこの現代語訳が出来たのである。両書の校注者桑田忠親・奥野高広・岩沢愿彦三先生に、厚く御礼を申し上げる。

一九九二年一月十五日

中川　太古

再販にあたって、文段の配列を一部変更したほか、若干の補正をしました。人名については、谷口克広氏の高著『織田信長家臣人名辞典』（吉川弘文館）から多くの御教示をいただきました。特記して謝意を表します。地名の注記は、いわゆる平成の大合併が一応終了する二〇〇六年三月末の市町村名で表記し、必要に応じて旧市町村名を併記しました。

二〇〇六年二月十五日

中川　太古

文庫版の発行にあたって、読みやすくするために、振りがなを増やし、本文と後注の連絡をしやすいように注番号をつけました。これらは出版社編集部諸氏のお手柄です。

二〇一三年九月十三日

中川　太古

再々版にあたって、関連地図および人名索引をつけました。

二〇一九年九月二十八日

中川　太古

地図と読む 現代語訳 信長公記

目次

首巻

入京以前

巻一

永禄十一年（一五六八）

巻二

永禄十二年（一五六九）

巻三

元亀元年（一五七〇）

巻四

元亀二年（一五七一）

巻五

元亀三年（一五七二）

巻六

元亀四年（一五七三）

巻七

天正二年（一五七四）

巻八

天正三年（一五七五）

巻九

天正四年（一五七六）

巻十

天正五年（一五七七）

巻十一

天正六年（一五七八）

巻十二

天正七年（一五七九）

巻十三

天正八年（一五八〇）

巻十四

天正九年（一五八一）

巻十五

天正十年（一五八二）

首巻

入京以前

01 尾張の国、上の郡と下の郡

さて、(1)尾張《おわり》の国は八郡から成る。(2)上《かみ》の郡《こおり》四郡は、(3)守護代《しゅごだい》(4)織田信安《おだのぶやす》が諸侍を味方にして支配し、(5)岩倉《いわくら》というところに居城を構えていた。あとの半国、(6)下《しも》の郡《こおり》四郡は、守護代(7)織田達勝《たつかつ》の支配下に属し、上の郡とは川を隔てて、(8)清洲《きよす》の城に尾張の国の(9)守護斯波義統《しばよしむね》を住まわせ、達勝も同じ城内に住んで守護の世話をしていた。

織田達勝の家中に、三人の奉行《ぶぎょう》がいた。織田因幡守《いなばのかみ》・織田藤左衛門《とうざえもん》・(10)織田信秀《のぶひで》、この三人が万事を処理する奉行であった。信秀は尾張の国境に近い(11)勝幡《しょうばた》というところに居城していた。先々代は(12)西巌《さいがん》、先代は(13)月巌《げつがん》、当代の信秀には弟たち信康《のぶやす》・信光《のぶみつ》・信実《のぶざね》・信次《のぶつぐ》という身内がいた。代々武名高い家柄である。信秀はとりわけ優れた人物で、諸家中の有能な人々を親友とし、味方にしていた。

ある時、信秀は尾張の国の中央部、(14)那古野《なごや》に来て、ここに堅固な城を築くように命じ、この城に、嫡男の(15)織田吉法師《きっぽうし》を住まわせた。一番家老(16)林秀貞《はやしひでさだ》・二番家老平手政秀《ひらてまさひで》・三番家老青山与三右衛門《あおやまよさうえもん》・四番家老内藤勝介《ないとうしょうすけ》、これらの長老をつけ、台所方の経理は平手政秀に担当させた。吉法師は何かと不自由なことが多かったが、そのようななかで、(17)天王坊という寺に通って学問をした。

信秀は、那古野の城は吉法師に譲り、自分は熱田《あつた》の近く(18)古渡《ふるわたり》というところに新しい城を造って居城とした。台所方の経理担当は山田弥右衛門であった。

1 尾張＝愛知県西部
2 上の郡＝北部、丹羽・葉栗・中島・春日井
3 守護代＝守護の代官
4 織田信安＝伊勢守
5 岩倉＝愛知県岩倉市
6 下の郡＝南部、海東・海西・愛智・智多
7 織田達勝＝大和守
8 清洲＝清須市
9 守護＝幕府から任命された地方長官
10 織田信秀＝信長の父、もと弾正忠、今は備後守
11 勝幡＝稲沢市〜愛西市
12 西巌＝織田良信
13 月巌＝織田信定
14 那古野＝名古屋市中区
15 織田吉法師＝のちの信長
16 林秀貞＝または通勝
17 天王坊＝津島神社、津島市
18 古渡＝名古屋市中区

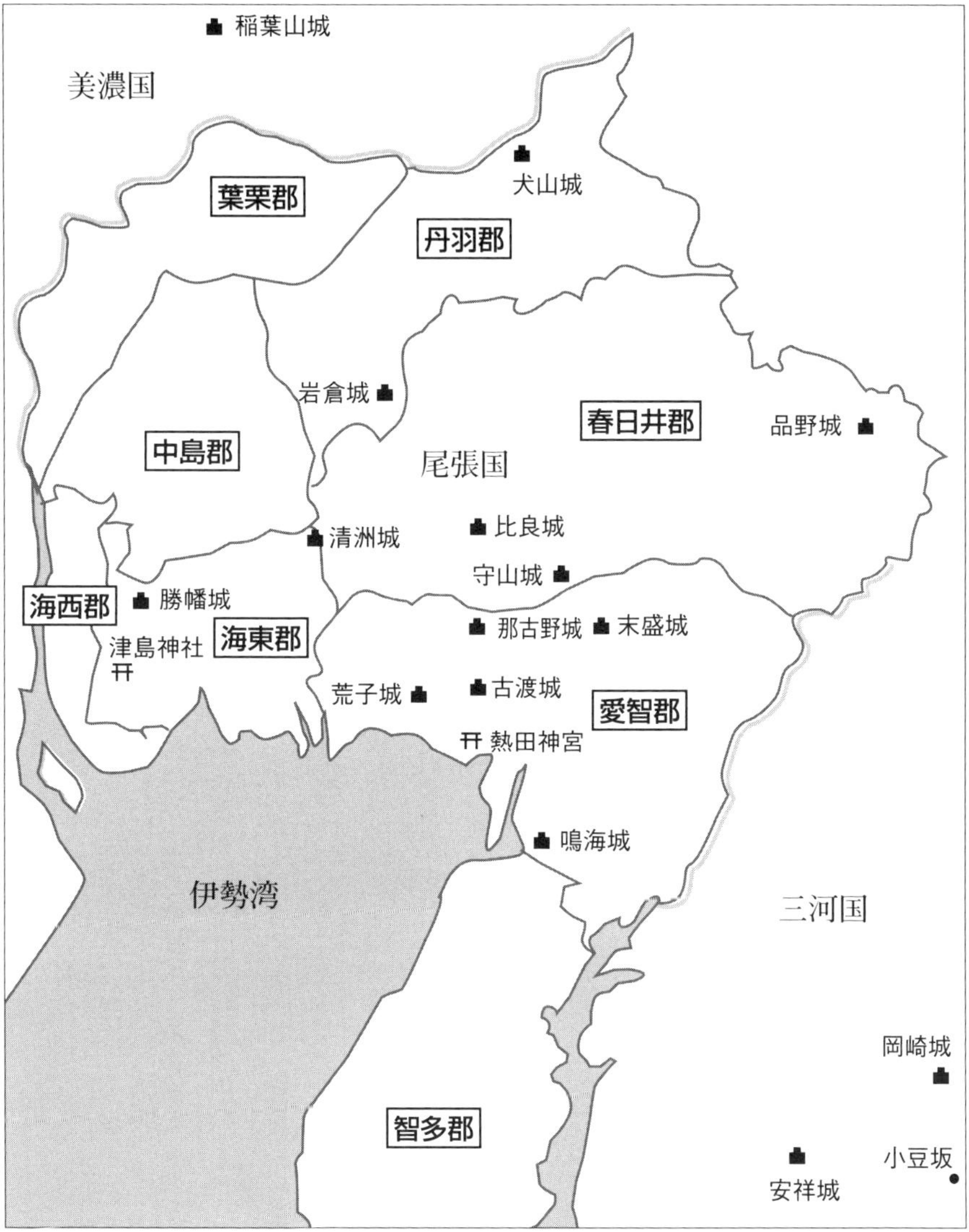
稲葉山城
美濃国
葉栗郡
犬山城
丹羽郡
岩倉城
春日井郡
品野城
中島郡
尾張国
比良城
清洲城
守山城
海西郡
勝幡城
津島神社
海東郡
那古野城
末盛城
荒子城
古渡城
愛智郡
熱田神宮
鳴海城
伊勢湾
三河国
岡崎城
智多郡
小豆坂
安祥城

02 小豆坂の合戦

〔天文《てんぶん》十一年〕[1]八月上旬、駿河《するが》[2]の今川義元《いまがわよしもと》[3]の軍勢が三河《みかわ》[4]の正田原《しょうだはら》[5]へ攻め寄せ、陣を七段に展開した。その時、三河の安祥《あんじょう》[6]の城は織田信秀が守っていた。駿河勢の由原《ゆはら》という武士が先陣で、小豆坂《あずきざか》[7]へ軍勢を繰り出した。そこで、信秀は安祥から矢作《やはぎ》[7]へ出撃し、小豆坂で、信秀の弟たち信康・信光・信実らとともに敵と接触し、一戦に及んだ。

この時、優れた働きをした者は、織田信秀・織田信康・織田信光・織田信実。織田信房は槍傷を受けた。内藤勝介はひとかどの武士を討ち取り、武名をあげた。那古野弥五郎は清洲の者だが討ち死にした。下方貞清《しもかたさだきよ》・佐々政次《さっさまさつぐ》・佐々孫介・中野一安・赤川景弘・神戸市左衛《かんべいちざえ》門《もん》・永田次郎右衛門・山口教継《やまぐちのりつぐ》。これらは、きびすを接して三度、四度と敵に打ちかかり、各々限りない手柄を立てた。誠に激しい合戦であった。この戦いで、那古野弥五郎の首は由原に討ち取られた。

この頃から、この辺りへは駿河の軍勢が侵入するようになった。

1 天文十一年＝一五四二年
2 駿河＝静岡県中部
3 今川義元＝治部大輔
4 三河＝愛知県東部
5 正田原＝庄田原、愛知県岡崎市
6 安祥＝安城市
7 小豆坂・矢作＝岡崎市

03 吉法師、元服

吉法師は十三歳の年[1]、林秀貞・平手政秀・青山与三右衛門・内藤勝介がお供をして古渡《ふるわたり》

1 十三歳の年＝天文十五年、一五四六年

の城へ行き、そこで元服《げんぷく》、織田三郎信長《おださぶろうのぶなが》と名乗ることとなった。この時の酒宴と祝儀はひとかたならぬものであった。

翌年(2)、織田信長の初陣《ういじん》ということで、平手政秀が信長の支度を手配した。紅筋が入った頭巾《ずきん》と馬乗り羽織、馬鎧《うまよろい》という出で立ちであった。駿河から軍勢が入っていた三河の吉《き》良《ら》(3)・大浜《おおはま》(4)へ手勢を指揮して出陣、諸所に火を放った。その日は野営をして、次の日、那古野に帰陣した。

04 織田信秀、美濃へ侵攻

さて、織田信秀は尾張の国中から援軍を得て、ある月は美濃《みの》(1)の国へ出陣、また翌月は三河の国へ軍勢を出すという忙しさであった。

ある年〔天文十六年〕(2)九月三日、信秀は尾張の国中の軍勢を指揮して、美濃の国へ侵攻した。村々に火を放って、九月二十二日、斎藤道三《さいとうどうさん》(3)の居城稲葉山《いなばやま》(4)の城(5)下の村々に押し寄せて焼き払い、町の入り口まで詰め寄った。

すでに暮れ方、申《さる》(6)の刻になって軍勢を撤退させることになり、諸隊の兵が半分ほど引き揚げたところへ、斎藤道三の軍勢がどっと南へ向かって切りかかってきた。応戦したが、多くの兵が崩れたってしまったので、支えきることができず、信秀の弟織田信康、織田因幡守・織田主水正《もんどのかみ》・青山与三右衛門・千秋季光《せんしゅうすえみつ》・毛利敦元・長老寺沢又八の弟、毛利藤九郎・

2 翌年＝天文十六年、一五四七年
3 吉良＝愛知県西尾市
4 大浜＝碧南市

1 美濃＝岐阜県南部
2 天文十六年＝一五四七年
3 斎藤道三＝山城守
4 稲葉山＝金華山、岐阜市
5 稲葉山城＝井口城、岐阜市
6 申の刻＝午後四時前後

岩越喜三郎をはじめとして、歴々(7)五千人ほどが討ち死にした。

05 平景清所持の名刀あざ丸

先年、尾張の国から美濃の(1)大柿《おおがき》の城へ織田播磨守を入れておいた。

去る九月二十二日、斎藤道三は大合戦に打ち勝って、「尾張の奴らは足も腰も立たないだろうから、この際、大柿城を取り囲み、締めあげてしまおう」と言って、(2)近江の国から援軍を頼み、十一月上旬、大柿城の間近まで攻め寄せた。

この時、奇怪なことがあった。

去る九月二十二日の大合戦のおり、千秋季光《せんしゅうすえみつ》は、もと(3)平景清《たいらのかげきよ》の所持していた名刀あざ丸を差していて討ち死にした。この刀を美濃方の陰山一景《かげやまかずかげ》が手に入れて差し、このたびの城攻めに参陣した。西美濃大柿の隣、(4)牛屋山《うしやさん》大日寺の寺内に陣を構え、床几《しょうぎ》に腰を掛けていたところ、城内からはなはだ強い弓で、矢尻《やじり》の先を丸くした矢を空に向けて、寄せ手の方へ射かけてきた。その矢が、陰山一景の左の眼に当たった。それを引き抜いたところ、また二の矢に右の眼を射つぶされた。

その後、このあざ丸はめぐりめぐって丹羽《にわ》長秀《ながひで》の所有となったが、長秀はしきりに眼病をわずらうようになった。「この刀を所持する人は必ず眼病になる、という噂を聞きました。(5)熱田神宮《あつたじんぐう》へ奉納なさったほうが良いですよ」と人々が忠告したので、熱田神宮へ奉納した

7 五千人＝五十人か

1 大柿＝大垣、岐阜県大垣市

2 近江＝滋賀県

3 平景清＝源平時代の武将、のち盲目になったという。

4 牛屋山大日寺＝大垣市

5 熱田神宮＝名古屋市熱田区

ところ、すぐに眼も良くなったそうである。

06 織田信秀、大柿城を救援

十一月上旬、斎藤道三が大柿《おおがき》の城の間近まで攻め寄せた、という報告がしきりにあった。「それなら、こっちからも出ていこう」と言って、十一月十七日、織田信秀は、大柿城を攻めている敵の背後を包囲して攻撃しようと、また援軍を頼み、木曾《きそ》川・飛驒《ひだ》川という大河を舟で渡り、美濃の国へ攻め込んだ。[1]竹ガ鼻を焼き打ちし、[2]茜部《あかなべ》の入り口まで進出して、あちこちに火を放って煙を上げた。すると、道三は仰天して攻勢をゆるめ、[2]井口《いのくち》の稲葉山城へ撤退した。このように、信秀は時を移さず機敏に出陣した。この時の手柄はいうまでもないことである。

十一月二十日、この留守の間に、尾張の内部で[3]清洲衆が信秀の古渡の新城へ軍勢を出し、付近に放火して敵対行動に出た。このような事態になったので、信秀は美濃から帰陣した。以後、信秀は清洲衆と戦うことになった。

清洲の家老衆に坂井大膳《さかいだいぜん》・坂井甚介《じんすけ》・河尻《かわじり》与一《よいち》という人々がいて、平手政秀は、これら

1　竹ガ鼻＝岐阜県羽島市
2　茜部・井口＝岐阜市
3　清洲衆＝織田達勝のあと、織田信友

の人に停戦を呼び掛ける手紙を何度か出したが、平手の交渉は不調であった。

[4]翌年秋の末、互いに譲歩して和睦《わぼく》し、戦いは終わった。その時、平手は大膳・甚介・与一にあてて和睦を喜ぶ旨の手紙を出したが、その初めの部分に[5]古歌が一首、

袖《そで》ひぢて結びし水のこほれるを春立つけふの風や解《と》くらん

〔袖を濡らして掬《すく》った水が冬に凍ったのを、今日、立春の風が溶かすのだろうか。戦いをしたが、和睦をしたのだから以後は穏やかな間柄になるだろう、の意を込めた〕

と添えてあったのを記憶している。このように、平手政秀はちょっとしたことにも風雅な心づかいをする人であった。

4 翌年＝天文十七年、一五四八年
5 古歌＝紀貫之の歌

07 青年信長の日常

さて、平手政秀の働きで、織田三郎信長を斎藤山城守道三の婿《むこ》とする[1]縁組みがととのい、[2]道三の娘を尾張に迎えた。そんなこともあって、この頃はどの方面も平穏無事であった。

信長は十六・十七・十八の頃までは特にこれといった遊びにふけることもなく、馬術を朝夕に稽古し、また、三月から九月までは川で水練《すいれん》をした。泳ぎは達者であった。その頃、竹槍の訓練試合を見て、「いずれにせよ、槍は短くては具合が悪いようだ」と言って、柄の長さを[3]三間または[4]三間半に揃えさせた。

その頃の信長の身なり・振るまいといえば、[5]湯帷子《ゆかたびら》を袖脱ぎにして着、半袴《はんばかま》。火打ち袋

1 縁組み＝天文十七年、一五四八年
2 斎藤道三の娘＝帰蝶（濃姫）
3 三間＝約五・五メートル
4 三間半＝約六・四メートル
5 湯帷子＝ゆかた

やら何やらたくさん身につけて、髪は茶筅髷《ちゃせんまげ》。それを紅色とか萌黄《もえぎ》色とかの糸で巻き立てて結《ゆ》い、朱鞘《しゅざや》の大刀を差していた。お付きの者には皆、朱色の武具を着けるように命じ、市川《いちかわ》大介《だいすけ》を召し寄せて弓の稽古、橋本一巴《はしもといっぱ》を師匠として鉄砲の稽古、平田三位《ひらたさんみ》を絶えず召し寄せて兵法の稽古、それに鷹狩りなど。

特に見苦しいこともあった。町中を歩きながら、人目もはばからず、栗や柿はいうまでもなく瓜までかじり食い、町中で立ったまま餅を食い、人に寄りかかり、いつも人の肩にぶらさがって歩いていた。その頃は世間一般に折り目正しいことが良いとされていた時代だったから、人々は信長を「大馬鹿者」としか言わなかった。

08 犬山衆、謀反

やがて、織田信秀は古渡《ふるわたり》の城を取り壊し、(1)末盛《すえもり》というところに山城を造って、居城とした。

〔(2)天文十八年〕一月十七日、上の郡の(3)犬山《いぬやま》・(4)楽田《がくでん》から軍勢を出し、(5)春日井原《かすがいはら》を駆け抜け、(6)竜泉寺《りゅうせんじ》の下、(7)柏井口《かしわいぐち》へ攻め寄せ、あちこちに火の手を上げた。ただちに末盛から信秀の軍勢が駆けつけて出会い、一戦に及んで切り崩し、数十人を討ち取った。犬山・楽田勢は春日井原を逃げ崩れて行った。

何者のしわざかわからないが、落書《らくしょ》に、

1 末盛＝末森、名古屋市千種区
2 天文十八年＝一五四九年
3 犬山＝愛知県犬山市、信康の子織田信清
4 楽田＝犬山市
5 春日井原＝春日井市
6 竜泉寺＝名古屋市守山区
7 柏井＝春日井市

やりなはを引きずりながらひろき野を遠ぼえしてぞにぐる犬山
〔ひき綱を引きずり遠吠えしながら犬が広い野原を犬山へ逃げて行った。槍を引きずって逃げて行った犬山勢を風刺した〕

と書いた札が、あちこちに立ててあった。

信秀の弟、織田信光《のぶみつ》は一段と武勇に優れた武士であった。この人は(8)守山《もりやま》というところに居城していた。

8 守山＝名古屋市守山区

09 織田信秀、病死

織田信秀は流行病にかかり、いろいろ祈禱《きとう》や治療をしたけれども治らず、ついに(1)〔天文二十年〕三月三日、四十二歳で死去した。生死無常は世の常とはいえ、悲しいことである。風がさっと吹いて来て草々の露を散らし、一団の雲が満月の光を陰らせるようであった。

生前、一寺を建ててあった。(2)万松寺《ばんしょうじ》という。信秀をこの寺の(3)前住職とすることにし、法名を桃巌《とうがん》とつけ、銭《ぜに》の施しをして、国中の僧侶を集め、盛大な葬儀を執行した。おりから関東に上り下りする旅の修行僧たちも多数参会して、僧侶は約三百人にも及んだ。

信長には、林・平手・青山・内藤らの家老たちがお供に従った。弟信行《のぶゆき》には家臣柴田勝《しばたかつ》家《いえ》・佐久間盛重《さくまもりしげ》・佐久間信盛《のぶもり》・長谷川某・山田某以下がお供した。

信長が焼香に立った。その時の信長の出で立ちは、長柄《ながつか》の大刀と脇差《わきざし》を藁縄《わらなわ》で巻き、髪は

1 天文二十年＝一五五一年、他に諸説がある。
2 万松寺＝名古屋市昭和区
3 前住職＝開基

茶筅髷《ちゃせんまげ》に巻き立て、袴《はかま》もはかない。仏前に出て、抹香《まっこう》をかっとつかんで仏前へ投げかけて帰った。弟信行は折り目正しい肩衣《かたぎぬ》・袴《はかま》を着用し、礼にかなった作法であった。

信長について「あの大馬鹿者が」と口々に取り沙汰したが、そのなかで、筑紫《つくし》(4)から来た旅僧一人だけが、「あの方こそ国持ち大名になるお人だ」と言ったとか。

末盛《すえもり》の城は信行に、柴田勝家・佐久間信盛、その他の歴々を付けて譲った。

平手政秀の息子は、長男五郎右衛門・次男監物《けんもつ》・三男汎秀《ひろひで》という兄弟三人がいた。総領の平手五郎右衛門は優れた馬を持っていた。それを信長が所望した時、「私は馬を必要とする武士でございますので、お許しください」と小憎らしいことを言って、献上しなかった。信長の恨みは浅くなかった。たびたび思い出して、しだいに主従不和となったのである。

三郎信長は、上総介《かずさのすけ》信長と自分から官名を名乗ることにした。

間(5)もなく、平手政秀は信長の実直でない有様を悔み、「信長公を守り立ててきた甲斐がないので、生きていても仕方がない」と言って、腹を切って死んでしまった。

4　筑紫＝九州
5　間もなく＝天文二十二年、一五五三年

10 三の山・赤塚の合戦

〔天文二十一年〕(1)四月十七日、織田信長十九歳の年のことである。

鳴海《なるみ》(2)の城主山口教継《やまぐちのりつぐ》、息子教吉《のりよし》二十歳。この父子は織田信秀が日をかけていたのだが、信秀が死ぬと間もなく謀反《むほん》を企て、駿河勢(3)を手引きして尾張の領内に侵入させた。けしか

1　天文二十一年＝一五五二年
2　鳴海＝名古屋市緑区
3　駿河勢＝今川義元の軍勢

らぬ仕打ちである。

山口教継は、鳴海の城には息子教吉を入れておき、(4)笠寺《かさでら》に砦《とりで》・要害を造り、葛山長嘉《かずらやまながよし》・岡部元信《おかべもとのぶ》・三浦義就《みうらよしなり》・飯尾《いいのお》顕茲・浅井《あざい》小四郎の五人を配備した。山口教継は(4)中村の在所を合戦に堪えるように改造し、立て籠もった。

このような情勢の時、四月十七日、織田信長は十九歳、軍勢八百ばかりで出陣、(5)中根村を駆け抜け、(6)小鳴海へ進み、三の山へ登った。

敵山口教吉は二十歳、三の山の(7)十五町東、鳴海から十五、六町北の(8)赤塚へ、軍勢千五百ばかりで出陣した。先陣は足軽《あしがる》、清水又十郎・柘植《つげ》宗十郎・中村与八郎・萩原助十郎・成田弥六・成田助四郎・芝山甚太郎・中島又二郎・祖父江《そぶえ》久介・横江孫八・荒川又蔵。これらを先陣として赤塚へ攻め寄せた。

信長は三の山からこの情況を見て、ただちに赤塚へ軍勢を出撃させた。先陣は足軽衆、荒川与十郎・荒川喜右衛門・蜂屋般若介《はちやはんにゃのすけ》・長谷川橋介・内藤勝介・青山藤六・戸田宗二郎・賀藤助丞《かとうすけのじょう》。

敵味方の距離(9)五、六間と迫った時、優れた射手たちが互いに矢を放った。荒川与十郎が兜《かぶと》の眉庇《まびさし》の下を深々と射られて落馬したところへ敵が襲いかかり、引きずって行こうとして脛《すね》をつかんで引く者もあり、大刀の柄《つか》の方を引く者もいる。味方のほうでは与十郎の頭と胴体を引っぱり合う。その時、与十郎が差していた金銀飾りの大刀は長さ(10)一間、鞘《さや》の幅は(11)五、六寸もあったという。鞘の方をこっちへ引っぱり、ついに大刀も頭・胴体もこっちへ引きずり勝った。

4 笠寺・中村＝名古屋市南区
5 中根＝名古屋市瑞穂区
6 小鳴海＝古鳴海、名古屋市緑区
7 十五町＝約一・六キロメートル
8 赤塚＝名古屋市緑区
9 五、六間＝約九～一一メートル
10 一間＝約一・八メートル
11 五、六寸＝約一五～一八センチメートル

巳《み》[12]の刻から午《うま》[13]の刻まで乱戦、打ち合っては退き、また負けじ劣らじと攻めかかり、打ち合った。槍で討ち取った敵は、萩原助十郎・中島又二郎・祖父江久介・横江孫八・水越助十郎。敵味方の距離があまりに近すぎたので、双方とも討ち取った敵の首を取ることもできなかった。信長方で討ち死にした者三十人に及んだ。荒川又蔵はこっちへ生け捕りにし、赤川平七は敵方に生け捕られた。

入り乱れ、火花を散らしての戦いは、四、五間[14]を隔てて向かい合い、数時間つづいた。

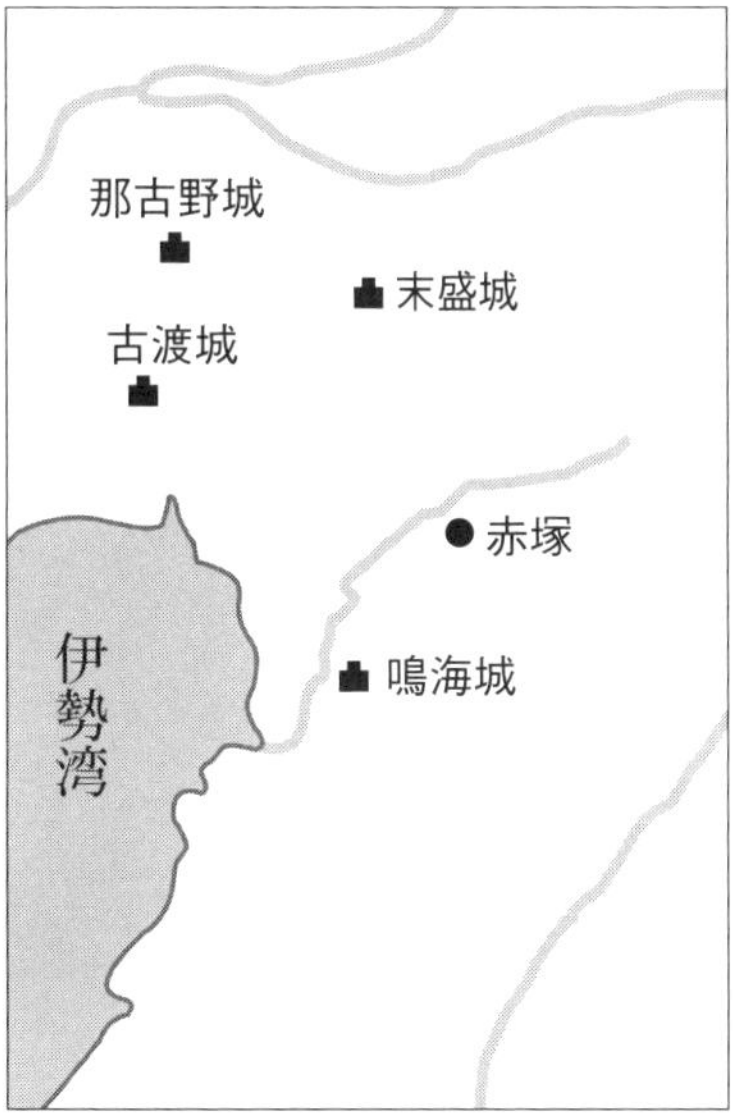

この合戦で、山口教吉は上槍《うわやり》だった。その頃は上槍[15]・下槍《したやり》ということがあった。敵味方とも見知り合いの間柄なので、互いに気を抜くこともなかった。馬を下りて戦ったので、馬どもはみな敵陣へ駆け込んでしまったが、戦いが終わってから、少しの間違いもなく返し合った。生け捕りにした兵も交換した。

こうして、信長はその日のうちに帰陣した。

12 巳の刻＝午前十時前後
13 午の刻＝正午前後
14 四、五間＝約七〜九メートル
15 上槍・下槍＝不明

11 深田・松葉両城取り合い

〔同年〕八月十五日、清洲《きよす》城の坂井大膳《さかいだいぜん》・坂井甚介《じんすけ》・河尻与一《かわじりよいち》・織田三位《さんみ》が謀議して、[1]松《まつ》葉《ば》の城へ攻め込み、織田信氏から人質を取り、また松葉城の近く[1]深田《ふかだ》というところに織田達順の居城があったのを、これまた押し伏せて、両城とも占領した。人質を厳重に監禁して、信長に敵対する意志を明らかにした。

[2]織田信長十九歳の秋、この情況を聞き、八月十六日払暁、那古野を出立、[3]稲庭地《いなばじ》の[4]川岸まで出陣した。守山から織田信光が駆けつけた。松葉口・[5]三本木口・清洲口三方面への分隊を決めて、稲庭地の川を渡った。信長と信光は一手になって海津口《かいづぐち》へ攻め寄せた。

敵は、清洲からも[6]三十町ばかり出撃して来て、[7]海津という村へ進出した。

信長は、八月十六日[8]辰《たつ》の刻、東へ向かって攻めかかり、数時間火花を散らして戦った。信光の家来で小姓《こしょう》あがりの赤瀬清六という数度武功を立てた腕に覚えのある武士は、先を争うようにして坂井甚介と渡り合い、しばらくの間懸命に戦って討ち死にした。ついに清洲勢は戦い敗れ、家老の坂井甚介は討ち死に。その首は、中条家忠《ちゅうじょういえただ》と柴田勝家が相討ちで取った。このほかに討ち死にした者は、坂井彦左衛門・黒部源介・野村某・海老《えび》半兵衛・乾《いぬい》丹波守・山口勘兵衛・堤伊与《つつみいよ》をはじめとして、歴々五十騎ほど、枕を並べて討ち死にした。

松葉城からは[9]二十町ほど出撃して来て、城の外郭を囲むようにして守ったが、信長方に追われて、[10]真島《まじま》の大門崎の一角で支え、辰の刻から午《うま》の刻まで戦った。数時間の矢戦で負

1 松葉・深田＝愛知県海部郡大治町
2 信長十九歳＝天文二十一年、一五五二年
3 稲庭地＝稲葉地、名古屋市中村区
4 稲庭地の川岸＝庄内川
5 三本木＝海部郡大治町
6 三十町＝約三・三キロメートル
7 海津＝萱津、あま市
8 辰の刻＝午前八時前後
9 二十町＝約二・二キロメートル
10 真島＝馬島、海部郡大治町

傷者が数多く出て、無人になって引き揚げようとする間際に、さらに赤林孫七・土蔵《とくら》弥介・足立清六が討たれ、松葉城へ撤退した。

深田城からも三十町ほど出撃してきて、三本木の町に守備の陣を布《し》いた。これといって防塁となるものもないところであったから、即時に攻め崩され、伊東弥三郎・小坂井久蔵をはじめとして屈強の武士三十人余りが討ち死にした。

かくして信長は、深田・松葉の両城へ攻め寄せた。敵は降参して両城を明け渡し、清洲城へ撤収して一団となった。

これから信長は、清洲城を封じ込め、敵地の農作物を刈り取ってしまう。城の取り合いが始まったのである。

12 簗田弥次右衛門の忠節

この頃、清洲城内にいた尾張の守護の家臣に、簗田弥次右衛門《やなだやじえもん》という身分の低い者がいた。おもしろい策略で、知行《ちぎょう》を過分にとるひとかどの武将になった。その経緯は次のとおりである。

清洲城に那古野弥五郎《なごややごろう》という、十六、七歳の若年ながら兵三百人ほどを持つ者がいた。弥次右衛門はこの弥五郎にいろいろと言い寄り、男色《だんしょく》の関係を持つようになった。そうして、「清洲城内を分裂させ、信長殿の味方になって、出世なさい」と、時々そそのかした。何人かの家老にも同じ話をしたところ、欲にくらんで賛成した。

その上で、弥次右衛門は信長のところへ行き、「御忠節を尽くします」との趣旨を内密に申し入れた。信長は、満足すること一通りではなかった。

ある時、信長は弥次右衛門の手引きで軍勢を清洲へ攻め込ませ、町を焼き払い、城をはだか城にしてしまった。信長自身も出馬したが、城は堅固で、さらに尾張の守護が城内にいることもあって、ついに軍勢を撤収させた。

清洲城内には、「守護殿は隙《すき》を見て清洲城を乗っ取るおつもりだ」と言う者もいて、清洲衆は「外部よりも城内が大事」といって用心し、警戒を強めた。

13 斎藤道三と会見

〔天文二十二年〕(1)四月下旬のことである。斎藤山城守道三《さいとうやましろのかみどうさん》から、「(2)富田《とみた》の寺内町 (3)正徳寺《しょうとくじ》まで出向きますので、織田上総介殿もここまでお出でくだされば幸いです。対面いたしたい」と言ってきた。そのわけは、近頃、信長を妬《そね》んで、「婿殿は大馬鹿者ですぞ」と人々が道三に面と向かって言っていた。人々がそう言うと、「いや、馬鹿ではないのだ」と道三はいつも言っていたのだが、対面して、その真偽を見きわめるのだ、と聞こえてきた。

信長は遠慮もせずに承諾し、木曾川・飛驒川という大河を舟で渡り、出かけて行った。富

1 天文二十二年＝一五五三年
2 富田＝愛知県一宮市
3 正徳寺＝聖徳寺、一宮市

田というところは人家が七百軒ほどあって、豊かなところである。正徳寺は(4)大坂の本山から代理の住職を派遣してもらい、美濃・尾張両国の守護の許可状を取って税を免除されているところである。

斎藤道三の計画は、信長は実直でない男だという噂だから、驚かせて笑ってやろう、ということで、古老の者七、八百人ほどに折り目正しい肩衣《かたぎぬ》・袴《はかま》、上品な身支度をさせて正徳寺の御堂《みどう》の縁《えん》に並んで坐らせ、その前を信長が通るように準備した。その上で、道三は町はずれの小家に隠れて、信長の行列を覗《のぞ》き見した。

その時の信長の出で立ちは、髪は茶筅髷《ちゃせんまげ》を萌黄《もえぎ》色の平打ち紐で巻き立てて、湯帷子《ゆかたびら》を袖脱ぎにし、金銀飾りの大刀・脇差二つとも長い柄を藁縄《わらなわ》で巻き、太い麻縄を腕輪にし、腰の周りには猿廻しのように火打ち袋、瓢箪《ひょうたん》七つ八つほどをぶらさげ、虎皮と豹皮を四色に染め分けた半袴《はんばかま》をはいた。お供の衆を七、八百人ほど、ずらっと並べ、柄三間半の朱槍五百本、弓・鉄砲五百挺を持たせ、元気な足軽を行列の前に走らせた。

宿舎の寺に着いたところで、屛風《びょうぶ》を引きまわし、生まれて初めて髪を折《お》り曲《わ》げに結い、いつ染めておいたか知る人もない褐色の長袴《ながばかま》をはき、これも人に知らせず拵《こしら》えておいた小刀を差した。この身支度を家中の人々は見て、「さては、近頃の阿呆《あほう》ぶりは、わざと装っていたのだな」と肝《きも》をつぶし、誰もがしだいに事情を了解した。

信長は御堂へするすると出た。縁の上がり口に春日丹後・堀田道空が出迎えて、「お早くおいでなさいませ」と言ったが、信長は知らん顔、諸侍が居並ぶ前をすいすいと通り抜け、縁の柱に寄りかかっていた。

4　大坂の本山＝石山本願寺

しばらくして、屏風をおしのけて道三が出てきた。それでもまだ知らん顔をしていたので、堀田道空が近づき、「こちらが山城守殿でございます」と言うと、「お出になったか」と言って敷居の内へ入り、道三に挨拶をして、そのまま座敷に坐った。そのうち、道空が(5)湯漬《ゆづ》けを給仕した。互いに盃をかわし、道三との対面はとどこおりなくお開きとなった。道三はにが虫をかみつぶしたような様子で、「また近いうちにお目にかかろう」と言って席を立った。

道三が帰るのを、信長は二十町ほど見送った。その時、斎藤勢の槍は短く、信長勢の槍は長く、それを掲げ立てて行列して行ったのを道三は見て、おもしろくなさそうな顔で、ものも言わずに帰って行った。

途中、茜部《あかなべ》というところで、猪子高就《いのこたかなり》が斎藤道三に、「どう見ても信長殿は阿呆でございますな」と言った。道三は「だから無念だ。この道三の息子どもが、必ずあの阿呆の(6)門前に馬をつなぐことになろう」とだけ言った。

この時以後、道三の前で信長を馬鹿者呼ばわりする人は、一人もいなくなった。

14 村木城を攻撃

その頃、駿河勢は(1)岡崎に在陣して、(2)鴫原《しぎはら》の山岡伝五郎の城を攻め滅ぼして乗っ取った。岡崎から援護を続け、鴫原城を根城にして、(3)小河《おがわ》の水野忠政《みずのただまさ》の城を次の目標にした。駿河勢は、(4)村木《むらき》というところに堅固な城を築き、立て籠もった。近くの(5)寺本《てらもと》の城も人質を出

5 湯漬け＝だし味のついた湯をかけた飯
6 門前に馬をつなぐ＝家来になる

1 岡崎＝愛知県岡崎市
2 鴫原＝重原、知立市
3 小河＝緒川、知多郡東浦町
4 村木＝知多郡東浦町

して駿河勢に味方し、信長に敵対して、小河城への道路を遮断した。

信長は、敵の後方から攻める作戦で出陣しようとしたが、しかし、清洲《きよす》の敵はきっと留守中に那古野《なごや》へ攻め寄せるだろう、町に放火されては大変と考え、信長の舅《しゅうと》である斎藤道三のもとへ、城番《じょうばん》の軍勢を一隊派遣してくれるように依頼の使者を出した。

道三方からは、〔天文二十三年〕(6)一月十八日、那古野の留守居部隊として、安藤守就《あんどうもりなり》を大将に兵千人ばかり、それに田宮・甲山《こうやま》・安斎・熊沢・物取《ものとり》新五らを加え、「見聞した状況を毎日報告せよ」と申しつけて出発させた。全員、一月二十日に尾張に到着した。信長は、留守居部隊に居城那古野の近く(7)志賀・田幡の二郷に陣を設営させ、二十日に陣取り見舞いということで自ら出かけ、安藤守就に挨拶した。

信長は翌日出陣する予定であったが、家老の林秀貞《はやしひでさだ》・美作守《みまさかのかみ》兄弟が不服を申し立て、林の(8)与力《よりき》である(9)荒子《あらこ》の前田与十郎の城へ退去してしまった。ほかの家老たちは「いかがいたしましょうか」と言ったが、信長は「それならそれで構わぬ」と言って、一月二十一日、「ものかは」という名の馬に乗り出陣した。その日は(10)熱田《あつた》に泊まった。

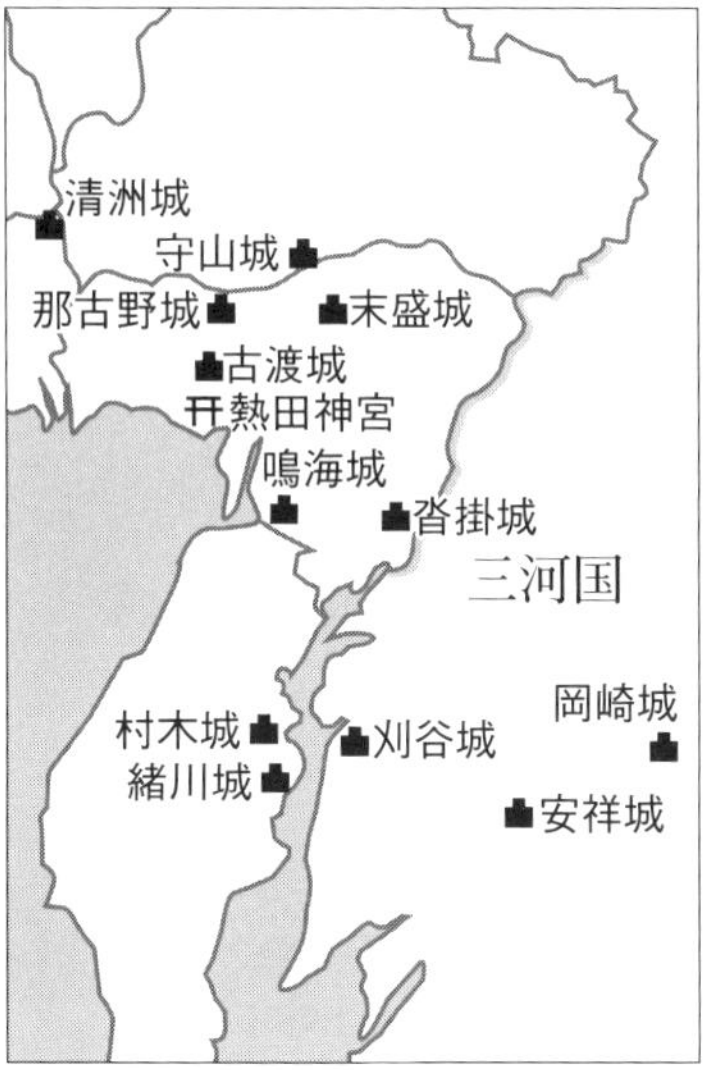

二十二日は予想外の大風であった。「御渡海はできませぬ」と船頭・舵取《かじとり》たちは言ったが、信長は「(11)昔、(12)渡辺・福島で源義経《みなもとのよしつね》と梶原《かじわら》景時《かげとき》が、退却に備えて逆方向に漕ぐ逆櫓《さかろ》をつ

5　寺本＝半田市
6　天文二十三年＝一五五四年
7　志賀・田幡＝名古屋市北区
8　与力＝協力者
9　荒子＝名古屋市中川区
10　熱田＝名古屋市熱田区
11　昔＝元暦二年、一一八五年
12　渡辺・福島＝大阪市

けるか否かで争った時の風も、このくらいだったのだろう。是非とも渡海するから舟を出せ」と言って、強引に出港した。[13]二十里ほどのところを、ただの[14]半時《はんとき》ばかりで押し渡り、着岸した。その日は野営をさせ、信長自身はただちに小河へ行って、水野忠政の子信元に会い、当地の情況を詳しく聴いて、小河に宿泊した。

一月二十四日、夜明けとともに出撃、駿河勢の立て籠もる村木の城へ攻撃を開始した。北は天然の要害で、守備兵もいない。東が[15]大手《おおて》、西が[16]搦手《からめて》。南は向こう側がはっきり見えないほど大きな空堀《からぼり》を甕《かめ》の形に掘り下げ、堅固な構えである。信長は南側の攻めにくいところを引き受けて、兵を配置した。若武者たちは我劣らじと堀を登り、突き落とされてはまた這い上がる。負傷者・死者の数もわからぬほどであった。信長は堀端に陣取って、「狭間《はざま》三つ、鉄砲で引き受けた」と言って、鉄砲を取っかえ引っかえ撃たせた。信長自身が采配《さいはい》を振っているものだから、兵たちは我も我もと攻め登り、堀に取り付き、突き崩し、また突き崩した。

西、搦手の方は、織田信光の攻め口で、これもまた詰め寄った。外丸へ六鹿という者が一番に乗り込んだ。東、大手の方は、水野信元の攻め口である。

城内、駿河勢の働きも比類ないものであった。しかし、隙を与えず攻めたので、城内にも負傷者・死人が出て、しだいに兵が少なくなり、ついに降参した。当然、攻め滅ぼすはずであったが、こちらにも負傷者・死人が山ほど出ているし、その上暮れ方になったので、謝罪を聞き届けて許し、後の始末を水野信元に命じた。

信長のお小姓衆の歴々も数知れず負傷・討ち死にし、目も当てられぬ有様だった。[17]辰《たつ》の刻に攻撃を始め、[18]申《さる》の下刻まで攻め続けて、思いどおりの決着となった。しかし信長は、

13 二十里＝約七八キロメートル
14 半時＝一時間
15 大手＝表門
16 搦手＝裏門
17 辰の刻＝午前八時前後
18 申の下刻＝午後五時前後

本陣に帰ってから、部下の働きや負傷者・死者のこと、あれこれとなく言って、感涙を流したのであった。

翌日は寺本の城を攻め、城下に火を放って、のち那古野に帰陣した。

一月二十六日、信長は安藤守就の陣所へ行き、このたびの礼を述べた。二十七日、美濃勢は帰国した。安藤守就は斎藤道三に信長の謝意を伝え、さらに大風をついて渡海した様子、村木の城攻めの一部始終を詳しく報告した。道三は信長について、「恐るべき男だ。隣国には居てほしくない人物だな」と言ったそうである。

15 尾張の守護、自害

〔[1]天文二十三年〕七月十二日、[2]守護の若君のお供をして、屈強な若侍は全員川漁に出かけた。清洲城内の守護の邸には、老人が少々残っているだけだった。

坂井《さかい》大膳《だいぜん》・河尻《かわじり》左馬丞《さまのじょう》・織田三位《さんみ》は、「守護邸には誰と誰が残っている」と指折り数え、相談をして、「今こそ絶好の機会だ」と四方からどっと押し寄せ、守護邸を包囲した。

表広間の入り口では、何阿弥《なにあみ》とかいう[3]同朋衆《どうぼうしゅう》、これは謡《うたい》の名人だったが、これが攻撃側の者を切りまくり、手柄は比類なかった。また、狭間《はざま》を守る森刑部丞《もりぎょうぶのじょう》兄弟も切りまくって、多数の者に傷を負わせたが、討ち死にした。兄弟の首二つは柴田角内が取った。裏口では、柘植《つげ》宗花という者が打って出て切りまくり、これも比類ない働きだった。

1 天文二十三年＝一五五四年

2 守護の若君＝岩龍丸、のちの斯波義銀《しばよしかね》

3 同朋＝僧形の侍者

守護邸を囲む四方の屋根の上から弓の衆が矢つぎ早に、散々に射立てたので、守護側は防ぎきれず、邸に火をかけて、守護をはじめとして一門・家臣の歴々数十人が切腹した。侍女たちは堀に飛び込み、渡り越して助かった者もいたが、水に溺れて死んだ者もいた。哀れな有様だった。

若君は川漁から直接、湯帷子《ゆかたびら》のままの姿で、信長を頼って那古野へ逃げて来た。それで二百人扶持《ぶち》を給し、天王坊に住まわせた。守護のもう一人の幼君を毛利十郎が保護して、那古野へ送り届けた。

尾張の守護は織田氏の主君ではあるが、今は織田氏が実権を握っており、その織田氏に無謀な反抗を企てたので、神仏の加護もなく、このように浅ましくむざむざと死んだのである。みずから招いた最期《さいご》とはいえ、時の流れに背《そむ》いて秩序を乱すとそれ相応の結果となるから、恐ろしいものである。

城中で守護に日夜心づかいをし、粉骨砕身仕えた者たちも、いったんは義憤を感じて息まいたけれど、誰も彼もが家を焼かれ、食糧や普段着などにも不自由をして、難儀なことになったのである。

16 中市場の合戦

〔同年〕七月十八日、柴田勝家《しばたかついえ》が清洲へ出陣した。参陣した足軽衆は、安孫子右京亮《あびこうきょうのすけ》・藤

1 太田牛一＝『信長公記』の著者

江九蔵・[1]太田牛一《おおたぎゅういち》・木村重章《きむらしげあき》・芝崎孫三・山田七郎五郎など。

清洲勢は山王《さんのう》口で応戦したが追いまくられ、[2]安食《あじき》村で支えようとしたが支えきれない。次いで[3]誓願寺《じょうがんじ》前で防いだが、ついに町口の大堀のなかへ追い込まれた。河尻左馬丞・織田三位・原某・雑賀修理《さいがしゅり》が切ってかかり、[4]二、三間を隔てて戦ったが、柴田勢の槍は長く、清洲勢の槍は短い。しだいに突き立てられたが、しかし一歩も引かず、河尻左馬丞・織田三位・雑賀修理・原・八板・高北《こうきた》・古沢七郎左衛門・浅野久蔵ら、歴々三十人ほどが討ち死にした。

[5]守護の家来由宇喜一《ゆうきいち》は、まだ若く十七、八歳だったが、湯帷子《ゆかたびら》姿のままで突き進み、織田三位の首を取った。信長の称賛はひとかたならぬものであった。

尾張の守護が清洲の織田氏に反逆を企てたのが原因ではあったが、父祖代々の主君を殺した因果はたちまち歴然と現われ、それからまだ七日目というのに、関係者は各々討ち死にしてしまった。天道に背《そむ》くことの恐ろしさを目のあたりにする事件であった。

2 安食＝名古屋市北区
3 誓願寺＝成願寺、名古屋市北区
4 二、三間＝約四〜六メートル
5 守護＝故斯波義統《しばよしむね》

17 清洲城を乗っ取る

清洲の城にいる守護代は、織田達勝《たつかつ》の後、[1]織田信友《のぶとも》であった。領主の坂井大膳《さかいだいぜん》は[2]小守護代である。坂井甚介・河尻左馬丞・織田三位という有力者が討ち死にして、大膳一人ではやっていけないので、こうなったら織田信光《のぶみつ》に頼ろうと考えた。「お力をお貸しくださって、

1 織田信友＝または広信
2 小守護代＝又代、守護代の補佐官

信友殿と信光殿お二人が守護代におなりください」と懇願したところ、信光は「大膳の望むとおりに」と言って、決して二心はない旨の[3]起請文《きしょうもん》を書いて大膳のもとへ送り、事はうまくまとまった。

[4]〔天文二十四年〕四月十九日、守山城の織田信光は清洲城の南櫓《やぐら》に移った。表向きはこれだけのことなのだが、実は、信光は信長に申し入れて、「私が清洲の城をだまし取ってあげましょう。その代わり、[5]於多井川《おたいがわ》という川がありますが、ほぼこの川を境にして、尾張の下の郡四郡のうち東半分を私にください」という約束の秘密協定があったのである。この信光という人は信長の叔父である。於多井川を境にして川西・川東というのは、尾張の半国、つまり下の郡を二郡ずつに分けて領有しようとの約束なのであった。

四月二十日、信光は坂井大膳がお礼に南櫓へ来たら討ち取ろうと、兵を隠して配置し、待っていた。大膳は城中まで来たが、異様な気配を察して風をくらって逃げ去り、そのまま駿河へ行って今川義元を頼り、居ついてしまった。

次に信光は、守護代織田信友を追い詰めて切腹させ、清洲の城を乗っ取り、信長に引き渡して、自分は那古野の城に移った。

この年の十一月二十六日、不慮の事件が起こって、信光は横死した。起請文に背いた神罰がたちまち下ったので、天道に背くのは恐ろしいことよ、と世間では言い合った。しかし信長にとっては、幸運なことであった。

3 起請文＝誓約書
4 天文二十四年＝弘治元年、一五五五年
5 於多井川＝名古屋市西区山田町小田井を流れる庄内川

18 織田秀孝、頓死

〔同年〕六月二十六日のこと。織田信光《のぶみつ》に代わって守山の城主になった織田信次《のぶつぐ》(1)が、若侍とともに竜泉寺下の松川の渡し(2)で川漁をしているところへ、織田信行《のぶゆき》(3)の弟秀孝《ひでたか》が一人で馬に乗って通りかかった。「馬鹿者め、城主の御前を乗馬のままで通りおって」と言って、洲賀才蔵《すがさいぞう》という侍が弓をとり、矢を射かけたところ、運悪く秀孝はその矢に当たり、馬からころげ落ちた。

信次をはじめとして若侍たちが川から上がってこれを見ると、信長の弟秀孝である。歳は十五、六で、肌はおしろいを塗ったように白く、朱《あか》い唇で柔和な姿、顔かたちは人にすぐれて麗しく、その美しさは何とも喩《たと》えようがない若者であった。皆はこれを見て、あっと肝をつぶした。信次は取るものも取りあえず、守山の居城にも立ち寄らずに、その場から馬に鞭うってどこへともなく逃げ去った。それから数年間は流浪して、苦労するのである。

兄の信行はこの事件を聞きつけて、ただちに末盛の城から守山へ駆けつけ、城下に火を放って守山城をはだか城にしてしまった。

信長も、清洲から三里(4)を一息に、ただ一騎で駆け通し、守山の入り口矢田川で馬に水を飲ませた。そこへ犬飼内蔵が駆けつけて、「信次殿はただちにどこへとも知れず逃げ去って、城にはどなたも居られません。城下はことごとく信行殿が焼き打ちなさいました」と言上した。それを聞いて信長は、「我らの弟ともあろう者が、供をも召しつれず、下僕《げぼく》のように馬

1 織田信次＝信長の叔父
2 松川の渡し＝庄内川
3 織田信行＝信長の弟
4 三里＝約一二キロメートル

一騎で駆けまわるとは沙汰の限り、あきれた所業だ。たとえ生きていても、今後とも許すことはできぬ」と言って、そこから清洲へ帰った。

ところで、信長は朝夕、馬の調練をしていたので、このたびも往復とも荒っぽく乗ったが、馬もよく堪えて何ともなかった。信長の後を追った他の人々の馬どもは、いつも厩《うまや》に繋いだままで、常時乗ることがなかったので、屈強の名馬でも三里の片道さえ駆け抜くことができず、荒い息を吐いて、途中で山田治部左衛門の馬をはじめとして倒れる馬が続出、乗り手は迷惑したのだった。

19 織田信行、信長に敵対

守山《もりやま》の城は、織田信次《のぶつぐ》の家老衆が差配《さはい》して守っていた。立て籠もっている人々は、角田《つのだ》新五・高橋与四郎・喜多野下野守・坂井七郎左衛門・坂井喜左衛門・その子坂井孫平次、および岩崎の丹羽《にわ》氏勝《うじかつ》など。これらが守備していた。

信行《のぶゆき》方からは、柴田勝家《しばたかついえ》・津々木蔵人《つづきくらんど》を大将として、木ガ崎口(1)に軍勢を配備した。信長方からは、飯尾定宗《いいのおさだむね》、その子尚清《ひさきよ》、その他の諸勢を派遣して、しっかりと包囲し、守山城を封鎖しておいた。

織田信広《のぶひろ》という人は、信長の腹違いの兄である。その弟に信時《のぶとき》という利発な人がいた。信長に佐久間信盛がおりにふれて言上したので、守山の城をこの信時に与えることになった。

1 木ガ崎口＝名古屋市東区矢田町から守山区へ入る口

角田新五・坂井喜左衛門は守山城の両家老である。この二人が協議して信時を引っ張り、守山の城主にしたのであった。この時の忠節によって、下飯田[2]村の屋斎軒の旧領、知行百石が、信時から佐久間信盛に与えられた。

このように情勢が推移するなかで、信長の一番家老林秀貞、その弟林美作守および柴田勝家が申し合わせ、「三人で信行殿を守り立てよう」ということで、信長に対してすでに逆心を抱いているという風説がいろいろに聞こえてきた。

信長は何を考えたのか、〔弘治《こうじ》二年[3]〕五月二十六日、信長と信時の二人だけで、清洲から那古野の城にいる林秀貞のところへ行った。「絶好の機会ですから、信長公に詰《つ》め腹《ばら》を切らせてしまいましょう」と弟の美作守は言ったが、林秀貞はあまりにも恥ずかしく思ったのだろう。「三代にわたって御恩を受けた主君を、恥知らずにもここで手にかけて殺すとは、天罰が恐ろしい。どうせ近いうちに御迷惑なことを仕出かすのだから、今は切腹させないでおこう」と言って、命を助け、信長を帰した。

一両日過ぎてから、林らは信長に敵対の旗色を明らかにした。林方の荒子《あらこ》の城も、熱田と清洲の間を遮断して、信長の敵になった。米野《こめの》[4]の城と大脇《おおわき》[5]の城は清洲と那古野の間にある。これも林方であるから、一味として信長に敵対することになった。

話変わって守山城中では、坂井喜左衛門の息子孫平次を信時が男色の相手にしたので、孫平次は常に君側《くんそく》に侍《じ》して重用されること並ぶ者もなかった。そんなことで、角田新五は忠勤を励んだにもかかわらず、間もなく軽く扱われるようになった。角田はこれを恨み、「城の塀・柵が壊れましたので、造りなおします」と言って工事を始め、その途中、土塀の崩れた

2 下飯田＝名古屋市北区
3 弘治二年＝一五五六年
4 米野＝名古屋市中村区
5 大脇＝大秋、名古屋市中村区

ところから兵を引き入れて、信時に詰め腹を切らせた。以後、岩崎の丹羽氏勝らを味方につけて、城をがっちりと支配した。

　このように情況が移り変わるなかで、信長は織田信次が久しく流浪しているのを哀れに思い、信次の罪を宥《ゆる》して、守山の城主に復帰させた。しかし信次は、(6)のちに(7)河内《かわうち》の(8)長島で討ち死にするのである。

　林兄弟の画策によって、信長と信行の兄弟仲が不和になった。信行は、信長の直轄領である(9)篠木《しのき》三郷を力ずくで奪い取った。信行はきっと川岸に砦《とりで》を造り、川東の領地までも奪おうとするだろうから、その前にこっちが砦を構えよう、と信長は考えて、八月二十二日、於多井川を渡った。(10)名塚《なづか》というところに砦を築かせ、佐久間盛重を守備につかせた。

　翌二十三日は雨。川の水かさが著しく増え、その上、信長方の砦の工事もまだ完成していないだろうと思ったのか、柴田勝家が兵千人ばかり、林美作守が手勢七百人ばかりを率いて出動してきた。

　二十四日、信長も清洲から軍勢を出し、川を渡ったところで、先陣の足軽に戦いを挑んだ。柴田勝家は兵千人ばかりで、(10)稲生《いのう》の村はずれの街道を西向きに攻めてくる。林美作守は南の田園地帯の方から手勢七百人ばかりで北向きに、信長勢に向かって攻めてくる。信長は、村はずれから(11)六、七段《だん》引き下がったところに軍勢を配備した。信長方の兵は七百人を超してはいなかったろう。東の藪際《やぶぎわ》に布陣した。

　八月二十四日(12)午《うま》の刻、まず東南方の柴田勢に向かって、過半の兵を攻め掛からせた。散々にもみ合い、山田治部左衛門が討ち死にした。その首は柴田勝家が取ったが、勝家自身

6 のちに討ち死に＝天正二年、巻七(13)
7 河内＝木曾川・長良川河口地帯
8 長島＝三重県桑名市
9 篠木三郷＝愛知県春日井市
10 名塚・稲生＝名古屋市西区
11 六～七段＝約六五～七六メートル
12 午の刻＝正午前後

も手傷を負って後方へ退いた。佐々孫介その他屈強の者どもが討たれ、兵たちは信長の前へ逃げてきた。その時、信長の周囲には、織田勝左衛門・織田信房・森可成《よしなり》、ほかに槍持ちの中間《ちゅうげん》衆四十人ほどがいた。

信房・可成両人が柴田勢の土田《つちだ》の大原を突き伏せ、もみ合って首を取ったところへ、双方から掛かり合い戦う。この時、信長が大声を上げて怒ったのを見て、敵方といえどもさすがに身内の者たちであったから、信長の威光に恐れて立ち止まり、ついに逃げ崩れて行った。この時、信房の下人で禅門という者が河辺《こうべ》平四郎を切り倒し、信房に「首をお取りください」と言ったが、信房は「今はその暇はない。いくらでも切り倒しておけ」と言って、先へ先へと駆けて行った。

次に信長は南へ向かって、林勢に攻め掛かった。黒田半平と林美作守は長時間にわたって切り合い、半平が左の手を切り落とされた。互いに息を継いでいるところへ、信長が駆けつけて、美作守に挑んだ。この時、織田勝左衛門の使用人、口中《ぐちゅう》杉若が優れた働きをしたので、のちに取り立てて杉左衛門尉《さえもんのじょう》と名乗らせた。信長は林美作守を突き伏せて首を取り、無念を晴らした。

柴田・林両勢とも追い崩し、それから各人が馬を引き寄せて打ち乗り、後から後から首を取ってきた。その日は清洲へ帰陣した。

翌日、首実検をした。林美作守の首は織田信長が討ち取った。鎌田助丞は津田左馬丞が討ち取った。富野左京進は高畠三右衛門が討ち取った。山口又次郎は木全《きまた》六郎三郎が討ち取った。橋本十蔵は佐久間盛重が討ち取った。角田《つのだ》新五は松浦亀介が討ち取った。大脇虎蔵・河辺平四郎をはじめとして、歴々の首の数は四百五十以上もあった。

この合戦以後は、敵方は那古野《なごや》・末盛《すえもり》両城に籠城を余儀なくされた。信長はこの両城の間へ時々攻め込み、城近くまで町を焼き払い、作戦を展開した。

信長の母は、末盛の城に信行と一緒に住んでいた。村井貞勝《さだかつ》・島田秀満の二人を清洲から末盛の城に呼び寄せ、これを母からの使者として信長にさまざまな詫び言を伝えさせたので、信長は那古野・末盛両城の者たちを宥《ゆる》すことにした。信行・柴田勝家・津々木蔵人は墨染《すみぞ》めの衣で、母も同行して清洲の城へ来て、信長に礼を言った。

林秀貞についても、これまた宥しがたいところであったが、先に信長に詰め腹を切らせようとした時のことを、秀貞は覚悟をして申し述べた。信長はその時の状況を思い出して、このたびの罪を宥した。

20 蛇替え

ところで、不思議なことがあった。

尾張の中央清洲から(1)五十町東、佐々成政《さっさなりまさ》の居城である(2)比良《ひら》の城の東に、南北に長い大きな堤がある。その西側に、あまが池という、恐ろしい大蛇がいると言い伝えられている池がある。堤の外、東側は、三十町も平坦な芦原が続いている。

ある年の一月中旬、安食村《あじき》(3)福徳の郷の又左衛門という者が、雨の降る夕方、堤を通りか

1 五十町＝約五・五キロメートル
2 比良＝名古屋市西区
3 福徳＝名古屋市北区

かったところ、太さ一抱えほどもありそうな黒い物を見た。胴体は堤の上にあって、首は堤から伸びて来て、もう少しであまが池に達するところであった。人の足音を聞いて、首を上げた。顔は鹿のようであった。眼は星のように光り輝く。舌を出したのを見ると真っ赤で、人間の手のひらを開いたようだった。眼と舌とが光っている。これを見て又左衛門は身の毛がよだち、恐ろしさのあまり、もと来た方へ逃げだした。

比良から大野木(4)へ来て、宿に帰りつき、このことを人々に話したので、噂は広まった。いつしか信長の耳にも達した。

一月下旬、信長は例の又左衛門を召し出して事情を直接聞きただし、「明日、蛇替え《じやが》(5)をする」と触れを出した。比良の郷・大野木村・高田五郷・安食村・味鏡《あじま》村の農民たちに、水替え桶・鋤・鍬を持って集まれ、と命じた。

当日、数百の桶を立て並べ、あまが池の四方から取りかかり、二時《ふたとき》(6)ほど水替えをさせたところ、池の水は七割がたに減った。しかしそれ以後は、いくら掻《か》い出しても同じことであった。

そこで信長は、「水中に入って大蛇を探そう」と言い出した。脇差《わきざし》を口にくわえ、しばらく池に入っていたが、やがて上がってきた。大蛇らしいものはいなかった。鵜左衛門《うざえもん》という水によく慣れた者に「もう一度入ってみよ」と命じ、自分のあとへ入れて探させたが、どうにも大蛇は見つからなかった。それで結局、信長はそこから清洲へ帰ったのであった。

実は、身の冷えるような危険なことがあったのである。

というのは、その頃、佐々成政が信長に逆心を抱いているとの風説があった。それでこの

4　大野木＝名古屋市西区
5　蛇替え＝蛇を捕らえるため池の水を掻い出す作業
6　二時＝四時間

時は、成政は起き上がれないほどの重病と偽って、出て行かなかったのだが、「きっと信長は、小城にしてはこの城ほど良い城はないと聞き知っているだろうから、蛇替えのついでに成政の城を見ようなどと言って、この城へ来て、私に詰め腹を切らせるのではないか」と心配した。

成政の一族で、家臣の長老に井口太郎左衛門という者がいた。「そのことについてなら、私にお任せください。信長公を討ち果たしましょう。というのは、城を見たいというのであれば、この井口に申しつけられるでしょう。そうしたら私は、ここに舟がございますから、お乗りになって、まず城の(7)かけりを御覧になるのが良いでしょう、と言いましょう。信長公がもっともだと言って舟に乗られたら、私は衣服を腰高にはしょり、脇差を投げ出して小《こ》者《もの》に渡し、舟を漕ぎ出します。多分、信長公のお供にはお小姓《こしょう》衆だけが乗るでしょうが、たとえ五人なり三人なりのお年寄衆が乗ったとしても、私は懐中に小脇差を隠しおき、好機を見て信長公に飛びかかり、何度も突き刺して突き殺し、組み付いたまま川へ飛び込みますから、御安心ください」と申し合わせたのだそうである。

信長は運の強い人で、あまが池からどこにも立ち寄らずに帰ったのであった。総じて一城の主ともある人は、万事に注意して、油断をしてはならないということなのである。

7 かけり＝不明

21 火起請

尾張の国海東郡大屋《おおや》(1)という村に、織田信房《のぶふさ》の家来で甚兵衛という庄屋がいた。隣村一色《いっしき》(2)というところに、左介という者がいた。二人は格別に親しい間柄であった。

ある年の十二月中旬、大屋村の甚兵衛が年貢納入のため清洲へ行った留守に、一色村の左介は甚兵衛の家へ夜盗に入った。女房が目を覚まし、左介に組みついて、左介の刀の鞘を取り上げた。

この事件を清洲へ訴え出て、双方が守護に言い分を申し立てた。一色村の左介は、当時実権を握っていた、信長の乳母《めのと》の子池田恒興《いけだつねおき》の家来であった。

火起請《ひぎしょう》(3)ということになり、山王社の神前に奉行衆《ぶぎょう》が並び、裁判の当事者双方から立ち会い人を出させた。

ここで、天道は曲げられぬ、恐ろしいことが起こった。

それは、左介は火起請の熱した鉄を取り落としたのだが、その頃、池田恒興一党は権勢におごっていたので、左介を成敗させないように、証拠となる火起請の鉄を奪い取り、立ち騒いでいた。

ちょうどその時、信長が鷹狩りの帰りに通りかかった。この騒ぎを見て、「弓・槍・武具を携えて大勢集まっているのは何ごとか」と質問した。双方の言い分を聞き、この有様をじっくりと見ているうちに、信長の顔色が変わった。火起請を行った時の状況を聞くと、「ど

1　大屋＝大矢、愛知県稲沢市
2　一色＝稲沢市
3　火起請＝熱した鉄を持たせ、持てなかった者の申し立てを虚偽と判定する裁判

れほどに鉄を焼いて持たせたのか。その時のとおりに鉄を焼きなさい。見せていただこう」と言った。

鉄を赤くなるまでよく焼いて、「このようにして持たせました」と言上した。そこで信長は、「私が火起請の鉄を無事に受けとることができたら、左介を成敗せねばならぬのだから、そのように心得よ」と言って、焼いた斧《おの》を手の上に受けとり、三歩あるいて棚に置いた。「この通りだ。見ていたな」と言って、左介を成敗させた。

すさまじい出来事だった。

22 斎藤道三、土岐頼芸を追放

斎藤山城守道三《さいとうやましろのかみどうさん》は、元は(1)山城の国西岡の松波某という者である。いつの頃か、京畿を出て、(2)美濃《みの》の国の長井藤左衛門を頼り、その(3)扶持《ふち》を受け、家来も付けられるようになった。そのうちに、無情にも主人を殺害し、主人の姓をとって長井新九郎《ながいしんくろう》と名乗った。

長井の一族同名の者たちも野心を起こし、戦い合うようになった。その最中、(4)大桑に在城していた美濃の守護土岐頼芸《ときよりのり》に、長井新九郎が協力を依頼したところ、すんなりと加勢してくれた。そのお蔭で、新九郎は本意を達することができた。

その後、土岐頼芸の息子に次郎・八郎という兄弟がいた。道三は、かたじけなくも次郎を娘婿に頂戴し、御機嫌を取り結んでいたが、おりを見て毒殺した。残った娘を、後妻にしな

1 山城の国西岡＝京都府乙訓郡
2 美濃＝岐阜県南部
3 扶持＝米で支給される給料
4 大桑＝岐阜県山県市、旧山県郡高富町

さいと無理やり八郎に押しつけた。道三は(5)主人を(6)稲葉山《いなばやま》に住まわせ、土岐八郎をその山下に住まわせて、三日なり五日なりに一度は参上し、縁にかしこまって、「鷹狩りに出かけてはいけません」とか、「乗馬など、とんでもないことです」とか言い続け、籠の鳥のように扱った。それで、八郎は雨夜にまぎれて逃げ出し、尾張をめざして馬で出奔した。道三はこれを追いかけ、つかまえて切腹させてしまった。

土岐頼芸は大桑に居城していたが、(7)〔天文十一年〕道三は家老たちに賄賂《わいろ》を贈って味方に引き入れ、頼芸を大桑から追い出した。それで頼芸は尾張へ来て、信長の父、織田信秀に頼ることになった。

そのようなわけで、誰のしわざか、落首《らくしゅ》に、

主《しゅう》をきり婿《むこ》をころすは(8)身のおはり昔はおさだ今は山城

〔主人を切り婿を殺すような悪逆は自身の破滅を招く。その実例は、昔でいえば尾張の(9)長田忠致《おさだただむね》、今なら美濃の山城道三〕

と書かれ、道の角々に立ててあった。恩を受けたのに恩知らずな行為をするのは、樹に棲《す》む鳥がその木を枯らすようなもので、自身の破滅をもたらすのである。

斎藤道三は、小さな罪を犯した者を(10)牛裂きの刑に処したり、あるいは、大釜を据えて、その妻や親兄弟に火を焚かせて罪人を煮殺したりという、実に冷酷な処刑をした。

5 主人＝守護代斎藤氏。道三はこの名跡を継いで斎藤姓を名乗る。
6 稲葉山＝岐阜市
7 天文十一年＝一五四二年
8 身のおはり＝身の終わり・美濃尾張
9 長田忠致＝平治二年〔一一六〇〕に源義朝を殺した。
10 牛裂き＝罪人の手足を牛に引っ張らせて体を裂く刑

23 斎藤道三、敗死

斎藤道三の息子は、長男新九郎義龍《よしたつ》、次男孫四郎、三男喜平次という兄弟三人がいた。父子四人とも稲葉山に居城していた。

総じて長男というものは、たいてい心がゆったりとしていて穏やかなものである。道三は知恵の鏡も曇ったのか、義龍は愚か者だとばかり思い込み、弟二人を利発だとして尊重した。三男喜平次を一色右兵衛大輔《いっしきうひょうえだゆう》にするなど、やすやすと官位を昇進させた。このような状態だったので、弟たちは図に乗っていい気になり、兄義龍をないがしろに扱った。

義龍は外聞も悪いので無念に思い、〔天文二十四年〕[1]十月十三日から仮病をつかって奥に引き籠もり、寝ていることにした。

十一月二十二日、道三が稲葉山下の私宅へ下りた。そこで義龍は、伯父の長井道利を使者にして弟二人のもとへ遣わし、「重病で、もはや先も長くはない。対面して一言申したいことがあるので、おいで願いたい」と伝えた。長井道利がうまく企んで口添えしたので、二人の弟たちは承知して、すぐに義龍のところへやって来た。

長井道利は次の間に刀を置いた。これを見て、弟二人も同様に次の間に刀を置いた。奥の間に入れて、わざわざ「お盃を」と言って御馳走を出した。この間に、日根野弘就《ひねのひろなり》が切れ味名高い大刀、作手棒兼常《てぼうかねつね》を抜き持って、上座にいた孫四郎を切りふせ、続いて右兵衛大輔を切り殺した。義龍は年来の鬱憤《うっぷん》を晴らし、すぐさま山下にいる道三のもとへ、以上の次第を

1 天文二十四年＝一五五五年

通告した。

道三は肝《きも》をつぶすほどに仰天したが、すぐに法螺貝《ほらがい》を吹かせて軍勢を集め、四方の町外れから火を付けて、町全体を焼き尽くし、稲葉山城をはだか城にしてしまった。次いで、奈《な》(2)賀良《がら》の川を越え、山県郡の山中へ撤退した。

(3)翌年四月十八日、道三は鶴山へ登り、美濃の中央部を眼下にして陣を構えた。信長も道三の婿であるから、これに呼応して、木曾川・飛驒川という大河を舟で渡り、大良《おおら》(4)の戸島東蔵坊の砦に進出して陣を据えた。余談であるが、ここで土木工事をしている時、銭瓶《ぜにがめ》が多数出土して、ここもかしこも銭を敷いたようになった。

四月二十日辰《たつ》(5)の刻、西北へ向かって義龍が軍勢を出した。道三も鶴山を下り、奈賀良川の川端まで軍勢を出した。

緒戦は、竹腰重直《たけこししげなお》の一隊六百ほどが丸くなって中の渡しを越え、道三の旗本に切り掛かってきた。散々に入り乱れて戦い、ついにこの合戦で竹腰重直は切り負けた。道三は竹腰を討ち取って満足し、床几《しょうぎ》に腰を掛け、母衣《ほろ》を揺すって得意になっていたところへ、二番槍として、義龍が多数の兵を率いてどっと川を渡って来た。両軍互いに陣を整え、対峙した。

まず義龍の陣のなかから武者一騎、長屋甚右衛門という者が進み出た。そこで、道三の軍勢のなかからは、柴田角内という者がただ一騎進み出て、長屋と渡りあった。両軍の真ん中で戦い、勝負を決し、柴田角内が晴れがましい手柄を立てた。ついで、双方から掛かり合い、入り乱れ火花を散らして戦った。鎬《しのぎ》を削り、鍔《つば》を割り、ここかしこでそれぞれの活躍をした。

長井忠左衛門は道三と渡りあい、道三が打ち下ろす大刀を押し上げてむんずと組みつき、

2　奈賀良の川＝長良川
3　翌年＝弘治二年、一五五六年
4　大良＝大浦、岐阜県羽島市
5　辰の刻＝午前八時前後

道三を生け捕りにしようとしているところへ、荒武者の小真木源太《こまきげんた》が走り寄り、道三の脛《すね》を薙《な》ぎ払い、押し伏せて、首を取った。忠左衛門は後の証拠として、道三の鼻を削《そ》いで行った。

合戦に勝って、義龍が首実検をしているところへ、道三の首が届けられた。

義龍はこの時、親を殺すはめになったのも我が身から出た罪と悟って、出家したのである。

これから後、義龍は新九郎范可《はんか》と名乗ることにした。これには故事がある。昔、(6)唐土に范可という者がいて、親の首を切った。それは、父の首を切ることが孝行となる事情があったのである。今の義龍は親不孝の重罪で、それを恥辱と思わねばならないのである。

6 唐土＝中国

24 織田信安、信長に敵対

斎藤義龍《さいとうよしたつ》は、合戦が終わり、首実検をしてから、信長の陣所がある大良《おおら》方面へ軍勢を出した。信長勢も大良から(1)三十町ばかり出撃し、(2)および河原で敵と遭遇した。足軽合戦となって、山口取手介が討ち死に、土方《ひじかた》彦三郎が討ち死に、森可成《もりよしなり》は千石又一と渡りあい、馬上で切り合って、可成が膝近くを切られて引き下がった。

「道三は合戦に敗れ、討ち死にした」との通報があったので、信長勢は大良の本陣まで退いた。ここで、本国尾張へは大河を隔てているので、兵員・牛馬をすべて後方へ退去させ、「殿《しんがり》は信長が務める」と言って、全軍に川を越えさせた。信長の乗る舟一艘だけを残しておき、ほかの兵たちが川を渡った時、義龍方の騎馬武者が何人か川端まで駆けてきた。その時、信

1 三十町＝約三・三キロメートル

2 および河原＝地名、不詳

長が鉄砲を撃たせたので、敵はそれより近くへは攻めてこなかった。それで信長も舟に乗り、川を越した。

この合戦があって間もなく、尾張の国の半国の主、上の郡岩倉《いわくら》の織田信安《のぶやす》が、美濃の斎藤義龍と示し合わせて、信長に敵対行動をするようになった。信長の城がある清洲の近く、下の郷《しも》(3)という村を信安勢が焼き打ちした、という報告が次々にあった。信長は腹立たしく思い、ただちに岩倉方面へ軍勢を出し、近辺の知行地《ちぎょうち》を焼き払い、その日のうちに兵を引き揚げた。

このようなこともあって、下の郡においても大半は、信長に敵対するようになったのである。

3 下の郷＝愛知県清須市、旧西春日井郡春日町

25 尾張・三河の両守護、会見

清洲の隣、三十町隔てた下津《おりつ》(1)の郷に正眼寺という修行僧のいる寺がある。相応に要害の地である。ここを上の郡岩倉方(2)が砦に改造する、との風説があった。そこで信長は、「清洲の町人たちを召集し、正眼寺の藪を切り払ってしまおう」と指示して、軍勢を出動させた。町人たちが数えてみたら、騎馬の武士は八十三騎いるかいないかぐらいだったそうである。

岩倉方も軍勢を出し、たん原野(3)に三千ばかりの兵を配備した。その時、信長は諸方を駆け廻って町人たちを集め、これに竹槍を持たせて後方をなんとか取りつくろい、足軽を出撃

1 下津＝愛知県稲沢市
2 岩倉方＝織田信安
3 たん原野＝地名、不詳

させて敵をあしらった。そして互いに兵を引いた。

このように岩倉方とやり合っていた頃、[4]〔弘治二年〕四月上旬、三河の国の守護吉良義昭《きらよしあき》と尾張の国の守護斯波義銀《しばよしかね》とが平和裡に会見するという交渉が、駿河の今川義元の斡旋でまとまった。義元は吉良義昭を補佐し、斯波義銀には信長が随行して出馬した。

三河の[5]上野原に、双方が陣を構えた。その間隔は、[6]一町五段そこそこだったろう。いうまでもなく、一方には斯波義銀、一方には吉良義昭、ともに床几《しょうぎ》に腰かけて向きあった。

会見の目的は、両守護の序列をどのように決めるか、であると理解されていた。双方から十歩ばかりずつ、真ん中へ進み出た。しかし、別に何事も起こらず、また元の席へ戻った。そして、双方とも陣を解いて引き揚げた。

信長は、斯波義銀を尾張の国主として崇敬し、義銀に清洲の城を進呈して、自身は北櫓《きたやぐら》に退いた。

4 弘治二年＝一五五六年
5 上野原＝豊田市
6 一町五段＝約一六〇メートル

26 織田信広、謀反

信長の腹違いの兄信広《のぶひろ》は、信長に謀反《むほん》することを決意し、[1]美濃の国と申し合わせをした。

それは、「敵が攻め寄せると、いつでも信長は軽々しく出陣する。そのような時、信広が出陣すると清洲の町中を通る。すると、城の留守番に置かれている佐脇《さわき》藤右衛門が必ず出てきて接待をするので、次の機会にも必ずいつものように出てくるだろう。その時、佐脇を殺害

1 美濃＝斎藤義龍

させ、混乱に乗じて城を乗っ取り、合図の煙を上げよう。それを見たら、すぐに美濃勢は川を渡り、近くまで攻め込むがよい。信広も軍勢を出し、信長の味方のふりをしていて、合戦になったら信長勢を後方から攻めよう」と謀議して、盟約したのである。

美濃勢がいつもより気合を抜いた様子で川岸付近に集結した、との報告があった。そこで信長は「さては家中に謀反があるのだな」と考え、「佐脇は城を絶対に出てはならぬ。町人も町の外郭を警備し、城門を閉めて、信長が帰陣するまで人を入れるな」と言いおいて出陣した。

信長の軍勢が出て行ったことを信広は聞き、手兵を残らず率いて清洲へ出陣した。しかし、「信広殿が到着」と申し入れても、中へ入れてくれない。信広は「謀反が知れたか」と不審に思い、急いで撤退した。美濃勢も退去した。信長も帰陣した。

信広が敵対行為を開始し、信長と戦いを始めてからすでに久しい。信長が苦労している時、助ける者は稀であった。このように、信長はただ一人集中攻撃を受ける立場になったけれども、たびたび手柄を立てた屈強の侍衆が七、八百人も肩を並べていたので、合戦に臨んで一度も不覚をとったことはなかった。

27 踊り

ある年の七月十八日、信長は踊り[1]を開催した。

1 踊り＝仮装踊り、盆踊り

一、赤鬼になったのは平手内膳《ないぜん》の家来衆。
一、黒鬼には浅井備中守の家来衆。
一、餓鬼には滝川一益《たきがわかずます》の家来衆。
一、地蔵には織田信張《のぶはる》の家来衆。
一、前野長康・伊東夫兵衛《いとうぶへえ》・市橋利尚《いちばしとしひさ》・飯尾定宗《いいのおさだむね》は、それぞれ弁慶になった。弁慶になった者たちは、特に器用に扮装した。
一、祝重正《はふりしげまさ》は鷺《さぎ》になった。よく似合っていたそうである。
一、信長は天人の扮装をして、小鼓を打ち、女踊りをした。
津島《つしま》(2)では堀田道空の邸の庭でひと踊りして、それから清洲へ帰った。

津島五カ村の年寄たちが清洲へやってきて、踊りの返礼をした。これまた結構だったことはいうまでもない。信長は年寄たちを身近に召し寄せて、「これはひょうきんだ」とか「似合っていた」などと、それぞれにうちとけて親しく言葉をかけ、もったいなくも団扇《うちわ》であおいでやったり、「お茶を飲まれよ」とすすめたりした。ありがたいことで、年寄たちは炎天下での苦労を忘れ、みな感涙を流して帰って行った。

28 駿河勢、鳴海へ進出

熱田から一里(1)東の鳴海《なるみ》(2)の城には山口教継《のりつぐ》を入れておいた。この人は武勇の人だが、あ

2 津島＝愛知県津島市

1 一里＝約三・九キロメートル

ざとい人物だった。以前から信長に反逆を企て、[3]駿河勢を引き入れ、隣の[4]大高《おおたか》の城・[5]沓懸《くつかけ》の城両城とも計略を用いて乗っ取った。この三城は並べてみると鼎《かなえ》の三本足のような位置にあり、三カ所どこへも距離は一里ずつである。

鳴海の城には駿河から岡部元信《おかべもとのぶ》が城代《じょうだい》として派遣されて立て籠もり、大高の城・沓懸の城にも守備の兵をたっぷりと入れた。その後しばらくして、今川義元は山口教継・教吉父子を駿河に呼び寄せ、今川方に忠勤を励んだ褒美は与えずに、無情にも親子ともども切腹させてしまった。

信長は、尾張の国半分は支配することができるはずなのだが、[6]河内《かわうち》一帯は[7]二の江の入《にゅう》道《どう》服部友定が奪って信長の手中に属さず、[8]智多《ちた》郡には駿河勢が侵入し、残りの二郡も乱世のことであるから、確実には信長の支配に従ってはいない。このような情況であったから、信長は万事につけて不本意なことが多かった。

2 鳴海＝名古屋市緑区
3 駿河勢＝今川義元の軍勢
4 大高＝名古屋市緑区
5 沓懸＝沓掛、愛知県豊明市
6 河内＝木曾川・長良川河口地帯
7 二の江＝荷之上、弥富市
8 智多郡＝愛知県知多郡

29 織田信行を謀殺

信長の弟信行《のぶゆき》は、竜泉寺を城に改造した。上の郡岩倉の織田信安《のぶやす》と共謀して、信長の直轄領篠木三郷が収穫の良い土地なので、これを奪おうと企んだ。

信行の男色の相手に津々木蔵人《つづきくらんど》という者がいた。家中の評判の良い侍たちは皆、津々木の配下に付けられた。津々木は勝ち誇って思い上がり、柴田勝家《しばたかついえ》をないがしろに扱った。柴田は無念に思い、信行がまたもや謀反を企んでいる旨を、信長に告げた。

それ以来、信長は病気のふりをして、いっさい外へ出なかった。「御兄弟の間なのですから、信行殿はお見舞いに行った方がよいでしょう」と、母と柴田勝家が勧めたので、信行は清洲へ見舞いに出かけた。

[1]〔弘治三年〕十一月二日、信長は河尻・青貝に命じて、清洲城北櫓天守次の間で、信行を殺害させた。この時の忠節によって、[2]のちに[3]越前という大国を柴田勝家に与えたのである。

1 弘治三年＝一五五七年
2 のちに＝天正三年、巻八(9)
3 越前＝福井県東部

30 浮野の合戦

清洲から岩倉へは(1)三十町足らずであろう。正面から攻めると要害に突き当たるので、〔(2)永禄《えいろく》元年〕七月十二日、信長は(3)三里北、岩倉の背後へ迂回し、足場のよい方向から(4)浮野というところに軍勢を配備し、足軽に攻撃させた。(5)岩倉方からは、兵三千ほどが悠々と出撃してきて応戦した。(6)午《うま》の刻から、信長勢は南東へ向かって切りかかり、数刻戦って追い崩した。

この時、(7)浅野という村に林弥七郎という武士がいた。有名な弓の巧者である。弓を持って退こうとするのを、鉄砲の名人である橋本一巴《はしもといっぱ》が追いかけた。旧知の間柄であったので、林弥七郎が一巴に「助けてはやれないぞ」と言った。一巴も「わかっている」と答えた。林は、あいかという(8)四寸ほどもある矢尻を着けた矢をつがえ、向き直るや、一巴の脇の下へ深々と射立てた。もちろん一巴も、弾丸二発を込めた鉄砲を肩に当てて放ったから、林も倒れ伏した。

それを見て、信長のお小姓衆佐脇良之《さわきよしゆき》が走り寄り、林の首を取ろうとするのを、林は腰も立てずに大刀を引き抜いて、佐脇良之の左の肘を鎧《よろい》の小手《こて》ごと切り落とした。佐脇はひるまず掛かり向かい、ついに林の首を取った。しかし、林弥七郎の弓と大刀の手練は見事であった。

こうして、その日、信長は清洲へ軍勢を収め、翌日、首実検をした。屈強な侍の首数、

1 三十町＝約三・三キロメートル
2 永禄元年＝一五五八年
3 三里＝約一二キロメートル
4 浮野＝愛知県一宮市
5 岩倉方＝信安の子織田信賢
6 午の刻＝正午前後
7 浅野＝一宮市
8 四寸＝約一二センチメートル

千二百五十以上もあった。

31 丹羽兵蔵の忠節

〔(1)永禄二年〕信長は上洛《じょうらく》することを急に発表し、随行の者八十人を指名して、上洛した。京都・奈良・堺を見物して、将軍足利義輝《あしかがよしてる》に謁見し、数日在京した。このたびの上洛こそ晴れの舞台と意気ごんで、装いを凝《こ》らし、金銀飾りの大刀を誇らかに差した。お供の衆も皆金銀飾りの刀であった。

清洲の那古野弥五郎の家来に、丹羽兵蔵《にわひょうぞう》という機転のきく者がいた。信長の一行とは別に京都へ上ったのだが、途中で、ひとかどの人物らしく見える五〜六人とその他、合わせて三十人ばかりの一団が上洛するのに出会った。(2)志那《しな》の渡しで、彼らが乗った舟に同船した。「どこの国の者か」と尋ねられたので、兵蔵は「三河の国の者です。尾張の国を通って来たのですが、あの国では信長公の威勢に遠慮して、皆ひっそりとしている様子でしたので、私も自重して通り抜けて来ました」と答えた。すると彼らのなかの一人が、「(3)上総介の運も、そう長くはあるまい」と言った。

彼らはいかにも人目を忍ぶ様子であった。言うことも怪しいので、兵蔵は不審に思い、気をつけて、彼らが泊まった近くに宿をとり、一行のなかの小利口そうな童を手なずけて仲良くなり、「あの人たちは湯治《とうじ》にでも行くのか。誰なのか」と聞いてみた。童は、兵蔵が三河の

1 永禄二年＝一五五九年
2 志那の渡し＝琵琶湖、滋賀県草津市
3 上総介＝信長

国の者だと言ったのに気を許して、「湯治ではありません。美濃の国から大事な御用を言いつけられて、上総介殿を討ち取りに上洛するのです」と答えた。彼らの名は、小池吉内・平美作《みまさか》・近松頼母《たのも》・宮川八右衛門・野木次左衛門・その他ということであった。

夜、供の衆にまぎれて主だった人物たちに近づき、話を盗み聞きすると、「将軍の御決心さえついて、その宿の者に命令してくだされば、鉄砲で撃つのには何の面倒もあるまい」と言っていた。

翌日、兵蔵は急いで先まわりをし、京都への入り口で見張っていると、まもなく夜になってから彼らも京都に着き、(4)二条の蛸薬師《たこやくし》の近くに宿をとった。夜中に、その宿の左右の門柱を削って目じるしを作った。それから信長の宿を尋ねてみたら、(5)上京《かみぎょう》室町通りの裏辻にあるということだった。

信長の宿所を探し当てて門口を叩くと、番の者がいた。「国もとからお使いに参りました。至急の用件でございます。金森《かなもり》殿か蜂屋《はちや》殿にお目にかかりたい」と言った。二人が出て来て会ってくれたので、右の次第を逐一丁寧に報告した。

金森長近《ながちか》と蜂屋頼隆《よりたか》がただちに信長に報告すると、信長は丹羽兵蔵を召し寄せ、「彼らの宿を見極めておいたか」と尋ねた。「二条蛸薬師近くの宿に、全員一緒に入っております。宿の門柱を削っておきましたので、間違えることはございません」と答えた。それから相談をするうちに、夜も明けた。

信長は、「その美濃衆は金森が見知っている者どもなら、早朝、その宿に行ってみよ」と命じた。金森は兵蔵を連れて例の宿へ行き、裏からつっと入って、一同に会った。「昨夜あな

4 二条＝京都市中京区
5 上京室町通り・小川表・立売＝京都市上京区

た方が上洛なさったことは、信長公も御存知ですから、こうして私が来たのです。信長公に御挨拶に行きなさい」と言った。信長が知っていると聞いて、彼らは顔色を変えて仰天した。

翌日、美濃衆は[5]小川表へ行った。信長も、[5]立売《たちうり》から小川表を[6]見物ということで出かけた。ここで彼らに対面して、話しかけた。「お前たちはこの上総介を討つために上洛したのだ、と聞いたぞ。未熟者の分際で信長を付け狙うとは、かまきりが鎌を振り上げて馬車に立ち向かうようなものだ。できるものか。それとも、ここでやってみるか」と詰問《きつもん》したので、六人の者たちは進退に窮してしまった。

京の町衆、口さがない連中は、信長の言動を二通りに評した。「一城の主の言葉には似つかわしくない」と言う者もいた。また、「若い人にはふさわしい」と言う者もいた。

数日後、信長は[7]守山まで下った。翌日は雨降りであったが夜明け方に出発し、[8]相谷《あいたに》から[9]八風峠《はっぷとうげ》を越え、清洲まで[10]二十七里を急ぎ、夜中過ぎ、[11]寅《とら》の刻に清洲へ帰城した。

6 見物＝立売・小川表には役所・寺院・呉服店などが集中していた。
7 守山＝滋賀県守山市
8 相谷＝東近江市、旧神崎郡永源寺町
9 八風峠＝鈴鹿山脈、三重県三重郡菰野町切畑へ下る峠
10 二十七里＝約一〇六キロメートル
11 寅の刻＝午前四時前後

32 岩倉城を攻略

〔永禄二年三月〕信長は岩倉へ攻め寄せた。町に放火して城をはだか城にし、四方に堅固な[1]鹿垣《ししがき》を二重三重に立て廻して、交替の兵を配備して包囲した。二、三カ月近々と陣を据えて、火矢・鉄砲を撃ち込み、さまざまに手を替えて攻めた。岩倉方は守りきれないと判断して、城を明け渡し、将兵は散り散りに退去した。

1 鹿垣＝柵

その後、信長は岩倉の城を破壊し、清洲の居城に帰陣した。

33 天沢和尚の話

その頃、天沢《てんたく》という天台宗の和尚がいた。[1]一切経《いっさいきょう》を二度読んだという高僧である。

ある時、関東へ下る途中、[2]甲斐《かい》の国で、「[3]信玄《しんげん》公に御挨拶してお行きなさい」と役人が言ったので、武田信玄に会って挨拶をした。信玄はまず「和尚はどちらのお方か」と生国を尋ねた。「尾張の国の者です」と答えると、何郡かと尋ねられた。「信長公の居城清洲から[4]五十町東、春日井原のはずれ、[5]味鏡《あじま》という村の天永寺という寺に住持《じゅうじ》しております」と答えた。「信長殿の様子をありのまま、残らずお話しください」と言われたので、次のように話した。

「信長公は毎朝、馬の調練をなさいます。また鉄砲の練習をなさいますが、師匠は橋本一巴《はしもといっぱ》です。市川大介を招いて弓の稽古をなさいます。ふだんは平田三位《さんみ》という人を身辺に置いており、これは兵法の師匠です。しばしば鷹狩りをなさいます」と言った。

「そのほかに趣味は何かあるのか」と尋ねられた。「舞と小唄です」と答えると、「幸若舞《こうわかまい》の師匠が来るのか」と言った。

「清洲の町人で友閑《ゆうかん》という者をしばしば召し寄せて、お舞いになります。『敦盛《あつもり》』を一番舞うほかは、お舞いになりません。『[6]人間五十年、下天《げてん》の内をくらぶれば、夢幻《ゆめまぼろし》のごとくな

1 一切経＝仏教聖典のすべて
2 甲斐＝山梨県
3 信玄＝武田晴信、大膳大夫
4 五十町＝約五・五キロメートル
5 味鏡＝味鋺、名古屋市北区
6 人間五十年云々＝人の一生は五十年。仏教でいう化楽天の時間に換算すれば、夢か幻のように短くはかないものだ。

り』これをうたいなれてお舞いになります。また、小唄を好んでお歌いになります」と答えると、「変わったものが好きなのだな。それはどんな唄か」と信玄は言った。

「『⑺死のふは一定《いちじょう》、しのび草には何をしよぞ、一定かたりおこすよの』これでございます」と答えると、「ちょっとその真似《まね》をして見せよ」と信玄は言った。「出家の身ですから、歌ったこともございませんので、できかねます」と言ったが、是非にと言われたので真似をした。

34 天沢和尚の話 続

「鷹狩りのときは、二十人に鳥見《とりみ》の衆というのを命じ、二、三里も先へ行って、あそこの村、ここの在所に雁がいる、鶴がいるというと、一人はその鳥を見張っており、一人は報告することになっています。

また六人衆というのを決めています。弓三張の者は、浅野長勝・太田《おおた》牛一《ぎゅういち》・堀田孫七、以上。槍三本の者は、伊東清蔵・城戸《きど》小左衛門・堀田左内、以上。この人たちは常に信長公の身辺に控えております。

馬乗りというのが一人、山口太郎兵衛という者が、藁《わら》に虻《あぶ》を付けて、鳥の周囲をそろりそろりと乗り廻し、次第次第に近寄ります。信長公は鷹を手に据えて、鳥に見付けられないように、馬の陰に隠れて近づき、走り出て鷹を放ちます。向かい待ちという役を決め、これには鍬《くわ》を持たせて農夫のような真似をさせ、田を打つふりをさせておき、鷹が鳥につかみか

7 死のふは一定云々＝死は必ず訪れる。死後、私を思い出してもらうよすがとして何をしておこうか。きっとそれを頼りに思い出を語ってくれるだろう。

かって組み合いになった時、向かい待ちの者が鳥を押さえます。信長公はおじょうずで、たびたび鳥を獲ったと聞いております」

「信長殿は合戦上手だということだが、なるほど、そのとおりですな」と言って、武田信玄は感心した様子であった。「おいとまをいたします」と言うと、信玄に「帰りにも必ず立ち寄られよ」と言われて辞去して来たと、天沢和尚は語った。

35 鳴海城を包囲して砦を築く

尾張の国のなかに今川義元《いまがわよしもと》の軍勢が侵入してきたので、信長は、「これは大事になるぞ」と胸中深く覚悟をしたということである。

駿河勢が占領している鳴海(1)の城は、南側は黒末川《くろずえがわ》(2)というが、川というより入り海で、潮の干満は城の足元にまで及ぶ。城の東は谷が続き、西はまた泥深い田である。北から東へかけては山続きである。

城から二十町(3)離れて、丹下《たんげ》(4)という古屋敷がある。信長はこれを砦として整備し、水野帯刀《たてわき》・山口守孝・柘植玄蕃頭《つげげんばのとう》・真木与十郎・真木宗十郎・伴《ばん》十左衛門尉を配備した。東に善照寺《ぜんしょうじ》(4)という旧跡がある。これを要害に造って、佐久間信盛《さくまのぶもり》・弟信直《のぶなお》を置いた。南に中《なか》島《じま》(4)という小さな村がある。これを砦にして、梶川高秀《かじかわたかひで》を置いた。黒木の入り海の向こうに、鳴海・大高《おおたか》(4)両城の間を遮断するため砦を二カ所築き、丸根山《まるねやま》(4)には佐久間盛重《さくまもりしげ》を置き、鷲《わし》(4)

1 鳴海＝名古屋市緑区
2 黒末川＝天白川支流、扇川
3 二十町＝約二・二キロメートル
4 丹下・善照寺・中島・大高・丸根山・鷲津山＝名古屋市緑区

津《つ》山には織田秀敏と飯尾定宗父子を入れた。

36 桶狭間の合戦

〔(1)永禄三年〕五月十七日、今川義元《いまがわよしもと》は(2)沓懸《くつかけ》に陣を構えた。

「今川方は十八日夜に大高の城へ兵糧《ひょうろう》を補給し、織田方の援軍が来ないうちに十九日朝の潮の干満を考えて、わが方の砦を攻撃すること確実との情報を得た」旨、十八日夕刻になってから、佐久間盛重・織田秀敏から信長に報告した。

しかし、その夜の信長と家老衆との談話には、作戦に関する話題は少しも出ず、いろいろ雑多な世間話だけで、「さあ、夜も更《ふ》けたから帰宅してよいぞ」と退出の許可が出た。家老たちは「運の尽きる時には知恵の鏡も曇るというが、今がまさにその時なのだ」と、皆で信長を評し、嘲笑しながら帰った。

予想どおり、夜明け方、佐久間盛重・織田秀敏から「すでに鷲津山・丸根山の両砦は今川方の攻撃を受けている」との報告が入った。

この時、信長は「敦盛《あつもり》」の舞を舞った。「人間五十年、下天の内をくらぶれば、夢幻のごとくなり。ひとたび生を得て、滅せぬ者のあるべきか」と歌い舞って、「法螺貝を吹け、武具をよこせ」と言い、鎧《よろい》をつけ、立ったまま食事をとり、兜《かぶと》をかぶって出陣した。

この時従ったのは、お小姓衆の岩室長門守《いわむろながとのかみ》・長谷川橋介・佐脇《さわき》良之・山口飛驒守・賀藤《かとう》弥

1 永禄三年＝一五六〇年
2 沓懸＝沓掛、愛知県豊明市

三郎。これら主従六騎、熱田まで(3)三里を一気に駆けた。(4)辰《たつ》の刻に(5)上知我麻《かみちかま》神社の前から東を見ると、鷲津・丸根の両砦は陥落したらしく、煙が上がっていた。この時点で信長勢は、騎馬六騎と雑兵《ぞうひょう》二百人ほどであった。海岸沿いに行けば距離は近いが、潮差し満ちて馬の足に不便なので、熱田から上手《かみて》の道を飛ばしに飛ばして駆けとおし、まず丹下の砦へ行き、次に善照寺の佐久間信盛が居陣する砦へ行き、将兵を集結させ、陣容を整えて、戦況を見きわめた。

敵、今川義元は四万五千の兵を率い、(6)桶狭間山《おけはざまやま》で人馬に休息を与えていた。五月十九日(7)午《うま》の刻、義元は北西に向かって陣を張り、「鷲津・丸根を攻め落とし、満足これに過ぎるものはない」と言って、謡《うたい》を三番うたったそうである。

このたびの合戦に(8)徳川家康《とくがわいえやす》は、朱色の武具をつけて今川方の先陣をつとめた。大高城へ兵糧を補給し、鷲津・丸根攻めに手を焼き苦労したので、人馬に休息をとらせて大高に陣を据えていた。

信長が善照寺まで来たのを知って、佐々政次《さっさまさつぐ》・千秋季忠《せんしゅうすえただ》の二将が兵三百ほどを率いて今川勢に向かい、勇躍して突き進んだところ、敵方からもどっと攻めかかってきて、槍の下で千秋季忠・佐々政次をはじめとして五十騎ほどが討ち死にした。これを見て義元は、「義元の矛先《ほこさき》には天魔・鬼神もかなうものか。よい心持ちだ」と喜んで、悠々と謡をうたい、陣を据えていた。

信長は戦況を見て、中島へ移動しようとしたところ、「中島への道は両側が深田で、足を踏み込めば動きがとれず、一騎ずつ縦隊で進むしかありません。軍勢少数であることを、敵

3 三里＝約一二キロメートル
4 辰の刻＝午前八時前後
5 上知我麻神社＝名古屋市熱田区
6 桶狭間＝豊明市〜名古屋市緑区
7 午の刻＝正午前後
8 徳川家康＝当時は松平元康

方にはっきりと見られてしまいます。もってのほかでございます」と、家老衆が信長の馬の轡《くつわ》に取りついて、口々に言った。しかし信長は、これを振り切って中島へ移動した。この時、信長勢は二千に満たない兵数であったという。

中島から、また将兵を出撃させた。この時は無理にすがりついて、信長自身の出撃を止めたのだが、ここで信長は言った。「皆、よく聞けよ。今川の兵は、宵に腹ごしらえをして夜どおし行軍し、大高へ兵糧を運び入れ、鷲津・丸根に手をやき、辛労して疲れている者どもだ。こっちは新手の兵である。しかも、『少数の兵だからといって多数の敵を恐れるな。勝敗の運は天にある』ということを知らぬか。敵が掛かってきたら引け、敵が退いたら追うのだ。何としても敵を練り倒し、追い崩す。たやすいことだ。敵の武器など分捕るな。捨てておけ。合戦に勝ちさえすれば、この場に参加した者は家の名誉、末代までの高名であるぞ。ひたすら励め」

こう言っているところへ、前田利家《まえだとしいえ》・毛利長秀・毛利十郎・木下嘉俊《きのしたよしとし》・中川金右衛門・佐久間弥太郎・森小介・安食《あじき》弥太郎・魚住隼人《はやと》、これらの者が手に手に敵の首を取って、持ってきた。これらの者にも、右の趣旨をいちいち言い聞かせた。

山ぎわまで軍勢を寄せた時、激しいにわか雨が石か氷をなげうつように降りだした。北西を向いて布陣した敵には、雨は顔に降りつけた。味方には後方から降りかかった。沓懸の峠の松の根方に、二抱え三抱えもある楠《くす》の木が、雨で東へ降り倒された。あまりにも幸運なことに、「この合戦は熱田大明神の神慮による戦いか」と皆が言った。

空が晴れたのを見て、信長は槍をおっ取り、大音声《だいおんじょう》を上げて「それ、掛かれ、掛かれ」と叫ぶ。黒煙を立てて打ち掛かるのを見て、敵は水を撒《ま》くように後ろへどっと崩れた。弓・槍・鉄砲・幟《のぼり》・差し物、算を乱すとはこのことか。義元の朱塗りの輿《こし》さえ打ち捨てて、崩れ逃げた。

「義元の旗本はあれだ。あれに掛かれ」と信長の下知《げち》。未《ひつじ》の刻(9)、東へ向かって攻めかかる。敵は、初めは三百騎ばかりが丸くなって、義元を囲んで退いたが、二、三度、四度、五度と引き返し、打ち合い切り合ううちに、次第次第に人数が減り、ついには五十騎ほどになった。

信長も馬を下り、若武者どもと先を争うように、突き伏せ、突き倒す。頭に血がのぼった若武者ども、乱れ掛かって鎬《しのぎ》を削り、鍔《つば》を割り、火花を散らし、火焔を降らす。乱戦だが、敵味方の区別は、旗差し物の色で知れた。ここで、信長のお馬廻り・お小姓衆の歴々、負傷・討ち死にした者、数も知れない。

服部春安は義元に打ちかかり、膝口を切られて倒れ伏す。毛利良勝は、義元を切り伏せて首を取った。後日、「これもひとえに、先年(10)、清洲の城で守護(11)が攻め殺された時、毛利十郎が幼君を一人保護して助けた、その冥加《みょうが》がここに現れて、義元の首を取れたのだ」と人々が噂した。

今川勢は運の尽きた証拠だろうか。桶狭間というところは狭く入り組んで、深田に足をとられ、草木が高く・低く茂り、この上もない難所であった。深い泥田へ逃げ込んだ敵は、そこを抜け出せずに這いずりまわるのを、若武者どもが追いかけ追い着き、二つ、三つと手に手に首を取り持って、信長の前へ持参した。「首はどれも清洲で検分する」と信長は言い、義元の首だけはここで見て、満足この上もなかった。

9 未の刻＝午後二時前後
10 先年＝天文二十三年
11 守護＝故斯波義統

出陣してきた時の道を通って、清洲へ帰陣した。

話はさかのぼるが、信長の父織田信秀は、山口教継《のりつぐ》・教吉《のりよし》父子に長年目をかけてやり、鳴海に居城させた。思いがけず信秀が死ぬと、山口父子は間もなく厚恩を忘れて信長に敵対を企て、今川義元に忠義立てをして居城鳴海へ今川勢を引き入れ、ために智多《ちた》郡[12]は義元の手に属した。その上、愛智《あいち》郡[13]へ押し入り、笠寺[14]というところに砦を構え、岡部元信・葛山長嘉・浅井小四郎・飯尾顕茲・三浦義就《よしなり》を在城させた。鳴海には息子山口教吉を入れておき、笠寺[14]の隣、中村[14]の郷を砦に改造し、山口教継が居陣した。このように重ね重ね忠節を尽くしたのに、義元は駿河へ教継・教吉両人を呼び出し、褒美は少しも与えず、無情にも問答無用と切腹させてしまった。

世は末世だというけれど、今も日月は厳然と天にあり、正邪を明らかにしている。今川義元は山口教継の在所へきて、鳴海に四万五千の大軍をなびかせたが、それも役に立たず、千分の一[15]の信長勢、わずか二千そこその軍勢に打ちたたかれ、逃げるところを討たれて死んだ。あさましい巡り合わせというか、因果《いんが》は歴然、善悪二つの道理は明らかで、天道に背《そむ》くと恐ろしいことになるものである。

山田新右衛門という者は、本国は駿河の者である。義元が特に目をかけていた。義元討ち死にの由を聞いて、馬を乗り返して戦い、討ち死にした。「命は義に依りて軽し」[16]というのは、全くこのようなことをいうのである。二俣《ふたまた》[17]の城主松井宗信《まついむねのぶ》、および松井の一門・一党二百人は枕を並べて討ち死にした。この合戦で、名のある武士多数が討ち死にした。

ところで、河内《かわうち》二の江の入道、うぐいら[18]の服部友定は、義元に味方するといって、軍船

12 智多郡＝愛知県知多郡
13 愛智郡＝愛知県愛知郡
14 笠寺・中村＝名古屋市南区
15 千分の一＝約二十分の一
16 命は義に依りて軽し＝道義を遵守するためには命を捨てても惜しくはない。
17 二俣＝静岡県浜松市、旧天竜市
18 うぐいら＝鯏浦、愛知県弥富市

千艘ばかり、海上に蜘蛛《くも》の子を散らしたように並べ、大高城の下、黒末川の河口まで乗り入れたが、格別の働きもなく引き返した。帰りがけに熱田の港に船を着け、遠浅《とおあさ》の浜から上陸して、町口に火を掛けようとした。熱田の町人たちが、これを引きつけておいてどっと攻めかかり、数十人を討ち取ったので、仕方なく河内へ引き揚げて行った。

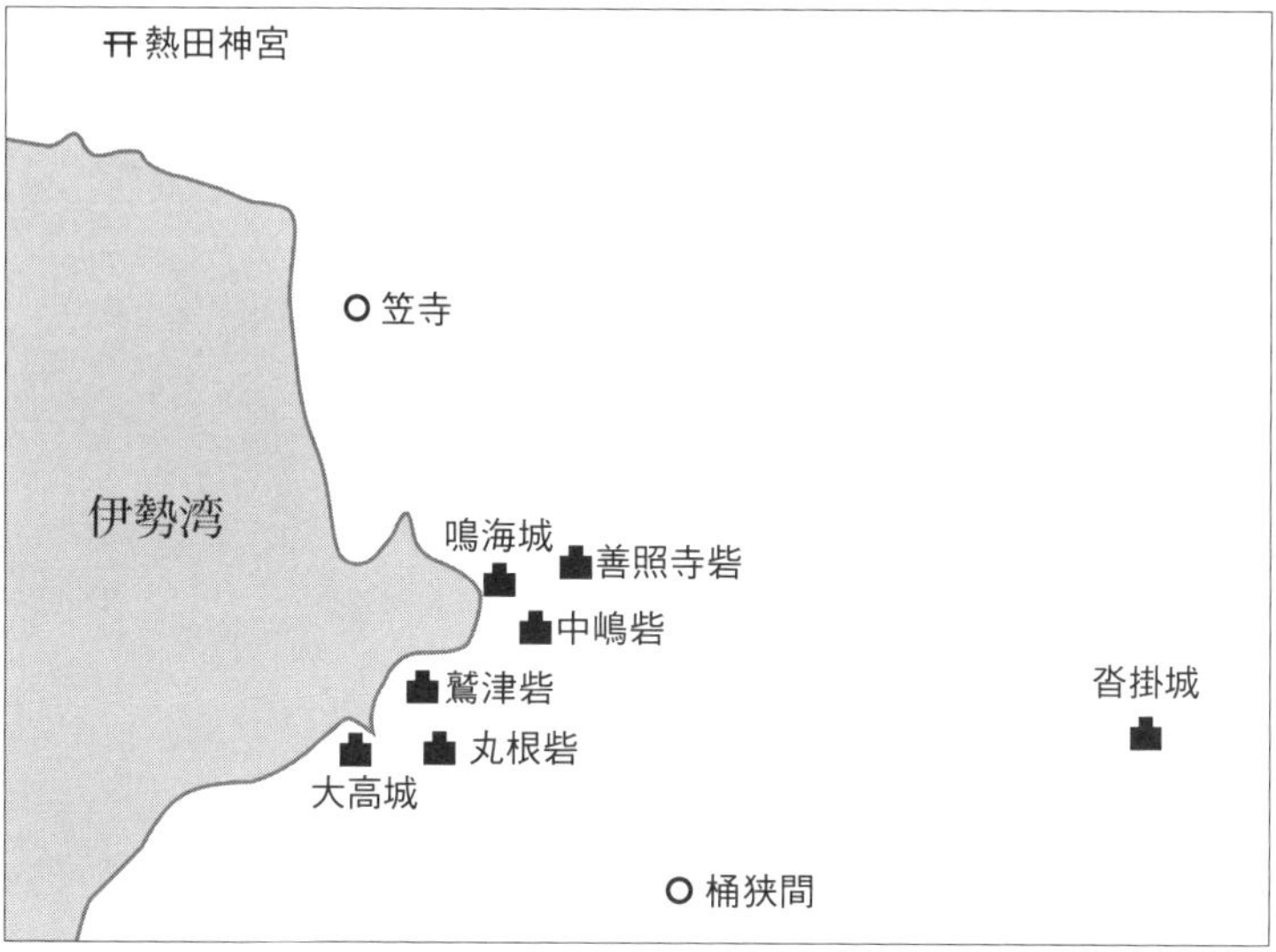

　信長は、馬の先へ今川義元の首を掲げさせ、急いで帰陣したので、まだ日のあるうちに清洲に到着した。翌日、首実検をした。首の数は三千余りあった。

　ところで、義元が使っていた鞭《むち》と弓懸《ゆがけ》(19)を持っている同朋衆《どうぼうしゅう》を、下方《しもかた》九郎左衛門という者が生け捕りにして差し出した。信長は「近頃珍しい手柄である」と言って褒美を与え、上機嫌であった。その同朋に、義元討ち死に前後の状況を尋ね、多くの首の一々に誰々と見知っている名前を書き付けさせた。

　この同朋には金銀飾りの大刀・脇差を与え、義元の首を持たせて駿河へ送り返した。これには十人の僧を選んで従わせた。

19　弓懸＝弓を射る時の革手袋

清洲から二十町[20]南、須賀口[21]の熱田へ通じる街道に、信長は義元塚というのを築かせた。

ここで供養のために千部経を読経させ、大きな卒塔婆《そとば》を立てた。

このたび義元を討ち取った際に義元が常に差していた秘蔵の名刀、左文字《さもんじ》[22]の刀を、信長は召し上げ、何度も試し切りをして、常に差すことにした。この合戦に勝った手柄は、いうまでもないことである。

さて、鳴海の城には岡部元信が立て籠もっていたが、降参したので一命は助けてやった。

敵方は、大高城・沓懸城・池鯉鮒《ちりゅう》[23]城・鴫原《しぎはら》[24]城とも五カ所、同じく城を明け渡して退去した。

20 二十町＝約二・二キロメートル
21 須賀口＝須ケ口、清須市
22 左文字＝刀工の流派名
23 池鯉鮒＝知立、愛知県知立市
24 鴫原＝重原、知立市

37 徳川家康、岡崎城に帰還

徳川家康《とくがわいえやす》は三河[1]岡崎[2]の城に立て籠もり、そこを居城とした。

翌年[3]四月上旬、信長は三河の梅ガ坪[4]の城を攻めた。敵を追い詰め、麦畠を薙《な》ぎ払った。

しかし、敵方からも屈強な射手どもが城を出て懸命に応戦し、足軽合戦となって、前野義高が討ち死にした。

この合戦で平井長康は巧みに矢を射たので、敵の城中からも称賛されて矢を贈られた。信長も感嘆し、豹の皮の大靫《うつぼ》[5]と芦毛《あしげ》の馬を褒美として与えた。名誉の至りであった。

信長は野営をし、そこから高橋郡[6]を攻めた。端から火を放ち、敵を追い詰め、麦畠を薙ぎ払い、ここでも矢戦があった。次いで加治屋村を焼き払い、また野営をした。翌日また、

1 三河＝愛知県東部
2 岡崎＝愛知県岡崎市
3 翌年＝永禄四年、一五六一年
4 梅ガ坪＝豊田市
5 靫＝矢を入れる武具

(6)伊保《いぼ》の城を攻めた。麦畠を薙ぎ払い、そこからすぐに(7)矢久佐《やくさ》の城を攻めた。麦畠を薙ぎ払って帰陣した。

6 高橋郡・伊保＝豊田市
7 矢久佐＝八草、豊田市

38 尾張の守護を追放

尾張の国境近く、海岸に近いところに石橋某の屋敷があった。河内の服部友定は駿河勢を海上から引き入れようとし、さらに吉良義昭・石橋某・斯波義銀が共謀して、信長に謀反することを企んだ。このことが家臣のなかから洩れ聞こえてきたので、信長はすぐさま(1)三人を国外へ追放した。

1 三人＝服部・石橋・斯波

39 森辺の合戦

〔永禄四年〕五月十三日、信長は木曾川・(1)飛驒川の舟渡し三カ所を越え、西美濃へ侵攻した。その日は(2)勝村《かち》に陣を張った。翌十四日は雨が降ったが、敵(3)斎藤龍興《さいとうたつおき》は(4)洲《す》の俣《また》から、長井甲斐守・日比野清実《ひびのきよざね》を大将として(5)森辺《もりべ》方面へ軍勢を出した。信長は、「天の与えてくれた好機」と言って、(6)楡俣《にれまた》の川を渡って戦いを挑み、合戦となった。槍を打ち合って数時間戦い、長井甲斐守・日比野清実をはじめとして百七十人余りを討ち取った。

1 飛驒川＝長良川
2 勝村＝岐阜県海津市
3 斎藤龍興＝義龍の子
4 洲の俣＝墨俣、大垣市、旧安八郡墨俣町
5 森辺＝森部、安八郡安八町
6 楡俣＝安八郡輪之内町

ここに哀れなことがあった。ある年、近江猿楽《さるがく》の一座が美濃へやってきた。そのなかに若衆[7]が二人いた。一人は甲斐守が、一人は清実が手もとに引き止めておいたのだが、この合戦で二人とも手に手をとって、それぞれ主従枕を並べて討ち死にした。

長井甲斐守は津島の服部平左衛門が討ち取った。日比野清実は津島の恒河《つねかわ》久蔵が討ち取った。神戸《かんべ》将監《しょうげん》は津島の河村久五郎が討ち取った。首二つを前田利家が討ち取った。二人のうちの一人は、日比野清実の家来で、足立六兵衛という者である。これは美濃の国では「首取り足立」と呼ばれている、有名な荒武者であるが、清実と一つ所で討ち死にした。

前田利家《まえだとしいえ》は、以前、信長から譴責《けんせき》処分を受けて、この時はまだ出仕《しゅっし》を許されていなかった。今川義元との合戦でも、朝の戦いで首一つ、敵方総崩れの際にも首二つを取って提出したが、それでも出仕を許されなかった。このたびの手柄によって、前田利家は赦免された。

40 十四条の合戦

永禄四年[1]五月上旬、信長は木曾川・飛驒川の大河を越え、西美濃へ侵攻した。村々を焼き払い、その後、洲の俣に堅固な砦を築いて駐留した。

五月二十三日、敵は井口《いのくち》[2]から大軍を繰り出し、十四条[3]という村に陣を構えた。ただちに洲の俣から出撃し、足軽部隊の戦いとなったが、朝方の合戦で味方の瑞雲庵の弟が討たれ、撤退した。

7 若衆＝男色の相手をする者

1 五月上旬＝十三日、首巻(39)
2 井口＝岐阜市、稲葉山城
3 十四条・北軽海・西軽海＝岐阜県本巣市、旧本巣郡真正町

敵は勢いに乗じて[3]北軽海《きたかるみ》まで進出し、西向きに陣を布《し》いた。信長は駆け廻って情況を見、兵を[3]西軽海村へ移し、古宮の前に東向きに軍勢を配備して、対峙《たいじ》した。

足軽合戦となって、夜に入った。敵方、真木村牛介が先頭になって掛かってきたのを追い散らし、稲葉又右衛門を池田恒興《いけだつねおき》・佐々成政《さっさなりまさ》の二人が相討ちで討ち取った。夜戦となり、一方では敗れて逃げ去る者もあり、また一方では突き立てて掛かってくる者もあった。結局、敵方は夜の間に撤退してしまった。

信長は、夜の明けるまで陣を構えていたが、二十四日朝、洲の俣に帰陣した。のち、[4]洲の俣の砦は引き払った。

41 於久地城を攻撃

六月下旬、[1]於久地《おくち》へ出陣。お小姓衆が先駆けとなって城壁を打ち破り、攻め込んで、数時間散々に戦った。味方に十人ほど負傷者が出た。

信長の若衆として仕えていた岩室長門《いわむろながと》は、こめかみを突かれて討ち死にした。知らぬ者のない有能な人材だった。信長は長門の死をたいへん惜しんだ。

4 洲の俣の砦は引き払った＝墨俣に羽柴秀吉が〝一夜城〟を築くのは永禄九年。

1 於久地＝小口、愛知県丹羽郡大口町

42 小牧山に築城し移転

信長には優れた計略があった。清洲というところは、尾張の国の真ん中で富裕な土地柄であった。

ある時、身内の衆を全員同行させ、山中の高山、二の宮山[1]に上った。「この山に築城しよう」と言い出し、「皆ここへ家を移せ」と命令して、ここの峰は誰、あすこの谷は誰が家を造れ、と屋敷地の割り振りをした。その日は帰り、また再び出かけて行って、さらに先日の趣旨を命令した。「この山中に清洲の家を引っ越さなくてはならぬとは、難儀なことだ」と言って、上の者も下の者も大いに迷惑がった。

そのようなことがあった後、信長は今度は「小牧山《こまきやま》[2]に移ろう」と言い出した。小牧山へは麓まで川が続いており、家財道具を運ぶのに便利な土地である。皆わっと喜んで、移転[3]をした。これも最初からそう言い出したら、ここへ移転することを迷惑がったのは、二の宮山の場合と同じだったであろう。

小牧山は、すぐ隣に敵の於久地城というのが、二十町[4]ほど隔ててあった。小牧山に城がどんどん出来ていくのを見て、敵方は、於

1 二の宮山＝愛知県犬山市
2 小牧山＝小牧市
3 移転＝永禄六年、一五六三年
4 二十町＝約二・二キロメートル

久地城が小牧山の城から見下ろされることになり、守りきれないと判断して城を明け渡し、[5]犬山の城へ合流して立て籠もった。

43 犬山城両家老の忠節

この頃、犬山《いぬやま》城の家老和田定利、これは[1]黒田の城主、中島豊後守《ぶんごのかみ》、これは於久地の城主、この二人が信長に味方する旨を、丹羽長秀《にわながひで》を通じて申し入れてきた。

この二人の手引きで、丹羽長秀は犬山へ攻め込み、城をはだか城にした。四方から鹿垣《ししがき》を二重三重に結い巡らして[2]犬山城を包囲し、警固に当たった。

5　犬山＝犬山市、織田信清

1　黒田＝愛知県一宮市、旧葉栗郡木曾川町

2　犬山城を包囲＝永禄七年落城

44 加治田城、味方となる

ところで、敵、美濃方の城は、[1]宇留摩《うるま》城・[2]猿啄《さるばみ》城というのが並んで二カ所、[3]犬山の川向こうにあった。そこから[4]五里奥の山中、北美濃の[5]加治田《かじた》というところに、佐藤紀伊守・息子右近右衛門《うこんうえもん》という父子が居城していた。

[6]ある時、加治田の佐藤父子が岸良沢《きしりょうたく》を使者として派遣し、「信長公を一筋に頼りといたします」と、丹羽長秀を介して申し出た。信長はかねがね、美濃の国内に味方がほしいと願っ

1　宇留摩＝鵜沼、岐阜県各務原市

2　猿啄＝岐阜県加茂郡坂祝町

3　犬山の川向こう＝木曾川の対岸

4　五里＝約二〇キロメートル

ていた時のことであったから、喜ぶこと一通りではなかった。「まず兵糧を確保して、蔵に蓄えておきなさい」と言って、黄金五十枚を岸良沢に渡し、先方へ贈った。

45 伊木山に居陣

信長は、木曾川を越えて美濃の国へ侵攻した。

敵城宇留摩《うるま》の城主は大沢基康《おおさわもとやす》、隣の猿啄《さるばみ》の城主は多治見修理《たじみしゅり》といい、両城は木曾川に接近して、犬山の川向こうに並んで持ちこたえていた。

一方の城から(1)十町、他方の城から十五町離れたところに、(2)伊木山《いぎやま》という高山がある。信長はこの山に登って砦を堅固に造り、両城を見下ろして居陣した。

宇留摩の城は、信長がすぐ近くに陣を構えたので、とても守りきれないと判断して城を明け渡した。

猿啄の城は、木曾川に臨む高山にある。城の上に大ぼて山という、草木の茂った高所がある。(3)ある時、大ぼて山へ丹羽長秀が先駆けで攻め上り、兵を上らせて、猿啄城の給水源を占領した。上下から攻められて猿啄城はたちまち破綻《はたん》し、城兵は降参して退去した。

5 加治田＝加茂郡富加町
6 ある時＝永禄七年、一五六四年

1 十町＝約一キロメートル
2 伊木山＝岐阜県各務原市
3 ある時＝永禄七年、一五六四年

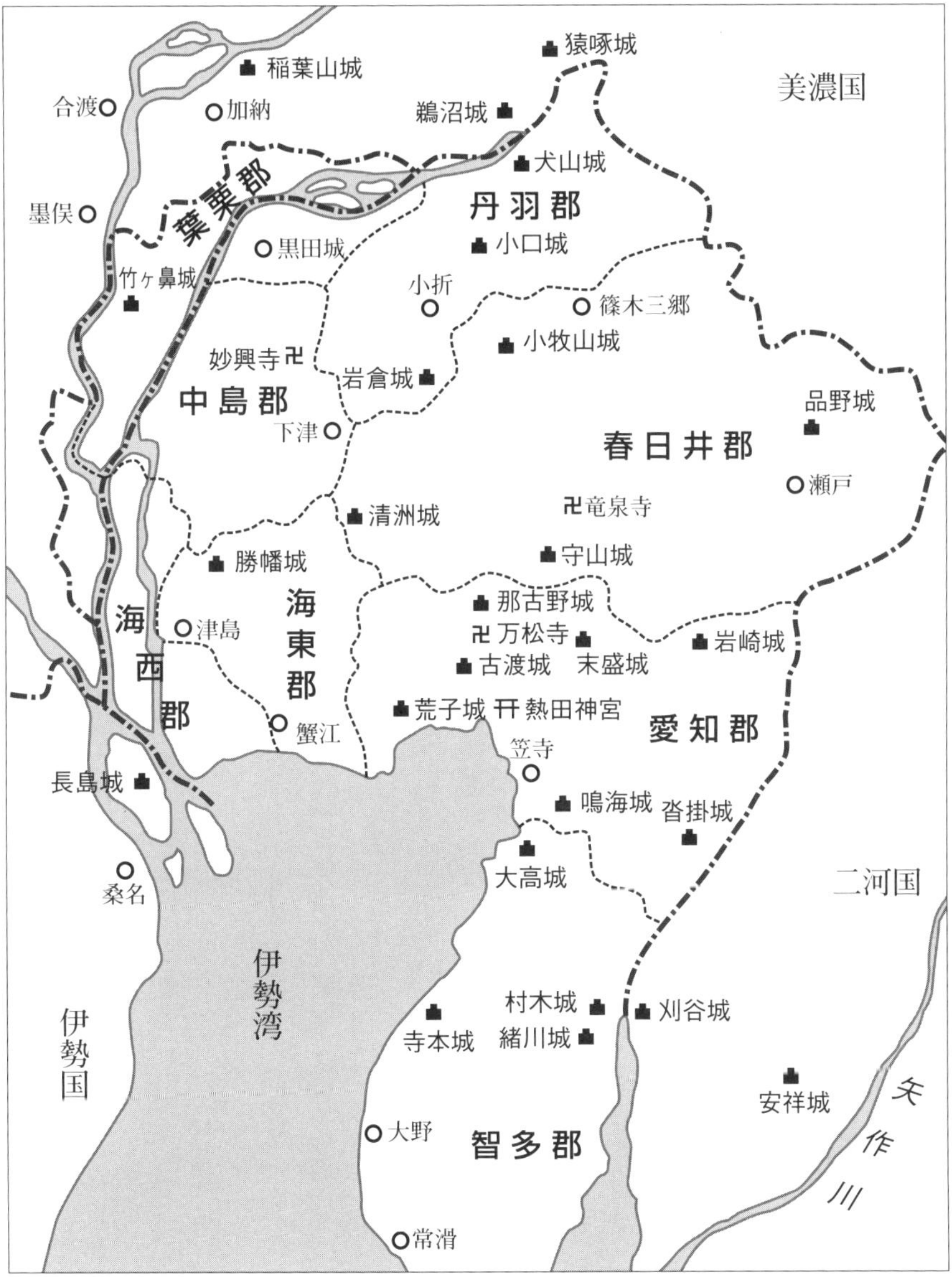
猿啄城
稲葉山城
美濃国
合渡
加納
鵜沼城
犬山城
葉栗郡
丹羽郡
墨俣
黒田城
小口城
竹ヶ鼻城
小折
篠木三郷
小牧山城
妙興寺
岩倉城
中島郡
品野城
下津
春日井郡
瀬戸
竜泉寺
清洲城
守山城
勝幡城
海東郡
那古野城
海西郡
津島
万松寺
末盛城
岩崎城
古渡城
荒子城
熱田神宮
愛知郡
蟹江
笠寺
長島城
鳴海城
沓掛城
大高城
二河国
桑名
伊勢湾
村木城
刈谷城
伊勢国
寺本城
緒川城
安祥城
矢作川
大野
智多郡
常滑

46 堂洞砦を攻撃

猿啄から(1)三里奥に加治田の城というのがあった。城主は佐藤紀伊守・息子右近衛門という父子が、織田方の味方となって居城していた。

美濃方の長井道利は、加治田を攻めようとして、(2)二十五町離れた(3)堂洞《どうほら》というところに砦を構え、岸勘解由左衛門《きしかげゆざえもん》と多治見一党を配備した。そして長井道利は、有名な鍛冶の村である(4)関《せき》というところから五十町離れた本陣に詰めていた。

このような情況から加治田が攻められると判断して、〔永禄七年〕九月二十八日、信長は出馬し、堂洞を包囲して攻撃した。三方が谷で、東方は丘続きである。その日は風が強く吹いていた。

信長は駆け廻って情況を見、「松明《たいまつ》を作り、持ちよって、塀ぎわに詰め寄ったら、四方から投げ入れよ」と命じた。一方、長井道利は織田勢を後ろから攻めようとして、堂洞砦の下二十五町の山下まで進出し、軍勢を配備したが、足軽さえも出撃させなかった。

信長は長井勢を迎え撃つ兵を別に配置しておいて、砦を攻めさせた。命令どおり松明を投げ入れ、二の丸を焼き崩したので、城内の敵は本丸に入って一団となった。この時、二の丸の入り口にある高い建物の上に太田牛一がただ一人で上がり、無駄矢もなく矢を射かけていたのを信長が見て、「小気味よい見事な働きである」と、三度も使いの者をよこした。称賛して、(5)知行《ちぎょう》を増やしてくれた。

1 三里＝約一二キロメートル
2 二十五町＝約二・七キロメートル
3 堂洞＝岐阜県加茂郡富加町～美濃加茂市
4 関＝関市
5 知行＝所領

午《うま》の刻に砦に取り付き、酉《とり》の刻まで攻め続けて、すでに暮れ方になった。河尻秀隆《かわじりひでたか》が本丸へ突入し、丹羽長秀が続いて突入したが、敵方、岸勘解由左衛門・多治見一党の働きぶりも並々ならぬものであった。しばしの戦いに城内の兵は入り乱れ、敵味方の見分けもつかないほどだったが、ついには大将格の者はみな討ち果たした。

その夜、信長は加治田へ行き、佐藤紀伊守・右近右衛門二人のもとへ出かけて対面し、そのまま右近右衛門のところに宿泊した。父子は感激の涙を流し、「ありがたい」と言うことさえ、なかなか言葉になりにくいほどだった。

翌二十九日、堂洞の山下の町で首実検をし、引き揚げようとした時、関方面から長井道利が、また井口《いのくち》から斎藤龍興《たつおき》が攻めかかって来た。敵の軍勢は三千以上あった。信長の軍勢はわずか七、八百に過ぎなかったろう。負傷者・死者が多数出た。

撤退したところは広い野原であった。信長はまず陣容を立てなおし、負傷者・使用人たちを退かせ、追撃して来る敵に足軽を出して備えるよう、馬を乗り廻して指示し、やすやすと軍勢を撤退させた。敵は「残念なことをした」と言ったそうである。

6　午の刻＝正午前後
7　酉の刻＝午後六時前後
8　井口＝岐阜市、稲葉山城

47　稲葉山城を攻略

〔永禄九年〕四月上旬、信長は木曾川の大河を渡り、美濃の国加賀見野《かがみの》に軍勢を集結した。敵斎藤龍興《さいとうたつおき》は井口《いのくち》から軍勢を出撃させ、新加納《しんかのう》の村に兵を配置して守備についた。両

1　永禄九年＝一五六六年
2　加賀見野＝各務野、岐阜県各務原市
3　新加納＝各務原市

所の間は難所で、馬の足場も悪いので、信長はその日は帰陣した。

〔永禄十年〕[4]八月一日、美濃三人衆の稲葉一鉄《いなばいってつ》・氏家卜全《うじいえぼくぜん》・安藤守就《あんどうもりなり》が申し合わせ、「信長公のお味方に参じますので、その保証として人質をお受け取りください」と申し入れてきた。そこで信長は、村井貞勝《むらいさだかつ》・島田秀満《しまだひでみつ》を人質の受け取りに西美濃へ派遣した。まだ人質も到着しないのに、信長は急に軍勢を出し、稲葉山の続き、瑞竜寺山《ずいりゅうじさん》[5]へ駆け上がった。「これは何としたことか。あれは敵か味方か」と斎藤方が迷っているうちに、早くも町に火を放ち、寸時に稲葉山城をはだか城にしてしまった。その日は、ことのほか風が吹いていた。

翌日、土木工事の分担を指示し、稲葉山城の四方に鹿垣《ししがき》を結い廻して包囲した。そこへ美濃三人衆も駆けつけ、肝《きも》をつぶすほど驚きながらも、信長に挨拶をした。信長は、何事もこのように軽々と実行に移したのである。

八月十五日、稲葉山城の将兵はみな降参して、斎藤龍興は、飛驒川[6]の続きであるから、舟で河内《かわうち》の長島[7]へ退散した。こうして信長は、美濃の国全域を支配することとなり、尾張の国小牧山から美濃の稲葉山へ引き移った。井口という地名をこの時改めて、岐阜《ぎふ》と名づけたのである。

4 永禄十年＝一五六七年
5 瑞竜寺山＝岐阜市
6 飛驒川＝長良川
7 長島＝三重県桑名市、旧桑名郡長島町

48 足利義昭を擁して入京

翌年[1]のこと。

入京して将軍職に就《つ》こうとする足利義昭《あしかがよしあき》は、六角義賢《ろっかくよしかた》を頼ったが承知されず、越前《えちぜん》[2]へ行って朝倉義景《あさくらよしかげ》を頼っていたが、なかなか上洛《じょうらく》の段取りにはならなかった。そこで、「上総《かずさの》介《すけ》信長《のぶなが》を頼りに思っている」旨を、細川藤孝《ほそかわふじたか》[3]・和田惟政《わだこれまさ》を通じて信長に伝えた。信長は、すぐに越前へ迎えの者を派遣した。それから百日もたたないうちに願いがかない、義昭は征《せい》夷《い》大将軍《たいしょうぐん》に就任することができた。これは信長の手柄で、名誉なことであった。

ところで、丹波《たんば》[4]の国桑田郡穴太《あのう》村の長谷《はせ》の城に居城していた赤沢加賀守は、内藤備前守の与力である。人一倍、鷹に凝っていた。ある時、自身で関東へ下向し、優れた熊鷹を二羽求めて帰郷の途中、尾張で信長に「二羽のうち、どちらでも一羽差し上げましょう」と言ったところ、信長は「お志は誠にありがたい。けれども、天下を取った時に頂戴しますから、それまでお預けしておきましょう」と言って、鷹を返してよこした。赤沢がこのことを京都で話したところ、「国を隔てた遠国からの望みでは、実現しまい」と言って、皆が笑った。しかし、それから十年もたたぬうちに、信長は入京した。まことに世にも不思議なことである。

1 翌年＝永禄十一年、一五六八年
2 越前＝福井県東部
3 細川藤孝＝のちの幽斎
4 丹波の穴太村＝京都府亀岡市

巻一

永禄十一年（一五六八）

01 将軍足利義輝、自害

前将軍(1)光源院義照《こうげんいんぎしょう》が自害し、その弟鹿苑院周暠《ろくおんいんしゅうこう》、そのほか諸大名・幕府役職者の歴々も討ち死にした。

ことの起こりは、(2)三好長慶《みよしながよし》が天下の権を握ったことにある。そのため将軍足利義輝《あしかがよしてる》は、三好一族を恨んでいた。跡を継いだ(3)三好義継《よしつぐ》は、そのことを前から承知しており、三好一族が将軍に謀反《むほん》を企てているという風説に対しては、あれこれと言いまぎらわし、言を左右にしていた。

(4)永禄《えいろく》八年五月十九日、三好義継は(5)清水寺《きよみずでら》参詣と称して早朝から兵を集め、たちまちのうちに将軍御所に乱入した。将軍は仰天したが、こうなっては仕方がない。たびたび打って出て三好勢を切り崩し、多くの敵に傷を負わせる活躍だったが、多勢にはかなわない。ついに御殿に火をかけ、自害してしまった。

三好方はさらに、将軍の二番目の弟鹿苑院周暠にも、平田和泉《ひらたいずみ》を討っ手に差し向けた。周暠も、将軍とほぼ同時刻に自害した。お供の者たちが皆逃げ散ってしまったなかで、日頃目をかけられていた美濃屋《みのや》小四郎は、まだ十五、六歳の若年であったが、討っ手の大将平田和泉を討ち果たし、主君のお供をして切腹した。その高名は比類ない。

当将軍家の破滅は、実に天下万民の悲しみ、これに過ぎるものはなかったのである。

1 光源院義照＝十三代将軍足利義輝
2 三好長慶＝修理大夫
3 三好義継＝左京大夫
4 永禄八年＝一五六五年
5 清水寺＝京都市東山区

02 足利義昭、六角・朝倉を頼る

前将軍足利義輝《あしかがよしてる》が自害した時、すぐ下の弟一乗院覚慶《いちじょういんかくけい》、のちの足利義昭《よしあき》は、(1)南都《なんと》の興福《こうふく》寺《じ》一乗院《いちじょういん》の門跡《もんぜき》であった。三好義継・松永久秀《まつながひさひで》は、「そちらのお寺の御門跡でいらっしゃる限りは、当方はあなたに対してどうこうするつもりはありません」と覚慶をなだめた。覚慶は「なるほど」と言って、しばらくの間は寺にいた。

(2)ある時、覚慶は南都をひそかに脱出して、和田惟政《わだこれまさ》を頼り、(3)伊賀・(4)甲賀を経て、(5)近江の(6)矢島の郷に居を移した。

「(7)六角義賢《ろっかくよしかた》を頼りに思っている」旨を、あれこれと六角義賢に伝えたが、六角はすでに主従の恩顧を忘れ、承諾しなかった。そのあげく、なんだかんだと言い出して、無情にも義昭を近江から追い出した。頼りにしていた木の下に雨が漏るの喩《たと》えのように、義昭は当てが外れて途方にくれ、仕方なく、今度は(8)越前へ下向した。

越前の(9)朝倉義景《あさくらよしかげ》は、元来それほどの家柄ではなかったのだが、父孝景《たかかげ》の代に将軍家の引き立てにうまく乗り、御相伴衆《ごしょうばんしゅう》に准じる地位にまで上ったのである。朝倉義景は領国に

1 南都＝奈良市
2 ある時＝永禄八年七月二十八日
3 伊賀＝三重県西北部
4 甲賀＝滋賀県南部
5 近江＝滋賀県
6 矢島＝滋賀県守山市
7 六角義賢＝佐々木承禎、左京大夫
8 越前＝福井県東部
9 朝倉義景＝左京大夫

おいて思うままに振るまうだけで、義昭を支援して京都へ上らせようとは、なかなか言い出さなかった。

03 足利義昭を迎えて支援

足利義昭《あしかがよしあき》は待ちきれなくなって、「これからは織田上総介信長《おだかずさのすけのぶなが》をひたすら頼りにしたい」と言い出した。信長は、今もって我が領国と京都とは他国に隔てられているが、その上この信長は微力ではあるけれども、天下のために忠義を尽くそう、と決心し、命がけで義昭の頼みを引き受けることにした。

信長は義昭を迎えるため、和田惟政・不破光治《ふわみつはる》・村井貞勝《むらいさだかつ》・島田秀満《しまだひでみつ》を越前へ派遣した。永禄《えいろく》十一年七月二十五日、義昭は(1)美濃の国西庄《にしのしょう》の(2)立正寺《りゅうしょうじ》に到着した。信長は、義昭の宿所の一部屋に銅銭(3)千貫文を積み上げ、太刀・鎧・武具・馬、その他の品々を献上した。そのほか、義昭に従って来た人々にも、ひとかたならぬ歓待をした。信長は、こうなったら少しでも早く入京しよう、と決心した。

八月七日、信長は近江の(4)佐和山《さわやま》へ行き、義昭の使者に自分の使者を添えて、六角義賢《ろっかくよしかた》のもとに派遣した。「義昭公が御上洛の途次には、保証のための人質を出して、相応の奉仕をしなさい」と、七日間滞在していろいろと説得した。「義昭公が御本意を達した時には、あなたを幕府の(5)所司代《しょしだい》に任命しましょう」と固く約束したが、六角は聞き入れなかった。信

1 美濃の国西庄＝岐阜市
2 立正寺＝立政寺、岐阜市
3 千貫文＝現在の価値で一億〜一億五千万円
4 佐和山＝滋賀県彦根市
5 所司代＝室町幕府の侍所の長官代理

長は、仕方がない、こうなったら(6)近江を征伐せねばならない、と考えるようになった。

6 近江＝滋賀県、六角義賢

04 入京し、畿内隣国を平定

九月七日、信長は足利義昭に別れの挨拶をし、「近江を一気に征伐しまして、お迎えを差し上げましょう」と言った。同日、尾張・美濃・伊勢・三河、以上四カ国の軍勢を率いて出陣、(1)平尾《ひらお》村に陣を取った。

同八日、近江の(2)高宮《たかみや》に着陣。二日間駐留して人馬の息を休めた。

十一日、(3)愛智川《えちがわ》付近に野営。信長は馬で駆け廻って情況を見、近辺数カ所の敵城へは兵を出さず、六角義賢父子三人が立て籠もる(4)観音寺山《かんのんじやま》および(5)箕作山《みつくりやま》へ攻め上ることにした。

十二日、佐久間信盛《さくまのぶもり》・(6)木下藤吉郎《きのしたとうきちろう》・丹羽長秀《にわながひで》・浅井政澄《あさいまさずみ》に命じて箕作山の城を攻めさせた。(7)申《さる》の刻に攻撃を開始、夜に入って陥落させた。

ところで、信長は去年、美濃の国を支配下に収めたので、今度の合戦ではきっと美濃の兵を先鋒《せんぽう》として使うだろうと、美濃衆は覚悟していたが、まったく関係なく、信長はお馬廻り衆だけで箕作山を攻めた。美濃三人衆の稲葉一鉄《いなばいってつ》・氏家卜全《うじいえぼくぜん》・安藤守就《あんどうもりなり》は、「意外なされようだ」と不思議に思ったそうである。

その夜、信長は箕作山に陣を据え、翌日、六角義賢の居城、観音寺山へ攻め上る計画だったが、六角父子三人はすでに逃亡していた。

1 平尾＝岐阜県不破郡垂井町
2 高宮＝滋賀県彦根市
3 愛智川＝愛知川
4 観音寺山＝近江八幡市、旧蒲生郡安土町
5 箕作山＝東近江市
6 木下藤吉郎＝のちの羽柴秀吉
7 申の刻＝午後四時前後

十三日、観音寺山城制圧のため攻め上った。残党どもは降参したので、人質を取り厳重に監視させて、城は元のままにしておいた。

近江一国を平定したので、義昭に堅く約束したとおり、お迎えとして不破光治《ふわみつはる》を、十四日に美濃西庄の立正寺へ派遣した。

ようやく義昭は出発し、二十一日は[8]柏原《かしわばら》の[9]上菩提院《じょうぼだいいん》に泊まり、二十二日、[10]桑実寺《くわのみでら》に到着した。

二十四日、信長は[11]守山まで進出。翌日は、[12]志那《しな》と[13]勢田《せた》の渡船の都合がつかず、駐留。

二十六日、琵琶湖を渡り、[14]三井寺《みいでら》極楽院に陣を取った。諸勢は大津の馬場・松本に陣を取った。

二十七日、義昭が琵琶湖を渡り、同じく三井寺の光浄院に到着。

二十八日、信長は[15]東福寺《とうふくじ》に陣を移した。柴田勝家《しばたかついえ》・蜂屋頼隆《はちやよりたか》・森可成《もりよしなり》・坂井政尚《さかいまさなお》、この四人に先陣を命じ、ただちに桂川を越え、敵城、石成友通《いわなりともみち》の立て籠もる[16]青竜寺《しょうりゅうじ》方面を攻撃させた。[17]敵も足軽を出して応戦。右四人の部将は協力して突撃し、敵の首五十余りを討ち取り、東福寺へ送って信長の実検に供した。義昭は、この日、清水寺に移った。

二十九日、信長は青竜寺方面へ出馬し、[18]寺戸の寂照院に陣を取った。こうしてついに石《いわ》成《なり》友通は降参した。

三十日、[19]山崎に着陣。先陣は[20]天神《てんじん》の馬場に陣を取った。[20]芥川《あくたがわ》に細川昭元《ほそかわあきもと》・三好長逸《ながやす》が立て籠もっていたが、夜になって退散した。また、篠原長房《しのはらながふさ》の居城、[21]越水《こしみず》・[22]滝山も退城した。この間に、信長がお供して、義昭が芥川の城に移った。

8 柏原＝米原市、旧坂田郡山東町
9 上菩提院＝成菩提院
10 桑実寺＝近江八幡市、旧蒲生郡安土町
11 守山＝守山市
12 志那＝草津市
13 勢田＝瀬田、大津市
14 三井寺＝園城寺、大津市
15 東福寺＝京都市東山区
16 青竜寺＝勝竜寺、京都府長岡京市
17 敵＝三好三人衆ら
18 寺戸＝向日市
19 山崎＝乙訓郡大山崎町
20 天神の馬場・芥川＝大阪府高槻市
21 越水＝兵庫県西宮市
22 滝山＝神戸市

十月二日、池田[23]の池田勝正《かつまさ》の居城を攻めさせた。信長は軍勢を従えて、北の山で合戦の様子を見た。水野信元の家来に梶川高秀《かじかわたかひで》という名の知れた勇士がいた。また、信長のお馬廻り衆の魚住隼人《うおずみはやと》・山田半兵衛も有名な武勇の者である。これらが先を争って城の外郭に突入し、ここで押しつ押されつしばらく戦っていたが、梶川高秀は腰骨を突かれて後退、討ち死にした。魚住隼人もここで負傷して退いた。このように激烈な戦いだったので、敵味方とも討ち死にする者が多く出た。最後には城に火をかけ、町を焼き払った。

　このたびの出陣に従った人々は、誰もが末代までの名誉と信じて奮戦した。「戦意は日ごと新たに湧き上がり、戦うに当たっては風の吹き荒れるように激しく、攻めるに当たっては大河が氾濫するような勢いである」とは、まったくこのことをいうのであろう。池田勝正は降参し、人質を提出したので、本陣芥川の城へ軍勢を引き揚げた。

　こうして畿内[24]・隣国は皆、信長の支配に従った。松永久秀は、我が国に二つとない茶入《ちゃいれ》「九十九髪《つくもがみ》」を信長に献上し、今井宗久《いまいそうきゅう》は、これまた有名な大名物《おおめいぶつ》の茶壺「松島《まつしま》」および武野《たけの》紹鷗《じょうおう》旧蔵の茶入「茄子《なす》」を献上した。昔[25]、源義経《みなもとのよしつね》が一の谷の合戦に、鉄拐山《てっかいざん》[26]の崖を駆け下った時、着用していた鎧《よろい》を献上した者もいた。芥川に十四日滞在していた間、外国や我が国の珍宝を持参して信長に挨拶しようとする人々で、門前はごったがえす有様だった。

　十四日、義昭は芥川から帰京、六条[27]の本国寺《ほんこくじ》[28]に入った。天下の人々は皆一様に、顔に喜悦の色を浮かべたのであった。

　信長はまずは一安心と思い、直属の軍勢を引きつれて、真っ直ぐに清水寺に入った。その他の諸軍勢も京都市中に入ることになるので、下々の兵のなかには無法な者もあろうかと考

23 池田＝大阪府池田市
24 畿内＝山城・大和・河内・摂津・和泉
25 昔＝寿永三年、一一八四年
26 鉄拐山＝鵯越え、兵庫県神戸市
27 六条＝京都市下京区
28 本国寺＝本圀寺、京都市下京区

え、京都の内外を厳重に警備させたから、治安を乱すような事件は起こらなかった。

まだ畿内には、信長に抵抗する者が数カ所の城に立て籠もっていたが、風に草木がなびくように、十日余りのうちに皆退散して、天下は信長の支配に従った。

細川昭元の邸を義昭の御殿とすることにし、義昭がここに移った。信長はそこで太刀と馬を献上した。かたじけないことに、義昭は身近に信長を招き寄せ、(29)三《さん》献《こん》の作法で御馳走をしてくれた。義昭みずからのお酌で盃をいただき、さらに剣を頂戴した。

十月二十二日、義昭は正式の服装で威儀をととのえ、(30)内裏《だいり》に参内した。義昭は(31)征夷大《せいいたい》将軍《しょうぐん》に任命され、皇都に居住することになった。信長は我が国に並ぶ者もない名誉、末代までの面目で、子々孫々から手本として仰がれるものである。

05 観世大夫・今春大夫、演能

「このたび身を砕いて尽力した人々に見物させるがよい」という将軍義昭の意向で、観世《かんぜ》大夫《だゆう》に能を演じるように命じた。能の番組は、(1)脇能《わきのう》の「弓八幡《ゆみやわた》」ほかで、目録には十三番の演目が書かれていた。信長は目録を見て、「まだ近隣諸国を平定しなければならないので、戦いが終わったわけではない」と言って、五番に縮めさせた。

能は細川の邸で行われた。

初献のお酌は細川藤賢《ほそかわふじかた》がした。この時、信長に、久我通俊《こがみちとし》・細川藤孝《ふじたか》・和田惟政《わだこれまさ》を使者と

29 三献＝食事の儀礼
30 内裏＝皇居、京都市上京区
31 征夷大将軍＝十五代

1 脇能＝最初に演じる神事能

して、義昭の意向が再三伝えられた。副将軍または(2)管領《かんれい》職に任じようとのことであった。しかし信長は、「そのことについては御辞退いたします」と言って、受けなかった。珍しいことだと、都の人々も地方の人々もみな感心した。

さて、脇能は「高砂《たかさご》」。演者は(3)観世左近大夫・(4)今春《こんぱる》大夫・観世元頼。大鼓は大蔵《おおかわ》虎家、小鼓は観世宗拶《そうさつ》、笛は長命《ちょうめい》吉右衛門、太鼓《たいこ》は観世又三郎。

二献のお酌は大館晴忠《おおだてはるただ》。この時、先の三人が、また使いにきた。信長は義昭の前に進み出た。かたじけなくも、三献の上、将軍のお酌で盃をいただいた。また、鷹および(5)腹巻を頂戴した。名誉なこと、これ以上のものはなかった。

二番目は「八島《やしま》」。大鼓は深谷長介、小鼓は幸《こう》正能。三献のお酌を一色藤長がした。

三番目は「定家《ていか》」。

四番目は「道成寺《どうじょうじ》」。この時、義昭は信長に鼓を打つよう所望した。しかし信長は辞退した。それで、大鼓は大蔵虎家、小鼓は観世宗拶、笛は伊藤宗十郎。

五番目は「呉羽《くれは》」。

能が終わってから、一座の者、田楽《でんがく》の鬘師《かずらし》などにまで、信長から引出物が与えられた。

06 領国内の関所を撤廃

その後、信長は、天下のため、また往来する旅人を気の毒に思って、領国中に数多くある

2 管領＝室町幕府の最高職、政務を総括する。
3 観世左近大夫＝元尚
4 今春大夫＝安昭
5 腹巻＝鎧の一種

関所を撤廃した。都市・田舎の身分の別なく、人々は皆ありがたいことだと思い、満足したのである。

07 将軍足利義昭から感状を頂戴

十月二十四日、信長は将軍義昭に帰国の挨拶をした。二十五日に、義昭から感状《かんじょう》(1)を頂戴した。その文言は次のとおりであった。

「このたび、あなたが国々の賊徒らを短期間のうちにことごとく征伐してしまったことは、あなたの武勇が天下第一のものであることを示したものです。当将軍家が再興できたのも、あなたのお蔭です。ますます国家が安定するよう、ひとえにあなたにお頼みするほかはありません。なお、委細は細川藤孝・和田惟政からお伝えします。

十月二十四日　印

御父織田弾正忠《だんじょうのちゅう》(2)殿」

追加、

「このたびの格別な忠節に対して、桐紋《きりもん》(3)と引両筋《ひきりょうすじ》を進呈します。武勇の功績によって受けられる祝儀であります。

十月二十四日　印

御父織田弾正忠殿」

1 感状＝表彰状
2 弾正忠＝信長
3 桐紋と引両筋＝足利氏の紋章・旗印

と記されていた。前代未聞の度重なる名誉であり、ここに書き尽くすこともできない。
二十六日、信長は近江の守山まで下った。二十七日、柏原の上菩提院に宿泊。
十月二十八日、美濃の岐阜に帰城。誠にめでたいことである。

巻二

永禄十二年（一五六九）

01 六条の合戦

〔(1)永禄《えいろく》十二年〕一月四日、(2)三好三人衆および斎藤龍興《さいとうたつおき》・長井道利《ながいみちとし》らが、南方の浪人たちを集め、薬師寺九郎左衛門を先陣の大将として、将軍足利義昭《あしかがよしあき》の(3)六条の御所を包囲した。門前の家々を焼き払い、すぐにも御所へ攻め込もうとする勢いであった。

この時、御所に立て籠もっていた軍勢は、細川藤賢《ほそかわふじかた》・織田左近・野村越中・赤座永兼《あかざながかね》・赤座助六・津田左馬丞《つださまのじょう》・渡辺勝左衛門・坂井直政・明智光秀・森弥五八・内藤貞弘・山県盛信・宇野弥七らであった。

若狭衆の山県盛信・宇野弥七両人は名の知れた勇士である。敵薬師寺九郎左衛門の旗本に切って掛かり、切り崩し、散々に戦い、多くの敵に手傷を負わせたが、槍に突かれて討ち死にした。

切り掛かれば追い立て、火花を散らして戦い、いきなり敵三十騎ばかりを射倒して、負傷者・死人がごろごろと転がった。これではとても御所へ攻め入ることはできなかった。

そのうち、三好義継《みよしよしつぐ》・細川藤孝・池田勝正が攻撃側の背後を攻めてくると聞き、薬師寺九郎左衛門は攻撃の手をゆるめた。

こちらは敵の後方を攻める軍勢、桂川方面のこと。細川藤孝・三好義継・池田勝正・池田《いけだ》清貧斎《せいひんさい》・伊丹親興《いたみちかおき》・荒木村重《あらきむらしげ》・茨木某らが攻め向かった。桂川あたりで敵に接触、ただちに一戦に及び、押しつ押されつ、黒煙を立てて戦った。槍で討ち取った敵の首は、高安権《ごんの》

1 永禄十二年＝一五六九年
2 三好三人衆＝三好長逸・政康・石成友通
3 六条の御所＝本圀寺、京都市下京区

頭《とう》・吉成勘介・その弟・石成弥介・林源太郎・市田鹿目介《かなめのすけ》。これらをはじめとして名のある敵を討ち取り、右の情況を信長に報告した。

02 将軍足利義昭を救援

一月六日、美濃《みの》の岐阜《ぎふ》に急使到着。その日、珍しい大雪だった。

信長は即刻上洛する旨の指令を出し、ただ一騎でも大雪をついて出陣する覚悟で、早くも馬に乗った。

その時、馬借《ばしゃく》(1)の者たちが、荷物を馬に着けながら口論を始めた。信長は馬から下り、どの荷物も一々点検してみて、「同じ重さだ。急げ」と命じた。これは、担当役人の依怙《えこ》ひいきでもあるのかと思って、したことである。非常な大雪で、人夫や下働きの者のなかに凍死した者が数人あったほどである。

信長は、三日行程のところを二日で京都に到着した。信長と同時に駆けつけたお供は十騎もなかったが、六条の御所へ駆け込んだ。

信長は御所が安泰な様子を見て、たいへん満足であった。このたびの池田清貧斎の活躍の様子を聞いて、褒美を与えたことは無論である。清貧斎は天下に面目をほどこした。

1　馬借＝馬で荷物を運送する業者

03 将軍御所を普請

さて、信長は、「これからは、きちんとした将軍御所がなくては不都合だ」と言って、尾張・美濃・近江・伊勢・三河・五畿内・若狭・丹後・丹波・播磨十四カ国の大名・武将たちを上洛させ、これらの人々に命じて、(1)二条の(2)古い邸の堀を広げ、将軍御所として改築させることにした。

永禄十二年二月二十七日、(3)辰《たつ》の一点に着工の儀式を執行した。四方に石垣を、内外両側から高く築き上げた。工事担当の奉行《ぶぎょう》には村井貞勝・島田秀満を任命し、京都内外の鍛冶職・大工・製材業者を召集し、隣国・隣村から材木を取り寄せ、それぞれに担当役人を配置して、怠りなく務めさせたので、まもなく出来上がった。

御殿の格式を高めるように、しかるべく金銀を飾り、庭には池・流水・築山《つきやま》を造った。さらに、「(4)細川殿の邸に昔からある藤戸石《ふじといし》という大石を、お庭に置こう」と言って、信長自身が出向き、その名石を綾錦で包み、いろいろな花で飾りたて、大綱を何本もつけて、笛・太鼓・鼓で囃《はや》したて、信長が指揮して、たちまちのうちに御所の庭に引き入れさせた。これと並んで、東山の(5)慈照院《じしょういん》の庭に前々から置かれている九山八海《くさんはっかい》という、全国に知れ渡った名石を、これまた取り寄せて庭に据えさせた。そのほかにも京都の内外から名石・名木を集め、眺めの良いように工夫を凝らし、馬場には桜を植えて桜の馬場と名づけるなど、残るところなく完全に造らせた。

1 二条＝京都市上京区
2 古い邸＝斯波義廉邸
3 辰の一点＝午前七時半頃
4 細川殿の邸＝細川昭元の邸、巻二(4)
5 慈照院＝銀閣寺、京都市左京区

その上、諸大名には御所の周囲に思い思いの邸を造らせたので、歴々が甍《いらか》を並べた様は、将軍御所の威容をさらに一段と高めたのである。

竣工のお祝いとして、信長は太刀《たち》と馬を献上した。義昭は信長を身近に召し寄せて、かたじけなくも三献の礼をとり、将軍のお酌で盃をくださって、さらに剣などいろいろの品を賜った。信長の名誉はいうまでもないことであった。

このたびは、近隣諸国の大名・武将たちが長期間在京して粉骨砕身の尽力をしたので、信長はそれらの人々に礼を言い、帰国の許可を与えたのであった。

04 内裏を修理

さて、内裏《だいり》の朽廃はなはだしく、元の姿をとどめぬほどだったので、これまた修理せねばならないということで、信長はその担当奉行に日乗 朝山《にちじょうちょうざん》と村井貞勝を任命した。

05 名物を召し上げる

さて、信長は、金銀・米銭《べいせん》には不足することはなかったので、この上は唐土(1)から渡来した美術工芸品や天下の名物《めいぶつ》(2)を手もとに置こうと考えて、次の品々を提出するように命じた。

1　唐土＝中国
2　名物＝茶道具の名品

一、上京の(3)大文字屋宗観所持の茶入《ちゃいれ》「初花《はつはな》」
一、祐乗坊所持の茶入「富士茄子《なす》」
一、法王寺所蔵の竹茶杓
一、池上如慶《いけがみじょけい》所持の花入「蕪《かぶら》なし」
一、佐野家所蔵の絵「平沙落雁《へいさらくがん》図」
一、江村家所蔵の桃底《ももぞこ》の花入　以上

松井友閑《ゆうかん》および丹羽長秀が使者となり、金銀・米を下げ渡して右の品々を召し上げた。天下に(4)条目《じょうもく》を発布して、五月十一日、美濃の岐阜に帰城した。

3 大文字屋宗観＝疋田宗観
4 条目＝法令

06 阿坂城、退散

八月二十日、信長は(1)伊勢方面へ出馬、その日は(2)桑名《くわな》まで進軍した。翌日は鷹狩りをして駐留。二十二日は(3)白子観音寺に陣を取り、二十三日、(4)小作《こづくり》に着陣。雨降りのため駐留。

二十六日、(5)阿坂《あざか》の城を、木下藤吉郎が先陣をつとめて攻撃した。塀ぎわまで攻め寄せ、浅い手傷を受けて後退したが、また激しく攻めたてた。(6)敵は守りきれないと知り、降参して退去した。そのあとへは滝川一益《かずます》の軍勢を配備した。

1 伊勢＝三重県中北部
2 桑名＝三重県桑名市
3 白子観音寺＝鈴鹿市
4 小作＝木造、津市、旧久居市
5 阿坂＝松阪市
6 敵＝北畠具教の軍勢

07 伊勢の国司、退城

続いて信長は、近傍の小城へは兵を派遣することもなく、いきなり中心部へ進撃して、伊勢の(1)国司北畠具教《きたばたけとものり》・具房《ともふさ》父子が立て籠もる(2)大河内《おおこうち》の城へ攻め寄せた。信長は情況を見渡して、東の山に陣を据えた。その夜、まず城下の町を破壊して焼き払った。

二十八日、城の周囲を駆けまわって地勢を見、南の山には、織田信包《のぶかね》・滝川一益・津田一安・稲葉一鉄《いってつ》・池田恒興・和田定利・中島豊後守・進藤賢盛・後藤高治・蒲生賢秀《がもうかたひで》・永原重康・永田正貞・青地茂綱・山岡景隆《かげたか》・山岡景猶《かげなお》・丹羽長秀を配備した。

西には、木下藤吉郎・氏家卜全《うじいえぼくぜん》・安藤守就・飯沼長継・佐久間信盛・市橋長利・塚本小大《こだい》膳《ぜん》。

北には、斎藤新五・坂井政尚・蜂屋伯耆《はちやほうき》・簗田弥次右衛門・中条家忠《ちゅうじょういえただ》・磯野員昌《いそのかずまさ》・中条又兵衛。

東には、柴田勝家・森可成・山田勝盛・長谷川与次・佐々成政・佐々隼人・梶原景久・不破光治・丸毛《まるも》長照・丹羽氏勝・不破直光・丸毛兼利。

このように布陣させ、その上、城の周囲に鹿垣《ししがき》を二重・三重に巡らし、諸方からの道路を遮断した。

柵内を巡回警備する番衆は、菅屋長頼・(3)塙《ばん》直政・前田利家・福富秀勝《ふくずみひでかつ》・中川重政・木下嘉俊・松岡九郎二郎・生駒《いこま》平左衛門・河尻秀隆・湯浅直宗・村井新四郎・中川金右衛門・佐

1 国司＝守護
2 大河内＝三重県松阪市
3 塙直政＝のちの原田直政

久間弥太郎・毛利良勝・毛利長秀・生駒勝介・神戸賀介《かんべがのすけ》・荒川新八・猪子賀介《いのこ》・野々村主《ののむらもん》水《ど》・山田弥太郎・滝川彦右衛門・山田左衛門尉・佐脇良之。

信長本陣の警固は、お馬廻り衆・お小姓衆・お弓の衆・鉄砲衆に命じた。

九月八日、稲葉一鉄・池田恒興・丹羽長秀の三人に「西の搦手から夜攻めをせよ」と命じた。命を受けて、その日、夜に入ってから三隊に分かれて攻め掛かった。軍勢を出した時、雨が降りだして、味方の鉄砲は役に立たなかった。

池田恒興の攻め口では、お馬廻りの朝日孫八郎・波多野弥三が討ち死にした。丹羽長秀の攻め口では、近松豊前・神戸伯耆・神戸市介・山田大兵衛・寺沢弥九郎・溝口富介・斎藤五八・古川久介・河野三吉・金松久左衛門・鈴村主馬《すずむらかずま》をはじめとして、屈強の武士二十余人が夜戦で討ち死にした。

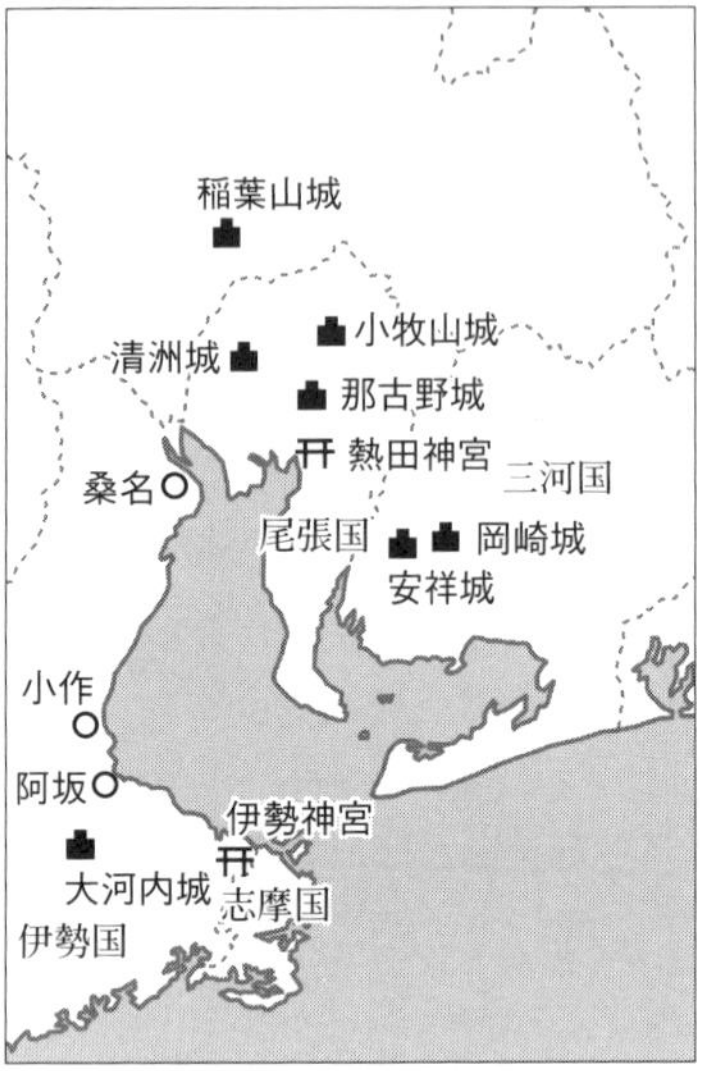

九月九日、滝川一益に命じて多芸《たげ》[(4)]の谷にある国司の館をはじめとして、周辺ことごとくを焼き払い、稲作を薙ぎ払って捨てさせた。

信長は、大河内の城に立て籠もっている将兵を兵糧攻めにして、攻略するつもりで陣を据えていた。城内には籠城の用意も不備のままに駆け込んだ者もいて、すでに餓死者が出はじめるに及んで、国司父子は種々詫び言を申し入れ、信長の次男[(5)]お茶筅《ちゃせん》に家督を譲るという条件を受諾して、退城することになった。

4 多芸の谷＝多気、津市、旧一志郡美杉村
5 お茶筅＝のちの織田信雄

十月四日、城受け取りに出向いた滝川一益・津田一安両人に大河内の城を明け渡し、国司父子は[6]笠木・[7]坂内《さかない》というところへ退去した。こうして信長は、[8]田丸の城をはじめとして伊勢の国中の諸城を破壊することとし、その任務をそれぞれに命じた。

6 笠木＝三重県多気郡多気町
7 坂内＝松阪市
8 田丸＝三重県度会郡玉城町

08 伊勢国内の関所を撤廃

さらに、この伊勢の国の諸関所は、格別往還の旅人の悩みであったので、以降、永久に撤廃することとし、今後は[1]関銭《せきせん》を徴収してはならないと、厳重に命令した。

1 関銭＝通行税

09 伊勢参宮

十月五日、信長は伊勢参宮のため[1]山田へ出立し、堤源介方に宿をとった。六日に内宮《ないくう》・外宮《げくう》・[2]朝熊山《あさまやま》に参詣、翌日、帰途につき、小作に宿泊。八日、[3]上野に陣を取り、ここに諸国から参陣した軍勢を撤収させた。

信長はお茶筅を大河内城主として入城させ、津田一安を補佐のために置いた。[3]安濃津《あのつ》・渋見《しぶみ》・小作の三カ所に滝川一益の軍勢を置き、[3]上野には織田信包《のぶかね》を置いて、お馬廻り衆だけを従えて京都へ帰陣することになった。そのほかの諸勢には、それぞれの国もとへ帰陣す

1 山田＝三重県伊勢市
2 朝熊山＝朝熊神社・金剛証寺
3 上野・安濃津・渋見＝津市

る許可を与えた。

千草峠《ちぐさとうげ》(4)を越えてただちに上洛するということで、九日に千草(5)まで進んだ。その日は雪降りで、山中は大雪であった。十日、近江の市原(6)に宿泊。十一日、上洛。

伊勢一国を平定した次第を将軍義昭に報告し、四〜五日在京して天下の政務を処理し、十月十七日、美濃の岐阜に帰城した。めでたいことである。

4 千草峠＝鈴鹿山脈
5 千草＝三重郡菰野町
6 市原＝滋賀県東近江市、旧神崎郡永源寺町

巻三

元亀元年（一五七〇）

01 常楽寺で相撲

〔元亀《げんき》元年[1]〕二月二十五日、信長、京都へ出発。赤坂《あかさか》[2]泊まり。二十六日、常楽寺《じょうらくじ》[3]に到着、滞在。

三月三日、信長は近江の国中の力士を常楽寺に召し寄せ、相撲をとらせて観覧した。

力士たちの顔ぶれは、百済寺《はくさいじ》の鹿、百済寺の小鹿、たいとう・正権《しょうごん》・長光《ちょうこう》・宮居眼左衛門《がんざえもん》、河原寺の大進《たいしん》、はし小僧・深尾又次郎・鯰江《なまずえ》又一郎・青地《あおち》与右衛門。そのほか、なかなか実力のある力士たちが、我も我もと限りなく集まってきた。この時の行司は木瀬《きのせ》蔵春庵。

鯰江又一郎・青地与右衛門が勝ち抜いた。これによって、青地・鯰江を召し出し、二人に金銀飾りの大刀と脇差を賜り、この日から家臣として召し抱え、相撲奉行[4]に任命した。二人にはたいへん名誉なことであった。また、深尾又次郎は技能にすぐれ、おもしろい取り口を見せたので、信長は感心し、褒美として衣服を賜った。ありがたいことである。

三月五日、上洛。上京の半井驢庵《なからいろあん》[5]の屋敷を宿所とした。畿内・隣国の大名・武将たち、また、三河[6]からは徳川家康が上洛してきた。皆が信長に挨拶に来たので、たいへんな賑わいであった。

1 元亀元年＝一五七〇年
2 赤坂＝岐阜県大垣市
3 常楽寺＝滋賀県近江八幡市、旧蒲生郡安土町
4 相撲奉行＝相撲担当の役人
5 半井驢庵＝医師
6 三河＝愛知県東部

02 名物を召し上げる

さて、天下にその名の知れわたった名物で、堺(1)の茶人たちが所持している道具のことであるが、

一、天王寺屋宗及《そうぎゅう》(2)所持の菓子の絵

一、薬師院所蔵の茶壺「小松島」

一、油屋常祐《じょうゆう》所持の花入「柑子口《こうじぐち》」

一、松永久秀所持の絵「煙寺晩鐘図《えんじばんしょうず》」

これらはどれも名品の誉れ高いものである。これを信長は自分の手もとに置きたいと、松《まつ》井友閑《いゆうかん》・丹羽長秀を使者として先方に伝えた。信長の意向に背くことはできないので、何も言わずに献上した。信長は、その代価として金銀を下げ渡した。

1 堺＝大阪府堺市

2 天王寺屋宗及＝津田宗及

03 観世・今春、能を競演

四月十四日、将軍御所の建築が完成したお祝いとして、観世大夫《かんぜだゆう》・今春《こんぱる》大夫の二流合同の能の会が催された。

一番「玉の井」観世

二番「三輪《みわ》」　今春　ワキ小二郎
三番「張良《ちょうりょう》」　観世
四番「芦刈《あしかり》」　今春　ワキ大蔵新三
五番「松風」　観世
六番「紅葉狩《もみじがり》」　今春　ワキ大蔵新三
七番「融《とおる》」　観世

地謡は、生駒外記《いこまげき》・野尻清介。大鼓は、伊徳《いとく》高安・大蔵虎家・彦三郎。小鼓は、彦右衛門・日吉孫一郎・久二郎・三蔵。太鼓は、又二郎・与左衛門。笛は、伊藤宗十郎・春日《しゅんじつ》与左衛門。

見所《けんじょ》に居並んだ人々は、(1)飛騨の国司姉小路《あねのこうじ》中納言、(2)伊勢の国司北畠中将、三河の徳川家康、畠山昭高、一色《いっしき》義道、三好義継、松永久秀。ほかに、(3)摂家《せっけ》・(4)清華家《せいがけ》の人々、畿内・隣国の大名・武将等々が集まり、晴れがましく見物した。

この席で、将軍義昭から信長に、「もっと上位の官職に就かれたらいかがですか。希望があれば朝廷に取り次ぎましょう」との話があったが、辞退して受けなかった。信長はかたじけなくも三献《さんこん》の礼を受けた上に、将軍のお酌で盃を頂戴した。たいへん名誉なことであった。

1 飛騨の国司姉小路中納言＝三木自綱
2 伊勢の国司北畠中将＝北畠具教
3 摂家＝摂政・関白になりうる家柄
4 清華家＝太政大臣になりうる家柄

04 手筒山城を攻略

四月二十日、信長は京都から直接、越前[1]へ出陣した。その日は坂本[2]を通過し、和邇《わに》[2]に陣を取った。二十一日、高島の田中[3]の城に宿泊。二十二日、若狭《わかさ》[4]熊河《くまかわ》[5]の松宮玄蕃允《げんばのじょう》の館に陣宿。二十三日、佐柿《さかき》[6]の粟屋勝久の城に着陣。翌日は駐留。

二十五日、越前の敦賀《つるが》方面へ軍勢を出した。信長は駆けまわって情況を見、ただちに手筒山《てづつやま》[7]の城を攻撃した。この城は高山にあり、攻め掛かった東南側は峻険な山容であった。しかし信長は、「突入せよ」としきりに命令した。将兵は一命を捨てる覚悟で、力のかぎり忠節を尽くし、間もなく城内に突入して、敵の首千三百七十を討ち取った。

手筒山に並んで金ガ崎《かなさき》[8]の城には、朝倉景恒《あさくらかげつね》が立て籠もっていた。翌日、またこれを攻めた。攻め滅ぼすはずであったが、敵は降参して退去した。引壇《ひきだ》[9]の城の敵も退去したので、滝川彦右衛門・山田左衛門尉の二人を派遣して、塀や櫓《やぐら》を破壊させた。

次いで、木目《きのめ》[10]峠を越えて越前中央部へ侵攻する計画であったが、そこへ北近江の浅井《あざい》[11]長政《ながまさ》が背《そむ》いたとの情報が次々に入った。しかし、浅井は信長のれっきとした縁戚[12]であり、その上、北近江一帯の支配を許しているのだから不足があるはずはない。信長は、浅井が背いたというのは誤報であろうと思った。けれども、事実であるとの報告が方々からあった。信長は「やむをえぬ」と言って、越前から撤退することにした。金ガ崎の城には木下藤吉郎を残しておき、本隊は四月三十日、朽木元綱《くつきもとつな》の奔走で朽木越《くつぎご》え[13]で京都に撤収した。

1 越前＝福井県東部、朝倉義景
2 坂本・和邇＝滋賀県大津市
3 田中＝高島市
4 若狭＝福井県西部
5 熊河＝熊川、福井県三方上中郡若狭町
6 佐柿＝三方郡美浜町
7 手筒山＝天筒山、敦賀市
8 金ガ崎＝敦賀市
9 引壇＝疋田、敦賀市
10 木目峠＝木ノ芽峠、敦賀市と福井県南条郡南越前町との境
11 浅井長政＝備前守
12 縁戚＝浅井長政の妻は信長の妹お市
13 朽木越え＝滋賀県高島市から京都市左京区へ越える山道

次いで、明智光秀《あけちみつひで》・丹羽長秀《にわながひで》の二人に、武藤友益《むとうともます》から人質を取ってくるよう命じ、若狭へ派遣した。明智・丹羽は、武藤友益の母親を人質として提出させ、さらに武藤の城を破却させた。五月六日、[14]針畑越《はりはたご》えで帰京し、右の次第を信長に復命した。

先に、近江の街道筋の警固のため、[15]稲葉一鉄父子三人および斎藤利三《としみつ》を[16]守山の町に配備しておいた。この頃、一揆《いっき》が起こり、まず[17]綣村《へそ》に火の手を上げ、守山の町南部から焼き打ちをかけてきた。稲葉勢は一揆勢を諸方面で迎え撃ち、追い崩し、多くの者を切り捨てた。比類ない働きであった。

さて、京都では、信長は大名や武将たちに提出させた人質をとりまとめて将軍に預け渡し、「天下に大事が起こった時には、ただちに上洛いたします」と言い置いて、五月九日に京都を出立した。

途中、[18]志賀の城・宇佐山の砦には森可成《もりよしなり》を警固のために残し置き、十二日には[19]永原に到着した。永原には佐久間信盛を置き、[20]長光寺《ちょうこうじ》には柴田勝家を在城させた。[21]安土《あづち》には中川重政を配備した。このように、要所要所に警固の軍勢を残して行ったのである。

14 針畑越え＝高島市の針畑川の谷に沿って山越えをする道
15 稲葉一鉄父子＝一鉄・貞通・彦六
16 守山＝滋賀県守山市
17 綣村＝栗東市
18 志賀・宇佐山＝大津市
19 永原＝野洲市
20 長光寺＝近江八幡市
21 安土＝蒲生郡安土町

05 千草峠で狙撃される

五月十九日、帰国途上の事件である。

浅井長政は(1)鯰江《なまずえ》の城に軍勢を配備し、(1)市原の一揆勢を扇動して、信長の帰路をさえぎる行動に出た。しかし、(2)日野の蒲生賢秀《がもうかたひで》、(3)布施《ふせ》の布施公保《きみやす》、(4)香津畑《こうつはた》の菅秀政《かんひでまさ》が尽力して、(5)千草越《ちぐさご》えで帰国することになった。

ところが、杉谷善住坊《すぎたにぜんじゅうぼう》という者が、六角義賢《ろっかくよしかた》に頼まれて、千草山中の道筋で鉄砲を構え、(6)十二、三間の距離から、信長を容赦なく二つ玉で狙撃した。けれども、天は正しい者を守るもので、玉は二つとも信長の体を少しかすっただけであった。あやうく虎口《ここう》を逃れ、五月二十一日、めでたく美濃の岐阜城に帰陣した。

1 鯰江・市原＝滋賀県東近江市
2 日野＝蒲生郡日野町
3 布施＝長浜市、旧伊香郡高月町
4 香津畑＝甲津畑、東近江市、旧神崎郡永源寺町
5 千草越え＝東近江市から三重県三重郡菰野町千草へ出る峠越え
6 十二、三間＝約二二～二四メートル

06 落窪の合戦

六月四日、六角義賢父子が近江南部の諸所で一揆勢を扇動し、野洲川《やすがわ》方面へ軍勢を出した。これを鎮圧するため、柴田勝家・佐久間信盛が出動し、野洲川で足軽部隊に敵を引きつけさせ、(1)落窪《おちくぼ》の郷で合戦となった。一戦ののち敵を切り崩し、討ち取った首は、三雲《みくも》定持・成持父子、高野瀬美作守・水原重久。ほかに(2)伊賀・(3)甲賀の屈強な地侍七百八十人を討ち取っ

1 落窪＝乙窪、滋賀県野洲市
2 伊賀＝三重県西北部
3 甲賀＝滋賀県南部

た。これで近江の半ば以上が平定された。

07 小谷城を攻撃

そうこうするうちに、浅井長政は越前の軍勢を北近江に呼び入れ、長比《たけくらべ》[1]・苅安《かりやす》[2]の二カ所に砦を構えた。一方、信長は浅井方の堀秀村《ほりひでむら》・樋口直房《ひぐちなおふさ》を味方に引き入れようと交渉し、その結果、堀・樋口は信長に忠節を尽くすことを約束した。

六月十九日、信長は出馬した。浅井方では、堀・樋口が反逆したことを聞いて、長比・苅安両砦の兵はあわてふためいて退散した。織田勢は、長比に一両日駐留した。

六月二十一日、浅井の本拠小谷《おだに》城[3]へ攻め掛かった。森可成《もりよしなり》・坂井政尚・斎藤新五・市橋《いちばし》長利・佐藤秀方・塚本小大膳・不破光治・丸毛長照が雲雀山《ひばりやま》[4]へ上り、町を焼き払った。

信長は諸勢を従えて虎御前山《とらごぜやま》[5]に登り、一夜、陣を据えた。柴田勝家・佐久間信盛・蜂屋頼隆・木下藤吉郎・丹羽長秀および近江国内から参陣した諸勢に命じて、村々・谷々の隅々まで焼き払わせた。

六月二十二日、兵を引くことになり、殿《しんがり》の部隊に諸隊の鉄砲五百挺、およびお弓の衆三十人ほどを加え、簗田広正《やなだひろまさ》・中条家忠《ちゅうじょういえただ》・佐々成政の三人に指揮をさせた。

敵の足軽部隊を近々と引きつけて、簗田広正は中央からやや左へそれて退去した。なお、追い着いて乱れ掛かる敵に、引き返してはしばらく戦い、また引き返しては散々に戦った。

1 長比＝長競、滋賀県米原市
2 苅安＝米原市
3 小谷＝長浜市、旧東浅井郡湖北町
4 雲雀山＝長浜市、旧東浅井郡湖北町
5 虎御前山＝虎姫山、長浜市、旧湖北町～虎姫町

太田孫左衛門は敵の首を取って撤退し、ひとかたならぬ称賛にあずかった。

二番手には佐々成政の部隊が敵を引きつけ、八相《はっそう》山の矢合神社の後方で合戦となり、ここでも成政が手柄を立てて撤退した。

三番手は八相山の下、橋の上で戦い、中条家忠が手傷を負った。中条又兵衛は橋の上で戦っているうちに、相手もろとも橋から落ちたが、堀の底で敵の首を取り、高名この上ない手柄を立てた。お弓の衆も敵をよく押しとどめ、無事に撤退した。

その日は(6)八島《やしま》に野営した。

(7)横山の城には高坂《こうざか》某・三田村某・野村直隆が立て籠もって守備をしていた。二十四日、これを四方から包囲し、信長は(7)竜《たつ》ガ鼻《はな》に陣取った。徳川家康も出陣して、同じく竜ガ鼻に陣を構えた。

6 八島＝長浜市、旧東浅井郡浅井町
7 横山・竜ガ鼻＝長浜市

08 姉川の合戦

これに対して、朝倉景健《あさくらかげたけ》が兵八千ほどを率いて、織田・徳川勢の背後を攻めようと出撃してきた。小谷の東に(1)大《お》依山《よりやま》という東西に長い山がある。朝倉方は、この山に陣取った。同じく浅井長政の軍勢五千ばかりが加わり、合計一万三千となった。

敵は六月二十七日の早朝に陣払いをして退去したかに見えたが、二十八日未明、(2)三十町ほど進出してきた。姉川《あねがわ》を前にして、(3)野村・三田村の両郷へ移動し、軍勢を二手に展開し

1 大依山＝滋賀県長浜市、旧東浅井郡浅井町
2 三十町＝約三・三キロメートル
3 野村・三田村＝長浜市、旧浅井町

た。

　西は三田村口、一番合戦として徳川家康の軍勢が対戦した。東は野村の郷に陣取った敵に、信長のお馬廻り衆、また美濃三人衆(4)の軍勢が、諸隊一団となって攻め掛かった。六月二十八日(5)卯《う》の刻、東北へ向かって一戦に及んだ。敵は姉川を渡って攻め寄せた。互いに押しつ押されつ散々に入り乱れ、黒煙を立て、鎬《しのぎ》を削り、鍔《つば》を割り、ここかしこでそれぞれの活躍をし、ついに追い崩した。

　味方が討ち取った敵の首は、真柄直元、この首は青木一重が討ち取った。前波《まえば》新八・前波新太郎・小林端周軒《こばやしはしゅうけん》・魚住竜文寺《うおずみりょうもんじ》・黒坂備中・弓削家澄《ゆげいえずみ》・今村氏直。遠藤直経、この首は竹中重隆が討ち取った。前々からこの首を取ると豪語していた。浅井雅楽助《うたのすけ》・浅井斎《いつき》・狩野次郎左衛門・狩野三郎兵衛・細江左馬助《さまのすけ》・早崎吉兵衛。このほか主だった者千百人余りを討ち取った。

　小谷まで(6)五十町、敵を追撃し、城下に火を放った。しかし、小谷城は山高く要害の地であったから、一挙に攻め上ることは困難だと考え、横山へ軍勢を引き揚げた。無論、横山城の敵は降参し、退去したので、木下藤吉郎を城番《じょうばん》として入城させた。

　次いで(7)佐和山《さわやま》の城。ここには磯野員昌《いそのかずまさ》が立て籠もって守備していたが、信長は日を置かず、七月一日、佐和山へ進撃した。城を包囲し、鹿垣《ししがき》を結い巡らし、東の

4 美濃三人衆＝稲葉一鉄・氏家卜全・安藤守就
5 卯の刻＝午前六時前後
6 五十町＝約五・五キロメートル
7 佐和山＝彦根市

百々安信《どどやすのぶ》の屋敷を砦に改造し、丹羽長秀を配備した。北の山には市橋長利、南の山には水野信元、西の彦根山には河尻秀隆を配置し、四方から城を取り囲んで、諸方への道路を遮断した。

七月六日、信長はお馬廻り衆だけを従えて上洛。将軍義昭に当地の情況を報告し、政務を処理して、七月八日、岐阜に帰還した。

09 野田・福島の陣

八月二十日、南方へ出陣。その日は[1]横山に陣を取り、次の日は駐留。二十二日、[2]長光寺泊まり。二十三日、下京[3]本能寺に陣宿。翌日は駐留。二十五日、南方へ出動。淀川を越え、[4]枚方《ひらかた》の寺院に陣を構えた。

二十六日、[5]敵の立て籠もる[6]野田・福島へ攻撃開始の陣を布いた。先陣は敵陣近くに陣取らせ、[7]天満《てんま》ガ森・[8]川口・[9]渡辺・[10]神崎《かんざき》・[11]上難波《かみなんば》・下難波および海岸寄りにも陣取らせ、信長自身は[12]天王寺に陣を据えた。すると、大坂・堺・尼崎《あまがさき》・西宮・[13]兵庫あたりから、外国や我が国の珍品を持参して信長に挨拶にくる人、あるいは布陣の様子を見物にくる者などが群れ集まった。

敵、南方諸浪人の大将格の者は、細川昭元・三好長逸《みよしながやす》・三好康長《やすなが》・安宅信康《あたぎのぶやす》・十河存保《そごうまさやす》・篠原長房・石成友通《いわなりともみち》・松本某・香西《こうさい》越後守・三好政勝《まさかつ》・斎藤龍興《たつおき》・長井道利。これらの軍勢

1 横山＝滋賀県長浜市
2 長光寺＝近江八幡市
3 本能寺＝京都市中京区
4 枚方＝大阪府枚方市
5 敵＝三好三人衆ら
6 野田・福島＝大阪市福島区
7 天満ガ森＝大阪市北区
8 川口＝大阪市西区
9 渡辺＝大阪市中央区
10 神崎＝兵庫県尼崎市
11 上難波・下難波＝大阪市中央区・浪速区
12 天王寺＝大阪市天王寺区
13 兵庫＝神戸市兵庫区

八千ほどが、野田・福島に立て籠もっているという。

そのうち、三好政勝・香西越後守の二人は織田方の味方になり、敵方をあざむく計略をほぼ申し合わせたのだけれども、織田勢が接近しているので敵方では用心が厳しく、計略は成功しがたく思われたので、八月二十八日夜中に、政勝と香西は天王寺の本陣に駆け込んできた。

九月三日、摂津の国(14)中島の細川藤賢《ほそかわふじかた》の城へ将軍義昭が出張ってきた。

同八日、信長は大坂の(15)石山本願寺《いしやまほんがんじ》の(16)十町ほど西にある(17)楼岸《ろうのきし》というところに砦を築かせ、斎藤新五・稲葉一鉄・中川重政の三名を配備した。また、大坂の川向こうにある川口という村にも砦を造り、平手監物《ひらてけんもつ》・平手汎秀《ひろひで》・長谷川与次・水野直盛・佐々成政・塚本小大《つかもとこだい》膳《ぜん》・丹羽氏勝・佐藤秀方・梶原景久・高宮右《たかみやう》京亮《きょうのすけ》を配備した。

九月九日、信長は天満ガ森へ本陣を進出させた。次の日、諸隊に埋め草を集めさせ、敵城付近の入り江や堀を埋めさせた。

九月十二日、野田・福島の十町ほど北にある(18)海老江《えびえ》という村に、将軍と信長が合流して本陣を据えた。先陣は無論、諸隊が先を争って夜ごと土手を築き、こぞって敵城の塀際へ詰め寄り、物見櫓《ものみやぐら》を建て、大砲を城内へ撃ち込んで攻めた。

(19)根来《ねごろ》・(20)雑賀《さいが》・(21)湯川・(22)紀伊の国奥郡《おくのこおり》の軍勢約二万が織田方に参陣して、(23)遠里小野《おりおの》・住吉・天王寺に陣取った。これら紀州勢には鉄砲三千挺があるという。毎日戦列に参加して、攻撃した。敵・味方の鉄砲の音は、日夜、天地も轟くばかりであった。

そのうち、野田・福島の敵はあれこれと懇願し、和睦《わぼく》を申し入れてきたが、信長は「落城

14 中島＝大阪市東淀川区
15 石山本願寺＝大阪市中央区、顕如光佐
16 十町＝約一キロメートル
17 楼岸＝大阪市中央区
18 海老江＝大阪市福島区
19 根来＝和歌山県那賀郡岩出町
20 雑賀＝和歌山市
21 湯川＝御坊市
22 紀伊＝和歌山県
23 遠里小野・住吉＝大阪市住吉区

までもう時日もあるまいから、攻め滅ぼしてしまえ」と言って、聞き入れなかった。

野田・福島が陥落すれば大坂も滅亡すると知ったのであろうか、石山本願寺が挙兵し、九月十三日夜、攻勢に出た。楼岸・川口の両砦に鉄砲を撃ち込み、(24)一揆勢が蜂起したけれども、別にどうということもなかった。

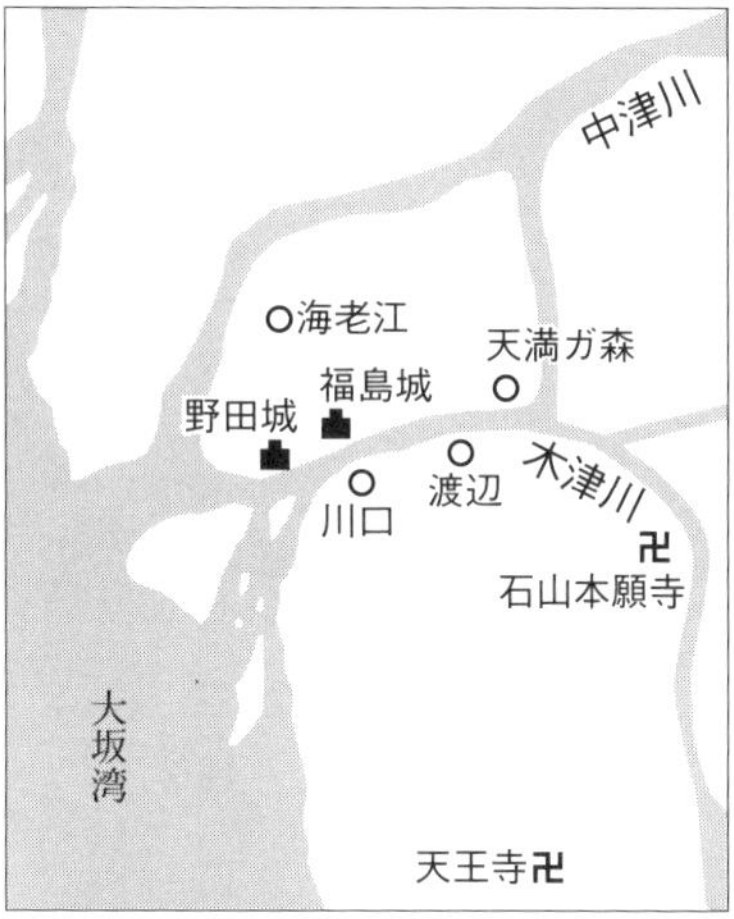

翌十四日、大坂方が天満ガ森へ出撃してきた。そこで応戦し、敵を追って川を越し、かすがい堤《づつみ》で合戦となった。一番手に佐々成政が対戦し、手傷を受けて退いた。二番手には堤通り中央を前田利家が打ちかかり、右手からは弓で中野一安が、左手からは野村越中・湯浅直宗・毛利長秀・兼松正吉《かねまつまさよし》らが、先を争って散々に戦い、打ち合った。毛利長秀と兼松正吉は二人で下間頼総《しもつまよりふさ》の家来長末《ながすえ》新七郎を突き伏せた。毛利は兼松に「首を取りなさい」と言った。すると兼松は「私は手伝っただけだから、あなたが取りなさい」と言い、言い合っているうちに、みすみす首一つ取りそこねて退いた。ここで、野村越中は討ち死にした。

24　一揆勢＝一向一揆

10 志賀の陣

九月十六日、越前の朝倉義景《あさくらよしかげ》と北近江の浅井長政《あざいながまさ》の軍勢三万ほどが、(1)坂本方面へ攻め寄せた。

森可成《もりよしなり》は(1)宇佐山《うさやま》の砦から坂を駆け下り、坂本の町はずれで応戦した。手勢はわずか千人足らずであったが、足軽合戦で敵の首若干を取り、勝利を収めた。

九月十九日、浅井・朝倉勢は二手に分かれて、再び攻め寄せた。森可成は町を破壊されては無念と思い、応戦し持ちこたえていたが、大軍が二方面からどっと攻め掛かってきた。死力を尽くして防いだが、敵の猛攻にはかなわず、火花を散らす激戦の末、ついに森可成・織田信治《のぶはる》・青地茂綱・尾藤源内《びとうげんない》・尾藤又八が敵の槍下に討ち死にした。

道家《どうけ》清十郎・助十郎という、武勇世に聞こえた兄弟がいた。生まれは(2)尾張の国、守山の住人である。ある年、東美濃(3)高野《こうの》方面へ武田信玄《たけだしんげん》の軍勢が攻め寄せた。その時、森可成・肥田直勝《ひだなおかつ》が先駆けで、山中や谷合で敵をとらえて戦ったが、この兄弟は首を三つ取ってきた。信長に提出したところ、たいへん褒《ほ》められた。兄弟は白い旗を差し物にしていたが、信長はその旗を持って来させ、「天下一の勇士なり」と自筆で書き付け、兄弟に与えた。これほどの名誉は天下に並ぶものもないというほどの、誉《ほま》れ高い武士だった。このたびの合戦でも、その旗を差して森可成と行動を共にした。数々の手柄を立て、火花を散らして戦った末に、兄弟一緒に討ち死にしたのである。

1 坂本・宇佐山＝滋賀県大津市
2 尾張の国、守山＝名古屋市守山区
3 高野＝神篦、岐阜県瑞浪市

敵は宇佐山砦の出城まで攻め上り、火を放ったが、武藤五郎右衛門・肥田彦左衛門の二人が、懸命に守りぬいた。九月二十日、敵の先鋒はさらに進んで、大津の馬場・松本に放火し、二十一日、逢坂山《おうさかやま》[4]を越えて、醍醐《だいご》[5]・山科《やましな》[6]を焼き払い、すでに京都間近にまで迫った。

二十二日、摂津の国中島に在陣中の信長のもとに、この報告が到着した。信長は、敵が京都市中に侵入したら大変だと思い、九月二十三日、野田・福島の陣を引き払った。京都へ戻るについて、和田惟政・柴田勝家の二人に殿《しんがり》を命じ、道筋は中島から江口《えぐち》[7]の渡しを越すことにした。

この江口川というのは、淀川・宇治川に続く大河で、水みなぎり、流れる音は滝のよう、すさまじい様相を呈している。昔から、舟でなければ渡れぬところである。ここへ信長の軍勢がさしかかった時、一揆勢が蜂起して渡しの舟を隠してしまい、通行が自由にできなくなっていた。一揆勢は稲・麻・竹・芦などで偽装し、半数以上の者が竹槍を持って、江口川の向こう岸から淀川堤にかけて気勢をあげていたが、別段どうということにもならなかった。信長は川の上下を見てまわり、馬を乗り入れてみて、渡河の命令を出した。こぞって馬を乗り入れたところ、意外に川は浅く、雑兵《ぞうひょう》たちも徒歩で難なく渡ることができた。次の日からは、江口の渡しは徒歩ではとても渡れなかった。江口付近の人々は皆、これを奇

4 逢坂山＝滋賀県大津市
5 醍醐＝京都市伏見区
6 山科＝京都市山科区
7 江口の渡し＝江口川、大阪市東淀川区

特なことだと不思議がった。

　九月二十三日、信長は将軍のお供をして京都に帰還した。

　九月二十四日、信長は京都本能寺を出発、逢坂山を越え、越前勢に向かって進撃した。信長勢の旗を見て、下坂本に陣を構えていた越前・北近江勢は、敗軍のていたらくで比叡山《ひえいざん》(8)に逃げ上り、蜂ガ峰・青山・局笠山《つぼかさやま》に陣取った。

　そこで、信長は延暦寺《えんりゃくじ》の僧衆十人ほどを呼び寄せ、「これから信長の味方となり忠節を尽くせば、信長領国中にある延暦寺領は元どおり返還しよう」と、刀の鍔《つば》を打ち合わせて誓った。「しかし、出家の道理で一方のみに味方することはできないと言うのならば、浅井・朝倉方にも味方せず、我々の作戦行動を妨害しないでもらいたい」と、筋道を立てて申し聞かせた。その上、稲葉一鉄に命じて以上の趣旨を朱印状《しゅいんじょう》(9)にして手渡した。そして、「もしもこの二カ条に違背したならば、根本中堂《こんぽんちゅうどう》・日吉大社《ひえたいしゃ》をはじめとして、一山ことごとくを焼き払うであろう」と付け加えた。しかし、延暦寺の僧衆からは何の回答もなかった。のちに、延暦寺は浅井・朝倉方の味方をして、禁制の魚肉・鳥肉・女人まで山内に入れ、勝手気ままな悪行をしていることが判明した。

　信長は、その日は下坂本(10)に陣を取った。

　二十五日、諸部隊に比叡山の麓を包囲させた。すなわち、香取の屋敷を堅固に整備し、平手監物《けんもつ》・長谷川丹波守・山田勝盛・不破光治・丸毛長照《まるもながてる》・浅井政澄・丹羽氏勝・水野正長らを配備した。穴太《あのう》(10)の村にも要害を築き、簗田広正・河尻秀隆・佐々成政・塚本小大膳・明智光秀・遠山友忠・村井貞勝・佐久間信盛・進藤賢盛・後藤高治・多賀常則《たがつねのり》・梶原景久・永

8 比叡山＝滋賀県大津市〜京都市左京区

9 朱印状＝朱印を押した文書

10 下坂本・穴太・田中・唐崎・志賀・宇佐山＝大津市

井利重・種田《おいだ》正元《まさもと》・佐藤秀方・中条家忠、以上十六人の部将を配置した。また(10)田中には、柴田勝家・氏家《うじいえ》卜全《ぼくぜん》・安藤守就・稲葉一鉄を陣取らせた。(10)唐崎《からさき》の砦には、佐治為興《ためおき》・織田信張《のぶはる》を置いた。信長は(10)志賀の城と(10)宇佐山の砦に陣を構えた。

比叡山の西麓、(11)将軍山の古城には織田信広・三好政勝・香西《こうさい》越後守、それに将軍義昭が派遣した軍勢を加えて、合計二千ほどを在城させた。(11)八瀬《やせ》・大原には、山本対馬守・蓮養坊が砦を構えて陣取った。この二人は比叡山の地理に通じていたから、夜ごと山上へ忍び入り、谷々・寺々に放火したので、比叡山側では大いに困惑したという。

十月二十日、朝倉方へ菅屋《すがや》長頼《ながより》を使者として派遣し、「いつまでも抗争を続けるのは互いに無駄なことであるから、一戦を交えて決着をつけよう。日限を定めて出撃して来なさい」と申し入れたが、朝倉方はなかなか返答をしなかった。結局、朝倉方は抵抗をやめて和睦を申し入れてきたが、信長は是非とも一戦を交えて鬱憤を晴らしたいという意向で、聞き入れなかった。

南方の(12)「三好三人衆の方では、野田・福島の城を補強し、諸浪人が(13)河内・摂津のあちこちに出没して気勢をあげたが、(14)高屋に畠山昭高、(15)若江に三好義継、(16)交野《かたの》に安見直政、伊丹《いたみ》・塩河・茨木・高槻《たかつき》など、どこの城もそれぞれ堅固に守備しており、その上畿内の軍勢が各地に陣を構えていたから、京都をめざして進撃してくることは、とてもできるものではなかった。

また、南近江方面では、六角義賢父子が甲賀の三雲定持の居城だった(17)菩提寺《ぼだいじ》の城まで進出してきたが、兵力がなくて、戦いを仕掛けてくる態勢にもなっていなかった。

11 将軍山・八瀬・大原＝京都市左京区
12 三好三人衆＝三好長逸・政康・石成友通
13 河内・摂津＝大阪府・兵庫県東部
14 高屋＝大阪府羽曳野市
15 若江＝東大阪市
16 交野＝交野市
17 菩提寺＝滋賀県湖南市

近江にいる石山本願寺の門徒《もんと》たちは一揆を起こし、尾張・美濃への道路を遮断する行動に出たが、農民たちのことであるから、人数ばかり多くても、何ほどのこともできなかった。木下藤吉郎・丹羽長秀が村々を駆けまわり、一揆勢を切り捨てて、あらかた鎮圧した。

木下藤吉郎・丹羽長秀の二人は、今こそ主君の一大事と考え、浅井の本拠小谷《おだに》城に対峙する横山の城、敵方佐和山城に対峙する[18]百々屋敷《どどやしき》の砦にはそれぞれ軍勢を充分に残して置き、志賀の陣に参陣しようと出陣したところ、一揆勢は[19]建部《たけべ》の郷に拠点を構え、[19]箕作山《みつくりやま》と[20]観音寺山に上り、双方から協同して二人の進路を遮断した。そこで敵方と出会い、一戦に及んで先頭の武士数人を切り捨て、造作なく押し通り、二人は志賀の間近、[21]勢田《せた》の郷へ駆け込んだ。

信長はこれを志賀の城から遠望して、さては山岡景隆《やまおかかげたか》が謀反を起こし、六角義賢を勢田へ引き入れたのか、と理解しかねていた。そこへ急使が到着し、「藤吉郎・長秀が勢田まで参陣いたしました」という報告があったので、信長はたいへん喜んだ。伝え聞いた諸部隊の陣営でも、どっと喜びの声を上げた。

十一月十六日、丹羽長秀に命じて丈夫な鉄製の綱を造らせ、これで勢田に[22]舟橋《ふなはし》を架けさせた。この橋を安全に往来できるように警固するため、村井新四郎・埴原《はいばら》新右衛門を配備した。

信長の弟織田信興《のぶおき》は、尾張の[23]小木江《こきえ》村に城を構えて居城していたが、石山本願寺は信長が志賀の陣で手一杯の様子を察知して、[24]長島の門徒に一揆を起こさせ、信興方に戦いをしかけ、小木江の城を攻めさせた。一揆勢は数日攻撃を続け、ついに城内に突入した。信興は、

18 百々屋敷＝彦根市
19 建部・箕作山＝東近江市
20 観音寺山＝近江八幡市、旧蒲生郡安土町
21 勢田＝瀬田、大津市
22 舟橋＝舟を連結した上に板を渡した浮橋
23 小木江＝古木江、愛知県愛西市
24 長島＝三重県桑名市

一揆勢の手にかかって討たれるのは無念と覚悟をきめ、十一月二十一日、天守に上って切腹した。やむをえないことであった。

十一月二十二日、信長は六角義賢と和睦をした。三雲勢・三上勢は六角方を離れて、信長の志賀の陣に出頭してきた。信長方では上下みな満足であった。

十一月二十五日、堅田《かただ》[25]の猪飼野正勝《いかいのまさかつ》・馬場孫次郎・居初《いそめ》又次郎の三人が協議して「お味方となり、忠誠を尽くします」と申し入れてきたことを、坂井政尚・安藤右衛門・桑原平兵衛が報告してきた。信長はこれを承認し、人質を受け取った。

その夜のうちに兵千人ほどを堅田の部隊へ増援に派遣したところ、越前方は時を移してはよくないと考えて、多数の兵をもって諸方面から攻撃してきた。各所で応戦し、前波景定《まえばかげさだ》・堀平右衛門、および朝倉義景の祐筆《ゆうひつ》[26]中村木工丞《なかむらもくのじょう》、そのほか主だった者多くを討ち取ったが、味方にも負傷者や討ち死にする者が出て、しだいに手薄となり、ついに敗退した。そんななかで、坂井政尚と浦野源八父子は一騎当千の活躍をし、比類ない高名を残した。

しかし、折からの寒さと豪雪のため、北国越前への交通・運輸が途絶えがちになったためか、朝倉義景は将軍義昭に泣きつき嘆願したので、将軍は和睦の調停案を提示した。信長はこれを受諾しなかったが、十一月二十九日に将軍が三井寺《みいでら》[27]まで出向いて来て、しきりに和睦を勧めたので、無視するわけにもいかず、十二月十三日、和睦が成った。

朝倉方の出した条件は、織田勢は琵琶湖を渡って勢田まで撤退し、さらに浅井・朝倉方が高島[28]へ撤退するまでは信長方から人質を出すこと、さもなければ撤退することには同意しない、ということだったので、信長は十四日に湖を越え、勢田の山岡景隆の城まで軍勢を撤

25 堅田＝滋賀県大津市
26 祐筆＝書記
27 三井寺＝園城寺、大津市
28 高島＝高島市

退させた。その後で、浅井・朝倉方は十五日早朝から比叡山を下り、退去した。

当然のことではあるが、このように決着がついたのも、信長が戦い上手だったためである。

同月十六日、信長は大雪のなかを帰陣の途についた。佐和山の麓、磯の郷[29]に陣宿。十二月十七日、岐阜に帰陣した。めでたいことである。

29 磯の郷＝米原市

巻四

元亀二年（一五七一）

01 佐和山城を接収

〔元亀二年〕(1)正月一日、美濃の岐阜城に部将たちはそれぞれ出仕した。

二月二十四日、磯野員昌《いそのかずまさ》が降参し、(2)佐和山《さわやま》の城を明け渡して高島へ退去した。そこで信長は、丹羽長秀《にわながひで》を城代《じょうだい》として入城させた。

1 元亀二年＝一五七一年
2 佐和山＝滋賀県彦根市

02 箕浦の合戦

五月六日、浅井長政《あざいながまさ》が姉川《あねがわ》まで進出し、(1)横山の城に対峙して軍勢を配備し、陣を張った。先鋒の足軽大将は浅井七郎、五千ほどの兵を率いて(2)箕浦《みのうら》方面、堀秀村・樋口直房の居城近くまで攻め寄せ、村々に放火した。

木下藤吉郎は横山の城に軍勢をたっぷりと残して守備させ、自分は百騎ほどを従えて、敵方に見えないように山の裏側をまわり、箕浦へ駆けつけた。堀・樋口勢と合流したが、それでもわずか五、六百人を超えなかったであろう。敵は五千ほどの一揆勢、これに足軽部隊を攻め掛からせた。(2)下長沢で衝突、一戦に及んだ。ここで樋口の家臣多羅尾《たらお》相模守が討ち死にした。その家来の土川《ひじかわ》平左衛門は、これを聞いて敵方に切り込み、討ち死にした。比類ない働きであった。

1 横山＝滋賀県長浜市
2 箕浦・下長沢＝米原市

敵は一揆勢であったから、ついには追い崩し、数十人を討ち取った。しかしまた、敵は下坂[3]のさいかち浜というところで態勢を立てなおし、ここでもしばらく戦ったが、結局、八幡《やわた》神社下[3]まで退却した。浅井長政はなすすべもなく、兵を撤収したのである。

03 大田口の合戦

五月十二日、信長は河内《かわうち》[1]の長島[2]を三方から攻めさせた。信長自身は津島《つしま》[3]まで出陣した。

中央筋を攻めた部将は、佐久間信盛・浅井政澄・山田勝盛・長谷川丹波守・和田定利・中島豊後守。

川筋の西、多芸山《たぎやま》[4]の麓に沿って大田[5]方面から攻めた部将は、柴田勝家・市橋長利・氏家卜全・安藤定治・稲葉一鉄・塚本小大膳・不破光治・丸毛長照・飯沼長継。

五月十六日、大田口で村々に火を放って退去しようとした時、長島の一揆勢は山側へ移動した。右手は大河[6]、左手は山の崖で、崖下の道は一騎ずつしか通れない難所である。退去する先々へ、一揆勢は弓・鉄砲の射手を配置して待ち構えた。柴田勝家が形勢を見計らい、最後尾で退去しつつあった時、一揆勢がどっと攻め掛かった。散々に戦った末、柴田は軽い手傷を受けて撤退した。二番手に氏家卜全が敵を受けとめ、一戦に及んだが、氏家そのほか家臣数名が討ち死にした。

3 下坂・八幡神社下＝長浜市

1 河内＝木曽川・長良川河口地帯
2 長島＝三重県桑名市、旧桑名郡長島町
3 津島＝愛知県津島市
4 多芸山＝養老山地、岐阜・三重県境
5 大田＝太田、岐阜県海津市
6 大河＝揖斐川

04 志村城を攻略

八月十八日、信長は北近江へ出馬、横山に陣を取った。八月二十日の夜、大風が吹き荒れ、横山の城の塀と櫓を吹き倒した。

(1)小谷《おだに》と(2)山本山《やまもとやま》の間は(3)五十町とは隔たっていないだろう。八月二十六日夜、その間の中島という村に陣を据え、足軽に命じて、(4)与語《よご》・(5)木本《きのもと》あたり一帯を焼き打ちさせた。二十七日、横山へ軍勢を撤収した。

八月二十八日、信長は佐和山の城へ進み、丹羽長秀のもとに泊まった。先陣は、一揆勢が立て籠もる(6)小川村および(6)志村の郷を攻め、付近を焼き払った。

九月一日、信長は志村の城を攻めさせ、観閲した。攻撃部隊には、佐久間信盛・中川重《なかがわしげ》政《まさ》・柴田勝家・丹羽長秀の四人を命じた。四方から攻め寄せ、城内に突入して、首数六百七十を討ち取った。この情況を見て、隣の小川の城主小川祐忠《すけただ》が人質を提出して降参してきたので、これを許した。

九月三日、(7)常楽寺へ移動し、駐留。一揆勢が立て籠もる(8)金《かね》ガ森《もり》の城を攻めた。一帯の稲作をことごとく薙《な》ぎ払い、鹿垣を結い巡らし、外部との連絡を遮断して包囲しておいたところ、一揆勢は宥《ゆる》しを乞い、人質を提出してきたので、これもまた許した。

それからただちに南方へ出動する旨、布告した。

九月十一日、信長は(9)山岡景猶《かげなお》の城に陣を据えた。

1 小谷＝滋賀県長浜市、旧東浅井郡湖北町
2 山本山＝長浜市、旧東浅井郡湖北町〜伊香郡高月町
3 五十町＝約五・五キロメートル
4 与語＝余呉、長浜市、旧伊香郡余呉町
5 木本＝木之本、長浜市、旧伊香郡木之本町
6 小川・志村＝東近江市、旧神崎郡能登川町
7 常楽寺＝近江八幡市、旧蒲生郡安土町
8 金ガ森＝金森、守山市
9 山岡景猶の城＝大津市

05 比叡山を焼き打ち

九月十二日、信長は比叡山《ひえいざん》を攻撃した。経緯は次のとおりである。

去年、信長が野田・福島を攻めて、もう少しで落城という時、越前の朝倉義景《あさくらよしかげ》と北近江の浅井長政が坂本方面へ攻め寄せた。信長は「敵が京都市中に侵入したら厄介なことになる」と言って、野田・福島[1]の陣を引き払い、ただちに逢坂山《おうさかやま》を越え、越前・北近江勢に攻め掛かり、局笠山へ追い上げた。

兵糧攻めにする作戦で、延暦寺の僧衆を呼び寄せ、「このたび信長に味方をすれば、信長の領国中にある延暦寺領を元どおり返還する」旨を誓い、さらに朱印状を手渡して、「しかし、出家の道理で一方のみに味方することはできないと言うのであれば、我々の作戦行動を妨害しないでもらいたい」と筋道を立てて申し聞かせ、「もしもこの二カ条に違背したならば、根《こん》本中堂《ぽんちゅうどう》・日吉大社《ひえたいしゃ》をはじめとして、一山ことごとくを焼き払うであろう」と言明したのであった。

比叡山の山上・山下の僧衆は、延暦寺が皇都の鎮守であるにもかかわらず、日常の行動でも仏道の修行でも出家の道をはずれ、天下の笑いものになっているのも恥じず、天の道に背《そむ》くことの恐ろしさにも気づかず、色欲に耽《ふけ》り、生臭ものを食い、金銀の欲に溺《おぼ》れて、浅井・朝倉に加担《かたん》し、勝手気ままな振るまいをしていた。けれども信長は、時の流れに従って、ひとまずは遠慮をし、事を荒立てぬよう、残念ながら兵を収めたのであった。

1 野田・福島＝大阪市福島区

ついにその時が来たのであろうか。その鬱憤《うっぷん》を今日こそ晴らすため、九月十二日、比叡山を攻撃し、根本中堂・日吉大社をはじめ、仏堂・神社、僧坊・経蔵、一棟も残さず、一挙に焼き払った。煙は雲霞《うんか》の湧き上がるごとく、無惨にも一山ことごとく灰燼《かいじん》の地と化した。

山下の老若男女は右往左往して逃げまどい、取るものも取りあえず、皆はだしのままで八王寺山へ逃げ上り、日吉大社の奥宮に逃げ込んだ。諸隊の兵は、四方から鬨《とき》の声をあげて攻め上った。僧・俗・児童・学僧・上人《しょうにん》、すべての首を切り、信長の検分に供して、これは叡山を代表するほどの高僧であるとか、貴僧である、学識高い僧であるなどと言上した。そのほか美女・小童、数も知れぬほど捕らえ、信長の前に引き出した。悪僧はいうまでもなく、「私どもはお助けください」と口々に哀願する者たちも決して宥《ゆる》さず、一人残らず首を打ち落とした。哀れにも数千の死体がごろごろところがり、目も当てられぬ有様だった。

信長は、年来の鬱憤を晴らすことができた。そして、志賀郡を明智光秀《あけちみつひで》に与え、明智は[2]坂本に居城を構えたのである。

九月二十日、信長は美濃の岐阜に帰陣した。

九月二十一日、河尻秀隆・丹羽長秀の二人に命じ、高宮右京亮とその一族を佐和山へ出頭させ、殺害させた。抵抗して切りかかってきたが、造作《ぞうさ》もなく成敗した。その理由は、昨年、野田・福島の陣の時、高宮は大坂方に内通して一揆勢を蜂起させる謀略を働き、戦いの最中に川口の砦を脱走して大坂の城に駆け込んだからである。

2 坂本＝滋賀県大津市

06 内裏の修理を完了

さて、内裏はいまや朽廃し、元の姿をとどめぬほどだったので、信長は御恩にむくいるため修理して差し上げようと考え、[1]先年、日乗朝山《にちじょうちょうざん》と村井貞勝を担当の奉行に任命した。それから三カ年かかって、紫宸殿《ししんでん》・清涼殿《せいりょうでん》・内侍所《ないしどころ》・昭陽舎《しょうようしゃ》、そのほか諸々の建物など、すべての工事を完了した。

さらに、宮中の収入面においても後々まで困ることがないようにと、信長は思案をめぐらし、京都市中の町人に米を貸し付け、毎月その利息を宮中に献上するよう命じた。また、零落した公家《くげ》たちの領地と相続のことに関しても、復興のための諸施策を実施した。天下万民の満足、これに過ぎるものはなかった。信長の功績と名誉、および織田家の威勢は、我が国においてほかに並ぶ者もないのである。

また信長は、領国中の関所を撤廃した。天下の安泰を図り、往還の旅人の便を思いやる施策は、慈悲深い信長の心から発したものであって、このことにより神仏の加護も果報も誰にも増して恵まれ、織田家がますます栄える基礎を築いたのである。これもひとえに、信長が「道を学び、身を立てて、後世に名を残そう」と望んだからである。めでたいことである。

1 先年＝永禄十二年、巻二(4)

巻五

元亀三年（一五七二）

01 北近江へ出陣

〔元亀三年〕(1)三月五日、信長は北近江へ出陣し、(2)赤坂《あかさか》に陣を取った。翌日、(3)横山《よこやま》に着陣。敵城(4)小谷《おだに》と山本山との距離は、(5)五十町を超えることはないであろう。三月七日、その間へ進撃して野営をし、与語《よご》・木本《きのもと》まで焼き払った。北近江に在城している浅井《あざい》方の部将たちは、「織田勢が与語・木本まで進撃して来るには、難所を越して来るのだから疲れているはずだ。是非とも一戦交えてやろう」と言っていた。日頃の広言は嘘だったのか、足軽部隊の応戦さえなかったので、信長は何ごともなく、九日には横山へ軍勢を撤収した。

三月十日、(6)常楽寺に陣宿。

三月十一日、志賀郡へ出陣。(7)和邇《わに》に陣を構えた。(7)木戸・(8)田中を攻め、砦を築かせて、明智光秀・中川重政・丹羽長秀の三人を配備した。

1 元亀三年＝一五七二年
2 赤坂＝岐阜県大垣市
3 横山＝滋賀県長浜市
4 小谷＝長浜市、旧東浅井郡湖北町
5 五十町＝約五・五キロメートル
6 常楽寺＝近江八幡市、旧蒲生郡安土町
7 和邇・木戸＝大津市、旧滋賀郡志賀町
8 田中＝高島市、旧高島郡安曇川町

02 武者小路に邸を普請

三月十二日、信長は和邇の陣から直接上洛し、二条の(1)妙覚寺を宿所とした。

「信長はたびたび上洛して来ますのに、京都に邸がないというのはどんなものでしょうか。上京の(2)武者小路《むしゃのこうじ》に空き地がありますが、ここに邸を造らせようと思います」と、将軍義昭

1 妙覚寺＝京都市中京区
2 武者小路＝京都市上京区

から(3)天皇に上奏《じょうそう》したところ、「それが良かろう」との回答があった。そこで、「将軍の命令として普請をさせましょう」と、義昭の意向が伝えられた。信長は何度も辞退したけれども、たびたび上意が伝えられたので、指示に従うことにした。

尾張・美濃・近江三国の信長に属する部将たちは普請に動員されることは免除され、畿内の大名・武将たちを上京させて普請に従事させた。

三月二十四日、着工の儀式を執行した。まず(4)築地《ついじ》を築いた。受け持ちの部署ごとに舞台を設けさせ、稚児《ちご》や若衆《わかしゅう》を美しく着飾らせて、笛・大鼓《おおつづみ》・小鼓で拍子を合わせて囃《はや》したてさせたので、工事の人足たちは皆、興に乗って調子良く仕事をした。それでなくても都は人の群れるところなのに、工事の初めから(5)終わりまで、身分の上下にかかわらず見物の人々が、手折った花を持ち、袖を連ねて群がったので、衣装の薫香が付近一帯にただよう有様であった。このほか、いろいろな催しごとがあった。天下は太平に治まり、おもしろい趣向が見られるようになったのである。

工事担当の奉行には村井貞勝・島田秀満、大工棟梁《とうりょう》には池上五郎右衛門を任命した。

3 天皇＝正親町天皇
4 築地＝土塀
5 工事の終わり＝信長と義昭との関係が悪化し、邸は完成しなかった。

03 石山本願寺と和睦

(1)細川昭元《ほそかわあきもと》・石成友通《いわなりともみち》が上洛し、このたび和睦を聞き届けてくれた礼を述べるため、初めて信長のもとへ出頭した。

1 細川昭元＝室町幕府管領家の嫡流、細川晴元の子

石山本願寺の門跡《もんぜき》顕如光佐《けんにょこうさ》も、(2)和睦の礼として、「万里江山《ばんりこうざん》」の絵画一軸、および白天目《しろてんもく》茶碗を信長に献上した。

04 三好義継・松永久秀、謀反

(1)この頃、三好義継《みよしよしつぐ》が謀反を企て、松永久秀《まつながひさひで》・久通《ひさみち》父子と共謀して、(2)河内《かわち》の畠山昭高に向かって攻撃を開始した。松永久秀は、畠山の部将安見新七郎の居城(3)交野《かたの》へ軍勢を差し向け、砦を築いた。松永方の大将は山口六郎四郎・奥田忠高の二人、兵三百ほどを砦に配備した。

信長の命令で三好・松永勢を討ち果たすため派遣された部将は、佐久間信盛・柴田勝家・森長可・坂井政尚・蜂屋頼隆・斎藤新五・稲葉一鉄・氏家直通・安藤守就・不破光治・丸毛長照・多賀常則。このほかに、将軍義昭は畿内の武将を加勢させ、後備の軍として出陣させた。砦を包囲し、鹿垣《ししがき》を結い廻しておいたが、敵は風雨に紛れて脱出した。

三好義継は(4)若江《わかえ》に立て籠もり、松永久秀は大和の(5)信貴《しぎ》の城に、息子の久通は奈良の(6)多《た》門《もん》の城に立て籠もった。

五月十九日、信長は天下の政務を処理し、美濃の岐阜に帰還した。

2 石山本願寺と和睦＝成立は天正元年

1 この頃＝四月
2 河内＝大阪府東部
3 交野＝大阪府交野市
4 若江＝東大阪市
5 信貴の城＝奈良県生駒郡平群町、信貴山
6 多門の城＝多聞城、奈良市、佐保山

05 虎御前山に築城

七月十九日、信長は嫡男(1)奇妙《きみょう》の(2)具足初めを執り行うことを許し、その後、父子そろって北近江へ出陣した。その日は赤坂に陣を取った。

翌日、横山に陣を据え、二十一日、浅井長政の居城小谷へ向かって進撃した。(3)雲雀山《ひばりやま》・(4)虎御前山《とらごぜやま》に軍勢を登らせ、佐久間信盛・柴田勝家・木下藤吉郎・丹羽長秀・蜂屋頼隆に命じて町を破壊させた。格別の抵抗もさせずに攻め込み、敵を給水場まで追い詰めて数十人を討ち取った。

柴田勝家・稲葉一鉄・氏家直通・安藤守就、これらを先鋒として陣どらせ、次の日、阿閉《あつじ》貞征《さだゆき》が立て籠もる山本山の居城を木下藤吉郎に攻撃させ、麓を焼き払わせた。すると、城内の足軽ども百人ばかりが出撃してきて、応戦した。藤吉郎は頃合を見はからってどっと切り掛かり、切り崩して、五十余の首を討ち取った。信長から称賛されること、ひとかたならぬものであった。

七月二十三日、軍勢を派遣し、越前との国境に近い与語《よご》、木本《きのもと》の(5)地蔵坊をはじめとして、一帯の堂塔伽藍、名所・旧跡も残らず焼き払った。

七月二十四日、(6)草野の谷にも火を放った。近くに大吉寺という、高山に僧坊が五十も建ち並んだ堅固な構えの寺院がある。近郷近村の農民たちがこの山に登り、立て籠もっていた。山の前面からは険阻で登りにくいので、麓を攻撃した。夜間、木下藤吉郎・丹羽長秀が後ろ

1 奇妙＝のちの織田信忠
2 具足初め＝初めて甲冑を着用する儀式
3 雲雀山＝滋賀県長浜市、旧東浅井郡湖北町〜虎姫町
4 虎御前山＝虎姫山、長浜市、旧東浅井郡湖北町〜虎姫町
5 地蔵坊＝浄信寺、長浜市、旧伊香郡木之本町

の山続きに攻め上り、一揆勢の僧俗多数を切り捨てた。
琵琶湖の湖上からは、打下《うちおろし》(7)の林員清《はやしかずきよ》、明智光秀、堅田《かただ》(8)の猪飼野正勝《いかいのまさかつ》、山岡景猶・馬場孫次郎・居初《いそめ》又次郎に命じて囲《かこ》い舟《ぶね》(9)を造らせ、これを漕ぎ寄せて、海津《かいづ》浦(10)・塩津《しおづ》浦(11)・与語の湖岸(12)など北近江の敵地を焼き払わせた。また、竹生島《ちくぶじま》(13)に舟を寄せて、火矢・大砲・鉄砲で攻撃した。

最近まで北近江には起こらなかった一揆(14)を企て動き廻っていた者どもは、風に木の葉が散るように散り失せて、今は一人もいなくなった。勇猛な織田勢が攻め寄せ、田畠を薙ぎ払ったので、浅井方の軍勢はしだいに手薄になっていった。

信長は、七月二十七日から虎御前山の陣に城を構築するよう命じた。これに対して、浅井方からは越前の朝倉方へ次のような報告を届けた。尾張の河内長島に一揆が蜂起して、近江から尾張・美濃への交通を遮断したため、織田勢は今や弱り果てている。この際朝倉が出馬すれば、尾張・美濃の軍勢を残らず討ち果たすことができるだろう、という虚偽の報告を送ったのである。

この報告を事実と思い、朝倉義景は、軍勢一万五千ほどを率いて、七月二十九日、浅井の居城小谷に到着した。ところが、この辺りの情況を見るに及んで、小谷ではとても対抗できないと考え、大嶽《おおずく》(15)という高山に登って陣を構えた。

そこで信長は、足軽たちに朝倉の陣を攪乱するよう命じた。若武者たちは野に伏し山に忍び入り、敵方の幟《のぼり》・差し物・武器を分捕り、敵兵の首を二つ、三つずつ取ってこない日はなかった。手柄の軽重に従い褒美を与えたので、若武者たちの士気はますます高揚した。

6 草野＝長浜市、旧東浅井郡浅井町
7 打下＝滋賀県高島市
8 堅田＝大津市
9 囲い舟＝防御装備をほどこした舟
10 海津浦＝高島市
11 塩津浦＝長浜市、旧伊香郡西浅井町
12 与語の湖岸＝飯浦、長浜市、旧伊香郡木之本町
13 竹生島＝長浜市
14 一揆＝一向一揆
15 大嶽＝長浜市、旧東浅井郡湖北町

八月八日に、越前の前波吉継《まえばよしつぐ》父子三人が信長の陣へ出頭してきた。信長の喜びようは大変なものであった。さっそく、帷子《かたびら》(16)・小袖《こそで》(17)、馬と馬具一式を前波父子に褒美として与えた。翌日また、富田長繁《ながしげ》・戸田与次・毛屋猪介《けやいのすけ》が出頭した。これらにもまた褒美をいろいろと与えた。ありがたいことであった。

虎御前山の城普請はまもなく竣工した。見事な設計で、この山の景観を生かした仕上がりには、誰もが「多くの城を見聞したが、これほどのものは見たことがない」と言い、目を見張って驚いた。

座敷から北を眺めれば、浅井・朝倉勢が高山の大嶽に登って籠城し、堅固に守備している様子が見え、西は琵琶湖が漫々と広がり、その向こうには比叡山八王寺が望まれる。以前は尊い霊地であったが、去年、山門の僧衆らが反逆を企てたので、自業自得の道理のとおり、山上・山下とも灰燼《かいじん》に帰した。これは信長が怒りを発し、思う存分に処置をしたところである。

また南は、(18)志賀・唐崎《からさき》・石山寺《いしやまでら》が遠望される。石山寺の本尊というのは、大国(19)震旦《しんたん》にまで名のとどろいた霊験あらたかな観世音菩薩である。その昔、紫式部も念願をかなえ、昔から今に読み継がれている『源氏物語』を執筆したところである。東には高峰(20)伊吹山《いぶきやま》、その麓には荒れ残った(21)不破《ふわ》の関《せき》。どちらを見ても眼前に広がる景観といい、また堅固な造作といい、そのすばらしさは言い尽くせないほどであった。

虎御前山から横山までの距離は(22)三里である。やや遠いので、信長は、その中継拠点として、八相山と(23)宮部《みやべ》村の二カ所に砦を築くよう命じた。宮部村には宮部継潤《けいじゅん》を配置し、八相

16 帷子＝ひとえもの
17 小袖＝着物
18 志賀・唐崎・石山寺＝大津市
19 震旦＝中国
20 伊吹山＝米原市、旧坂田郡伊吹町
21 不破の関＝岐阜県不破郡関ケ原町
22 三里＝約一二キロメートル
23 宮部＝滋賀県長浜市、旧東浅井郡虎姫町

山には守備の軍勢を配備した。

虎御前山から宮部村までの道筋は、たいへんな悪路であった。軍勢の通行の便をはかって、幅[24]三間半の道路を高く築き、敵方に向かった方の道路の縁には高さ[25]一丈の[26]築地《ついじ》を[27]五十町にわたって築かせた。この築地と敵方との間には、川を堰止《せきと》めて水を流し入れ、味方がたやすく往来できるようにした。このように、砦には多くの設備を施したことはいうまでもない。

朝倉勢がこの地に駐留していても、別にどうということもなかったので、信長は横山に撤収しようと考えた。その一両日前に、朝倉方へ堀秀政を使者として派遣し、「せっかく当地まで進出されたのだから、日限を定めて一戦を交え、決着をつけよう」と申し入れた。しかし、なかなか返事がこなかったので、虎御前山には木下藤吉郎を指揮者として残し、九月十六日、信長および嫡男奇妙父子は横山に引き揚げた。

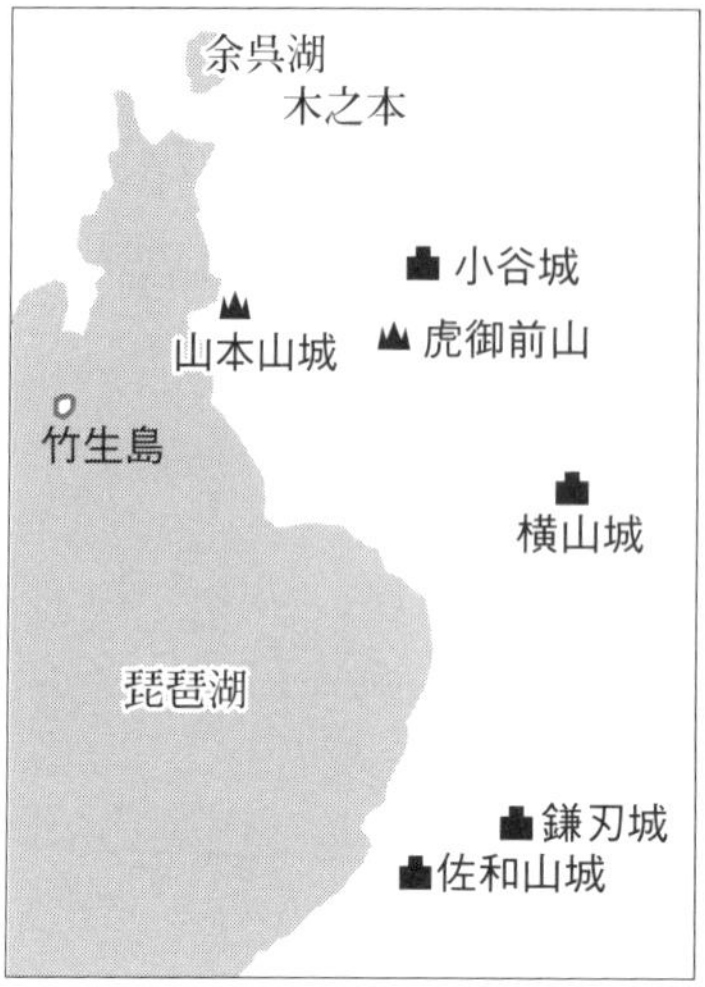

十一月三日、浅井・朝倉方は軍勢を繰り出した。虎御前山から宮部まで築いた築地を破壊しようとして、浅井七郎を足軽大将として先駆けさせ、攻め寄せた。そこで、木下藤吉郎は軍勢を出撃させて応戦した。梶原勝兵衛・毛屋猪介・富田長繁・中野一安・滝川彦右衛門が先陣をつとめ、しばらく応戦して追い崩した。それぞれの手柄は、比類ないものであった。

24 三間半＝約六メートル
25 一丈＝約三メートル
26 築地＝土塀、土塁
27 五十町＝約五・五キロメートル
28 近習＝側近の奉仕係

滝川彦右衛門は、日常は信長の[28]近習《きんじゅう》であった。先頃、小谷方面に大差し物を指して出陣したが格別の手柄も立てなかったので、信長から「けしからん」と叱責され、以後、近習役を解かれて虎御前山に居残っていた。このたびは目覚ましい働きをしたので、諸人の口添えで信長の前に召し出され、面目をほどこしたのであった。

06 三方ガ原の合戦

これは[1]遠江《とおとうみ》方面でのことである。

十一月下旬、武田信玄《たけだしんげん》が[2]二俣《ふたまた》の城を包囲した、という徳川家康《とくがわいえやす》からの報告が到着した。

そこで、信長の家老衆、佐久間信盛《さくまのぶもり》・平手汎秀《ひらてひろひで》・水野信元《みずののぶもと》を大将として、軍勢を浜松へ参陣させた。しかし、すでに二俣の城は落城し、その勢いに乗って武田信玄は[3]堀江の城をめざして進撃していた。

徳川家康は浜松の城から軍勢を出撃させ、[3]三方《みかた》ガ原《はら》で足軽同士の小競り合いが始まった。佐久間・平手をはじめとして諸勢が駆けつけ、互いに陣を構えて早くも一戦に及んだ。武田方は足軽三百人ばかりを先頭に立て、石つぶてを投げさせ、攻め太鼓を打ち鳴らして攻め掛かってきた。十二月二十二日、一番合戦で、平手汎秀およびその家臣、家康の身内衆の成瀬《なるせ》正義、その他数名が討ち死にした。

ところで、信長が幼少の頃から召し使っていたお小姓衆の、長谷川橋介・佐脇良之・山口

1 遠江＝静岡県西部
2 二俣＝浜松市、旧天竜市
3 堀江・三方ガ原＝浜松市

飛驒守・賀藤《かとう》弥三郎の四人は、信長から[4]勘当《かんどう》を受け、家康を頼って遠江に蟄居《ちっきょ》していた。この四人もまた、一番合戦に一団となって戦い、比類ない活躍をして討ち死にした。

この時、世にも珍しい感心なことがあった。それは、尾張清洲の町人で甲冑《かっちゅう》商の玉越《たまこし》三十郎という年頃二十四、五の者がいた。蟄居中の[5]四人衆を見舞うため浜松へ出てきたのが、ちょうど武田信玄が堀江の城へ進撃している最中であった。「武田勢は多分こちらへも侵攻してくるだろう。そうなれば戦いになるのは必至だから、早く帰りなさい」と、四人衆が強く忠告したところ、三十郎は「ここまで参りまして、このような事態から逃げ帰ったとあっては、今後、人に顔を合わせられません。あなた方が討ち死になさるのならば、私も御一緒いたしましょう」と、きっぱりと言い、帰らなかった。四人衆と一緒に敵を切りまくり、枕を並べて討ち死にしたのである。

家康は、戦線の中央部を切り破られ、乱戦に巻き込まれた。左へ逃げて、三方ガ原の崖《がけ》ぎわの一本道を退却した。敵は先回りして待ち受け、戦いを挑んだ。それを家康は馬上から弓で射倒し、駆け抜けて、浜松へ帰城した。この時に限らず、家康の弓の腕前は今に始まったことではなかった。家康は浜松の城に立て籠もり、堅固に守備をした。信玄はこの合戦に勝利を得て、さらに[6]西へと進軍したのである。

4 勘当＝懲戒解雇
5 四人衆＝長谷川橋介ら
6 西へと進軍＝しかし、翌年病死した。

巻六

元亀四年（一五七三）

01

〔原文ではここに「松永多門城渡し進上」があるが、年次の順からいってここに置くのは正しくないので、巻七（2）へ移した〕

02

将軍足利義昭、謀反

さて、将軍義昭が信長に対して密《ひそ》かに謀反《むほん》を企てていることが明らかになった。その経緯は、次のとおりである。

信長は去年、将軍の道理に合わない行為は遺憾であると、次のような十七カ条の意見書を提出した。

「一、宮中に参内《さんだい》されることについて、(1)光源院《こうげんいん》殿は怠りがちでしたが、果たして神仏の加護もなく不幸な最期《さいご》を遂げられました。ですから、将軍は毎年怠りなく勤められるようにと入京した時から申し上げておりましたのに、早くもお忘れになって、近年すっかり怠っておられるのは、遺憾なことです。

一、諸国へ(2)御内書《ごないしょ》をお出しになり、馬そのほかを献上させていることは、外聞も良くないので、再考された方がよいと思います。ただし、その必要がある時には、信長に申し

1 光源院＝十三代将軍足利義輝

2 御内書＝将軍の私用文書

つけてくだされば、私の添え状を付けてしかるべく取り計らいましょうと、前々から申し上げており、将軍もそのように心がけるお約束でしたが、現今はそうでもなく、遠国へ御内書を出し、御用を言いつけておられることは、先のお約束に違います。どこにでも適当な馬がいることをお聞きになったら、信長が奔走して献上させますと、前々から申し上げておりましたのに、そのようになさらないで、信長には内密で直接に指示されるのは、よろしくないと思います。

一、幕府出仕《しゅっし》の人々で、よく奉公をし、怠りなく忠節を尽くしている人々には相応の恩賞(3)を与えず、新参者でそれほどの身分でもない者に扶持《ふち》(4)を加給しておられます。そのようにされては、忠・不忠の別も無用のことになってしまいます。人々の評判も良くはありません。

一、近頃、将軍と信長との関係が悪化したとの風説がありますが、それにつけても、将軍家の重宝類をよそへお移しになった由、京の内外に知れわたっております。このことで京都では人心騒然となっているそうで、私は驚いております。苦労して御所を建造して差し上げ、将軍も安心してお住まいになっておられたのに、重宝類をよそへお移しになって、今度はどちらへ居をお移しなさるのですか。残念なことです。そのようなことをなされば、信長の苦労も無駄になってしまいます。

一、賀茂《かも》神社の所領の一部を没収して、これを石成友通に与え、石成に賀茂神社の経費を負担するよう、表向きは厳重に申しつけ、内実のところはそれほどにしなくても良いと指示されたと聞きました。大体、このように寺社領を没収するのは、良いことではない

3 恩賞＝所領
4 扶持＝米・銭

と思っております。石成が所領不足で辛抱できぬほど困っているというので、まず石成の申し立てを聞き届けてやり、将軍にも安心していただき、また石成には将軍の御用をも申し付けようと思っておりましたのに、このような内密の取り計らいをなさったのは良くないことです。

一、信長に対して友好的な関係にある者には、女房衆[5]以下にまで、不当な扱いをなさるそうで、彼らは迷惑しております。私に友好的な者とお聞きになったら、特別に目をかけられるようにされてこそ、私もありがたいと思いますのに、逆にお考えになっておられます。いかなる理由があるのでしょうか。

一、無事に奉公し何の落度もないのに、彼らに扶持を加給なさらないので、京都での暮らし向きに困っている者たちが、信長に泣きごとを言って来ます。私から将軍に申し上げれば、きっと将軍のお情けもあるだろうと思ってのことですから、一つには彼らを不憫《ふびん》に思い、また一つには将軍のためとも思って、彼らの扶持の件を申し上げましたが、誰一人のこともお聞き届けになりません。あまりにも苛酷な処置ですので、私は彼らに対して面目がありません。観世国広・古田可兵衛・上野豪為《ひでため》らのことです。

一、若狭の国 安賀庄《あがのしょう》[6]の代官[7]の行跡《ぎょうせき》について、粟屋孫八郎が訴訟を申し立てましたが、私ももっともなことだと思い、いろいろと進言いたしましたのに、決裁をされぬまま今日に至っております。

一、小泉が女房の実家に預けておいた身の回りの品、および質屋に預けておいた刀・脇差などまで没収されたそうです。小泉が何か謀反でも起こし、故意に悪事を働いたのであ

5 女房衆＝幕府の女子職員
6 安賀庄＝福井県若狭町
7 代官＝幕府領の現地の長官

れば、徹底した処分をされても当然です。しかし、これは偶発的な喧嘩《けんか》で死んだのですから、一般的に適用される法規どおりに処置されるのが正しいのです。没収までなさるのは、将軍の欲得ずくだと世間では思うでしょう。

一、元亀《げんき》の年号は不吉なので(8)改元したほうが良いと、世間一般の意見に基づいて申し上げました。宮中からも御催促があったそうですが、改元のためのわずかな費用を献上されないため、現在まで延引しております。このことは天下のためなのですから、怠るのは良くないと思います。

一、烏丸光康《からすまみつやす》を懲戒された件ですが、息子光宣《みつのぶ》についてはお怒りになるのも当然ですけれども、光康は赦免なさるよう申し上げました。ところが、誰か知りませんが内密の使者を遣わして、光康から金銭をお受け取りになり、出仕をお許しになったそうです。嘆かわしいことです。人により罪によっては、過料として徴収することはあるでしょう。しかし、彼は殿上人《てんじょうびと》です。現今の公家《くげ》は彼のようなのが普通なのですから、このようなさり方は他への影響もあり、よろしくないことです。

一、諸国から御礼をし、金銀を献上していることは明らかなのに、内密に蓄えておき、宮中の御用にも役立てないのは、何のためなのですか。

一、明智光秀《あけちみつひで》が京の町で(9)地子銭《じしせん》を徴収し、買い物の代金として預けておいたところ、その土地は延暦寺領だといって、預けておいたものを差し押さえになったのは、不当です。

一、昨年夏、幕府に備蓄されている米を出庫し、売却して金銀に換えられたそうです。将軍が商売をするなど、昔から今に至るまで聞いたことがありません。今のような時節で

8 改元＝七月二十八日に天正と改元

9 地子銭＝宅地税

すから、お蔵に兵糧米《ひょうろうまい》がある状態こそ、世間への聞こえも良いのです。このようななさり方には、驚いてしまいます。

一、寝所《しんじょ》にお召し寄せになった若衆(10)に扶持を支給されようとお思いなら、その場その場で何なりとあるでしょうに、あるいは代官職に任命したり、あるいは道理に合わない訴訟を申し立てるのに肩入れされたりするのは、世間から悪《あ》しざまに批判されても仕方ありません。

一、幕府に仕える武将たちは、武具や兵糧などについての心構えはなく、もっぱら金銀を蓄えているそうです。浪人になった時のことを考えての準備だろうと思われます。これも将軍が金銀を蓄え、いざという時には御所をお出になるように見受けられますので、部下の者たちも、さては京都を出奔《しゅっぽん》なさるおつもりか、と推察してのことだと思われます。「上に立つ者は自らの行動を慎む」という教えを守ることは、おできになれないことではありません。

一、将軍が何ごとにつけても欲深なので、道理も外聞も構わないのだと、世間では言っています。ですから、思慮のない農民さえもが将軍を悪御所と呼びならわしているそうです。普広院《ふこういん》(11)殿をそのように呼んだと聞き伝えておりますが、それは格別のことです。なぜこのように陰口を言うか、今こそよくお考えになったほうが良いと思います。

以上」

右の旨を信長が意見したところ、謹聴すべき言葉が将軍には耳ざわりに聞こえたのである。

おりしも、遠江方面には武田信玄が攻め寄せ、北近江方面では浅井久政・長政父子、越前

10 若衆＝男色の相手
11 普広院＝六代将軍足利義教

の朝倉義景、これらの大軍と信長は戦い、虎御前山の城は守備に忙しく、八方手塞がりだと部下の者が言うので、将軍義昭はその気になったのだろうか。

しかし信長は、将軍に年来尽くした忠節が無駄になること、また天下の笑いものになることを無念に思い、日乗朝山《にちじょうちょうざん》・島田秀満・村井貞勝の三人を使者にして、将軍の要求のとおり人質と誓紙《せいし》を提出すること、今後とも将軍を粗略には扱わぬ旨を、いろいろと申し入れたが、和解は成立しなかった。

結局、将軍は山岡景友・磯貝久次・渡辺昌《まさ》などの者に内々に褒賞などの約束をして、彼らの才覚で(12)今堅田《いまかただ》へ軍勢を進め、(12)石山に砦を築きはじめた。

そこで信長は、これらを撃退するよう、柴田勝家・明智光秀・丹羽長秀・蜂屋頼隆の四人に命じた。

12 今堅田・石山＝滋賀県大津市

03 石山・今堅田を攻撃

二月二十日、柴田らは出陣し、二十四日に(1)勢田《せた》を舟で渡り、石山へ攻めかかった。ここには山岡景友が大将として、伊賀衆・甲賀衆を加えて陣を張っていた。しかし、砦はまだ構築半ばだったので、山岡勢は二月二十六日に降参し、石山の砦から退去した。そこで、柴田らは砦を破壊した。

二月二十九日(2)辰《たつ》の刻、今堅田へ攻め掛かった。明智光秀は囲《かこ》い舟《ぶね》を造り、湖上を東から

1 勢田＝瀬田、滋賀県大津市

2 辰の刻＝午前八時前後

西へ向かって攻めた。丹羽長秀・蜂屋頼隆の二人は、東南から西北へ向かって攻めた。ついに(3)午《うま》の刻、明智の攻め口から敵陣に突入し、多数の敵を切り捨てた。これで志賀郡の大半は鎮圧され、明智は坂本城に帰還した。柴田・蜂屋・丹羽の三人も、それぞれ帰陣した。

将軍が信長に敵対したことを、京の人々は、

かぞいろと養ひ立てし甲斐もなくいたくも花を雨のうつ音

〔信長は父母のようになって将軍を守り立てた甲斐もなく、将軍を討つことになった。将軍の(4)花の御所を雨が激しく打つ音がする〕

と落書《らくしょ》に書きつけ、京都市中に立てておいた。

3 午の刻＝正午前後

4 花の御所＝狭義には三代将軍足利義満の築いた将軍邸。義昭の将軍御所は別のところにあるが、将軍邸一般を指してこのように通称した。

04 将軍足利義昭と和睦

三月二十五日、信長は入京のため出馬した。この時、細川藤孝《ほそかわふじたか》・荒木村重《あらきむらしげ》の二人が、信長の味方となって忠節を尽くそうと、二十九日に(1)逢坂《おうさか》まで出迎えに来た。信長が上機嫌だったことは、いうまでもない。

信長は東山の(2)知恩院に陣を据えた。諸将の軍勢は、(3)白川《しらかわ》・(4)粟田口《あわたぐち》・祇園《ぎおん》・清水《きよみず》・六《ろく》波羅《はら》・(5)鳥羽《とば》・竹田など諸所に陣を構えた。この時、信長は、郷義弘《ごうよしひろ》作の刀を荒木村重に、名物の脇差《わきざし》を細川藤孝に賜った。

四月三日、まず洛外の堂塔寺庵以外に火を放った。その上で、将軍の返答次第では和睦を

1 逢坂＝滋賀県大津市

2 知恩院＝京都市東山区

3 白川＝京都市左京区

4 粟田口・祇園・清水・六波羅＝京都市東山区

5 鳥羽・竹田＝京都市伏見区

してもよいと将軍方に交渉したが、聞き入れられなかったので、容赦せず攻撃することにした。

翌日、二条の将軍御所を包囲し、上京《かみぎょう》の町を焼き払った。ここに至って、将軍は守りきれないとあきらめ、和議に応じる旨の返事を伝えた。信長もこれを了承して、四月六日、代理として織田信広を派遣し、和睦成立の挨拶をした。これについては、特段変わったこともなかった。

四月七日、信長は京都から引き揚げ、その日は守山[6]に陣を取った。

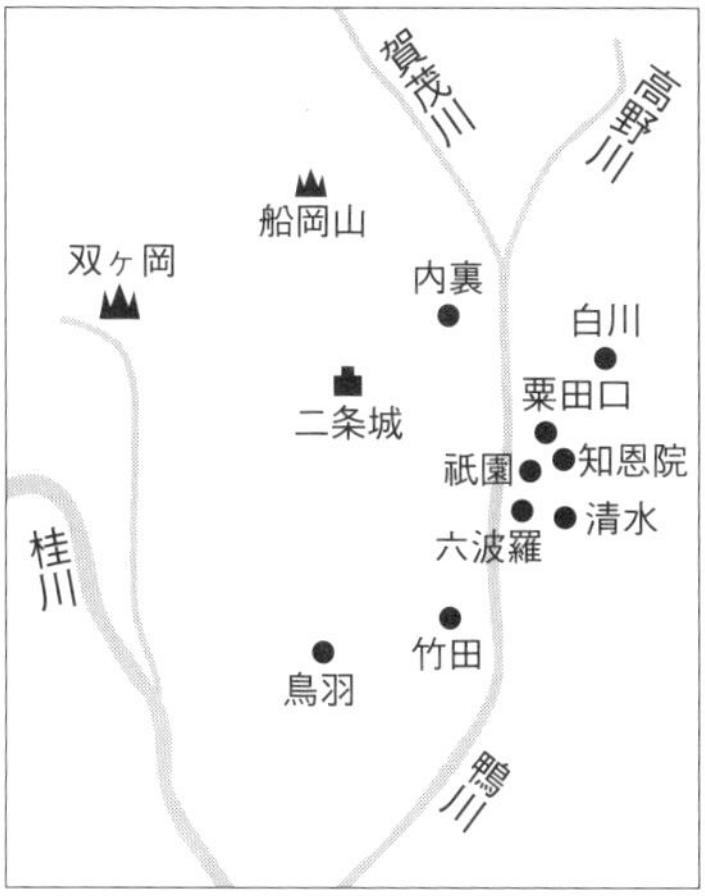

05 百済寺を焼き打ち

守山から直接、百済寺《はくさいじ》[1]へ進軍し、二、三日駐留した。鯰江《なまずえ》[1]の城に六角義賢《ろっかくよしかた》の子義治《よしはる》が立て籠もっていた。これを攻める軍勢として、佐久間信盛・蒲生賢秀・丹羽長秀・柴田勝家を命じ、四方から包囲して対峙《たいじ》させた。

近頃、百済寺は鯰江の城を支援し、一揆勢にも協力しているとのこと。これを信長は聞き及び、四月十一日、百済寺を焼き打ちした。堂塔・伽藍《がらん》・坊舎・仏閣、ことごとく灰燼に帰

6 守山＝滋賀県守山市

1 百済寺・鯰江＝滋賀県東近江市、旧愛知郡愛東町

した。哀れな有様は、目も当てられなかった。
この日、信長は岐阜に帰還し、馬を収めた。

06 大船を建造

将軍は憤懣《ふんまん》を静めたわけではない。いつか必ず信長に敵対し、きっと琵琶湖を防衛線として対抗するだろう。その時に備えて大船を建造し、軍勢五千でも三千でも一度に押し渡れるようにしておこう、と信長は考えた。

五月二十二日、信長は佐和山[1]に陣を据えた。多賀[2]・山田の山中から木材を伐り出し、佐和山の麓の松原[3]へ、勢利川《せりかわ》[4]沿いに引き下ろさせた。国中の鍛冶屋・大工・製材業者を召集し、大工岡部又右衛門を棟梁に任命して、「船の長さ三十間[5]、横幅七間[6]、艪《ろ》を百挺つけ、艫《とも》と舳《へさき》に櫓《やぐら》を立て、堅牢に造れ」と命じた。

信長は佐和山に在城して、怠りなく夜を日に継いで作業させたので、間もなく、七月三日に完成した。とにかくものすごい大船には、上下の者みな仰天した。

1 佐和山＝滋賀県彦根市
2 多賀・山田＝滋賀県犬上郡多賀町
3 松原＝彦根市
4 勢利川＝芹川
5 三十間＝約五四メートル
6 七間＝約一三メートル

07 将軍足利義昭、挙兵

案の定、七月五日、将軍義昭はまたもや信長に敵対の兵を挙げ、二条の御所には日野輝《ひのてる》資《すけ》・高倉永相《たかくらながすけ》・伊勢貞景《いせさだかげ》・三淵藤英《みつぶちふじひで》を留守に置き、自身は真木島《まきのしま》[1]に移って陣を構えた、との報告が入った。

そこで信長は、七月六日、例の大船に乗り、おりからの風をついて、坂本[2]を目ざして琵琶湖を渡った。その日は坂本に陣宿。

七月七日、入京。二条の妙覚寺に陣を据え、猛烈な勢いで将軍御所を包囲した。御所を守る公家衆[3]は信長の大軍に肝をつぶし、降参して人質を提出した。これらのほかにも、多数の人々が御所の守備に参陣していた。

1 真木島＝槇島、京都府宇治市
2 坂本＝滋賀県大津市
3 公家衆＝日野輝資ら

08 将軍足利義昭、降参し流浪

七月十六日、信長は真木島を目ざして進撃し、五カ庄《ごかのしょう》[1]の上のやなぎ山に陣を据えた。即刻、宇治《うじ》川を押し渡り、真木島を攻略するよう命令を下した。

まことにその名も高い宇治川は、水みなぎり下って逆巻き流れる大河、川面は縹渺《ひょうびょう》と広がってすさまじく、ことなく押し渡るにはどうしたものかと、諸将は思案した。しかし、信

1 五カ庄＝京都府宇治市

長は容赦する気色《けしき》もなく、「延引するにおいては、この信長が先陣を務める」と言いきった。部将たちにとっては、後には引けぬ事態となった。ついで、「二手に分かれて渡河せよ」との命令が下った。

そこで、源平時代の先例にのっとり、川上、平等院《びょうどういん》の北東から、(2)昔、梶原源太景季《かじわらげんたかげすえ》と佐々木四郎高綱《ささきしろうたかつな》が先陣を争いつつ渡ったところを、稲葉一鉄と息子貞通、同じく彦六が先陣で、斎藤新五・氏家直通・安藤守就・不破光治・息子直光・丸毛長照・息子兼利・飯沼長継・市橋利尚《いちはしとしひさ》・種田正隣《おいだまさちか》らがどっと打ち渡り、平等院の門前に上がった。鬨《とき》の声を上げるや、たちまち付近に火を放った。

一方、川下、五カ庄の前から西向きに川を渡った者は、佐久間信盛・丹羽長秀・柴田勝家・羽柴秀吉《はしばひでよし》・蜂屋頼隆・明智光秀・荒木村重・細川藤孝《ほそかわふじたか》・息子忠興《ただおき》・蒲生賢秀《がもうかたひで》・息子氏郷《うじさと》・永原重康・進藤賢盛・後藤高治・永田正貞・山岡景隆・息子景宗・山岡景猶・多賀常則・山崎秀家・平野某・小川祐忠・久徳左近兵衛《きゅうとくさこんのひょうえ》・青地元珍《あおちもとよし》・京極高次・池田秀雄。

七月十八日(3)巳《み》の刻、二手に分かれた軍勢は、同時に先を争って、川の中州《なかす》をめざし西へ向かってどっと打ち渡った。誠にものすごい大河ではあるが、信長の威光をもって難なく押し渡り、しばらく人馬の息を休めた。それから真木島の城をめざして南向きに旗首《はたがしら》を揃え、城から出撃して来た足軽を追い立て追い立て突撃した。佐久間・蜂屋の両部隊だけでも、敵の首五十余りを討ち取った。ついに、四方から城の外構えを乗り破り、火を放って攻め立てた。

将軍義昭は、この真木島の城より優れた城郭はないと考えて移り、立て籠もったのだが、

2 昔＝寿永三年、一一八四年

3 巳の刻＝午前十時前後

今や取るべき手段もなく、自ら一戦に及んだ。

このたび、将軍は格別の不足もないのに、早々に信長の恩を忘れて敵対したのだから、ここで切腹させても良いのだけれども、それでは天の道に背いて恐ろしく、今後の成り行きにも差し障りがあろう。命だけは助けて追放し、後の世の人々の批判に委ねよう。信長はこう考えて、将軍の幼嫡子《ちゃくし》を人質として預かり、「怨みに恩で報いるのだ」と言って、将軍には羽柴秀吉を警固に付け、河内の国(4)若江《わかえ》の城まで送り届けた。常日頃は輿車《こしぐるま》を美しく飾って行く奥向きの婦人たちも、このたびは徒歩で、取るものも取りあえず退去して行った。

将軍は、(5)先年入京した時は信長がお供をして警固し、諸将が居並んで前後を囲み、誠に草木も靡《なび》くばかりの威勢であった。「誠に御運のよい将軍様」と誰もが敬慕した。それに引きかえ、このたびは、将軍自身が鎧《よろい》の袖を涙で濡らし、上下の人々から「貧乏将軍」と指をさされて嘲笑された。自業自得とはいえ、哀れな有様は目も当てられなかった。

真木島の城には、織田方から細川昭元《ほそかわあきもと》を入城させた。その他の軍勢は南方へ繰り出し、村々を焼き払った。七月二十一日、信長は京都へ凱旋した。

将軍側の味方として、比叡山の麓(6)一乗寺《いちじょうじ》に砦を築き、渡辺昌・磯貝久次の二人が立て籠もっていたが、降参して退去した。磯貝久次は(7)紀伊の国の山中に隠れたが、(8)のちに発見されて殺害された。

山本対馬守は(9)静原山《しずはらやま》に砦を構え、なお抵抗を続

4 若江の城＝三好義継の居城、大阪府東大阪市
5 先年＝永禄十一年、巻一（4）
6 一乗寺＝京都市左京区
7 紀伊＝和歌山県
8 のちに＝天正六年、巻十一（4）
9 静原山＝京都市左京区

けて籠城していた。信長は、明智光秀に命じて、これを包囲させた。

このたびの戦乱では上京に放火したので、町人たちは迷惑しているだろうと思い、地子銭《じしせん》その他の諸税を免除した。町人たちは「ありがたいことだ」と言って、たちどころに町々・家々は元どおりに復興した。

京都の所司代《しょしだい》[10]には村井貞勝《さだかつ》を任命し、在京させて、都下の政務を担当させた。

10 所司代＝行政司法機関の長官

09 高島へ出陣

七月二十六日、信長は京都を出発。直接、近江の高島[1]方面へ例の大船で出陣した。陸からは木戸[2]・田中[3]の両敵城へ攻め掛かり、湖上からは大船を敵地に寄せて、信長のお馬廻り衆に攻めさせようとしたところ、敵は降参して退去した。そこで、木戸・田中の両城は明智光秀に与えた。

ついで、高島郡内の浅井久政・長政が支配する領地を攻めるため、林員清《はやしかずきよ》の館に陣を据え、この方面一帯の敵地ことごとくに火を放った。

1 高島＝滋賀県高島市
2 木戸＝大津市
3 田中＝高島市

10 石成友通を討ち取る

この頃、将軍義昭の命令で、淀《よど》(1)の城に石成友通《いわなりともみち》・番頭大炊頭《ばんがしらおおいのかみ》・諏訪飛騨守《すわひだのかみ》の二人が立て籠もっていた。羽柴秀吉は、調略をもって番頭大炊頭・諏訪飛騨守の二人を味方に引き入れ、織田方に忠節を尽くす旨の誓約を取り付けておいた。

そこで信長は、番頭・諏訪の二人に謀られて飛び出したのである。石成が切りまくるのを、細川藤孝に命じて淀を攻めさせたところ、石成友通が城内から出撃してきた。つまり、番頭・諏訪の二人に謀られて飛び出したのである。石成が切りまくるのを、細川藤孝の家来下津権内《しもづごんない》という者が組みついて、首を取った。この首を、高島に在陣中の信長のもとへ持参し、実検に供したところ、「無類の手柄だ」と称賛され、ありがたいことには信長が着用していた胴服(2)を賜った。名誉はこの上もないことだった。

信長はどの方面でも満足な成果を収め、八月四日、美濃の岐阜に帰還した。

1 淀＝京都府伏見区
2 胴服＝羽織

11 阿閉貞征、味方となる

八月八日、北近江の阿閉貞征《あつじさだゆき》が織田方の味方につく旨の意志を示したので、急遽、その日の夜、信長は出馬した。その夜、敵は月ガ瀬(1)の城を明け渡して退去した。

八月十日、信長は大嶽《おおずく》の北の山田山(2)に全軍を陣取らせ、小谷《おだに》から越前への道路を遮断し

1 月ガ瀬＝滋賀県長浜市、旧東浅井郡虎姫町
2 山田山＝長浜市、旧東浅井郡浅井町～湖北町～伊香郡高月町

た。

朝倉義景は兵二万ほどを出動させ、織田勢を囲むようにして、(3)与語・(4)木本・(5)田部山《たべやま》に陣取った。

最近、浅井久政は大嶽の下の焼尾《やけお》というところに砦を築き、浅見対馬《あさみつしま》に守備をさせておいた。この浅見もまた阿閉貞征と同様に、織田方に味方して忠節を尽くす旨を誓った。

12 大嶽・丁野山を攻撃

八月十二日、(1)大嶽《おおずく》の下、焼尾《やけお》の砦へ、浅見対馬が手引きして織田方の軍勢を引き入れた。

その夜は風雨が強かった。信長は、虎御前山《とらごぜやま》の城には嫡男信忠《のぶただ》を残しておき、雨に濡れるのもいとわず、お馬廻り衆を率いて、太尾山・大嶽へ自ら先駆けして攻め上った。

ここには越前から派遣された守備の部隊、斎藤・小林・西方院の三人を大将とする軍勢五百人ほどが立て籠もっていた。もう少しで敵陣に突入しようという時、越前勢はそれぞれ降参した。信長は、この越前勢を討ち果たすつもりでいたのだが、風雨といい、夜間といい、大嶽が陥落したことを朝倉義景は知らないでいるだろうから、この者どもの命を助けて敵の本陣へ送り届け、この方面は守りきれないことを敵方に理解させた上で、朝倉義景の本陣へ攻め寄せよう、こう考えて、この籠城の者どもを敵陣へ送り届けた。

大嶽には、塚本小大膳《つかもとこだいぜん》・不破光治・同直光・丸毛長照・同兼利を守備に残し、信長はまた、

1 大嶽・丁野山＝滋賀県長浜市、旧東浅井郡湖北町

3 与語＝余呉、長浜市、旧伊香郡余呉町

4 木本＝木之本、長浜市、旧伊香郡木之本町

5 田部山＝長浜市、旧伊香郡木之本町

ただちに(1)丁野山《ようのやま》に攻め掛かった。ここには(2)平泉寺《へいせんじ》の玉泉坊が守備部隊として立て籠もっていた。これもまた降参して退去した。そこで信長は、「必ず今夜、朝倉は退散するだろう」と言った。

朝倉義景の本陣を攻める先陣として発進させた部将は、佐久間信盛・柴田勝家・滝川一益・蜂屋頼隆・羽柴秀吉・丹羽長秀・氏家直通・安藤守就・稲葉一鉄・稲葉貞通・稲葉彦六・蒲生賢秀・蒲生氏郷・永原重康・進藤賢盛・永田正貞・多賀常則・久徳左近兵衛・阿閉貞征・同貞大《さだひろ》・山岡景隆・同景宗・山岡景猶。このほか歴戦の諸兵。

これら将兵に向かって信長は、「朝倉を逃がさぬよう、充分注意せよ」と、再三にわたって厳命した。

それでもなお信長はあせり、十三日夜になって、越前勢の本陣へ自身が先駆けとなって駆けつけた。それで、再三厳命されて先陣に差し向けられた部将たちは、油断して、信長が先駆けしたことを知らず、遅れて駆けつけた。(3)地蔵山《じぞうやま》を越したところで追い着き、信長に見参すると、「何度も言いつけておいたにもかかわらず、逡巡《しゅんじゅん》して好機を逸した。お前たちは卑怯千万。けしからぬ」と叱責された。

信長に先を越されて面目ないと、滝川・柴田・丹羽・蜂屋・羽柴・稲葉をはじめとして諸将は、謹んで陳謝した。そのなかで、佐久間信盛は涙を流しつつも、「そうはおっしゃいましても、我々ほどの家臣はお持ちにはなれますまい」とうぬぼれを言った。信長は大いに腹を立てた。「お前は、自分の能力を自慢しているのか。何を根拠に、そう言うのか。片腹痛い言い草だ」と言って、機嫌が悪かった。

2 平泉寺＝福井県勝山市
3 地蔵山＝滋賀県長浜市、旧伊香郡木之本町

13 一乗谷を攻撃

信長の予測どおり、朝倉義景の軍勢は敗走し始めていた。それを追撃して討ち取った首を、我も我もと持ってきた。この時、信長は馬に乗って出た。「敵は中野河内《なかのかわち》[1]方面と刀根《とね》[2]方面の二手に分かれて逃走するぞ。どっちを追うのが良いか」と、議論はまちまちであったが、信長は、「引壇《ひきだ》[3]・敦賀《つるが》[4]の味方の城をめざして逃げるだろうから、引壇方面へ軍勢を出せ」と命じた。

案の定、中野河内方面へは雑兵を撤退させ、朝倉義景は主だった部将を率いて、敦賀をめざして退却した。これを追撃し、すぐさま刀根山の山上で追いついた。敵方の忠義の武士は、引き返しては戦い、また引き返しては戦い、懸命に防戦したが、ついに防ぎきれなかった。

敦賀まで十一里[5]、この間を追撃して討ち取った首の数は三千を超えた。記録したもののなかで、当方で顔を見知っている者は、朝倉治部少輔《じぶしょうゆう》・朝倉景氏・三段崎《さんだがさき》六郎・朝倉道景・朝倉景行・河合安芸守・青木隼人佐《はやとのすけ》・鳥居与七・窪田将監・詫美《たくみ》越後・山崎新左衛門・土佐掃部助《かもんのすけ》・山崎吉延・山崎肥前守・山崎自林坊・細呂木《ほそろぎ》治部少輔・伊藤九郎兵衛・中村五郎右衛門・中村三郎兵衛。中村新兵衛は兼松正吉《かねまつまさよし》が討ち取った。長島大乗坊・和田九郎右衛門・和田清左衛門・引壇《ひきだ》六郎二郎・小泉四郎右衛門・美濃の斎藤龍興《たつおき》・印牧《かねまき》弥六左衛門。このほか、主だった武士多数を討ち取った。

この時、不破光治の家来で原野賀左衛門という者が、印牧弥六左衛門を生け捕りにして信

1 中野河内＝中河内、滋賀県伊香郡余呉町
2 刀根＝福井県敦賀市
3 引壇＝疋田、敦賀市
4 敦賀＝敦賀市
5 十一里＝約四三キロメートル

長の前に連れてきた。信長の尋問に答えて印牧が前後の様子を述べたところ、信長は「けなげな働きぶり、感心した。この信長に忠節を尽くすつもりがあれば、一命を助けてやろう」と言った。しかし印牧は、「朝倉殿には日頃から深い怨みを抱いておりますけれども、今この時、歴々が討ち死にいたしましたのに、私が胸中の思いを述べて生き残り、そうして織田家のために忠節を尽くすことができなかったならば、生き残るためにその場のがれを申したとお考えになり、御扶持も召し上げられてしまいましょう。そうなれば、実際のところも外聞も見苦しいことでございますから、今ここで腹を切りましょう」と願い、切腹した。前代未聞の身の処し方は、誠にあっぱれであった。

この日、信長方が手中に収めた城は、大嶽・焼尾・月ガ瀬・丁野山・田部山、義景の本陣[6]田上山《たがみやま》、引壇・敦賀・[7]賤《しず》ガ岳《たけ》、および[8]若狭の粟屋勝久の城に対峙して敵方が築いた城、合わせて十カ所。いずれも敵は退散した。

ところで、信長はいつも[9]足半《あしなか》を腰に着けていた。このたび刀根山の合戦で、兼松正吉は武者一騎を山中に追いかけ、ついに討ち取って、首を持ってきた。その時、兼松ははだしになっており、足は血で赤く染まっていた。信長はそれを見て、「こういう時に役に立つ」と言って、日頃、腰に着けていた足半を兼松に与えた。誠にありがたいことであり、また名誉なことであった。

信長は、武勇・徳行ともに優れていたので、思いどおりの大勝利を収めた。十四、十五、十六日は敦賀に駐屯し、諸方から人質を提出させた。十七日、[10]木目《きのめ》峠を越えて[11]越前中央部へ侵攻した。

6 田上山＝滋賀県伊香郡木之本町
7 賤ガ岳＝伊香郡木之本町〜余呉町
8 若狭＝福井県西部
9 足半＝かかとまではない短い草履
10 木目峠＝福井県敦賀市〜南条郡南越前町
11 越前＝福井県東部

八月十八日、信長は府中[12]の竜門寺《りゅうもんじ》に陣を据えた。朝倉義景は一乗谷[13]《いちじょうだに》の館から撤退し、大野郡の山田庄[14]《やまだのしょう》六坊というところへ退去した。奥向きの高貴な婦人たちは、輿車《こしぐるま》に乗ることもできず徒歩で、取るものも取りあえず、われ先に義景の後を追って落ちのびて行った。まことに哀れな有様は、目も当てられず、口にもとうてい言い表わせないほどであった。

これに対して信長は、柴田勝家・稲葉一鉄・氏家直通・安藤守就、その他の部将に、「平泉寺方面へ軍勢を出動させ、義景を追撃せよ。さらに諸兵は手分けをして山中に分け入り、落ち武者どもを探索せよ」と命じた。諸兵は毎日、百人、二百人と一揆の者どもを縛りくくって、竜門寺の本陣へ連れてきた。これを信長は、お小姓衆に命じて、際限もなく首を切らせた。目も当てられぬ有様だった。

この頃、粗野な下級武士どもが、いかにも上流階級の人らしい婦人が下女も連れずにただ一人で隠れているのを発見し、三、四日捕らえておいた。この婦人は、そのうち、硯《すずり》を借りて懐紙《かいし》の端に書き置きをし、監視の目を盗んで抜け出し、井戸に身を投げて死んでしまった。その後に、一首の歌が書き遺されているのが見つかった。

ありをればよしなき雲も立ちかかるいざや入りなむ山のはの月

〔生きていればいやなことが身にふりかかるから、もう死んでしまおう。雲のかからぬうちに山に沈む月のように〕

12 府中＝越前市、旧武生市
13 一乗谷＝福井市
14 山田庄＝大野市

この世に遺したものは、これだけだった。書き置きを見た人はみな哀れに思い、涙を流さぬ者はなかった。

平泉寺の僧衆も信長に忠節を尽くすことを誓い、人数を出して加勢した。いよいよ朝倉義景は逃れられないこととなった。

14 越前を平定

こういう情況のなかで、朝倉の同族で朝倉景鏡《かげあきら》という者が、無情にも朝倉義景に切腹をさせた。鳥居景近《とりいかげちか》・高橋景業《たかはしかげおき》が介錯《かいしゃく》をし、この両人は主君義景のあとを追って切腹した。なかでも高橋景業の死にぎわは、見事なものであったという。八月二十四日、朝倉景鏡は義景の首を府中竜門寺の信長の陣へ持参し、挨拶をした。景鏡は朝倉一門の武士団の総領でもあり、義景の親類でもあるのだから、このたびの働きは前代未聞のことであった。

信長は、義景の母、および嫡男阿君丸《くまきみまる》を捜し出し、丹羽長秀に命じて殺害させた。

こうして、今まで朝倉義景の支配下にあった越前の地侍《じざむらい》たちは、それぞれの縁をたよって、信長に帰服の挨拶をするために出頭してきたので、信長の本陣の前はごったがえした。義景の首は、ただちに長谷川宗仁《そうにん》に命じて京都へ送らせ、獄門《ごくもん》に掛けさせた。

信長は越前全土を平定したので、一国の基本法令を定め、(1)前波吉継《まえばよしつぐ》を守護代として置き、八月二十六日、北近江の虎御前山の城に凱旋した。

1 前波吉継＝朝倉義景旧臣、巻五(5)、のちの桂田長俊、巻七(3)

15 浅井久政・長政、切腹

八月二十七日夜、羽柴秀吉は小谷城《おだに》の京極丸《きょうごくまる》へ攻め込み、浅井久政・長政父子の間を遮断して、まず久政の居城を占領した。ここで浅井福寿庵が切腹した。また、浅井久政に年来目をかけられていた鶴松大夫という舞の上手な者がいたが、この鶴松大夫が久政の介錯をし、自分も主君のあとを追って切腹した。あっぱれなことはいうまでもない。羽柴秀吉は浅井久政の首を取り、虎御前山の信長の陣へ持参し、実検に供した。

翌日、信長もまた京極丸に入り、浅井長政・赤尾清綱を切腹に追い込んだ。浅井父子の首は京都へ送り、これまた獄門に掛けさせた。また、浅井長政の十歳になる(1)嫡男がいるのを捜し出し、(2)関ガ原というところで磔《はりつけ》に掛けた。信長は年来の無念を晴らしたのであった。

こうして信長は、北近江の浅井の所領を羽柴秀吉に支配させることとし、朱印状にこの旨を記して与えた。ありがたく、名誉至極なことであった。

九月四日、信長は直接、佐和山へ出馬し、鯰江《なまずえ》の城を攻略するよう、柴田勝家に命じた。そこで柴田は鯰江の城を攻めたところ、(3)六角義治《ろっかくよしはる》は降参して、城から退去した。

信長は、どの方面でも思いどおりの戦果を収めて、九月六日、岐阜に帰陣した。

1 浅井長政の嫡男＝万福丸
2 関ガ原＝岐阜県不破郡関ケ原町
3 六角義治＝義賢の子

16 杉谷善住坊を処刑

さて、杉谷善住坊《すぎたにぜんじゅうぼう》は鉄砲の名手であった。[1]先年、信長が千草《ちぐさ》峠を越えた時、六角義賢に頼まれて、千草の山中で鉄砲に二つ玉を込め、十二、三間の距離から容赦なく信長を狙撃した。けれども、天は正しい者を守るもので、玉は信長の体を少しずつかすっただけで、信長はあやうく虎口《ここう》を逃れて岐阜に帰城した。

最近、杉谷善住坊が鯰江香竹《こうちく》を頼って高島に隠れ住んでいたのを、磯野《いその》員昌《かずまさ》が召し捕り、九月十日、岐阜へ連行した。菅屋長頼・祝重正《はふりしげまさ》の二人を奉行として、千草山中において鉄砲で狙撃した経緯を尋問させた。結局、信長の考えどおりに処刑した。穴を掘って中に善住坊を立たせ、肩まで土をかけて埋め、首を鋸《のこぎり》で引き切った。信長は年来の鬱憤を晴らし、上下一同の者はこれに過ぎる満足はなかった。

1 先年＝元亀元年、巻三（5）

17 北伊勢へ出陣

九月二十四日、信長は北伊勢をめざして出陣。その日は[1]大柿《おおがき》の城に泊まり、二十五日、[2]大田の城がある小稲葉山に陣取った。

[3]近江勢は、[4]八風《はっぷ》峠・おふじ畑を越えて、二十六日、桑名《くわな》方面へ進撃した。[5]西別所に一

1 大柿＝大垣、岐阜県大垣市
2 大田＝太田、海津市
3 近江勢＝近江に駐留している織田方の軍勢

揆勢が立て籠もっているのを、佐久間信盛・羽柴秀吉・蜂屋頼隆・丹羽長秀の四人が攻撃して打ち破り、数多くの敵を切り捨てた。

柴田勝家・滝川一益《かずます》の二人は、片岡という者の(5)坂井の城を包囲して攻めたところ、片岡は降参し、十月六日に退城した。柴田・滝川の二人は、ただちに(5)深谷部《ふかやべ》の近藤の城へ攻め寄せた。坑夫を徴用し、隧道《ずいどう》を掘って攻めたので、近藤も降参して退去した。

十月八日、信長は(5)東別所へ陣を進めた。これによって、(6)伊坂《いさか》・萱生《かよう》・赤堀・(7)多奈閉《たなべ》・(8)桑部《くわべ》・(9)南部《なんべ》・(10)千草・(11)長深《ながふけ》の地侍たち、および田辺九郎次郎・中島勘解由左衛門《かげゆざえもん》らが、それぞれ信長の陣に出頭し、人質を提出して帰服の挨拶をした。ところが、(12)白山《はくさん》の中島将《しょう》監《げん》は、挨拶に出頭しなかった。そこで、佐久間・蜂屋・丹羽・羽柴の四人に命じ、築山を築き隧道を掘って攻めさせた。ここに至って中島将監は守りきれないと判断し、降参して退去した。

この頃、明智光秀は、京都静原山に立て籠もっていた敵山本対馬守を調略をもって切腹させ、その首を北伊勢東別所の信長の陣まで持参し、提出した。敵対する者はみな信長の思いどおりに処置がつき、信長の威光は言い尽くせないこととなった。

北伊勢は平定され、河内長島の一揆勢も半数以上が討ち死にして、勢力は衰えたように思われた。信長は、(13)矢田《やだ》の城を堅固に築かせ、ここに滝川一益を入城させた。

十月二十五日、信長は北伊勢から兵を撤収することにした。帰国する道の、左手は(14)多芸《たぎ》山《やま》、草木の生い茂った高山である。右手は(15)大河の河口に近くて泥深く、芦などが繁茂している。山下にただ一筋の道がうねうねと続いている難所であった。

4 八風峠・おふじ畑＝鈴鹿山脈、滋賀県東近江市～三重県三重郡菰野町切畑
5 西別所・坂井・深谷部・東別所＝三重県桑名市
6 伊坂・萱生・赤堀＝四日市市
7 多奈閉＝田辺、三重県いなべ市、旧員弁郡北勢町
8 桑部＝桑名市
9 南部＝能部、桑名市
10 千草＝三重郡菰野町
11 長深＝員弁郡東員町
12 白山＝津市、旧一志郡白山町
13 矢田＝桑名市
14 多芸山＝養老山地、岐阜・三重県境
15 大河＝揖斐川

織田勢が引き揚げるのを見て、河内長島の者どもはこれを追撃した。弓・鉄砲を持って山側の各所へ先廻りをし、道の要所要所をおさえ、伊賀・甲賀の弓の巧者たちも駆けつけてきて、めったやたらに矢を放ち、織田方の兵を際限もなく散々に射倒した。雨が激しく降って、鉄砲は敵味方とも使えなかった。この時、越前衆のなかで毛屋猪介《けやいのすけ》は、ここかしこで応戦し、数々の比類ない手柄を立てた。

信長は、長老の林新次郎に殿《しんがり》を務めさせた。林は何度も敵を追い払い、道の狭まった難所では敵をよく防ぎ止め、火花を散らして戦ったが、林新次郎および家の子・郎等《ろうどう》、枕を並べて討ち死にした。林の家臣で賀藤《かとう》次郎左衛門という者は、尾張の国内で長らく戦っていた頃、ここはという時には弓矢の手柄を立て、人々に知られた弓の名手であった。この合戦でも先頭を駆けて来る武士を射倒したが、林新次郎と一つ所で討ち死にした。名誉なことはいうまでもない。

その日は(16)午《うま》の刻から暮れ方まで風雨激しく、下々の人足たちの中には凍死する者も出た。信長は、夜に入って大柿城に到着、十月二十六日、岐阜に帰陣した。

16 午の刻＝正午前後

18 三好義継、切腹

十一月四日、信長は上洛し、二条の(1)妙覚寺を宿所とした。

三好義継《みよしよしつぐ》は、信長への謀反を企てた。しかし、家老の多羅尾《たらお》右近・池田教正《のりまさ》・野間康久の

1 妙覚寺＝京都市中京区

三人は行動を共にしなかったので、金山信貞一人に万事を任せておいた。多羅尾・池田・野間の三人は金山信貞を切腹に追い込み、佐久間信盛の軍勢を城内に引き入れた。

佐久間勢が天守の下まで攻め寄せたところ、三好義継は守りきれないと覚悟して、女房衆や息子たちを刺し殺し、天守から打って出た。佐久間勢の多くの者に手傷を負わせ、その後、腹を十文字に切って果てた。比類ない活躍ではあったが、哀れな有様であった。三好に殉じた者は、那須久右衛門・岡飛騨守・江川某。この三人は主君の跡を追って切腹し、武士の名誉を全うした。

三好義継の若江の城は、多羅尾・池田・野間の三人が信長に忠節を尽くしたので、彼らに預けおき、十二月二日、信長は岐阜に帰城した。

巻七

天正二年（一五七四）

01 朝倉・浅井の首を肴に酒宴

〔(1)天正《てんしょう》二年〕正月一日、京都および近隣諸国の大名・武将たちが岐阜に来て滞在し、信長に挨拶をするため出仕《しゅっし》した。それぞれに三献《さんこん》の作法で、招待の酒宴が開かれた。他国衆が退出した後、信長のお馬廻り衆だけで、いまだかつて聞いたこともない珍奇な肴《さかな》が出され、酒宴が行われた。

去年北国《ほっこく》で討ち取った、

一、朝倉義景の首

一、浅井久政の首

一、浅井長政の首

以上三つ、(2)薄濃《はくだみ》にしたものを膳《ぜん》に置き、これを肴にして酒宴をしたのである。皆が謡《うたい》をうたい、遊び興じた。信長は何もかも思いどおりとなって誠にめでたく、上機嫌であった。

1 天正二年＝一五七四年

2 薄濃＝漆で塗り固めてから金泥などで彩色する技法

02 松永久秀・久通、降参〔巻六(1)を移した〕

(1)去年冬、松永久通《まつながひさみち》が(2)多門《たもん》の城を明け渡して降参した。そこで信長は、山岡景佐《やまおかかげすけ》を城番《じょうばん》として多門城に入城させた。

1 去年冬＝天正元年十二月二十六日

2 多門の城＝多聞城、奈良市

一月八日、松永久秀が美濃の岐阜へ出向いて来て、赦免された礼を述べ、天下に二つとない名刀不動国行《ふどうくにゆき》を献上した。この前にも、世に有名な名刀(3)薬研《やげん》藤四郎を献上していた。

03 越前に一揆勢が蜂起

一月十九日、越前の桂田長俊《かつらだながとし》が国中の諸侍に攻められて自害した、との報告が届いた。

その経緯は、桂田長俊は大国越前の守護代《しゅごだい》として在任していたが、栄耀栄華《えいようえいが》に誇り、勝手気ままに振るまって、在地の侍たちに対しても万事について無礼至極に指図をした。それで諸侍が反乱を起こし、自害に追いこまれたのであった。これを契機として、(1)一揆勢が蜂起し、国境に要害を築いて守備の兵を配備した。以後、越前一国は一揆勢の支配する国となった、とのことであった。

信長は、羽柴秀吉・武藤舜秀《きよひで》・丹羽長秀・不破光治・同直光・丸毛長照・同兼利および若狭衆にそれぞれの軍勢を率いさせて、敦賀へ派遣した。

04 明智城、落城

一月二十七日、(1)武田四郎勝頼《たけだしろうかつより》が(2)岩村へ出動し、(2)明智《あけち》の城を包囲した、との報告が届い

3　薬研藤四郎＝粟田口吉光作

1　一揆勢＝一向一揆

1　武田四郎勝頼＝信玄の子

た。信長はすぐに、明智城救援の先陣として、二月一日、尾張・美濃両国の軍勢を出動させた。

二月五日、信長・信忠父子が出馬し、その日は(3)御嵩《みたけ》に陣を取った。次の日、(4)高野《こうの》へ進み、陣を据えた。

翌日武田勢を攻めるはずであったが、山中のことで、地勢険しい難所続きであったから、敵味方ともに動きがとれなかった。そこで、「他の山々へ移動して攻撃せよ」と命じているところへ、城中で飯羽間右衛門尉《いいばさまうえもんのじょう》が武田方に内応し、明智城はすでに落城、との報告が飛び込んできた。もう手の打ちようもなかった。

高野の城普請を命じ、河尻秀隆を城番として置き、また、(5)小里《おり》の城を築き、池田恒興を守備に置いて、二月二十四日、信長父子は岐阜に帰城した。

2 岩村・明智＝岐阜県恵那市
3 御嵩＝岐阜県可児郡御嵩町
4 高野＝神箆、瑞浪市
5 小里＝瑞浪市

05 蘭奢待を切り取る

三月十二日、信長は京都へ出発した。途中、(1)佐和山に二、三日滞在。十六日、(2)永原に宿泊。十七日、(3)志那から(4)坂本へ琵琶湖を渡った。このたびは、初めて(5)相国寺《しょうこくじ》を宿所とした。

奈良の東大寺に収蔵されている香木《こうぼく》「蘭奢待《らんじゃたい》」を頂戴したいと、信長が宮中へ願い出たところ、三月二十六日、勅使として日野輝資・飛鳥井雅教が、かたじけなくも(6)綸旨《りんじ》を伝達した。もちろん、奈良の僧衆は勅使を出迎え、綸旨をお受けした。

1 佐和山＝滋賀県彦根市
2 永原＝野洲市
3 志那＝草津市
4 坂本＝大津市
5 相国寺＝京都市上京区
6 綸旨＝天皇の命令

翌日、三月二十七日、信長は奈良の多門の城へ出向いた。信長の特使として東大寺へ派遣された者は、塙直政《ばんなおまさ》・菅屋長頼・佐久間信盛・柴田勝家・丹羽長秀・蜂屋頼隆・荒木村重・武井夕庵《たけいせきあん》・松井友閑《まついゆうかん》、および織田信澄、以上。

三月二十八日、[7]辰《たつ》の刻に[8]蔵が開かれた。その名香は長さ[9]六尺の長持《ながもち》に収められていた。すぐにこれを多門の城へ運び、お成りの間の舞台で信長に見せた。

信長は、蘭奢待を先例にならって[10]一寸八分切り取らせた。お供のお馬廻り衆は、「後々の話の種に見ておくがよい」と言われて、それを見せてもらった。

古くから伝世された香木を切り取ることができたのは、信長の威光によるものであり、それをお供の衆が見せてもらえたのは、信長の慈悲深い心ゆえである。生涯の思い出となることであり、誠にありがたいことは言葉では言い尽くせない。[11]昔、[12]東山殿《ひがしやまどの》が切り取って以来、代々の将軍のなかにもこれを所望《しょもう》した人が何人もいたが、何分にも特別のことであるから許可されなかった。信長には神仏の加護があったから、[13]三国に名のとどろいた名物を所有することができたのである。我が国でこれ以上の名誉、面目をほどこしたことは、他にあっただろうか。

7 辰の刻＝午前八時前後
8 蔵＝正倉院
9 六尺＝約一・八メートル
10 一寸八分＝約五・五センチメートル
11 昔＝寛正六年、一四六五年
12 東山殿＝八代将軍足利義政
13 三国＝日本・中国・インド

06 石山本願寺、挙兵

四月三日、大坂の[1]石山本願寺が、信長に敵対の兵を挙げた。そこで信長は軍勢を出動さ

1 石山本願寺＝大阪市中央区、顕如光佐

せ、付近の農作物を薙《な》ぎ捨て、一帯を焼き払わせた。

07 六角義賢、石部城から退散

四月十三日、六角義賢《ろっかくよしかた》が甲賀への入り口(1)石部《いしべ》の城から、雨夜に紛れて退散した。そこで信長は、佐久間信盛の軍勢を入城させた。

1 石部＝滋賀県湖南市、旧甲賀郡石部町

08 賀茂祭の競馬

五月五日は(1)賀茂祭《かもまつり》、競馬の神事と天下平穏の祈願が執行された。

幸い信長が在京していたので、信長の馬を競馬に出場させてくれるよう、神社側から願い出たところ、信長は、たびたびの勝ち戦に乗った(2)芦毛《あしげ》の馬と(3)鹿毛《かげ》の馬を二頭、そのほかお馬廻り衆の駿馬十八頭を揃え、合計二十頭、競馬十番の分を出場させた。馬だけではなく、二十頭の鞍《くら》・鐙《あぶみ》・轡《くつわ》など、一つ一つどれもみな名品の馬具を着けさせ、美しく飾りたてた。馬を曳く舎人《とねり》たちにも、美々しく着飾らせた。その壮観さは、昔の例にも聞いたことがなかった。

そうして、黒装束の神官十人と赤装束の神官十人がこの二十頭の馬に乗り、一番《ひとつがい》ずつ馬を

1 賀茂祭＝葵祭、上賀茂・下鴨神社の祭礼
2 芦毛＝白毛に黒・茶などの毛が混じっている毛並み
3 鹿毛＝体部は茶褐色、たてがみ・尾・脚先は黒の毛並み

走らせ、他の馬と勝負を競ったのである。芦毛の馬と鹿毛の馬は、もともと駿馬で走り上手だったからいうまでもなく、ほか十八頭の馬も、みな競争に勝った。後々の話の種にと、貴賤・老若を問わず見物の人々が群れ集まったことは、いうまでもない。

信長は天下の政務を処理して、五月二十八日、岐阜へ下向した。

09 高天神城、落城

六月五日、徳川家康の味方として小笠原長忠《おがさわらながただ》が居城している遠江(1)の高天神《たかてんじん》(2)の城に、武田勝頼《たけだかつより》が攻め寄せ、城を包囲した、との報告が届いた。

そこで、高天神城を救援のため、六月十四日、信長父子は美濃の岐阜城を出陣、十七日、三河領吉田(3)の城酒井忠次《ただつぐ》方に着陣した。

六月十九日、信長父子が今切《いまぎれ》(4)の渡しを渡ろうとしていた時、小笠原長忠が逆心を起こし、総領の小笠原某を追放して、武田勝頼を城内に引き入れた、との報告が到着した。打つ手もなく、信長父子は途中から吉田の城へ引き返した。

家康は、遠江の浜松から吉田へ出向いて来て、信長に来援の礼を述べた。

1 遠江＝静岡県西部
2 高天神＝静岡県掛川市、旧小笠郡大東町
3 吉田＝愛知県豊橋市
4 今切の渡し＝浜名湖、静岡県浜名郡新居町～浜松市

10 徳川家康に黄金を贈呈

信長は、このたびの合戦に間に合わなかったことを心苦しく思った。そこで、兵糧代として黄金を皮袋に二つ、馬に着けさせて、徳川家康に贈呈した。

家康は酒井忠次の城で、皮袋一つを二人で持ち上げさせ、開かせて見た。質・量とも誠に見事な黄金だった。家中の上下の者が見物していたが、「昨今は無論、昔のことにも聞いたことがない」と言って、誰もがみな驚いた。信長の威勢が並々ならぬものであることを、人々は改めて実感したのであった。家康の心中はもう少し複雑であったかも知れないが、推測はしがたいことである。

六月二十一日、信長父子は美濃の岐阜に帰陣した。

11 河内長島を攻撃

七月十三日、河内長島《かわうちながしま》(1)征伐のため、信長父子は出馬した。その日は津島(2)に陣を取った。

そもそも尾張の国河内長島というところは、名にし負う要害の地である。美濃から流れ出る川は、数多くある。岩手川・大滝川・今洲《います》川・真木田《まきた》川・市の瀬《いちせ》川・杭瀬《くんぜ》川・山口川・飛驒川・木曾川・養老の滝、このほか山々の谷水の流れは川下で落ち合い、大河となって、長

1 河内長島＝三重県桑名市、旧桑名郡長島町
2 津島＝愛知県津島市

島の東・北・西、五里〜三里の範囲を幾筋にも重なって流れ巡り、南は漫々と海が広がって、四方とも難所つづきで攻めがたいことはいうまでもない。

このようなところなので、近隣諸国のひねくれ者や凶徒らが流れ寄り、住み着いて、当地の一寺院(3)を中核として結託した。この寺も大坂の石山本願寺の系統に属していた。結託した彼らは、念仏修行の道理をないがしろにし、無学無知のため栄華におぼれ、日ごと俗世の欲にとらわれて右往左往し、数カ所に出城《でじろ》を築き、領主たちの政道を無視し、法規に背き、領主が追及する犯罪人なども保護して召し抱え、領主たちの支配地まで乗っ取るに至った。

そこで、信長の弟織田信興《のぶおき》は、河内小木江《こきえ》(4)の郷へ進出し、城を構えて警備していた。ところが先年(5)、信長が志賀(6)に陣を据えて浅井・朝倉と戦っていた時、一揆勢は信長が手ふさがりだと見て蜂起し、連日、小木江の城を攻めて、織田信興を切腹に追い込んだ。このように、河内長島の者どもの許しがたい行状は、一々とりあげて数えることもできないほどである。

信長は彼らに対して常に鬱憤《うっぷん》を抱いていたけれども、天下の政務に忙殺されて暇がなく、河内長島の征伐は延引していたのである。今度こそは諸方面から攻めかかり、必ず成敗するとの決心であった。

東からは、信長の嫡男織田信忠《のぶただ》が、一江《いちえ》(7)方面から攻め掛かった。お供の衆は、織田信包《のぶかね》・織田秀成・織田長利・織田信成・織田信次・斎藤新五・簗田広正・森長可《もりながよし》・坂井越中守・池田恒興《いけだつねおき》・長谷川与次・山田勝盛・梶原景久・和田定利・中島豊後守・関長安・佐藤秀方・市橋利尚・塚本小大膳。

3 一寺院＝願証寺
4 小木江＝愛知県愛西市
5 先年＝元亀元年、巻三(10)
6 志賀＝滋賀県大津市
7 一江＝市江、愛知県海部郡弥富町

西は(8)賀鳥《かとり》方面から、佐久間信盛・柴田勝家・稲葉一鉄・同貞通・蜂屋頼隆が攻めた。(9)松之木の渡しで一揆勢が応戦の陣を布《し》いていたが、佐久間らはどっと川を押し渡り、馬上から一揆勢を多数切り捨てた。

信長は中央筋、(10)早尾《はやお》方面から攻撃した。先陣を務めた者は、羽柴秀長・浅井政澄《あさいまさずみ》・丹羽長秀・氏家直通・安藤守就・飯沼長継・不破光治・同直光・丸毛長照・同兼利・佐々成政・市橋長利・前田利家・中条家忠《ちゅうじょういえただ》・河尻秀隆・織田信広・飯尾尚清《いいのおひさきよ》。

一揆勢は小木江村に防衛の陣を張っていたが、これを追い払って進撃した。また、(11)篠橋《しのはし》から一揆勢が出撃して応戦したので、これには羽柴秀長・浅井政澄の二人が攻め掛かった。一揆勢が(12)こだみ崎の河口に舟を寄せ、堤防に上って守備していたのを、丹羽長秀が攻めて追い崩し、多数を討ち取った。また、(12)前ガ洲《まえす》・海老江島《えびえ》・(13)加路戸島《かろうとじま》・(14)いくいら島を焼き払った。

信長は、その日は(15)五妙《ごみょう》に野営した。

十五日には、九鬼嘉隆《くきよしたか》が(16)安宅船《あたけぶね》、滝川一益・伊藤実信・水野直盛らも安宅船、島田秀満・林秀貞の両人も囲い舟をこしらえ、そのほかに、蟹江《かにえ》・荒子《あらこ》・熱田・大高・木多・寺本・大野・常滑《とこなめ》・野間・内海《うつみ》・桑名・白子《しらこ》・平尾・高松・阿濃《あの》の津・楠・細頸《ほそくみ》など浦々の船を寄せ集めた。伊勢の織田信雄《のぶかつ》は、垂水《たるみ》・鳥屋野尾《とやのお》・大東《おおひがし》・木造《こづくり》・田丸・坂内《さかない》らを部将として率い、大船に乗って参陣した。諸勢は船中に思い思いの旗じるしを打ち立て、綺羅《きら》星か雲霞のように、四方から長島に押し寄せた。一揆勢は諸方面から攻撃されて戦い敗れ、妻子をつれて長島に逃げ込んだ。

8 賀鳥＝香取、桑名市、旧三重県桑名郡多度町
9 松之木の渡し＝桑名市
10 早尾＝愛知県愛西市
11 篠橋＝桑名市
12 こだみ崎・前ガ洲・海老江島＝愛知県海部郡弥富町
13 加路戸島＝三重県桑名郡木曾岬町
14 いくいら島＝愛西市
15 五妙＝五明、弥富町
16 安宅船＝大砲を搭載した軍船

信長父子は殿名《とのめ》[17]へ渡り、伊藤の屋敷に接近して陣を据えた。駆けまわって戦況を見、軍勢を諸方面に配置した。敵は篠橋・大鳥居[17]・屋長島・中江・長島の五カ所の城に立て籠もっていた。

篠橋攻撃の軍勢は、織田信広・織田信成・織田信次・氏家直通・安藤守就・飯沼長継・浅井政澄・水野信元・横井雅楽助《うたのすけ》。

大鳥居攻撃の軍勢は、柴田勝家・稲葉一鉄・同貞通・蜂屋頼隆。今島[17]に陣取り、川からは大船を岸近くに寄せ付けて攻めた。

後方守備の軍勢は、佐久間信盛《のぶもり》・信栄《のぶひで》父子に近江勢を加え、坂手[17]の郷に陣取った。

長島の東、推付《おしつけ》[18]の郷に陣取った軍勢は、市橋長利・不破直光・丹羽長秀。

加路戸島攻撃の軍勢は、織田信包・林秀貞・島田秀満。ほかに尾張の舟を数百艘、海上にびっしりと配備した。

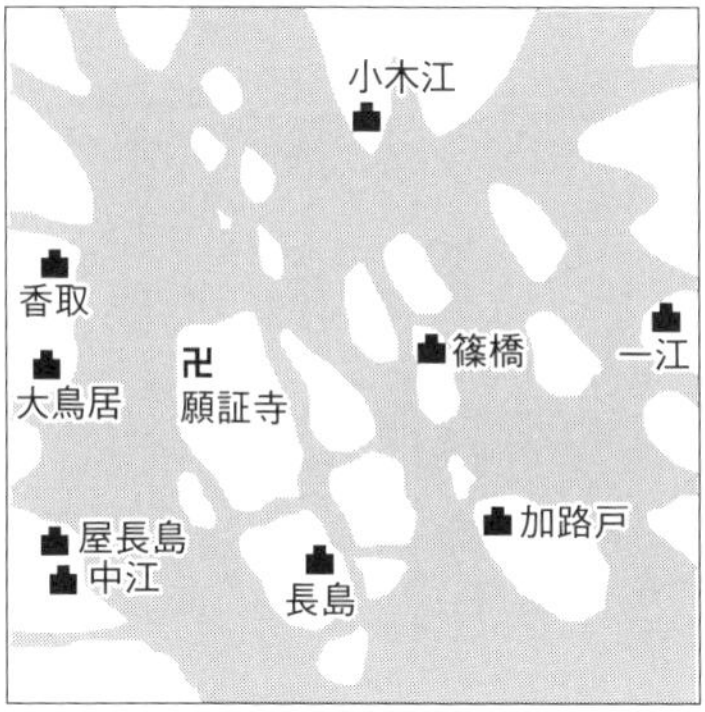

南の大島[19]攻撃の軍勢は、織田信雄・織田信孝《のぶたか》、および桑名勢。ほかに伊勢の小舟・大船を数百艘、海上に隙間なく配備した。

諸勢は大鳥居・篠橋の両城に攻め掛かった。大砲を撃ち込み、塀・櫓《やぐら》を撃ち崩して攻めたので、両城は弱り果て赦《しゃ》免《めん》を願い出た。しかし信長は、「間もなく落城するだろう。悪人どもは懲《こ》らしめのため兵糧攻めにし、年来の罪過・悪行に対する鬱憤を今こそ晴らすのだ」と言って、許さなかっ

17 殿名・大鳥居・屋長島・中江・今島・坂手＝桑名市
18 推付＝押付、桑名市
19 大島＝桑名市

た。

八月二日の夜、激しい風雨となった。それに紛れて、大鳥居に籠城していた者どもが夜中に城を抜け出し、退散しようとした。これを追って、男女千人ほどを切り捨てた。

八月十二日、篠橋に籠城の者が、長島の本坊に入り込んで織田方のために働くと堅く誓ったので、一命を助けて長島へ追い入れた。

12 樋口直房夫妻を討ち取る

先に木目峠《きのめ》(1)に砦を築き、樋口直房《ひぐちなおふさ》を配備しておいたが、いかなる考えがあってのことか、樋口は砦を抜け出し、妻子を連れて、甲賀(2)をめざして逃亡した。羽柴秀吉はこれを追跡させ、逃走途中で討ち取り、夫妻二人の首を長島の信長の陣へ届けさせた。

1 木目峠＝福井県敦賀市～福井県南条郡南越前町
2 甲賀＝滋賀県南部

13 河内長島を平定

このたび長島の一揆勢は、長期戦の準備もなく、取るものも取りあえず、七月十三日に長島・屋長島・中江の三カ所に逃げ込んだのであった。島の中に立て籠もった男女・貴賤は、その数もわからぬほどに多かった。こうしてすでに三カ月も籠城しているのだから、半数以上の者が飢え死にした。

九月二十九日、一揆勢は降参して、長島から退去することになった。多数の舟に分乗して退去するところを、織田勢は鉄砲を揃えて狙撃《そげき》し、また、際限もなく川中へ切り捨てた。

そのようななかで、一揆勢の気骨ある者七、八百人は裸になって川に飛び込み、抜刀《ばっとう》ひとつを武器として反撃し、織田勢を切り崩した。ために、織田家の親類衆をはじめ歴々多数が討ち死にした。そうして彼らは、織田勢の手薄な方面を突破して、無人となった小屋小屋に乱入し、支度を充分整えてから、川を越え、多芸山《たぎやま》・北伊勢方面へ散り散りに逃走し、大坂へ逃げ込んだ。

中江・屋長島の両城には、男女二万人ばかりが立て籠もっていた。信長は柵を幾重にも巡らして、これを包囲しておいたが、ついに、四方から火をつけて焼き殺すよう命じた。

信長は思いどおりに決着をつけ、九月二十九日、岐阜に帰陣した。

14 名物を召し上げる

〔本文欠〕

巻八

天正三年（一五七五）

01 領国に道路を造る

去年暮、国々に道路を造るよう、坂井利貞《さかいとしさだ》・河野氏吉《うじよし》・篠岡《ささおか》八右衛門・山口太郎兵衛の四人を担当の奉行に任命し、領国内には信長の朱印状をもって通達した。工事は早くも今年一月・二月のうちに竣工した。入り江や川には舟橋《ふなはし》を架け、急勾配の道はゆるやかにし、岩石のために狭められているところは岩石を取りのけて道を広げた。道幅は(1)三間半とし、両側に松と柳を植えた。それぞれの地区ごとに老いも若きもが奉仕して、水をかけ、ごみを片づけ、清掃をした。

前々から信長は、領国中に数多くあった関所を撤廃したので、人々の交通でも物資の流通でも、とどこおることは少しもなくなった。

両々相まって、人々は難所の苦労を忘れ、牛馬での運輸も楽になり、万民の交通は便利になり、庶民の生活は安定した。このような良い時代に生きることをありがたく思い、身分の高い者も低い者も皆、両手をあげて信長の徳を鑽仰《さんぎょう》した。信長が(2)東方朔《とうぼうさく》や西王母《せいおうぼ》のように長寿を保ち、(3)須達《しゅだつ》のように福徳に恵まれることを、人々は願ったのである。

二月二十七日、信長は京都へ出発、(4)垂井《たるい》に到着した。翌日は雨降りのため滞在。二十九日、(5)佐和山の丹羽長秀の城に到着。三月二日、(6)永原泊まり。翌日、京都に入り、相国寺を宿所とした。

三月十六日、今川義元の子、今川氏真《うじざね》が挨拶に来て、「(7)百端帆《ひゃくたんぽ》」を献上した。以前にも

1 三間半＝約六メートル
2 東方朔や西王母＝ともに古代中国の長寿者
3 須達＝古代インドの長者
4 垂井＝岐阜県不破郡垂井町
5 佐和山＝滋賀県彦根市
6 永原＝野洲市
7 百端帆＝茶道具の銘

「千鳥《ちどり》」の香炉《こうろ》と飯尾宗祇《いいおそうぎ》から伝えられた香炉を献上したが、信長は宗祇の香炉は返却し、「千鳥」の香炉だけ受け取った。今川氏真が蹴鞠《けまり》をするというのを聞いて、信長は三月二十日に相国寺でやって見せてくれるよう頼んだ。

当日、蹴鞠の会に参加した人々は、三条西実枝《さんじょうにしさねき》父子・高倉永相《たかくらながすけ》父子・飛鳥井雅教《あすかいまさのり》父子・広橋兼勝・五辻為仲《いつつじためなか》・庭田重保・烏丸光康《からすまみつやす》。信長はこれを見物した。

02 武田勝頼、足助に進攻

三月下旬、武田勝頼《たけだかつより》が三河の[1]足助《あすけ》方面に攻め寄せた。そこで、信長の嫡男、織田信忠は尾張の軍勢を率いて出陣した。

1 足助＝愛知県豊田市、旧東加茂郡足助町

03 公家領について徳政令を発令

四月一日、信長は[1]徳政令《とくせいれい》を発令した。その趣旨は次のとおりである。

近年、内裏は朽廃していたが、これについては先年から修理を命じ、すでに工事は完了した。しかし公家方においては、家政不如意《ふにょい》となって領地を借金の担保とし、あるいはやむなく売却したところが多くなっている。これを救済するため、徳政令を発令し、村井貞勝・丹

1 徳政令＝債権・債務の破棄令

羽長秀の二人を事務担当に命じて、本来、公家衆の所領であったものは、元の所有者に返還させたのである。

　こうして、皇室・公家・武家が、ともどもに隆盛に赴いた。信長の功績は天下に並ぶ者もなく大きいのである。

04 新堀城を攻略

　四月六日、信長は京都から直接南方へ出陣した。その日は(1)八幡《やわた》に陣宿し、翌日は(2)若江に陣を取った。

石山本願寺が若江の城に対峙して構えた(3)萱振《かやふり》の城は無視して通り、先へ進撃した。

四月八日、三好康長《みよしやすなが》が立て籠もる(4)高屋《たかや》を攻め、町を破壊した。三好方は不動坂口で応戦し、押しつ押されつ、合戦は数度に及んだ。伊藤与三右衛門の弟、伊藤二介は、たびたびの先駆けをして数カ所の手傷を受け、討ち死にした。この時、信長は(4)駒ガ谷山から眼下に戦況を観閲していたのだから、二介にとっては晴れがましい最期であった。

　その日は(4)誉田八幡《こんだはちまん》、(5)道明寺《どうみょうじ》河原へも進撃し、次々に敵陣を制圧した。信長は駒ガ谷山に陣を据え、各方面へ足軽部隊を出撃させた。佐久間信盛・柴田勝家・丹羽長秀・塙直政《ばんなおまさ》の諸隊は、谷々の奥まで進撃して焼き払い、さらに麦畠を薙ぎ払った。

　四月十二日、信長は(6)住吉へ陣を移し、十三日、(7)天王寺へ馬を進めた。この作戦には、

1 八幡＝京都府八幡市
2 若江＝大阪府東大阪市
3 萱振＝八尾市
4 高屋・駒ガ谷山・誉田八幡＝羽曳野市
5 道明寺河原＝藤井寺市
6 住吉＝大阪市住吉区
7 天王寺＝大阪市天王寺区

畿内、若狭・近江・美濃・尾張・伊勢・丹後・丹波・播磨、および根来寺《ねごろじ》(8)の四つの谷の軍勢が残らず参陣し、天王寺・住吉・遠里小野《おりおの》(9)のあたり一帯に陣を布いた。

四月十四日、大坂(10)へ進撃し、農作物をことごとく薙ぎ払った。軍勢の総数は十万余を数えた。これほど見事な大軍はいまだかつて見たことがないと、見聞した都鄙《とひ》・上下の人々はみな驚くばかりだった。

四月十六日、信長は遠里小野に陣を構え、自身で指揮して付近の農作物を薙ぎ払わせた。敵は、堺の近く新堀《しんぼり》(11)というところに出城を構え、十河《そごう》因幡守と香西《こうさい》越後守を大将として立て籠もっていた。四月十七日、信長は出馬し、この出城を取り巻いて攻撃を開始した。

四月十九日、夜に入り、諸隊が一斉攻撃。火矢を射込み、埋め草で堀を埋め、攻めに攻めた。敵方は大手・搦手から打って出た。しかし香西越後守は生け捕られ、縄を掛けられ、眼をしかめ口をゆがめて、信長の前に引き立てられてきた。夜中ではあったが、信長は香西を見知っていたのですぐにそれと知り、前々からの不届きな振るまいを面詰《めんきつ》して、首を刎《は》ねた。

この戦いで討ち取った敵の首は、香西越後守・十河因幡守・十河越中・十河左馬允《さまのじょう》・三木五郎大夫・藤岡五郎兵衛・東村《ひがしむら》大和・東村備後。このほか屈強の武士百七十余人を討ち取った。

高屋に立て籠もっていた三好康長は、松井友閑を通じて降参してきたので、これを許した。塙直政に命じて、高屋の城をはじめとして、河内(12)の国中の敵城をことごとく破壊させた。

かくして、石山本願寺が落城するのも時間の問題と思われた。

四月二十一日、信長は京都に帰還し、天下の政務を処理した。

四月二十七日、京都を出発。坂本から明智光秀の船で佐和山へ渡る予定であったが、急に

8　根来寺＝和歌山県那賀郡岩出町
9　遠里小野＝大阪市住吉区
10　大坂＝大阪市中央区、石山本願寺
11　新堀＝大阪府堺市
12　河内＝大阪府東部

風が出たので、(13)常楽寺に上陸、陸路で佐和山に到着。四月二十八日(14)辰の刻、岐阜に帰城した。

05 長篠の合戦

五月十三日、信長および嫡男信忠《のぶただ》は、(1)三河の(2)長篠《ながしの》の城を包囲している武田勝頼《たけだかつより》の軍勢を後方から攻めるため出陣した。その日は(3)熱田《あつた》に陣宿。熱田神宮の摂社八剣宮《はちけんぐう》がはなはだしく朽廃しているのを見て、その修築を大工岡部又右衛門に命じた。

五月十四日、(4)岡崎に着陣。翌日は駐留。十六日、(5)牛窪《うしくぼ》の城に泊まった。この城の守備隊として丸毛長照・福田三河守を置き、十七日は(6)野田原に野営した。

十八日、陣を進め、信長は(7)志多羅《したら》の郷極楽寺山に、信忠は新御堂山《にいみどうやま》に陣を構えた。志多羅の郷は地形が一段窪んだところである。敵方から見えないように窪地に散らばして、軍勢三万ほどを配置した。先陣にはその地方の軍勢を充てるのが慣例であったから、徳川家康がころみつ坂の上、高松山に陣を布《し》いた。滝川一益・羽柴秀吉・丹羽長秀の三人は揃って(8)有《ある》海原《みはら》に上り、武田勝頼勢に向かって東向きに布陣した。家康・滝川の陣の前に、騎馬隊の侵入を防ぐための柵を作らせた。

この有海原は、左手は(9)鳳来寺山《ほうらいじさん》から西へ山地が続き、また右手は(9)鳶《とび》の巣山《すやま》から西へ深山が続いている。長篠の岸を(10)乗本川《のりもとがわ》が鳶の巣山の裾に流れている。鳳来寺山から西へ続く

13 常楽寺＝滋賀県近江八幡市、旧蒲生郡安土町
14 辰の刻＝午前八時前後

1 三河＝愛知県東部
2 長篠＝愛知県新城市、旧南設楽郡鳳来町
3 熱田＝名古屋市熱田区
4 岡崎＝岡崎市
5 牛窪＝牛久保、豊川市
6 野田原＝新城市
7 志多羅＝設楽、新城市
8 有海原＝設楽原、新城市
9 鳳来寺山・鳶の巣山＝新城市、旧鳳来町
10 乗本川＝大野川

山並みと鳶の巣山から西へ続く山並みとの間はわずかに[11]三十町ほどであろう。鳳来寺山の裾から[12]滝沢川が北から流れて南の乗本川に合流する。つまり、長篠の南西は川の流域で平地である。

武田勝頼は鳶の巣山に登り、川を前にして陣を据えれば何事もなかったろうに、長篠へは攻撃部隊を七隊派遣し、勝頼自身の率いる本隊は滝沢川を越えて有海原へ三十町ばかり進出した。[13]谷を前にして、甲斐・信濃の軍勢、西上野《にしこうずけ》の小幡《おばた》勢、駿河勢、遠江勢、三河の作《つく》手《で》・段嶺《だみね》・武節《ぶせち》の地侍衆を加え、総数一万五千ばかりを十三カ所に西向きに配置した。敵味方両陣の間[14]二十町ほどに陣取った。

信長は、今回こんなにも間近に対陣できたのは天の恵みであるから、武田勢は一兵も残さず討ち果たそう、しかし味方には一人も損害が出ないように、と作戦を練った。酒井忠次《さかいただつぐ》を呼び、家康の軍勢のなかから弓・鉄砲の巧みな者を集め、酒井忠次を大将として二千ばかり、さらに鉄砲五百挺を持った信長のお馬廻り衆を加え、金森長近《かねもりながちか》・佐藤秀方・青山新七の息子・賀藤《かとう》市左衛門を検使として添え、合計四千ほどの長篠城救援部隊を編成した。

部隊は、五月二十日[15]戌《いぬ》の刻、[16]乗本川を越えて南の山地を回り、長篠の上、鳶の巣山へ五月二十一日[17]辰《たつ》の刻に上り、旗首《はたがしら》を押し立て、鬨《とき》の声を上げ、数百挺の鉄砲をどっと撃ち込んだ。こうして長篠城を包囲している武田勢を追い払い、城に入り、城内の味方と合流して、敵陣の小屋小屋を焼き払ったので、籠城の兵はたちまち運を開いた。武田方、七部将に率いられた攻撃部隊は、突然のことであったから混乱し、鳳来寺をめざして退却した。

信長は、家康が陣取った高松山という小高い山に登り、敵方の動きを見て、命令するまで

11 三十町＝約三・三キロメートル
12 滝沢川＝寒狭川
13 谷＝連吾川、豊川の支流
14 二十町＝約二・二キロメートル
15 戌の刻＝午後八時前後
16 乗本川＝豊川、大野川の下流
17 辰の刻＝午前八時前後

は決して出撃しないよう前もって全軍に厳命した。鉄砲千挺ほどを選抜し、佐々成政・前田利家・野々村正成《ののむらまさなり》・福富秀勝・塙直政を指揮者とし、ついで、敵陣近くまで足軽隊を攻め掛からせて敵方を挑発した。前後から攻められて、敵も出撃して来た。

一番手は山県昌景《やまがたまさかげ》が攻め太鼓を打ち鳴らして攻め寄せたが、鉄砲で散々に撃ち立てられて退却した。

二番手には、(18)武田信廉《のぶかど》が入れ替わった。味方の足軽隊は、敵が掛かって来たら引き、退いたら挑発して引きつけ、そこへ命令一下、鉄砲を撃ち込んだ。信廉隊は過半数が討たれ、ついに退去した。

三番手には、西上野の小幡《おばた》の一党。赤色の具足を揃えて、入れ替わって攻め掛かって来た。関東の武士たちは馬を巧みに乗りこなしたから、小幡一党もまた騎馬で突撃する戦術で、攻め太鼓を打って突進して来た。味方は鉄砲の兵を揃え、楯に身を隠して待ち受け、撃たせたので、小幡隊も過半数が撃ち倒されて、兵力少数になって退却した。

四番手は、(19)武田信豊《のぶとよ》の部隊が黒の具足を揃えて攻め掛かって来た。このように、敵は入れ替わり立ち替わって攻め掛かって来たが、こちらからは軍勢は一隊も出撃させず、鉄砲だけを増強して足軽であしらった。敵方は撃ち倒され、兵力を削がれて退却した。

五番手は馬場信春《ばばのぶはる》、攻め太鼓を打ち鳴らして攻め寄せたが、味方は鉄砲隊を揃えて撃ち払い、敵は前と同じく大勢が討たれて退いた。

五月二十一日の明け方から、東北東の方角に向かって(20)未《ひつじ》の刻まで、鉄砲隊を入れ替わり立ち替わらせて戦った。武田方は多くの兵が討たれ、しだいに兵力が少なくなって、諸隊と

18 武田信廉＝逍遥軒、信玄の弟

19 武田信豊＝典厩、信玄の甥

20 未の刻＝午後二時前後

も武田勝頼の本陣へ逃げ戻り、かなわないと悟ったのか、鳳来寺めざしてどっと退却した。

その時、長篠の軍勢と協同して一斉に武田軍を追撃させた。討ち取った首は、見知った者だけでも、山県昌景、西上野の小幡信貞、横田《よこた》綱松《つなとし》・川窪詮秋・真田《さなだ》信綱《のぶつな》・土屋昌次・甘利吉利・杉原日向・名和《なわ》重行《しげゆき》・仁科某・高坂《こうさか》又八郎・興津某・岡辺某・竹雲某・恵光寺某・根津是広・土屋直規・和気善兵衛・馬場信春《のぶはる》。なかでも馬場信春の討ち死に直前の活躍は比類のないものであった。このほか、主だった武士と雑兵一万人ほどを討ち取った。あるいは山中に逃げ込んで飢え死にした者、あるいは橋から川へ落ちて溺れ死んだ者は数も知れない。武田勝頼は秘蔵の馬を陣の出口で乗り損じたが、一段と乗り心地の良い駿馬だと聞いて、信長は自分の厩《うまや》に収容した。

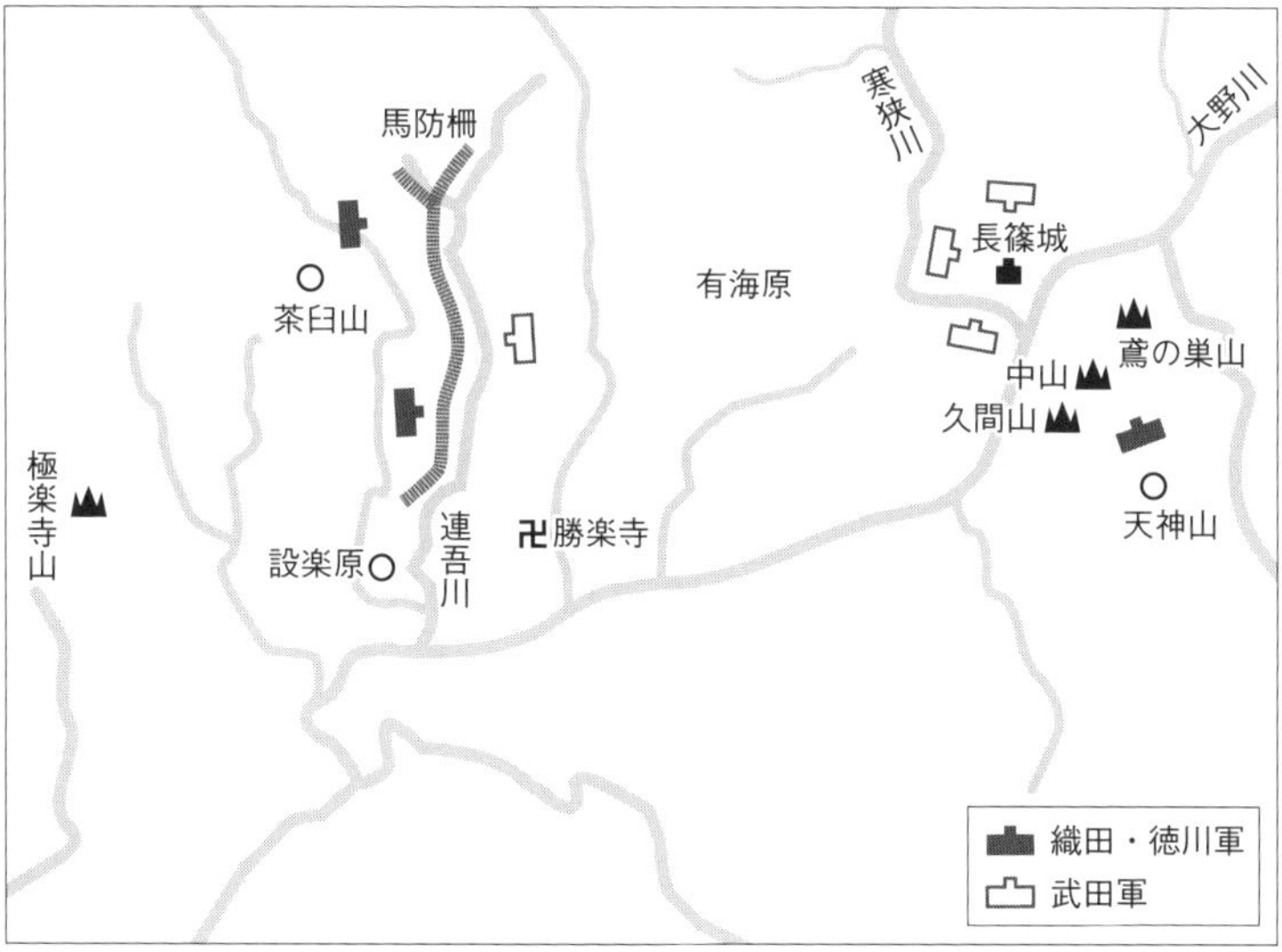

信長は三河の支配を家康にまかせ、五月二十五日、美濃の岐阜に帰陣した。

家康はこのたびの合戦の余勢をかって駿河に侵攻し、諸方を焼き払って帰陣した。遠江の高天神《たかてんじん》の城は、武田勝頼の支配下にあるが、しかし、落城するのも間近であろう。

[21]岩村の城は、秋山信友《あきやまのぶとも》・大島某・座光寺為清《ざこうじためきよ》を大将として甲斐・信濃の軍勢が立て籠もっている。[22]長篠の合戦の直後に織田信忠が出馬し、包囲したので、無論これまた決着がつくであろう。

家康は三河・[23]遠江二国の支配を承認され、長年の愁眉《しゅうび》を開き、念願を達したのである。

信長がこのように味方を損じることなくして強敵を打ち破ったのは、昔の例にもなかったことである。武勇の優れていることは武将の鑑《かがみ》であり、あたかも日の輝きが朝露を消すようであった。信長には武勇と仁徳が車の両輪のごとくに備わっている。信長が高名を後の世に残そうと思い立ち、数カ年は山野・海岸を住処《すみか》とし、甲冑《かっちゅう》を枕として、弓矢を持つ者がめざす大業のために続けた辛労は、いくら記しても記し足りないのである。

21 岩村＝岐阜県恵那市
22 長篠の合戦の直後＝六月
23 遠江＝静岡県西部

06 〝山中の猿〟に情をかける

この頃、哀れなことがあった。

美濃と近江の国境に[1]山中《やまなか》というところがある。その道のほとりで、身体に障害のある者が雨露にうたれて乞食《こつじき》をしていた。

信長は京都への上り下りにこれを見て、たいそう哀れに思い、「たいていの乞食というものは、住む処を定めずにさすらい歩くものだが、この者はいつも変わらずここに居る。何かわけで

1 山中＝岐阜県不破郡関ヶ原町

もあるのか」と、ある時、不審をいだき、町の者に尋ねた。町の者はその由来を答えた。「昔、この山中の宿《しゅく》で常盤御前《ときわごぜん》(2)を殺しました。その報いで、殺した者の子孫は代々身体に障害をもって生まれ、あのように乞食をしております。世間で〝山中の猿〟と言っているのは、この者のことでございます」と言上した。

六月二十六日、信長は急に上京することになった。その多忙の最中に、あの乞食のことを思い出し、木綿《もめん》二十反を自ら用意して、お供の者に持たせた。

山中の宿で馬を止め、「この町の者は、男女とも全員出頭せよ。言いつけることがある」と触れを出した。どんなことを言いつけられるのかと、人々は恐る恐る出頭したところ、木綿二十反を乞食の〝猿〟のために下賜し、町の者たちにこれを預けた。信長は、「この木綿の半分を費用に充てて近所に小屋を作り、この者を住まわせて、飢え死にしないように面倒を見てやりなさい」と言いつけた。さらに、「近隣の村の者たちは、麦の収穫があったら麦を一度、秋の収穫後には米を一度、一年に二度ずつ毎年、負担にならぬ程度に少しずつ、この者に与えてくれれば、信長はうれしく思う」と言い添えた。

あまりのかたじけなさに、乞食の〝猿〟はいうまでもなく、山中の町中の男女は泣かぬ者もなかった。お供の者たちも、上下みな涙を流し、それぞれいくばくかの銭を〝猿〟のために拠出した。町の者たちは誠にありがたく、お礼の言いようもない様子であった。このように情深い信長であるから、神仏の加護があって、一門は末長く栄えるだろう、と思ったのであった。

2　常盤御前＝源義朝の妾、義経の母

07 東宮の蹴鞠の会

六月二十六日、京都へ出発。その日は佐和山《さわやま》でしばらく休息し、(1)早舟《はやふね》に乗って坂本へ渡った。少し風が出ていた。お小姓衆五、六人を従えて、六月二十七日、京都着。相国寺を宿所とした。

七月一日、摂家《せっけ》・清華家《せいがけ》は無論、そのほかに播磨の別所長治《べっしょながはる》・別所重宗、三好康長《みよしやすなが》・武田元明・逸見昌経《へみまさつね》・粟屋勝久・熊谷《くまがい》直之・山県盛信・内藤重政・白井光胤・松宮玄蕃允《まつみやげんばのじょう》・畑田加賀守が上洛して在京。畿内近隣諸国の大名・武将たちは出仕して、信長に挨拶をした。この時、塩河長満は馬を頂戴した。

七月三日、宮中で(2)東宮《とうぐう》が蹴鞠《けまり》の会を催した。正規の儀礼にのっとった、たいへん結構なものであった。信長はお馬廻り衆だけを従えて参内した。蹴鞠の会が終わってから、信長は黒戸の御所の置き縁まで参上した。かたじけなくも天皇からお盃を、内侍所《ないしどころ》の女官を通じて頂戴した。

蹴鞠を見物したのは清涼殿《せいりょうでん》の庭であった。

蹴鞠の次第〔図別掲〕

東宮の蹴鞠の会　出場者

東宮

立烏帽子《たてえぼし》、直衣《のうし》、色は二藍《ふたあい》、指貫《さしぬき》。

後で小直衣に着替えた。色は紅。

1 早舟＝速力の速い小型の軍船

2 東宮＝正親町《おおぎまち》天皇の皇太子、誠仁《さねひと》親王

蹴鞠の次第

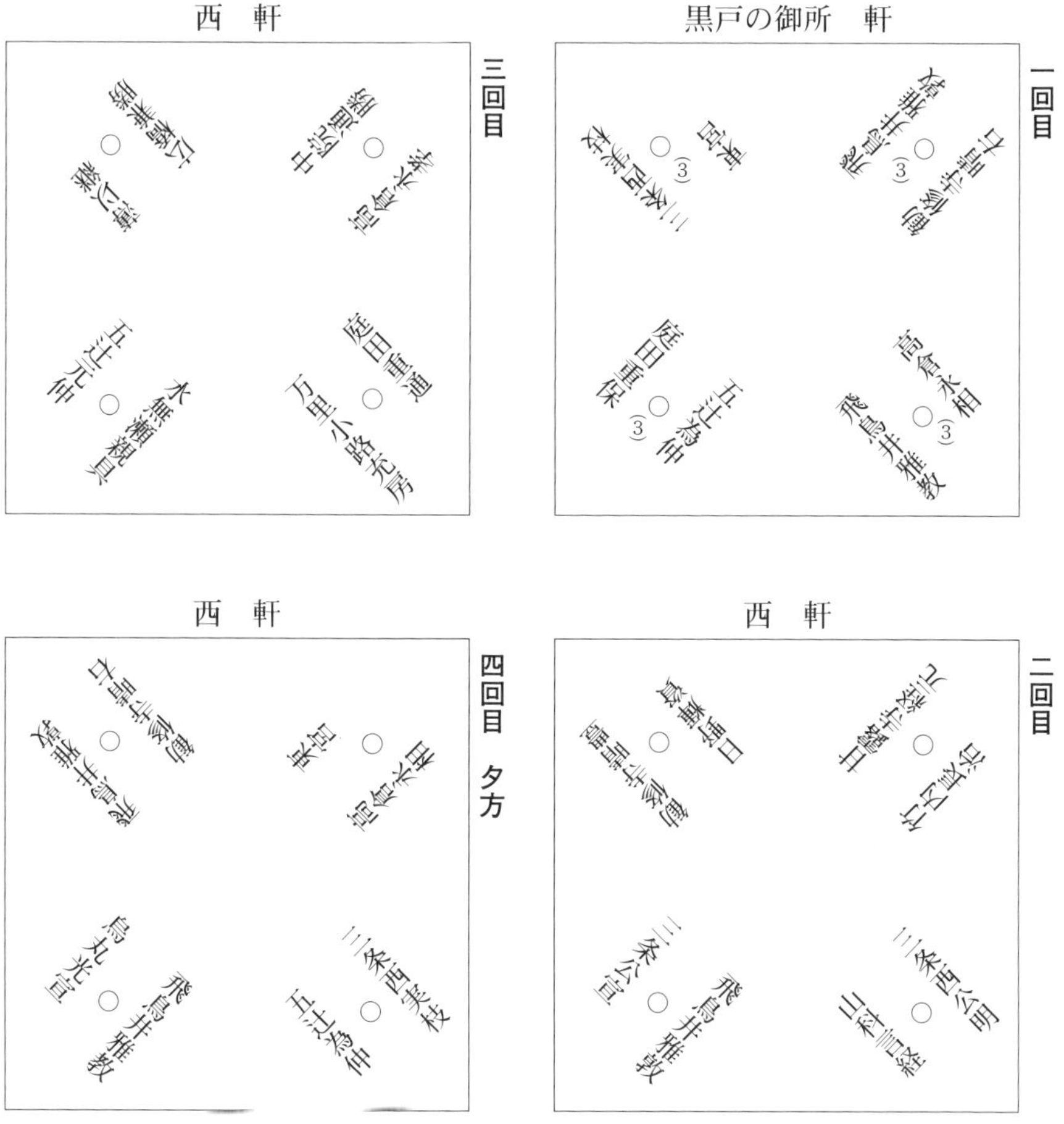

3
○＝鞠場に植えてある木

以下はみな烏帽子であった。鞠場《まりば》には(4)猫掻《ねこかい》を敷いた。

三条西実枝《さんじょうにしさねき》　直衣、色は白、指貫。
勧修寺晴右《かじゅうじはれみぎ》　狩衣《かりぎぬ》、色は檜皮《ひわだ》、指貫。
飛鳥井雅教《あすかいまさのり》　水干《すいかん》、色は紫、葛袴《くずばかま》。
庭田重保　狩衣、色は萌黄、葛袴。
甘露寺経元《かんろじつねもと》　水干、色は玉虫、葛袴。
高倉永相《たかくらながすけ》　水干、色は紫、葛袴。
山科言経《やましなときつね》　水干、色は紫、葛袴。
庭田重通　水干、色は紫、葛袴。
勧修寺晴豊《はれとよ》　水干、色は蜥蜴《とかげ》、葛袴。
三条西公明　水干、色は萌黄、葛袴。
中院通勝《なかのいんみちかつ》　冠、束帯《そくたい》。
飛鳥井雅敦《まさあつ》　水干、色は玉虫、葛袴。
烏丸光宣　水干、紫色の紋紗《もんしゃ》、葛袴。
竹内長治　水干、萌黄色、葛袴。
中院通勝　水干、色は紫、染色《そめいろ》、葛袴。
水無瀬《みなせ》親具　水干、萌黄色の紋紗、葛袴。
三条公宣　水干、色は紺、地模様あり。葛袴。
日野輝資《てるすけ》　水干、色は紫、葛袴。

4 猫掻＝莚

広橋兼勝　水干、紺地の紋紗、葛袴。
高倉永孝　水干、金紗《きんしゃ》、葛袴。
万里小路充房《までのこうじあつふさ》　水干、黄色地に緑青《ろくしょう》の模様、葛袴。
薄《すすき》以継　素襖《すおう》。
五辻《いつつじ》元仲　水干、柳色。

(5)右のとおり。

この日、信長の官位昇進について(6)勅諚《ちょくじょう》が伝えられたが、信長は遠慮して受けなかった。しかし、内々思うところがあったのか、信長の推挙により、長老衆のうち、松井友閑は宮内《くない》卿法印《きょうほういん》に、武井夕庵《たけいせきあん》は二位《にい》の法印《ほういん》に任じられた。明智光秀は惟任《これとう》姓を名乗ることを許されて日向守となり、簗田広正《やなだひろまさ》は別喜右近《べっきうこん》となり、丹羽長秀は惟住《これずみ》姓を名乗ることを許された。ありがたいことである。

08 勢田橋を架ける

七月六日、上京・下京の町衆が(1)妙顕寺で能の会を催し、信長を招待した。桟敷《さじき》の中に入ったのは、信長のほかには摂家・清華家の人々と武井夕庵・松井友閑・楠木長諳《ちょうあん》・長雲たちだけであった。能は八番あった。観世国広・観世又三郎は、特に所望されて大鼓《おおかわ》を打った。

5 右のとおり＝五辻為仲については記されていない。中院通勝は二回記されている。束帯を軽装の水干に着替えたということか。

6 勅諚＝天皇の指示・命令

1 妙顕寺＝京都市中京区

七月十五日、信長は帰国のため京都を出発した。

ところで、近江の(2)勢田《せた》に橋を架けることを、山岡景隆・木村高重の二人に命じてあった。若狭の(3)神宮寺山と(4)朽木《くつき》の山中から用材を伐り出し、七月十二日が吉日だというので立柱の儀式を執行した。橋の広さは(5)四間、長さは(6)百八十間余り、両側に欄干を作り、後の世のためになることであるから、堅牢に造るよう命じた。天下のためというのは無論であるが、往来する旅人の不便を思いやってのことである。

十五日、(7)常楽寺着。十六日、垂井泊まり。十七日、(8)楚根《そね》に立ち寄った。楚根の城主稲葉一鉄は、ありがたいことと感激し、(10)孫たちに能を演じさせて信長に観せた。信長は、その時、腰に差していた刀を(9)稲葉貞通の息子に賜った。

七月十七日、岐阜に帰城。

2 勢田＝瀬田川、滋賀県大津市
3 神宮寺山＝福井県小浜市
4 朽木＝滋賀県高島市
5 四間＝約七・三メートル
6 百八十間＝約三二七メートル
7 常楽寺＝滋賀県蒲生郡安土町
8 楚根＝曾根、岐阜県大垣市
9 稲葉貞通＝一鉄の子
10 稲葉貞通の息子＝一鉄の孫典通

09 加賀・越前を平定

八月十二日、信長は越前へ出陣した。その日は垂井《たるい》に陣宿。十三日、羽柴秀吉が守備している(1)小谷《おだに》の城に泊まった。秀吉は、信長の率いる軍勢に兵糧を提供した。十四日、(2)敦賀《つるが》に到着。武藤舜秀《むとうきよひで》の城に陣を構えた。

(3)敵方が立て籠もっている諸城は、以下のとおりである。

一、(4)虎杖《いたどり》の城。堅固に造り、下間頼俊《しもつまよりとし》が大将となって、加賀・越前の一揆勢が集結して

1 小谷＝滋賀県長浜市、旧東浅井郡湖北町
2 敦賀＝福井県敦賀市
3 敵方＝一向一揆勢
4 虎杖＝板取、福井県南条郡南越前町

守備をしている。
一、(5)木目峠《きのめ》。(6)石田の西光寺《さいこうじ》が大将となって、一揆勢を指揮して布陣している。
一、(7)鉢伏《はちぶせ》の城。専修寺および阿波賀三郎兄弟と越前衆が守備している。
一、(8)今城《いまじょう》・(9)火燧《ひうち》の城。両城とも堅固に補強し、(10)昔、木曾義仲《よしなか》が平家の軍勢を迎え撃った時のように、(11)能美川《のうみ》と(12)新道川との合流地点を堰止《せきと》めて水を湛え、下間頼照が大将となって守備している。
一、(13)大良越《だいらご》え・(14)杉津《すいつ》の城。(15)大塩の(16)円強寺《えんこうじ》の勢力に加賀衆が加わって立て籠もっている。
一、(17)海岸に新城を造り、若林長門・甚七郎父子が大将となって、越前衆が集結して守備している。
一、(18)府中の竜門寺を砦とし、三宅権丞《みやけごんのじょう》が在陣している。
このように、要所要所に布陣して、連携をとりつつ堅固に守備をしているとのことである。

八月十五日、ことのほか風雨が強かったが、全軍が攻撃を開始した。もと(19)越前方であった浪人衆、桂田長俊の息子、富田長繁・毛屋猪介に属していた者どもを先陣として、佐久間信盛・柴田勝家・滝川一益・羽柴秀吉・明智光秀・丹羽長秀・簗田広正・細川藤孝・原田直《なお》政《まさ》・蜂屋頼隆・荒木村重・稲葉一鉄・稲葉貞通・氏家直通・安藤守就・磯野員昌《かずまさ》・阿閉貞《あつじさだ》征《ゆき》・阿閉貞大《さだひろ》・不破光治・不破直光・武藤舜秀・織田信孝・織田信澄・織田信包《のぶかね》、および織田信雄《のぶかつ》と彼が率いる伊勢衆。以上をはじめとして三万余騎、部隊ごとに功を競うかのように、諸方面から大良越えへ進撃した。

海上から攻める軍勢は、粟屋勝久・逸見《へみ》昌経・粟屋弥四郎・内藤重政・熊谷直之・山県盛

5 木目峠＝敦賀市〜南越前町
6 石田＝鯖江市
7 鉢伏＝敦賀市〜南越前町
8 今城＝今庄、南越前町
9 火燧＝燧、南越前町
10 昔＝寿永二年、一一八三年
11 能美川＝日野川
12 新道川＝帰川
13 大良越え＝南越前町
14 杉津＝敦賀市
15 大塩＝越前市
16 円強寺＝円光寺
17 海岸＝南越前町
18 府中＝越前市
19 越前方＝朝倉義景方

信・白井光胤・松宮玄蕃允・寺井源左衛門・香川某・畑田加賀守。(20)丹後から船出して参陣したのは、一色義道・矢野某・大島某・桜井某。数百艘の軍船が旗首《はたがしら》を打ち立てて攻め寄せ、浦々・港々に上陸して、諸所に火を放った。

敵方からは、円強寺と若林長門父子の軍勢が出撃して来た。これを明智光秀・羽柴秀吉の二部隊が、ものの数ともせずに追い崩し、二、三百人を討ち取った。さらに、円強寺・若林の城へ攻め込んで、焼き払った。討ち取った敵の首は、八月十五日のうちに敦賀の信長の本陣へ送り、実検に供した。

八月十五日の夜、府中竜門寺の三宅権丞が立て籠もる砦に忍び込み、これを乗っ取り、付近を焼き払った。木目峠・鉢伏・今城・火燧城に布陣していた敵は、焼き打ちに追い立てられて動転し、府中をめざして退却した。羽柴秀吉・明智光秀の二部隊はこれを追撃し、府中の町で加賀・越前両国の一揆勢二千余人を切り捨てた。手柄は言うまでもない。

阿波賀三郎・阿波賀与三兄弟は降参して宥《ゆる》しを乞うてきたが、信長は許さず、原田直政に命じて斬首させた。

十六日、信長は敦賀を出発し、お馬廻り衆そのほか一万余騎を従えて、木目峠を越え、府中竜門寺の三宅権丞の砦に到って陣を据えた。ここで、後方との連絡路を守備するため、福田三河守を今城に配置した。

朝倉景健《かげたけ》は、下間頼照・下間頼俊・専修寺が山林に隠れていたのを捜し出して首を斬り、これを手みやげに持参して宥しを乞うてきた。しかし信長はこれを許さず、向駿河《むかい》に命じて景健を斬首させた。この時、奇特なことがあった。景健が殺されたのを見て、景健の家来、

20　丹後＝京都府北部

金子新丞《しんのじょう》父子と山内《やまのうち》源右衛門という者三人が、主人の後を追って切腹した。三人の行為を見て、向駿河は驚き、感動した。

八月十八日、柴田勝家・丹羽長秀・織田信澄の三部隊は(21)鳥羽の城を攻略し、五、六百人を切り捨てた。

金森長近《かなもりながちか》・原政茂は、美濃において(22)郡上《ぐじょう》方面へ出陣し、(23)根尾《ねお》・(24)徳山《とこのやま》から越前大野郡へ攻め込んだ。数カ所の小城を撃破し、多くの敵を切り捨て、諸方面から一斉に焼き打ちをかけた。

かくして、越前国中の一揆勢は混乱し、取るものも取りあえず、右往左往して山々に逃げ込んだ。信長は「敵を追撃し、山林を捜索して、男女の区別なく切り捨てよ」と命じた。

八月十五日から十九日までの記録簿に、諸部隊が生け捕りにして信長の本陣へ提出した敵は、一万二千二百五十余人と記されたとのことである。信長はお小姓衆に命じて、これらの捕虜を斬首させた。このほか、諸国から参陣した部隊が捕虜にして国々に連れ帰った男女は、その数も知れない。生け捕りにした者と斬首した者、合わせて三、四万にも及ぶだろうか。

八月二十三日、信長は(25)一乗谷《いちじょうだに》へ陣を進めた。参陣した軍勢のうち、稲葉一鉄父子・明智光秀・羽柴秀吉・細川藤孝・簗田広正は(26)加賀まで進撃した、との報告が到着した。

八月二十八日、信長は(27)豊原《とよはら》へ陣を進めた。

おりから、(28)堀江の一揆勢と(29)小黒《おぐろ》西光寺の門徒衆が宥しを乞うてきた。その申し開きに筋が通っていたので、信長はこれを聞きとどけた。堀江・小黒の衆は、赦免の礼を申し述べた。

21 鳥羽＝福井県鯖江市
22 郡上＝岐阜県郡上市
23 根尾＝岐阜県本巣市
24 徳山＝揖斐郡揖斐川町
25 一乗谷＝福井市
26 加賀＝石川県南部
27 豊原＝福井県坂井市
28 堀江＝あわら市
29 小黒＝鯖江市

加賀の能美郡・江沼郡の二郡が平定されたので、警固のため檜屋《ひのや》[30]と大聖寺山《だいしょうじやま》[31]に城を築き、簗田広正・佐々長秋に堀江勢を加えて配備した。十余日の間に加賀・越前両国を平定し、信長の威光がますます輝いたことはいうまでもない。

九月二日、信長は豊原から北庄《きたのしょう》[32]へ出かけ、図面を引き地取りをして、城を築くよう命じた。北庄の普請場において、高島打下《うちおろし》[33]の林員清を切腹させた。その理由は、先年[34]志賀の陣のおり、浅井・朝倉勢の手引きをし、早舟に乗って信長勢に錆び矢を射かけるなど、数々のけしからぬ行為をしたことを、信長は遺恨に思っていたからであろう。

信長は、越前の国のうち八郡を柴田勝家《しばたかついえ》に与えた。大野郡の三分の二は金森長近に、三分の一は原政茂に与えて、それぞれ大野郡に在城させた。府中には拠点となる砦を築き、不破《ふわ》直光《なおみつ》・佐々成政《さっさなりまさ》・前田利家の三人に二郡を与え、在城させた。敦賀郡には、武藤舜秀を引き続き在城させた。

明智光秀には、ただちに丹後へ出陣するよう命じた。しかし、丹後の国は一色義道に進呈した。[35]丹波の国桑田郡・船井郡は細川藤孝に進呈した。荒木村重にも、越前から直接[36]播磨の奥の郡へ出陣し、人質を取ってくるよう命じた。

九月十四日、信長は豊原から北庄へ陣を引いた。滝川一益・原田直政・丹羽長秀の三人に、北庄の足羽山《あすわやま》に陣屋を普請するよう命じた。北庄への行軍は、お馬廻り・お弓衆の歴々が信長の前後を固め、その壮観さには目を見張るばかりであった。信長の陣屋には、加賀・越前両国の地侍《じざむらい》たちが馳せ集まり、縁を頼って信長の支配下に組み入れられることを願い出て、またその礼を述べるために出頭するなど、陣屋の周囲はごったがえした。

30 檜屋＝日谷、石川県加賀市
31 大聖寺山＝加賀市
32 北庄＝福井市
33 高島打下＝滋賀県高島市
34 先年＝元亀元年、巻三(10)
35 丹波の国桑田郡・船井郡＝京都府中部
36 播磨＝兵庫県西南部

加賀奥の郡の一揆勢は、信長が帰陣したことを知ってか、攻勢に転じた。羽柴秀吉は「天が与えてくれた好機」と言って反撃し、一戦を交え、屈強な敵の首数二百五十余を討ち取って帰陣した。

信長は、越前の国[37]にあてて次の訓令を発令した。

「　掟　　越前の国

一、国中の民に不法な税を課してはならない。ただし、当面の事情があって賦課しなくてはならない場合は、信長に相談せよ。必要となった時々に応じて申し出ること。

一、国内に領地を保有することを許可された地侍たちを、私意にまかせて扱ってはならない。じゅうぶん丁重に扱うのがよい。だからといって、全く警戒しなくても良いというのではない。砦々の整備・用心は肝要である。領地を給与する約束をした者へは、厳正に実行すること。

一、裁判は道理にかなうよう公正に行うこと。決して、一方に肩入れして不公平な判決を下すようなことがあってはならない。また、もしも当事者双方を納得させることができないときは、担当者から信長に伺いを出し、その上で判決を下すこと。

一、公家・寺社が近年の争乱以前に所有していた旧領地は、もとの所有者に返還すること。ただし、朱印状[38]を持っている者を領地の所有者と認めること。ただし、法理上の正当性が必要である。

一、領国内ではどこでも関所を廃止しているから、当国においても同様に廃止すること。

一、大国を支配させるのであるから、万事について留意し、油断があってはならない。第

37 越前の国＝柴田勝家
38 朱印状＝信長の認定書

一に軍備が大切である。武具・兵糧に留意し、五年分でも十年分でも確実に備蓄しておけるよう工夫する必要がある。要するに、私欲を避け、正当な税を課して、行政に当たるよう心がけよ。(39)児童を寵愛《ちょうあい》すること、(40)手猿楽《てさるがく》・遊興・見物などは禁止すること。

一、鷹狩りは禁止する。ただし、砦を築くなどのため地形を見るのに必要なときは、してもよい。そうでない場合は禁止のこと。子供が遊びでやるのは、禁止するまでもない。

一、領国内の(41)石高《こくだか》にもよることではあるが、領地二、三カ所は家臣に給与せず、直轄領として留保しておくこと。これは、ことあるとき忠節を尽くした家臣に、功績に応じて給与するためであると知らせておくのである。家臣たちが、武功に励んでも恩賞として頂戴する領地がないと思えば、実際のところ武勇も忠義も形だけのものとなろう。そこのところを認識する必要がある。家臣に給与するまでの間は、直轄地とすること。

一、新しい事態が生じた場合でも、何事につけても信長の指図《さしず》に従うよう覚悟することが大切である。だからと言って、信長の指図に無理・非法なところがあるのを承知しながら、うわべだけ言葉たくみにとりつくろってはならない。指図を受けたとき何らかの差し支えがあれば、弁明するがよい。聞き届けて、理に従うつもりである。ひたすら信長を崇敬し、当方から見えないところだからといって気を抜き、軽々しく思ってはならない。信長のいる方角へは足も向けないよう心得ることが必要である。そのように心がけていれば、武士としての加護もあり、武運も末長いことであろう。よくよく留意せよ。

天正三年九月　日

」

「越前の国のことについては、大部分は柴田勝家に委任してある。貴殿ら三人を柴田の監

39 児童を寵愛する＝男色

40 手猿楽＝能楽よりも滑稽味の強い芸能

41 石高＝生産高

察者として置き、二郡の支配を申し付ける。貴殿らの善悪は柴田から上申して来ることになっている。互いに切磋琢磨《せっさたくま》するよう心がけることが大切である。怠ることがあったら、処分されるものと心得よ。

天正三年九月　日

不破光治殿(42)
佐々成政殿
前田利家殿」

以上のとおり指示をして、九月二十三日、北庄から府中に移った。二十四日は(43)椿坂《つばいざか》泊まり。二十五日は(44)垂井に陣宿。

九月二十六日、岐阜に帰城した。

10 伊達輝宗、名馬を献上

十月三日、(1)奥羽へ取りにやっていた鷹五十羽が到着した。信長は、そのうち二十三羽を手もとに置き、そのほかは家来衆に分け与えた。

十月十日、上洛。このたび奥羽から取り寄せた鷹十四羽と鷂《はいたか》三羽を持って上洛した。この日は垂井泊まり。翌日、京方からの迎えとして、三条公宣と水無瀬《みなせ》兼成が(2)柏原まで来ていた。(3)佐和山泊まり。

42 不破光治＝直光の父
43 椿坂＝滋賀県長浜市、旧伊香郡余呉町
44 垂井＝岐阜県不破郡垂井町

1 奥羽＝東北地方
2 柏原＝滋賀県米原市
3 佐和山＝彦根市

十二日は、(4)永原に泊まった。勢田《せた》の橋が完成したというので、検分のため陸路で上洛した。橋はまこと立派に出来ており、皆が感嘆した。また、摂家《せっけ》・清華家《せいがけ》、あるいは近隣諸国の大名・武将たちが大勢、勢田・逢坂《おうさか》・山科《やましな》・粟田口《あわたぐち》あたりに出迎えており、信長に敬意を表すること並々ならぬものであった。二条の(5)妙覚寺に到着。

十月十九日、奥羽の(6)伊達輝宗《だててるむね》から、名馬がんぜき黒・白石鹿毛《しろいしかげ》の二頭、および鶴取りの鷹二羽が献上されて来た。なかでも鹿毛の馬は、奥羽でも有名な乗り心地無類の駿馬で、信長はたいへん気に入り、大切に飼うことにした。「これは竜の子だ」と言われていた馬である。

伊達輝宗からの使者は、鷹匠として菅《かん》小太郎、馬添いとして樋口某が上洛していた。信長は、この日、(7)清水《きよみず》へ行き、村井貞勝に命じて、清水で右の使者たちに供応をした。

伊達輝宗への返書に記した礼の品は、虎の皮五枚、豹《ひょう》の皮五枚、(8)緞子《どんす》十巻、(9)しじら二十反、以上であった。二人の使者には黄金二枚を賜った。使者たちは礼を申し述べて、帰って行った。

十月二十日、播磨の赤松広秀・小寺政職《こでらまさのり》・別所長治《べっしょながはる》、およびその他の国侍たちが上洛して、信長に挨拶をした。

11 石山本願寺と和睦

十月二十一日、石山本願寺の門跡顕如光佐《もんぜきけんにょこうさ》が、三好康長・松井友閑を介して和睦を願い出

4 永原＝野洲市
5 妙覚寺＝京都市中京区
6 伊達輝宗＝左京大夫
7 清水＝京都市東山区
8 緞子＝織物の一種
9 しじら＝織物の一種

た。信長はこれに応じた。

石山本願寺から信長に小玉澗《しょうぎょっかん》・柳・花の絵画三軸を献上することになり、それを携えて長老衆が出頭した。平井越後・矢木駿河守・今井某が、和睦を聞き届けてくれた礼を言上した。三好康長は、天下に名の知れわたった「三日月」の茶壺を献上した。

十月二十三日、[1]飛騨の国司三木自綱《みつぎよりつな》が上洛して、信長に挨拶をし、[2]栗毛の馬を献上した。すばらしい駿馬で、信長はこれを大切に飼った。

1　飛騨＝岐阜県北部
2　栗毛＝体部は黒茶色、たてがみ・尾は赤茶色の毛並み

12 茶の湯

十月二十八日、信長は京都・堺の茶人十七人を招いて、妙覚寺において茶の湯の会を催した。

座敷の飾りは、

一、床には、「煙寺晩鐘《えんじばんしょう》」の軸を掛け、「三日月」の茶壺を置いた。

一、違い棚には置き物、七ツ台に白天目茶碗、内赤《うちあか》の盆に「九十九髪《つくもがみ》」の茶入。

一、下には合子《ごうす》の建水《けんすい》を蓋して置き、「乙御前《おとごぜ》」の釜。

一、「松島」の茶壺のお茶。

[1]茶頭《さどう》は[2]千宗易《そうえき》が務めた。それぞれ一生の思い出となるような、ありがたい茶会であった。

以上

1　茶頭＝茶事を司る者の長
2　千宗易＝のちの利休

13 権大納言・右大将に昇進

この頃、信長の官位昇進に伴う儀式を執行するため、十月初めから木村高重《きむらたかしげ》を担当の奉行として、宮中に式場を建造した。これはすぐに完成した。

天正三年十一月四日、信長は清涼殿《せいりょうでん》に参上して、権大納言《ごんだいなごん》(1)に任じられた。

同七日、御礼のため宮中に参内した。その警固のため、お弓の衆百人がお供した。三条西実枝を介して天皇に御礼を申し上げたところ、かたじけなくも、天皇からお盃を頂戴した。信長は前代未聞の面目をほどこし、その威光はますます輝いたのである。

この日、信長は右大将《うだいしょう》(2)に兼ねて任じられた。信長は、莫大な砂金《さきん》と反物《たんもの》を天皇に献上し、それは天皇から公家衆にも分配された。また信長は、公家たちに所領を進呈した。まことに名誉なことであった。

1 権大納言＝従三位、公卿に列した。
2 右大将＝右近衛府の長官

14 武田勝頼、岩村へ進攻

この頃、岩村(1)の城を攻めている織田方の軍勢を後方から攻撃しようとして、武田勝頼《たけだかつより》は甲斐・信濃の農民までもかり出して出陣し、今や進撃中である、との報告が到着した。そこで信長は、十一月十四日戌《いぬ》(2)の刻に京都を出発して急行、翌十五日、岐阜に帰城した。

1 岩村＝岐阜県恵那市、旧恵那郡岩村町
2 戌の刻＝午後八時前後

去る十日の夜、岩村城を攻めている織田勢が陣取る水精山《すいしょうざん》(3)へ、敵が出撃して夜討ちをかけてきた。そこで、河尻秀隆・毛利長秀・浅野左近・猿荻《さるおぎ》甚太郎が諸所で応戦し、敵を水精山から追い払った。岩村城に立て籠もり、織田勢が包囲のために設けた柵を破壊して夜討ちに出撃した軍勢に、武田勝頼は合流しようとしたのである。

15 織田信忠、岩村城を攻略

信長の嫡男織田信忠《のぶただ》が先陣として進撃し、出撃していた敵勢を岩村城へ追い入れた。この戦いに立てた手柄で信忠の名が上がったことは、いうまでもない。

夜討ちに出撃した敵勢のうち城へ逃げ戻れなかった者どもは、諸方の山々へ逃げ散ったが、織田勢はそれらを探索し、甲斐・信濃の大将格二十一人、屈強の武士千百余りを切り捨てた。

岩村城に籠城していた敵は精力を使い果たし、塚本小大膳《つかもとこだいぜん》を介して助命を嘆願してきた。そこで、塚本小大膳の補佐として塙《ばん》伝三郎を任命した。十一月二十一日、秋山信友・大島某・座光寺為清《ざこうじためきよ》が降参して出頭して来たのを召し捕り、岐阜へ護送した。この三人は、長良川の河原で磔《はりつけ》に掛けた。このほかの敵は、遠山市丞《とおやまいちのじょう》の櫓に追い詰められたが、時を移さず打って出た。遠山二郎三郎・遠山市丞・遠山三郎四郎・遠山徳林・遠山三右衛門・遠山内膳・遠山藤蔵は散々に織田勢を切り崩し、多数の兵に手傷を負わせたが、ついに討ち死にした。城内に残った敵はことごとく焼き殺した。

3 水精山＝水晶山

武田勝頼はこの情況を知って、なすことなく本国へ撤退した。信忠は思うとおりに決着をつけ、岩村の城には河尻秀隆を入城させて、十一月二十四日、岐阜に凱旋した。

16 織田信忠、秋田城介となる

このたびの信忠の比類ない功績に対して、かたじけなくも天皇から勅定《ちょくじょう》を賜り、秋田《あきた》(1)城介《じょうのすけ》に任命された。誠にありがたいことである。

1 秋田城介＝国の出先機関である秋田城の長官

17 家督を信忠に譲る

十一月二十八日、信長は家督《かとく》(1)を信忠に譲った。

信長は三十年の間、まったく粉骨砕身の努力をした。その結果、岐阜の城は金銀で装飾した立派なものとなった。また、信長所蔵の星切《ほしきり》の太刀《たち》は、曾我五郎時致《そがごろうときむね》(2)が所持していたものである。そのほか手許に集まった道具類には、三国の名宝がおびただしい数に上っていたが、これらは無論のこと、尾張・美濃の二国も信忠に譲ったのである。

信長は茶の湯道具だけを持って、佐久間信盛《さくまのぶもり》の邸に引き移った。父子ともに誠に幸せで、めでたい限りである。

1 家督＝一族の長の地位
2 曾我五郎時致＝鎌倉時代の武将

巻九

天正四年（一五七六）

01 安土に築城し移転

〔天正四年〕[1]一月中旬から近江の[2]安土山《あづちやま》に築城を開始するよう、丹羽長秀《にわながひで》に命じた。

二月二十三日、信長は安土城に移った。城の普請は信長の意にかない、褒美として名物の[3]珠光《しゅこう》茶碗を長秀に賜った。ありがたいことである。お馬廻り衆には安土の山下にそれぞれの屋敷地を賜り、各自の住居を建築するよう命じた。

四月一日から、安土山の大石で、城の敷地内に石垣を築きはじめた。そのなかに天主閣を建築するようにとの命令であった。尾張・美濃・伊勢・三河・越前・若狭・畿内の諸侍、および京都・奈良・堺の大工や諸職人を召集し、安土に詰めさせ、また、瓦焼き職人の[4]唐人一観《いっかん》を召し出した。天主閣は[5]唐様《からよう》に仕上げるよう命じた。

[6]観音寺山・長命寺山・[7]長光寺山・[8]伊庭山《いばやま》など、諸所の大石を引き下ろし、これを千人とか二千人、あるいは三千人がかりで安土山に引き上げた。石の担当奉行は、西尾義次・小沢六郎三郎・吉田平内・大西某で、大石を選びとり、そうでないものははねのけた。

この時、織田信澄《のぶずみ》が大石を安土山の麓まで運び寄せたが、蛇石《じゃいし》という名石で、とてつもない大石であったから、どうしても山へ引き上げられなかった。しかし、羽柴秀吉・滝川一益・丹羽長秀の三人が指揮して、人足一万人を掛からせ、昼夜三日がかりで引き上げた。[9]信長の例の方法で、容易に天主閣の敷地へ引き上げたのである。昼夜、山も谷も動くかと思われるほどの大騒ぎであった。

1 天正四年＝一五七六年
2 安土山＝滋賀県近江八幡市、旧蒲生郡安土町
3 珠光茶碗＝村田珠光が好んだ青磁の茶碗
4 唐人＝中国人
5 唐様＝中国風
6 観音寺山＝近江八幡市、旧蒲生郡安土町
7 長命寺山・長光寺山＝近江八幡市
8 伊庭山＝東近江市
9 信長の例の方法＝巻二（3）参照

信長は、京都にも邸宅を建てさせようと思い立ち、安土の普請については嫡子信忠に委細を言いおいて、(10)四月晦日《みそか》に上京し、(11)妙覚寺を宿所とした。

02 二条に邸を普請

関白(1)二条晴良《にじょうはるよし》の屋敷地が、幸いに空き地となった。信長は泉水《せんすい》や庭園の眺めを面白く思い、ここに邸宅を建てることにした。普請計画の詳細を村井貞勝《むらいさだかつ》に説明し、普請を命じた。

03 石山本願寺、挙兵

四月十四日、(1)石山本願寺がまたも挙兵した。信長は、荒木村重《あらきむらしげ》・細川藤孝《ほそかわふじたか》・明智光秀・原田直政の四人、およびこれに畿内の軍勢を加え、大坂へ出陣させた。

荒木村重には、(2)尼崎《あまがさき》から海上へ出動し、大坂の北、(3)野田に砦を三カ所並べて造り、川筋の通路を遮断するよう、また明智光秀・細川藤孝の二人には、大坂の東南、(4)森口《もりぐち》と(5)森河内《もりかわち》の二カ所に砦を造るよう命じた。原田直政には、敵は(6)楼岸《ろうのきし》・(7)木津《きづ》両所を占拠し難波口から海上に連絡しているので、木津を制圧すれば敵の海上通路はすべて遮断されるから、(8)天王寺に堅固な砦を構え、木津を占領するよう命じた。ついで、天王寺の砦に佐久間信《さくまのぶ》

10 四月晦日＝二十九日
11 妙覚寺＝京都市中京区

1 二条晴良の屋敷地＝二条、京都市中京区

1 石山本願寺＝大阪市中央区
2 尼崎＝兵庫県尼崎市
3 野田＝大阪市福島区
4 森口＝守口、大阪府守口市
5 森河内＝東大阪市
6 楼岸＝大阪市中央区
7 木津＝大阪市浪速区
8 天王寺＝大阪市天王寺区

栄《ひで》・明智光秀を入れ、さらに検使として猪子《いのこ》高就《たかなり》・大津長治を派遣した。

五月三日早朝、先陣は三好康長と根来《ねごろ》・和泉《いずみ》の軍勢、第二陣は原田直政と大和・山城の軍勢が結束して、木津へ攻め寄せた。すると、大坂方は楼岸から出撃してきて、軍勢一万ばかりで織田方を包囲し、数千挺の鉄砲をもって散々に撃ちたてた。織田方は打ち崩され、原田

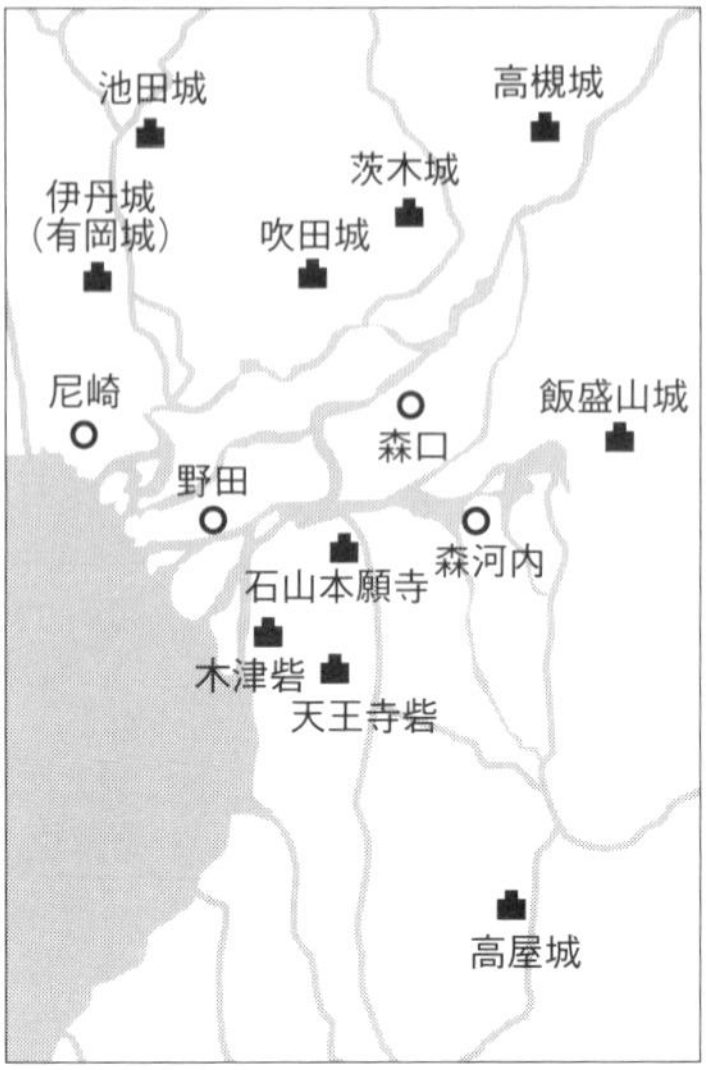

直政勢は敵の攻撃を受け止めて数刻戦ったが、これも猛攻撃に包囲され、ついに原田直政・塙安弘《ばんやすひろ》・塙小七郎・蓑浦《みのうら》無右衛門・丹羽小四郎は枕を並べて討ち死にした。

大坂方は余勢をかって天王寺へ攻め寄せ、佐久間信栄・明智光秀・猪子高就・大津長治と近江勢が立て籠もる砦を包囲し、攻撃した。

時に、信長は京都にいた。戦況を聞くと即刻、諸国に出陣命令を発した。

04 大坂へ出陣

五月五日、信長は天王寺救援のため出陣。湯帷子《ゆかたびら》を着ただけの軽装で、わずか百騎ほどを率い、(1)若江に着陣した。

1 若江＝大阪府東大阪市

翌日は駐留。先遣部隊の様子を聞き、軍勢の到着を待って編成をしたが、あまりに急な出陣だったので、軍勢は思うようには揃っていなかった。雑兵・人足以下がなかなか続かず、主だった武士たちだけが到着していたのである。

しかし、「五日いや三日間も支えきれない」との報告がたびたびあったので、「天王寺籠城の者を攻め殺させてしまっては、世間のもの笑いの種になる」と言って、五月七日に出馬、一万五千ほどの敵に、わずか三千ばかりの兵力で打ち向かった。軍勢を三段に配備し、住吉(2)方面から攻撃を開始。

先陣は、佐久間信盛・松永久秀・細川藤孝、および若江衆。この時、荒木村重に先陣を命じたが、荒木は「私は木津方面を防御しましょう」と言って、受けなかった。のちに信長は、「荒木に先陣をさせなくて良かった」と述懐した。第二陣は、滝川一益・蜂屋頼隆・羽柴秀吉・丹羽長秀・稲葉一鉄・氏家直通・安藤守就《もりなり》。第三陣後備は、お馬廻り衆。

このように命じて、信長は先陣の足軽勢にうち混じって駆け廻り、ここかしこで指揮をしている間に、足に銃弾が当たって軽傷を負った。しかし、天は正しい者の味方で、苦しむほどの傷ではなかった。敵は数千挺の鉄砲を雨あられのように撃って防戦したが、これにどっと攻め掛かって切り崩し、天王寺の砦に駆け込んで合流した。

しかし、大軍の敵は決して引かず、陣容を固めて応戦を続けたので、信長は「もう一度、一戦に及ぼう」と命令した。このとき部将たちは、「味方は少数ですから、合戦は控えたほうが良いでしょう」と進言した。しかし信長は、「今回こんなに間近まで詰め寄ることができたのは、天の与えた好機だ」と言って、部将たちの進言を退けた。陣容を二段に整え、再び攻

2 住吉＝大阪市住吉区

撃開始。敵を追い崩し、敵城の木戸口まで追い詰めて、首数二千七百余りを討ち取った。

ついで、大坂を四方から囲むように、要所要所に十カ所の砦を造らせた。天王寺には佐久間信盛・同信栄、進藤賢盛《かたもり》、松永久秀・同久通、水野直盛、池田秀雄、山岡景宗、青地元珍《あおちもとよし》らを城番《じょうばん》として置き、また住吉の海岸沿いに砦を造り、真鍋七五三兵衛《まなべしめのひょうえ》・沼野伝内を海上警備として配置した。

こうしておいて、六月五日、信長自身は戦陣を離れた。その日は若江泊まり。翌日、真《ま》[3]木島《きのしま》に立ち寄り、この城を井戸良弘に与えた。ありがたいことである。二条の妙覚寺に帰京。翌日、安土に帰城した。

七月一日、安土城の普請について重ねて指示を下した。それぞれ粉骨砕身の働きをしたので、ある者は衣服を、またある者は金銀や唐物《からもの》[4]を頂戴すること、おびただしい数に上った。

この頃、信長の上意によって、名物「市《いち》の絵」を丹羽長秀が召し上げ、「瀟湘《しょうしょう》八景」の大軸を羽柴秀吉が取得し、二人はそれぞれ名物を所持することを許された。これも信長の威光によるもので、ありがたいことであった。

05 木津浦の海戦

七月十五日のことであった。中国筋安芸《あき》[1]の水軍、能島元吉《のしまもとよし》・来島通総《くるしまみちふさ》・児玉就英《こだまなりひで》・粟屋元如・乃美宗勝《のみむねかつ》という者が、大船七、八百艘を率いて大坂の海上に来航し、大坂方に兵糧を

3 真木島＝槇島、京都府宇治市

4 唐物＝異国から渡来した器物

1 安芸＝広島県西部、毛利輝元

補給しようとした。

これを阻止しようと迎え撃ったのは、真鍋七五三兵衛・沼野伝内・沼野伊賀・沼野大隅守・宮崎鎌大夫・宮崎鹿目介《かなめのすけ》、尼崎の小畑《こばた》、(2)花熊《はなくま》の野口。これらも三百余艘を漕ぎ出し、木津川河口に防衛線を張った。敵は大船八百艘ほどである。互いに漕ぎ寄せて、海戦となった。

陸では、大坂の楼岸、木津のえつたの城から一揆勢が出撃し、住吉海岸の砦に足軽勢が攻め掛かってきた。天王寺から佐久間信盛が軍勢を出し、敵の側面を攻撃した。押しつ押されつ長時間の戦いとなった。

そうこうするうちに海上では、敵は(3)焙烙火矢《ほうろくひや》というものを作り、味方の船を包囲して、これを次々に投げ込んで焼き崩した。多勢にはかなわず、真鍋・沼野伊賀・沼野伝内・野口・小畑・宮崎鎌大夫・宮崎鹿目介、このほか歴々多数が討ち死にした。安芸の水軍は勝利をおさめ、大坂へ兵糧を補給して、西国へ引き揚げてしまった。

信長は出馬しようとしたが、すでに決着がついてしまったというので、どうしようもなかった。これ以後、住吉海岸の砦には城番として、保田《やすだ》安政・碓井《うすい》因幡守・伊知地《いちじ》文大夫・宮崎二郎七を配備した。

2 花熊＝花隈、神戸市中央区

3 焙烙火矢＝素焼き土器に火薬を詰めて点火し、投げて爆発させるもの

06

〔原文ではここに「安土山御天主の次第」があるが、安土城天主閣が完成したのは天正七年五月であるので、巻十二（5）へ移した〕

07

安土城の周辺

そもそも安土城は、広々と奥深い山中にあり、麓《ふもと》には歴々の住居が甍《いらか》を並べ軒を連ねている。光り輝くほどの結構な有様は、いくら言っても言い尽くせない。

西から北にかけては琵琶湖が漫々と広がり、舟の出入りが賑々しく、遠浦帰帆《えんぽきはん》、漁村夕照、浦々の漁火、まことに絵のような景色である。湖には[1]竹生島《ちくぶじま》という有名な島がある。また、[2]竹島《たけしま》という峨々《がが》とそびえる岩島がある。[3]奥の島山にある[4]長命寺観音の朝夕の鐘の音も聞こえてくる。湖の向こうには[5]比良岳《ひらがだけ》・比叡山・如意《にょい》ガ岳などの高山がそびえている。

南には村々の田畠が平坦に続き、その果てに富士山にも喩《たと》えられる[6]三上山《みかみやま》が見える。東には観音寺山があり、その麓には[7]街道が通っていて、往来の人々が続き、昼も夜も絶えることがない。安土山の南には入り江が広々と入り込み、山下には家々が並んで、風の声に満ちている。

1 竹生島＝滋賀県長浜市
2 竹島＝多景島、滋賀県彦根市
3 奥の島山＝奥島山、近江八幡市
4 長命寺観音＝近江八幡市
5 比良岳・比叡山・如意ガ岳＝滋賀県高島市〜大津市〜京都市左京区
6 三上山＝滋賀県野洲市
7 街道＝東山道、のち中山道

このように、四方の景色も町の賑わいもすべてが揃っている。信長の邸宅は唐様にならい、玉石や瑠璃《るり》を磨き並べたようで、またお馬廻り衆の住居もそれぞれ善美を尽くし、まさに花の都をそっくり移したかのようである。信長の威光や手柄は、いくら数えても数え尽くせない。

この頃、(8)「松花《しょうか》」の壺と(9)「金花《きんか》」の壺という名の知れわたった名物道具が献上され、信長は大いに喜んだ。また、六角義賢の家に代々伝わった、節のない軸に鷲《わし》の尾羽を付けた矢を、布施三河守が先頃手に入れて、これを献上した。このように、たぐい稀な道具類が献上されて集まったのである。

8 「松花」の壺＝茶壺
9 「金花」の壺＝茶入

08 大船を解体

(1)先年、(2)佐和山で建造させた大船は、かつて(3)将軍が謀反を起こした際に一度使用したが、今はもう大船は必要ないということで、猪飼野正勝《いかいのまさかつ》に命じて解体させ、その材を用いて早舟《はやふね》を十艘造らせた。

十一月四日、信長は上洛。陸路、(4)勢田《せた》まわりで二条の妙覚寺に到着、そこを宿所とした。

同十二日、(5)赤松広秀・別所長治・別所重宗・浦上宗景《うらがみむねかげ》・浦上小次郎らが上洛して、信長に挨拶をした。

1 先年＝元亀四年、巻六(6)
2 佐和山＝滋賀県彦根市
3 将軍＝足利義昭
4 勢田＝瀬田、滋賀県大津市
5 赤松広秀ほか＝播磨・備前の武将

09 内大臣に昇進

天正四年十一月二十一日、信長は重ねて内大臣《ないだいじん》に(1)昇進した。また、このたび、摂家《せっけ》・清華家《せいがけ》などに所領を進呈し、天皇には黄金二百枚、沈香《じんこう》・反物《たんもの》、その他の多くの品々を献上した。そのとき、誠にかたじけなくも天皇から衣服を頂戴した。これほどの名誉は、またとないことである。官位授受の次第は吉例に従った。

内裏を退出してすぐに出京、(2)石山寺《いしやまでら》の世尊院に到着した。当地の城主山岡景隆・景猶兄弟が、信長にお祝いのもてなしをした。石山では二日間鷹狩りをし、十一月二十五日、安土に帰城。

1 昇進＝翌天正五年さらに右大臣に昇進した。天正六年に辞任。
2 石山寺＝滋賀県大津市

10 吉良で鷹狩り

十二月十日、(1)吉良《きら》で鷹狩りをするため出発、佐和山泊まり。十一日岐阜に到着、翌日は滞在。十三日尾張の(2)清洲《きよす》に到着。二十二日、三河の吉良に到着。三日間滞在して数多くの鳥を獲り、二十六日清洲に帰った。

十二月(3)晦日《みそか》、美濃に戻り、岐阜で越年した。

1 吉良＝愛知県西尾市、旧幡豆郡吉良町
2 清洲＝愛知県清須市
3 十二月晦日＝三十日

巻十

天正五年（一五七七）

01 雑賀の陣

〔天正五年〕(1)正月二日、信長は三河吉良《みかわきら》の鷹狩りから安土に帰城した。

一月十四日、上洛。二条の妙覚寺に滞在。近隣諸国の大名・武将ら、播磨の浦上宗景《うらがみむねかげ》・別《べっ》所長治《しょながはる》、若狭の武田元明などが上洛して、信長に挨拶をした。信長は天下の政務を処理して、同二十五日、帰途についた。

二月二日、紀伊の(2)雑賀《さいが》のうち(3)三緘《みからみ》の者たち、および(4)根来寺《ねごろじ》の杉之坊が、織田方に味方することを誓約したので、十三日に雑賀へ出陣する旨、諸国へ指令を発した。

信長は八日に上洛する予定であったが、雨天のため延期。九日に上洛。二条妙覚寺を宿所とした。

織田信忠は、尾張・美濃の軍勢を率いて九日に出馬。その日は(5)柏原《かしわばら》に陣を取った。十日は蜂屋頼隆《はちやよりたか》の(6)肥田《ひだ》の城に泊まり、十一日、(7)守山に陣を据えた。織田信雄《のぶかつ》・織田信包《のぶかね》・織田信孝《のぶたか》も、それぞれ出陣した。尾張・美濃・近江・伊勢四カ国の軍勢は、勢田・松本・大津に陣を構えた。五畿内は無論、越前・若狭・丹後・丹波・播磨の大名・武将たちも上洛し、信長の出陣に従おうとして、陣を構えていた。

二月十三日、信長は京都を出陣、ただちに(8)淀川を渡って(9)八幡《やわた》に到着。十四日は雨のため駐留した。東国の軍勢は、(10)真木島《まきのしま》・(11)宇治橋を渡り、精鋭が風雨を突いて参陣した。

二月十五日、信長は八幡から(12)若江へ陣を進めた。十六日、(13)和泉の(14)香庄《こうのしょう》に陣を取った。

1 天正五年＝一五七七年
2 雑賀＝和歌山市
3 三緘＝雑賀五組のうちの三組
4 根来寺＝和歌山県岩出市
5 柏原＝滋賀県米原市
6 肥田＝滋賀県彦根市
7 守山＝滋賀県守山市
8 淀川＝宇治川
9 八幡＝京都府八幡市
10 真木島＝槇島、京都府宇治市
11 宇治橋＝宇治市
12 若江＝大阪府東大阪市
13 和泉＝大阪府南西部
14 香庄＝大阪府岸和田市

和泉の一揆勢は(15)貝塚というところの海岸寄りに守備の陣を布《し》き、舟を海岸に引き着けて立て籠もっていた。翌日、先陣部隊が貝塚を攻撃し制圧する予定であったが、一揆勢は夜のうちに舟に乗って退去してしまった。遅れた者若干を討ち取り、首を香庄へ持参して、信長の実検に供した。

十七日、根来衆の杉之坊が信長の陣に参上して挨拶し、雑賀方面の平定に尽力することを誓った。

二月十八日、信長は(16)佐野の郷に陣を移し、二十二日、(17)志立《しだち》へ陣を進めた。ここから、軍勢を海岸沿いと内陸方面との二手に分けて進撃させた。

内陸方面へは、根来の杉之坊と三緘衆を案内者にして、佐久間信盛・羽柴秀吉・荒木村重・別所長治・別所重宗・堀秀政の軍勢。雑賀の地へ進撃し、諸所を焼き払った。敵は(18)小《こ》雑賀《さいが》川を前にして、川岸に柵を立て防戦した。堀秀政の軍勢はどっと打ち入り、対岸まで押し寄せたが、岸が高くて馬でも上陸できない。敵はここを好機と、鉄砲をもって迎撃したので、堀秀政の主だった武士数名が討たれ、堀勢は撤退した。その後は、川を境として睨み合いとなった。稲葉一鉄父子・氏家直通・飯沼長継《ながつぐ》は、先陣通路の警固として、紀ノ川の渡り口に陣を構えた。

海岸沿いに進撃させた軍勢は、滝川一益・明智光秀・丹羽長秀・細川藤孝・筒井順慶《つついじゅんけい》と大和勢。(19)丹和《たんのわ》から先は一本道で、かつ難所であったから、くじ引きで三方面に分け、山からも谷からも乱入した。細川藤孝・明智光秀は中央筋を進撃したが、雑賀の一揆勢も出撃して応戦したので、一戦に及んだ。織田信忠・織田信雄・織田信包・織田信孝が、第二陣とし

15 貝塚＝大阪府貝塚市
16 佐野＝大阪府泉佐野市
17 志立＝信達、大阪府泉南市
18 小雑賀川＝和歌川、和歌山市
19 丹和＝淡輪、大阪府泉南

て追いついた。細川の家臣下津権内《しもづごんない》が一番槍となり、比類ない活躍をした。以前[20]にも石成友通と組み打ちをして、手柄を立てた武士である。ここでも屈強の敵を討ち取った。次いで諸所を焼き払い、中野[21]の城を包囲して攻撃した。

二月二十八日、信長は丹和まで陣を寄せた。これによって、中野の城は降参し退去したので、織田信忠が城を接収し、ここに陣を据えた。

二月三十日、信長は丹和を出発した。このとき下津権内を召し出して引見し、称賛の言葉を賜った。下津は諸人のなかで面目をほどこし、手柄は隠れもないものとなった。この日、信長は野営をすることとし、当地を巡察した。

三月一日、滝川・明智・丹羽・蜂屋・細川・筒井および若狭衆に命じて、鈴木重秀[22]の居城を攻撃させた。軍勢は、竹を束ねた防具で敵の銃弾を防ぎつつ詰め寄った。城に対峙《たいじ》する櫓《やぐら》を立て、昼も夜も激しく攻めたてた。

三月二日、信長はどちらへも出撃しやすいようにと考えて、内陸方面・海岸沿い両派遣軍の中央、鳥取[23]の郷若宮八幡宮に陣を移した。堀秀政・不破光治・丸毛長照《まるもながてる》・武藤舜秀《むとうきよひで》・福富秀勝《ふくずみひでかつ》・中条家忠《ちゅうじょういえただ》・山岡景隆・牧村利貞・福田三河守・丹羽氏勝・水野正長・生駒一吉《いこまかずよし》・生駒一正《かずまさ》らを根来方面へ派遣し、小雑賀川・紀ノ川から続く山手に陣取らせた。

こうして信長は、雑賀の陣に腰を据えていた。

郡岬町
20 以前＝天正元年、巻六(10)
21 中野＝和歌山市
22 鈴木重秀＝雑賀孫一
23 鳥取＝大阪府阪南市

02 内裏の築地を修理

その頃、京都では雑賀方面の戦況についてとやかく言う人もいて、戦勝祈願の祈禱なども行われた。

一方、内裏《だいり》の御殿の修理が完成してめでたいので、その築地《ついじ》(1)を京都の町衆一同で修理したらどうかと、所司代村井貞勝《むらいさだかつ》が提案し斡旋したところ、上京・下京の町衆はもっともなことだと承知して、協同して引き受けることとなった。工事の間、村井貞勝が警固をすることとなった。

三月十二日から工事が始まった。町ごとに工事区域の分担を決め、それぞれの区域の前に舞台をしつらえた。舞台では、稚児《ちご》・若衆が我も我もと、ここを先途とはでやかな衣装をつけ、笛・太鼓・鳴り物で囃《はや》したて、老若ともに浮かれたって舞い踊った。

おりしも嵯峨《さが》(2)・千本《せんぼん》(3)などの桜が今を盛りと咲き満ちたから、京の人々は花見もかねてどっと繰り出した。舞台でくゆらす燻香《くんこう》と、稚児や若衆の衣香があたり一面にただようなかで、桜の一枝をかざした人々は、身分の上下にかかわりなく、群れをなして見物した。天皇も妃方も、宮中の役人たちも、これほど愉快な見ものはないといって、詩歌《しいか》の会を催すなど、歓喜すること一通りのものではなかった。

こうして、築地の修理はたちまちのうちに出来上がった。

1　築地＝土塀
2　嵯峨＝京都市右京区
3　千本＝京都市上京区

03 名物を召し上げる

雑賀《さいが》では、信長の大軍が長期にわたり陣を張っていた。雑賀の一揆勢は疲労困憊《こんぱい》し、土橋《つちはし》守重《もりしげ》・鈴木重秀・岡崎三郎大夫・松田源三大夫・宮本兵大夫・島本左衛門大夫・栗村二郎大夫の七人が連名で誓紙を提出した。石山本願寺には協力せず、信長の命令に従って働くことを誓ったので、赦免することとした。

三月二十一日、信長は陣を解き、香庄まで後退した。翌日は駐留。佐野の郷に砦を築くよう命じ、佐久間信盛・明智光秀・丹羽長秀・羽柴秀吉・荒木村重の軍勢を、なお駐留させた。佐野の砦には、杉之坊と織田信張《のぶはる》を城番として置いた。

三月二十三日、若江まで帰陣。ここで、

一、「貨狄《かてき》」の花入、天王寺屋了雲が所持しているのを召し上げ、

一、開山《かいざん》(1)の蓋置《ふたおき》、今井宗久《いまいそうきゅう》が献上し、

一、二つ銘の茶杓《ちゃしゃく》、これも召し上げた。

三品の代金として、金銀を下げ渡した。

翌三月二十四日、八幡泊まり。二十五日、帰京、二条妙覚寺に宿泊。三月二十七日、安土に帰城した。

1 開山＝村田珠光、茶道の開祖

04 二条の新邸に移る

七月三日、奥羽の伊達輝宗《だててるむね》が鷹を献上してきた。
閏《うるう》七月六日、信長上洛。二条の新邸に移った。

05 近衛信基、信長邸で元服

前関白(1)近衛前久《このえさきひさ》の子信基《のぶもと》を、閏《うるう》七月十二日に信長の邸で元服《げんぷく》させたいという申し入れがあった。昔から宮中で儀式を執《と》り行うのが例であったから、信長は、このたびも前例のように行うべきだと、再三辞退した。しかし、何度もその意向が伝えられたので、やむなく承諾し、髪を整えて元服する儀式の、儀礼に必要な準備万端を調えた。

当日、摂家《せっけ》・清華家《せいがけ》は無論、そのほか近隣諸国の面々、大名・小名たちが参列した。信長は御祝儀として、衣服十着、太刀代として(2)一万疋、備前長船長光《おさふねながみつ》作の腰刀、金子五十枚を贈った。信長は、ひとかたならぬ面目を施したのであった。

天下の政務を処理して、閏七月十三日に京都を出発。その日は(3)勢田の山岡景隆の城に宿泊。翌日、安土に帰城した。

1 近衛前久の子信基＝のちの信尹《のぶただ》、三藐院《さんみゃくいん》
2 一万疋＝現在の価値で一千万〜一千五百万円
3 勢田＝瀬田、滋賀県大津市

06 柴田勝家、加賀へ出陣

八月八日、柴田勝家《しばたかついえ》を総大将として、北国《ほっこく》へ軍勢を出陣させた。滝川一益・羽柴秀吉・丹羽長秀・斎藤新五・氏家直通・安藤守就・稲葉一鉄・不破光治・前田利家・佐々成政・原政茂・金森長近、および若狭衆らが、(1)加賀へ進撃した。(2)添川《そえかわ》・手取川《てどりがわ》を越えて(3)小松村・本《もと》折《おり》村・(4)阿多賀《あたか》・(5)富樫《とがし》など諸所を焼き払い、陣を据えた。

羽柴秀吉は柴田勝家と意見が合わず、許可も得ずに陣を解いて、引き揚げてしまった。信長は、けしからぬことと激怒した。秀吉は進退に窮した。

1 加賀＝石川県南部
2 添川・手取川＝九頭竜川・大聖寺川
3 小松・本折＝石川県小松市
4 阿多賀＝安宅、小松市
5 富樫＝石川県加賀市

07 松永久秀謀反、人質を成敗

石山本願寺に対峙して築いた天王寺の砦に、城番として松永久秀・息子久通を入れておいたが、八月十七日、松永父子は謀反を企て、砦から退去して、大和の(1)信貴《しぎ》の城に立て籠もった。

信長は「いかなる理由があるのか。思うところを申せば、望みをかなえてやろう」と、松井友閑を通じて尋ねさせたが、松永は逆心を抱いていたから、出頭もしなかった。「それなら、松永が提出している人質を京都で成敗《せいばい》せよ」と言って、その担当を矢部家定・福富秀勝

1 信貴＝奈良県生駒郡平群町

に命じた。

松永の提出している人質は子供で、(2)永原の佐久間盛明のもとに預けられていた。それを京都へ連行させた。まだ十二歳と十三歳の息子二人、「早死にした了は器量良し」という諺《ことわざ》のとおり、姿かたちも心根も誠に優しい子供だった。

村井貞勝は彼らを邸に預かり、「明日にも宮中へ駆け込んで、助命のとりなしをしてくれるよう嘆願しなさい」と言い聞かせ、「髪を整え、衣服もさっぱりしたものに着替えて、いつでも出られるようにしておくがよい」と言うと、子供らは「身なりのことはごもっともでございますが、御助命くださることは決してございますまい」と答えた。

「とにかく親兄弟に手紙を書きなさい」と勧めると、硯を借り、筆をとったが、「こんな事情では、親への手紙は無用でございましょう」と言って、佐久間盛明のもとへ「今まで御親切にしてくださいまして、誠にありがとうございます」とだけ書き送った。

こうして、二人の子供は宿所を出た。上京一条の辻で車に乗せられ、六条河原まで引いて行かれた。京都内外の人々は群れ集まって、これを見物した。いよいよの際《きわ》にも、二人は顔色も変えず、おちついて西に向かい、小さい手を合わせて、しっかりした声で念仏を唱えた。子供らの最期を見た人々は肝《きも》をつぶし、伝え聞いた人々は涙を止められなかった。目もあてられぬ、哀れな有様であった。

九月二十七日、織田信忠は松永討伐の軍勢を出し、その日は近江肥田《ひだ》の城、蜂屋頼隆のもとに宿泊した。九月二十八日、安土の丹羽長秀のもとに宿泊。翌日は駐留。

九月二十九日、(3)戌《いぬ》の刻、西の方角に稀に見る箒星《ほうきぼし》が出現した。

2 永原＝滋賀県野洲市
3 戌の刻＝午後八時前後

08 片岡城を攻略

松永久秀の一味として、片岡(1)の城に森秀光《もりひでみつ》・海老名勝正《えびなかつまさ》という者が立て籠もった。これを攻めたのは、細川藤孝《ほそかわふじたか》・明智光秀、および筒井順慶と山城衆。

十月一日、片岡の城へ攻め寄った。細川藤孝の子、忠興《ただおき》・昌興《まさおき》兄弟、兄は十五歳、弟は十三歳、まだ若輩であったが、一番乗りで攻め込んだ。ほかの者たちも続いて飛び込み、あっという間に攻め破り、天守の下へ詰め寄った。天守からは鉄砲を撃ち、弓を射かけてきたが、玉も矢も尽きると、打って出た。火花を散らし、鍔《つば》を割り、ここを先途《せんど》と戦ったが、城主の森・海老名をはじめとして、百五十余人が討ち死にした。

細川藤孝は三十余人の部下を討ち死にさせたが、忠興・昌興兄弟はあっぱれな手柄を立てた。明智光秀も激しく戦い、屈強の部下二十余人を討ち死にさせたが、粉骨砕身の働きは立派であった。信長は、なかでも若年の忠興・昌興二人の働きは比類ないものと感心し、感(2)状《かんじょう》を授与した。ありがたいことで、後々までの名誉であった。

1 片岡＝奈良県北葛城郡上牧町
2 感状＝表彰状

09 織田信忠、信貴城を攻略

十月一日、織田信忠《のぶただ》は安土から出陣、山岡景隆の城に泊まった。翌日は真木島《まきのしま》に陣宿。同

1 御幸塚＝石川県小松市

三日、信貴の城へ攻め寄り、城下をあまねく焼き払って、陣を据えた。

北国加賀方面へ派遣されていた軍勢は、国中の農作物を薙《な》ぎ払い、[1]御幸塚《ごこうづか》に堅固な砦を築いて佐久間盛政を置き、また[2]大聖寺《だいしょうじ》にも砦を築いて、ここにも柴田勝家の軍勢を配備した。こうしておいて、十月三日、北国方面の軍勢は帰陣した。

十月十日夕刻、信忠は佐久間信盛・羽柴秀吉・明智光秀・丹羽長秀にそれぞれの攻め口を命じ、信貴山へ攻め上り、城を夜攻めにした。松永勢は防戦したが、弓折れ矢尽きて、松永久秀は天守に火を放ち、焼死した。

[3]永禄《えいろく》十年十月十日の夜、奈良の大仏殿が炎上した。これはまったく松永久秀の仕業であって、三国に名の知れた大伽藍《だいがらん》が理由もなく灰燼《かいじん》となったのである。その因果がたちまち歴然と現われた。鳥獣も足を踏み入れかねる険しい高山を、信忠は鹿の角の[4]前立てを振り立てて攻め上ったので、日頃、知恵者といわれた松永も、無益な謀反を企てた末に、自ら猛火のなかに飛び込んで一族郎党もろともに焼け死んだ。箒星《ほおきぼし》の出現といい、信忠が鹿の角の前立てのある兜で攻め、大仏殿炎上と同じ月日時刻に松永が焼死したことといい、これはひとえに[5]春日《かすが》明神のなせるわざだと、世の人は舌を巻いて驚いたのである。

10 織田信忠、三位中将となる

十月十二日、織田信忠は上洛、二条の妙覚寺を宿所とした。

2 大聖寺＝石川県加賀市
3 永禄十年＝一五六七年
4 前立て＝兜の前飾り
5 春日明神＝春日大社、奈良市

このたび松永久秀をたちまちのうちに攻め滅ぼしたことの褒賞として、かたじけなくも天皇は勅諚《ちょくじょう》を下し、信忠を三位中将《さんみのちゅうじょう》[1]に任命した。父子ともに果報を受け、誠に名誉なことはいうまでもない。

信忠は侍従三条公宣のもとに参上して、御礼の太刀代として黄金三十枚を天皇に献上した。三条公宣にも礼をした。

十月十五日、安土に帰還、信長に松永父子一門征伐の報告をし、十月十七日、岐阜に帰陣した。

1 三位中将＝近衛府の次官。近衛中将は普通は四位。それよりも上位。

11 羽柴秀吉、播磨へ出陣

十月二十三日、羽柴秀吉《はしばひでよし》は、毛利輝元《もうりてるもと》の勢力下にある播磨《はりま》[1]へ出陣した。播磨国中を夜を日についで駆け廻り、在地の諸将からことごとく人質を提出させた。

十月二十八日、「播磨方面は十一月十日頃には決着がつくでしょう」と報告したところ、信長から「早々に帰国できるとのこと、あっぱれである」と、ありがたくも朱印状を頂戴した。

しかし、秀吉はこれだけでは格別の働きでもないと思い、播磨から直接、但馬《たじま》[2]の国へ攻め入り、まず山口岩洲《いわす》[3]の城を攻略し、余勢をかって太田垣輝延が立て籠もる竹田[3]を攻め、これまた退散させた。そうしてここに砦を築かせ、羽柴秀長《ひでなが》[4]を城代として配備した。

1 播磨＝兵庫県南西部
2 但馬＝兵庫県北部
3 山口岩洲・竹田＝兵庫県朝来市
4 羽柴秀長＝秀吉の弟

12 鷹狩り装束で参内

十一月十三日、信長上洛。二条の新邸に入った。

十一月十八日、信長は鷹狩り装束で参内した。お供の衆はいずれも思い思いの服装をし、おもしろい形の頭巾《ずきん》をかぶって興を添えた。皆の狩杖《かりづえ》などまで金銀を塗ってあった。結構だったことはいうまでもない。

先手の一番目はお弓の衆百人ばかり。それぞれ信長から賜った虎の皮の(1)靫《うつぼ》を同様に背負った。二番手はお年寄衆で、この一団のなかに鷹を十四羽据えさせた。信長自身も鷹を据え、前後はお小姓衆とお馬廻り衆に警固させた。一行は皆、我も我もと美しく着飾り、お洒落《しゃれ》の限りを尽くし、光り輝くばかりであった。京都の貴賤男女にとっては、言葉にも表現できぬほどの面白い見もので、見物した者も伝え聞いた者も、信長の趣向に驚き感嘆した。

さて、一行は日華門《にっかもん》から内裏《だいり》へ入り、信長は畏《おそ》れ多くも小御所《こごしょ》のお部屋まで、お馬廻り衆を引き連れて入った。このとき、お弓の衆には折り箱が配布され、ありがたく頂戴した。天皇に鷹を御覧に入れたのち、信長は達智門《たっちもん》から退出、ただちに(2)東山で鷹狩りをした。おりからにわかに大雪となり、鷹は風に流されて(3)大和の村里へ飛び去った。信長秘蔵の鷹であったから、諸方へ探索させた。

翌日、大和の越智玄蕃《おちげんば》という者が、鷹を捕らえて持参した。信長はたいへん喜んだ。すなわち、褒美として衣服一重《ひとかさね》、および秘蔵の駮毛《ぶちげ》の馬を賜った。さらに「望みのことがあれば

1 靫＝矢を入れる武具
2 東山＝京都市東山区・左京区
3 大和＝奈良県

叶えてやろう」と言ったところ、「年来所有しておりました領地を没収されまして、収入がございません」と答えたので、旧領を返還させ、その所有を保証する旨の朱印状を与えた。誠にありがたいことで、「思わぬところに幸運がある」というのは、こういうことであろうか。

13 羽柴秀吉、但馬・播磨を平定

十一月二十七日、羽柴秀吉は熊見川(1)を渡り、敵方上月《こうづき》(2)の城へ攻撃を開始した。一帯を焼き払い、福岡野(3)の城を包囲して、小寺孝高《こでらよしたか》(4)と竹中重治《たけなかしげはる》(5)に命じて攻めさせた。すると、毛利方の宇喜多直家《うきたなおいえ》が軍勢を出し、小寺・竹中の後方を攻撃した。羽柴秀吉は宇喜多勢に攻めかかり、足軽を追い崩して数十人を討ち取った。

秀吉はそこから引き返し、上月《こうづき》の城を包囲して攻撃した。七日目に、城内の者が城将上月景貞《かげさだ》の首を斬って持参し、残る者の命は助けてくれるよう嘆願した。秀吉はただちに、上月城主の首を安土へ送って信長の実検に供し、上月城に立て籠もる残党をことごとく引き出して、播磨《はりま》と備前《びぜん》(6)・美作《みまさか》両国との国境に磔《はりつけ》にしておいた。陥落した上月の城には、山中幸盛《やまなかゆきもり》(7)を入城させた。また福岡野の城も攻略し、敵方の首二百五十余を切り捨てた。

1 熊見川＝千種川支流
2 上月＝兵庫県佐用郡佐用町
3 福岡野＝福原、佐用郡佐用町
4 小寺孝高＝のちの黒田如水
5 竹中重治＝半兵衛
6 備前・美作＝岡山県東部
7 山中幸盛＝鹿之助、尼子勝久の部将

こうして秀吉は、但馬《たじま》[8]・播磨両国を平定したのである。

秀吉は、先に北国加賀《かが》の陣から無断で引き揚げ、信長に叱責されて窮したものだから、このたびは西国で懸命の努力をし、戦果をみやげにして帰陣しようと思い、夜を日についで駆け廻ったのである。このたびの粉骨砕身の働きは、誠にめざましいものであった。

信長は天下の政務を処理して、十二月三日、京都から安土に帰城した。

8　但馬・播磨＝兵庫県北部・南部

14　吉良で鷹狩り

十二月十日、信長は三河の吉良で鷹狩りをするため出立した。「近日中に羽柴秀吉が帰陣するだろう。このたび但馬・播磨を平定した褒美として、『乙御前《おとごぜ》』の釜をやろう」と言って取り出しておき、「帰りしだい、秀吉に渡してやれ」と言い置いた。ありがたいことである。

信長は、その日は佐和山[1]の丹羽長秀の城に泊まった。翌日、垂井[2]に到着。十二日、岐阜城に到着し、翌日は滞在。十四日、雨降りであったが、尾張の清洲に到着した。

十二月十五日、三河の吉良へ出かけ、雁や鶴[3]などをたくさん獲った。

十九日、美濃の岐阜に帰った。この途中、過失を犯した者がいて、信長はこれを手討ちにした。十二月二十一日、岐阜を出発し、その日のうちに安土に帰城した。

1　佐和山＝滋賀県彦根市
2　垂井＝岐阜県不破郡垂井町
3　雁や鶴＝食用

15 名物道具を信忠に譲る

十二月二十八日、織田信忠《のぶただ》が岐阜から安土へ来た。信忠は丹羽長秀の邸を宿所とした。

信長は名物の茶道具を信忠に譲った。その使いをしたのは、寺田善右衛門。

一、「初花《はつはな》」の茶入　一、「松花《しょうか》」の茶壺　一、絵画「平沙落雁図《へいさらくがんず》」

一、「竹の子」の花入　一、釜を吊る鎖　一、藤波《ふじなみ》某旧蔵の釜

一、曲直瀬道三《まなせどうさん》旧蔵の茶碗　一、内赤《うちあか》の盆　以上八種。

また翌日にも譲った。この時の使いは、松井友閑。

一、珠徳《しゅとく》作の茶杓　一、武野紹鷗《じょうおう》旧蔵の瓢箪《ひょうたん》の炭入

一、古市澄胤《ふるいちちょういん》旧蔵の(1)高麗箸《こうらいばし》　以上三種。

1 高麗箸＝火箸

巻十一

天正六年（一五七八）

01 茶の湯

〔(1)天正六年〕正月一日、(2)五畿内・若狭・越前・尾張・美濃・近江・伊勢など、近隣諸国の大名・武将たちが安土に滞在して出仕し、信長に新年の挨拶をした。

まず、朝の茶の湯に十二人が招かれた。座敷は右側に勝手の付いた六畳。(3)四尺の縁《えん》が付いている。

招かれた者は、織田信忠・武井夕庵《たけいせきあん》・林秀貞・滝川一益・細川藤孝・明智光秀・荒木村重・長谷川与次・羽柴秀吉・丹羽長秀・市橋長利《いちばしながとし》・長谷川宗仁《はせがわそうにん》。以上。

座敷飾り・道具立ては、床の間に玉澗《ぎょっかん》筆の岸の絵、東に「松島」、西に「三日月」の茶壺、(4)四方盆《よほうぼん》に「万歳大海《まんざいたいかい》」の茶入。水指《みずさし》は「帰花《かえりばな》」。珠光《しゅこう》の茶碗。囲炉裏に姥口《うばくち》の釜を鎖で吊り、花入は筒形。茶頭《さどう》は松井友閑がつとめた。以上。

茶の湯が終わってから、皆が出仕した。三献《さんこん》の作法で盃を頂戴した。お酌は、矢部家定・大津長治・大塚又一郎・青山忠元。

その後、御殿のなかを御座所に至るまですべて巡覧を許された。障壁画《しょうへきが》は、狩野永徳《かのうえいとく》に命じて三国の名所を(5)濃絵《だみえ》に描かせた。いろいろな名物道具が集まっており、その素晴らしさには感嘆するのみで、言葉にはとても表現できない。信長の威光は誠に大変なものである。

皆がこの座敷に召され、全員に雑煮《ぞうに》と舶来の菓子をいろいろと賜った。一生の思い出となり、末代まで語り伝えるべきことで、ありがたいことはいくら言っても言い尽くせない。

1 天正六年＝一五七八年
2 五畿内＝山城・大和・河内・摂津・和泉
3 四尺＝約一・二メートル
4 四方盆＝四角い盆
5 濃絵＝濃厚な色彩の装飾画

去年冬、織田信忠に信長から贈られた名物の茶道具を披露する茶会が、正月四日、万見重元《まんみしげもと》の邸で催された。この時、招かれた人々は九人、武井夕庵・松井友閑・林秀貞・滝川一益・長谷川与次・市橋長利・丹羽長秀・羽柴秀吉・長谷川宗仁。以上。

このたび、信長から市橋長利に芙蓉《ふよう》の絵が下賜された。市橋は大いに面目をほどこした。

02 宮中の節会を復活

近代、宮中の(1)節会《せちえ》が行われなくなって久しい。近頃は都の人々でも、この行事が行われたことを知らないでいる。

こうしたなかで、信長の時代になってからは、信長は天皇を崇敬し、公卿《くぎょう》・殿上人《てんじょうびと》・諸役人にも費用を献上したので、節会が復活することとなった。公家たちが内裏《だいり》に集まって、根ごと引き抜いた二本の小松を用意し、正月一日(2)辰《たつ》の刻に神楽歌《かぐらうた》をうたい、その他いろいろな儀式があって、国の祭事《さいじ》が執り行われた。都の内外の貴賤男女は、このようなめでたい時代に生まれたことを喜びあい、久しく絶えていた祭事が復活したことをありがたいことと思った。

一月十日、信長が鷹狩りで捕らえた鶴を天皇にお見せしたところ、天皇は興味を示し、これを宮中で飼うことにした。たいへんなお喜びであった。近衛前久《このえさきひさ》にも、鷹狩りで捕らえた鶴を進上した。そのお使いを務めたのは一雲斎針阿弥《いちうんさいしんあみ》。翌日、近衛前久が安土へ礼に来た。

1　節会＝祝日の儀式と宴会
2　辰の刻＝午前八時前後

信長は近衛前久が町家に宿をとっていることを聞き、松井友閑の邸を宿所として提供するよう命じた。また、衣服上下をいろいろ取り揃えて進呈した。近衛前久は信長に礼を述べて、翌早朝帰京した。

一月十三日、信長は尾張の清洲で鷹狩りをするため出発し、柏原に到着。十四日、岐阜に到着。翌日は滞在。十六日、尾張の清洲に到着。十八日、三河の吉良へ行き、雁や鶴をたくさん獲って、二十二日、尾張に帰った。二十三日、岐阜まで上り、翌日は滞在。二十五日、安土に帰城。

03 出火のお弓衆を叱責

一月二十九日、お弓衆の福田与一宅から出火し、火事が起きた。信長は、これは妻子を本国に置いて安土へ引き移らせてないからだといって、すぐに菅屋長頼《すがやながより》に命じ、名簿を作って妻子が同居しているか否かを調査させた。その結果、お弓衆六十人、お馬廻り衆六十人、計百二十人が妻子を引き移らせていないことが判明し、これらの者を一斉に叱責した。

お弓衆の家から出火するなどということは全くもって不届きなことである、ということで、岐阜の織田信忠に命じ、岐阜から担当者を派遣して、尾張に妻子を置いているお弓衆・お馬廻り衆の私宅を焼き払い、宅地内の竹木までも伐採させた。その結果、百二十人の妻たちは、取るものも取りあえず安土へ引き移った。

このたびのお弓衆・お馬廻り衆たちには、怠慢の罰として、城下の南の入り江に沿って新道を築かせ、完成したところで全員赦免した。

04 別所長治、謀反

二月三日、磯野員昌《いそのかずまさ》が信長の意向に違い、これを譴責《けんせき》したところ、逃亡してしまった。このため、近江高島郡のうち磯野の知行地はすべて織田信澄《のぶずみ》に与えられた。

二月九日、(1)磯貝久次が(2)吉野の山中に隠れているのを同地の者が発見し、これを殺害して、首を安土へ提出した。褒美として黄金が与えられた。ひとたび信長の怒りを買った者は、必ず成敗されるのである。

二月二十三日、羽柴秀吉は播磨へ出陣した。別所長治《べっしょながはる》の与力、(3)嘉古川《かこがわ》の賀須屋《かすや》武則の城を借りて軍勢を入れ、秀吉自身は(4)書写山《しょしゃざん》へ登って要害を構え、居陣した。まもなく、別所長治が叛意を示し、(5)三木《み》の城に立て籠もった。

05 安土山で相撲

二月二十九日、信長は近江の国中の力士三百人を召し寄せ、安土山で相撲をとらせて観覧

1 磯貝久次＝巻六（8）参照
2 吉野＝奈良県南部
3 嘉古川＝加古川、兵庫県加古川市
4 書写山＝兵庫県姫路市
5 三木＝兵庫県三木市

した。このなかに二十三人の優れた力士がいた。これらの者には扇を賜り、特に日野長光には格別な配慮をして身近に召し寄せ、骨に金銀の彩色をした扇を賜った。日野長光は大いに面目をほどこした。行司は木瀬《きのせ》蔵春庵と木瀬太郎大夫。この二人は衣服を拝領した。

二十三人の優れた力士というのは、東馬二郎《とうまじろう》・たいとう・日野長光・正権・妙仁・円浄寺・地蔵坊・力円・草山・平蔵・宗永・木村伊小介《いこすけ》・周永・あら鹿・づこう・青地孫二郎・山田与兵衛・村田吉五・太田平左衛門・大塚新八・麻生三五・下川弥九郎・助五郎、以上である。

三月六日、信長は鷹狩りのため奥の島山[1]に登り、長命寺[2]若林坊を宿所とした。三日間の鷹狩りで多くの獲物を獲り、八日、安土に帰城。

三月二十三日、上洛。二条の新邸に入った。

1 奥の島山＝奥島山、滋賀県近江八幡市
2 長命寺＝近江八幡市

06 大坂・丹波へ出陣

四月四日、大坂方面へ軍勢を出した。織田信忠《のぶただ》を大将とし、尾張・美濃・伊勢の軍勢、織田信雄・織田信包・織田信孝・織田信澄・滝川一益・明智光秀・蜂屋頼隆・丹羽長秀、近江・若狭・五畿内の軍勢が出陣した。四月五日・六日の両日、大坂へ攻め寄せ、一帯の麦畠をことごとく薙《な》ぎ払って帰陣した。

四月七日、信長は越中[1]の神保長住《じんぼうながずみ》を二条の新邸に招き、近頃対面しなかった理由を武井

1 越中＝富山県

夕庵・佐々長秋を通じて説明し、黄金百枚と(2)しじら百反を進呈した。越中を侵していた上杉謙信《けんしん》が死去したので、(3)飛騨の国司三木自綱《みつぎよりつな》に警護を命じ、また佐々長秋を添えて、神保長住を越中へ入国させた。

四月十日、滝川一益・明智光秀・丹羽長秀の三人を(4)丹波へ出陣させた。敵荒木氏綱の(5)園部《そのべ》城を包囲し、取水路を断って攻めたところ、荒木は窮し、降参して退城した。そこで明智光秀の軍勢を入城させて留め、四月二十六日、京都に帰陣した。

2 しじら＝織物
3 飛騨＝岐阜県北部
4 丹波＝京都府中部・兵庫県の一部
5 園部城＝京都府南丹市、旧船井郡園部町

07 高倉山西国の陣

四月中旬、(1)安芸から毛利輝元《もうりてるもと》・吉川元春《きっかわもとはる》・小早川隆景《こばやかわたかかげ》・宇喜多直家《うきたなおいえ》をはじめとする中国の軍勢が進攻し、(2)備前・(3)播磨・(4)美作三カ国の境、山中幸盛《やまなかゆきもり》が守備している上月《こうづき》の城を包囲した。中国勢は大亀山に登って布陣したとの報告が到着した。すぐさま、羽柴秀吉・荒木村重の二人が出陣し、(5)高倉山に登って中国勢に近々と対陣した。しかし、高倉山を下っても熊見川の谷に隔てられ、上月城を救援する策がなかった。

四月二十二日、信長は京都から安土に帰り、四月二十七日、また上洛した。

信長は「五月一日を期して自ら播磨へ出陣し、われら東国の軍勢と毛利方西国の軍勢で直接切り結び、必ず打ち勝って、東西の境界に決着をつけよう」と言いだした。しかし、佐久間信盛・滝川一益・蜂屋頼隆・明智光秀・丹羽長秀らは、「播磨では峻険を占拠し、谷を隔

1 安芸＝広島県西部
2 備前＝岡山県東南部
3 播磨＝兵庫県西南部
4 美作＝岡山県東北部
5 高倉山＝兵庫県佐用郡佐用町

てて堅固に要害を構え居陣していると聞いております。私ども一同が出陣し、現地の情況を見定めまして御報告いたしますので、御自身での御出馬は思いとどまられた方がよろしいでしょう」と、一同揃って進言した。

四月二十九日、滝川・明智・丹羽が出陣。五月一日、織田信忠・織田信雄・織田信包・織田信孝・細川藤孝・佐久間信盛が、尾張・美濃・伊勢三カ国の軍勢を率いて出陣。その日は郡山[6]、翌日は兵庫[7]に陣宿。六日には播磨の明石に近い大窪[8]という村に陣を据えた。先陣は神吉《かんき》・志方《しかた》・高砂《たかさご》の敵城に対峙して嘉古川付近に陣を布いた。

6 郡山＝大阪府茨木市
7 兵庫＝神戸市兵庫区
8 大窪＝大久保、兵庫県明石市

08 洪水と祇園会

信長は五月十三日に出陣する旨の指令を発したが、十一日巳《み》[1]の刻から豪雨が降り始め、十三日午《うま》[2]の刻まで三日三晩強く降り続けた。各地で洪水が起こった。賀茂川・白川《しらかわ》・桂川が一時にあふれ、十二・十三の二日間、京都の小路という小路は一様に水路となり、上京の舟橋の町は押し流された。水に溺れて多数の死者が出た。村井貞勝が新たに架けた四条の橋も流された。

このような洪水ではあるけれども、今まで信長が出陣と決めた日限を違えたことはないから、今回も舟に乗ってでも出陣するだろうと考えて、淀・鳥羽・宇治・真木島・山崎の者たちが、数百艘の舟を揃えて五条の油小路まで参上し、櫓櫂《ろかい》を立てて待機した。このことを言

1 巳の刻＝午前十時前後
2 午の刻＝正午前後

上すると、信長はたいへん喜んだ。

五月二十四日、竹中重治が報告に来て、(3)備前八幡山《やはたやま》の城主が味方になった旨、言上した。信長は満足し、羽柴秀吉に黄金百枚、および竹中重治に銀子百両を賜った。竹中はありがたく頂戴して、帰って行った。

五月二十七日、信長は安土の洪水の様子を視察するため帰国。お小姓衆だけを供にして、(4)松本から(5)矢橋《やばせ》までは舟で琵琶湖を渡った。

六月十日、信長上洛。また矢橋から舟で、松本に上がった。

六月十四日は(6)祇園会《ぎおんえ》。信長はこれを見物した。お馬廻り衆・お小姓衆とも、「弓・槍・長刀ほか武具を携えること無用」との命令であったから、持たなかった。祭り見物の後、お供衆を帰し、お小姓衆十人ほどを従えて、そのまま鷹狩りに出掛けた。雨が少し降った。

この日、山城の(7)普賢寺《ふげんじ》で、近衛前久に知行合わせて千五百石を進呈した。

3 備前八幡山＝岡山市
4 松本＝滋賀県大津市
5 矢橋＝滋賀県草津市
6 祇園会＝八坂神社の祭礼
7 普賢寺＝京都府京田辺市

09 神吉城を攻略

六月十六日、羽柴秀吉が播磨から京都に戻り、信長から細かく指示を受けた。信長は、「(1)作戦が捗《はかど》らず、陣を構えていても見通しが立たない以上、ひとまずこの陣は引き払い、代わりに(2)神吉《かんき》・志方《しかた》へ押し寄せて攻め破り、その上で三木《みき》の別所長治《べっしょながはる》の城を攻めるがよい」と指示をした。神吉城攻めの検使として、大津長治・水野九蔵・大塚又一郎・長谷川秀一・

1 作戦＝上月城救援
2 神吉・志方＝兵庫県加古川市

矢部家定・菅屋長頼・万見重元・祝重正《はふりしげまさ》に交替で務めるよう命じた。

六月二十一日、信長は京都から安土に帰城。

六月二十六日、滝川一益・明智光秀・丹羽長秀の軍勢を、敵方の動きに対処させるため三日月山(3)に登らせ、羽柴秀吉・荒木村重は高倉山の陣を引き払い、書写山まで撤収した。

翌日、神吉の城を攻めた。北から東の山へかけて、織田信忠・織田信孝・林秀貞・細川藤孝・佐久間信盛が前後左右何段にも取り詰めて陣を布いた。志方の城に対しては、織田信雄が陣取った。丹羽長秀と若狭衆が、備えとして西の山に陣を張った。

このほかの軍勢、すなわち滝川一益・稲葉一鉄・蜂屋頼隆・筒井順慶・武藤舜秀・明智光秀・安藤守就・氏家直通・荒木村重らは神吉の城へ激しく攻め寄り、即時に外構えを攻め破ってはだか城にした。本城の堀へ次々と飛び込み、塀を突き崩して数時間攻めたてた。織田信孝は足軽と先を争って戦ったが、苦戦であった。負傷・戦死が若干あった。一挙に攻略できそうにもなかったので、この日は攻撃をゆるめ、また翌日、銃弾よけの竹束を持って本城塀際まで詰め寄り、埋め草で堀を埋め、築山《つきやま》を築いて攻め立てた。

羽柴秀吉は但馬の国へ出動し、国侍たちを前例のとおり呼び出して忠誠を誓わせ、竹田(4)の城に羽柴秀長を留め置いた。そうして、秀吉は自分の軍勢を書写山へ帰陣させた。

さて、神吉城の攻撃は、南の方が手薄であったので織田信包が軍勢を投入し、また、敵方の動きが止まっているので備えの軍勢はいらなかったから、丹羽長秀と若狭衆が城攻めに加わり、東方の攻め口を受け持った。まず最初に櫓《やぐら》を二つ高々と組み上げ、大砲を撃ち込み、堀を埋め、築山を築いて攻めた。滝川一益は南から東へかけての攻め口である。坑夫に隧道《ずいどう》

3 三日月山＝兵庫県佐用郡佐用町
4 竹田＝兵庫県朝来市

を掘らせ、櫓を築き、大砲を撃ち込んで塀・矢蔵を破壊し、矢蔵へ火を放って焼き落とした。このほかの諸勢もそれぞれ櫓・築山を築き、昼夜の別なく攻めたてた。敵方からは種々詫《わ》び言をいって和睦を申し入れてきたが、信長から検使まで出されて厳命されていたのだから、聞き入れなかった。

六月二十九日、信長は、兵庫と明石《あかし》[5]の間、また明石から高砂《たかさご》[6]の間は距離があるので、毛利方の水軍を警戒するため、しかるべき陣地を準備するよう命じ、織田信澄と山城衆を加えて万見重元《まんみしげもと》を派遣した。万見は適切な山に陣地を築いて帰還し、情況を復命した。このほか、織田信忠の命令で、道筋の要所要所に林秀貞・市橋長利・浅井政澄・和田八郎・中島勝太・塚本小大膳・簗田広正が派遣され、交替で警固に当たった。

話は別だが、七月八日巳《み》の刻、京都の四条道場[7]の寮から出火し、火災が起こった。

七月十五日夜、滝川一益・丹羽長秀両軍の攻め口から神吉城東の丸へ突入し、十六日には中の丸へ攻め込んだ。敵将神吉則実《かんきのりざね》を討ち取り、天守に火をかけた。敵味方入り乱れて戦うこと火花を散らし、その間に天守は焼け落ち、敵方の将兵過半数が焼死した。西の丸は荒木村重の攻め口である。ここには神吉藤大夫が立て籠もっていた。降参の申し入れをしてきたので、佐久間信盛・荒木村重の二人が斡旋し、信長はこれを聞き届けた。藤大夫は赦免され、隣の志方の城へ退去した。落城した神吉の城は羽柴秀吉に渡し、次いで志方の城

5 明石＝兵庫県明石市
6 高砂＝兵庫県高砂市
7 四条道場＝金蓮寺

を総勢で攻撃した。ここもまた守りきれずと見て降参し、人質を提出して城を明け渡した。志方の城も、羽柴秀吉が受け取った。

続いて、別所長治が立て籠もる三木の城へ総軍で攻め寄せ、近々と要所要所に対峙《たいじ》の砦を築いて陣を据えた。

10 丹和沖の海戦

信長は、伊勢の九鬼嘉隆《くきよしたか》に命じて大船を六艘建造させた。また滝川一益《たきがわかずます》には大船一艘、これは白船に仕立てさせた。

順風を見はからって、六月二十六日、熊野灘《くまのなだ》へ押し出し、大坂へ回送しようとしたところ、丹和《たんのわ》[1]の沖で、この大船を阻止しようと、雑賀《さいが》・丹和の浦々の小舟が数も知れぬほど、矢を射、鉄砲を撃って、四方から攻め掛かってきた。九鬼嘉隆は七艘の大船を山のごとくに飾りたて、小舟を従えて航行していたが、敵の小舟を近くまで寄せつけ、初めは適当にあしらった末に、大砲を一度にぶっぱなした。敵は多くの舟を撃ち崩されて、その後は寄りつくこともできなかった。

こうして、何ごともなかったかのように、七月十七日、堺[2]の港に着岸した。大船は、見物する者を仰天させた。翌日、大坂の沖へ乗り出し、要所要所に大船を配備して、大坂方と毛利の水軍との海上連絡を遮断し、警戒に当たった。

1 丹和＝淡輪、大阪府泉南郡岬町
2 堺の港＝大阪府堺市

11 南部政直、鷹を献上

この頃、織田信忠《のぶただ》は岐阜の城内で四羽の鷹の子を育て上げた。近頃めずらしいお手柄である。七月二十三日、この鷹を鷹匠《たかじょう》の山田・広葉の二人に持たせて、安土へ届けてきた。信長はこのうち一羽を受け取り、残りは信忠に返してやった。鷹匠二人には、「育てるのに苦労したであろう」と信長の言葉があって、銀子五枚ずつに衣服を添えて賜った。二人は大いに感激して帰って行った。

八月五日、陸奥《むつ》(1)津軽《つがる》の(2)南部政直《なんぶまさなお》が鷹を五羽献上してきた。八月十日、万見重元の邸に南部を招き、その接待を万見に命じた。南部政直は、このとき信長に挨拶をした。

1 津軽＝青森県
2 南部政直＝宮内少輔

12 安土山で相撲

八月十五日、信長は、近江・京都の力士その他千五百人を安土へ召し寄せて、(1)辰《たつ》の刻から(2)酉《とり》の刻まで安土山で相撲を取らせ、観覧した。部将たちも配下の力士たちを率いて参加した。この会を差配《さはい》し参加した部将は、織田信澄・堀秀政・万見重元・村井貞成・木村重章・青地与右衛門・後藤高治・布施《ふせ》公保・蒲生氏郷《がもううじさと》・永田正貞《ながたまささだ》・阿閉貞大《あつじさだひろ》。行司は、木瀬蔵春庵・木瀬太郎大夫の二人であった。

1 辰の刻＝午前八時前後
2 酉の刻＝午後六時前後

小相撲

五人抜きをした力士は、京極高次配下の江南源五、木村重章配下の深尾久兵衛、布施公保の小者《こもの》勘八、堀秀政配下の地蔵坊、後藤高治配下の麻生三五、蒲生氏郷の中間《ちゅうげん》藪下。以上。

大相撲

三人抜きをした力士は、木村重章配下の木村伊小介、瓦園配下の綾井二兵衛尉、布施公保配下の山田与兵衛、後藤高治配下の麻生三五、および長光・青地孫二郎・づこう・東馬二郎・たいとう・円浄寺源七・大塚新八・ひしや。以上。

相撲がおおかた終わりになる頃、すでに暮れ方になっていた。信長は、永田正貞と阿閉貞大《あつじさだひろ》とが強力《ごうりき》であると前々から聞いていたので、二人の取り組みを見たいと思い、部将たちの相撲を所望した。初めに堀秀政・蒲生氏郷・万見重元・布施公保・後藤高治が取り組み、最後に永田・阿閉の取り組みとなった。もちろん阿閉の方が技量・体格もよく、力も強いことは明白であったが、好運であったのか、それとも本当に強かったのか、永田正貞が勝ちとなった。

この日は珍しい賞品が用意してあり、力士たちは終日入れ替わり立ち替わりして賞品を頂戴した。たびたび良い相撲を取って信長に召し抱えられた力士は、東馬二郎・たいとう・づこう・妙仁・ひしや・助五郎・水原孫太郎・大塚新八・あら鹿・山田与兵衛・円浄寺源七・村田吉五・麻生三五・青地孫二郎、以上十四人。右の力士たちは信長に召し抱えられ、それぞれ金銀飾りの太刀、脇差、衣服上下、信長の領地から百石ずつ、また私宅などまで頂戴して、天下に面目をほどこした。誠にありがたいことであった。

3　勢田＝瀬田、滋賀県大津市

八月十七日、織田信忠が播磨から帰陣した。

九月九日、安土山で相撲を取らせ、織田信忠・織田信雄に見物させた。

九月十五日、大坂方面の砦に陣を張っている軍勢の監察役として、お小姓衆・お馬廻り衆・お弓衆を、二十日交替で各砦へ派遣した。

九月二十三日、信長上洛。勢田《せた》[3]の山岡景隆の城に宿泊。翌日、二条の新邸に入った。

13 斎藤新五、越中へ出陣

九月二十四日、信長の命で、斎藤新五が越中へ出陣した。国の中央部太田保にある津《つ》毛《け》[1]の城には、敵方の椎名道之《しいなみちゆき》・河田長親が軍勢を配備していた。しかし、尾張・美濃両国の軍勢が攻め寄せると聞くや、たちまち退散した。それで津毛の城には神保長住の軍勢を入れておき、斎藤新五はさらに三里[2]ほど前進して陣を構え、諸方へ出撃した。

1 津毛＝富山県富山市、旧上新川郡大山町
2 三里＝約一二キロメートル

14 九鬼嘉隆の大船を検分

九月二十七日、信長は九鬼嘉隆《くきよしたか》に建造させた大船を検分するため、京都を出発、八幡[1]まで下った。翌二十八日は若江[2]泊まり。二十九日は早朝から天王寺[3]へ行き、佐久間信盛の

1 八幡＝京都府八幡市
2 若江＝大阪府東大阪市
3 天王寺＝大阪市天王寺区

砦でしばらく休息し、(4)住吉大社の社家《しゃけ》へ移った。この時、天王寺から住吉の間で鷹狩りをした。

三十日、早朝から堺の港へ出かけた。近衛前久・細川昭元・一色義道《いっしきよしみち》が同行した。九鬼嘉隆は、大船に幟《のぼり》・旗差し物を立て並べ、幔幕《まんまく》を引き廻して飾りたてた。浦々から集まった兵船も、それぞれに武具を飾った。また、堺の南北の庄は信長の御座船を用意し、舶来ものの茶道具を集めてあふれんばかりに飾ったが、さらに堺の町衆は献上物を我劣らじと際限もなく持参した。堺中の僧俗・男女が信長を見ようとして、衣服を着飾って集まったので、衣服に焚きこめた薫香が芬々《ふんぷん》と辺り一帯にただよった。

信長はただ一人で九鬼の大船に乗り込み、検分した。終わってから、今井宗久《いまいそうきゅう》の家へ行った。宗久は茶をたてて、信長に献じた。誠にありがたいことで、宗久は後代にまで面目をほどこした。信長はその帰途、ありがたいことに紅屋《べにや》宗陽・(5)天王寺屋宗及《そうぎゅう》・天王寺屋道叱《どうしつ》三人の家にも立ち寄り、住吉の社家に帰った。

信長は九鬼嘉隆を召し寄せ、黄金二十枚、衣服十重《かさね》、(6)菱喰《ひしくい》の折箱二折を賜った。さらに、九鬼・滝川一益とともに各千人分の扶持を加増した。また、大船・白船に乗り組んで指揮した犬飼助三・渡辺佐内・伊藤孫大夫の三人には、黄金六枚に衣服を添えて賜り、三人はありがたく頂戴した。

十月一日、信長は帰京のため住吉を出発。途中、安見新七郎の城でしばらく休息し、二条の新邸に帰還。

翌日、同朋衆《どうぼうしゅう》住阿弥が信長の留守中に悪事をしでかしたので、成敗した。また、長らく

4 住吉大社＝大阪市住吉区
5 天王寺屋宗及＝津田宗及
6 菱喰＝鳥の一種

召し使っていたさいという侍女も、同罪につき成敗した。

15 越中の陣

十月四日、斎藤新五は越中の中央部、太田保の本郷[1]に陣を構えた。敵河田長親・椎名道之は今和泉《いまいずみ》[2]に立て籠もっていた。斎藤は敵の城下へ出動し、焼き打ちをして、夜明けがた撤退しようとした時に、敵が出撃してきた。斎藤は足場のよいところまで引き、月岡野[3]というところで戦闘となった。たちまち追い崩し、敵首三百六十を討ち取った。この勢いに乗って進撃を続け、諸所から人質を徴集した。これを神保長住の城へ送り届けて帰陣した。

十月五日、信長は畿内と近江の力士を召し寄せ、二条の新邸の庭で相撲を取らせて、摂家・清華家の公家衆に見物させた。

十月六日、信長は坂本から船に乗り、安土に帰城。

十月十四日、長光寺山[4]で鷹狩り。信忠が岐阜で育てた鷹を使い、信長は上機嫌であった。

1 太田保の本郷＝富山市
2 今和泉＝今泉、富山市
3 月岡野＝富山市
4 長光寺山＝滋賀県近江八幡市

16 荒木村重、謀反

十月二十一日、荒木村重《あらきむらしげ》が謀反を企てているとの注進が、方々から届いた。信長はただちには信じがたく、「何の不足があってのことか。言い分があるのなら、申し出るがよい」と、松井友閑《まついゆうかん》・明智光秀《あけちみつひで》・万見重元を派遣して伝えさせた。返事は「野心は少しもございません」とのことだったので、信長は喜び、「母親を人質としてこちらへ預け、差し支えなければ出仕せよ」と伝えた。しかし、実のところ荒木は謀反を企てていたので、出仕しなかった。

もと荒木村重は他家の家臣であったが、[1]先年、将軍足利義昭《あしかがよしあき》が信長に敵対した時、信長の味方となって働いたので、[2]摂津の国の支配を許したのである。しかるに、身の程もわきまえず、信長の厚遇をよいことに傲《おご》り高ぶり、ついに謀反を企むに至ったのである。

信長は「こうなっては仕方がない」と言って、安土城の留守番に織田信孝・稲葉一鉄・不《ふ》破《わ》光治《みつはる》・丸毛長照《まるもながてる》を置き、十一月三日に出陣、京都二条の新邸に入った。ここでも信長は、明智光秀・羽柴秀吉・松井友閑を派遣して説得させたが、荒木は応じなかった。

ところで、石山本願寺に対峙している諸所の砦に、監察役としてお小姓衆・お馬廻り衆の歴々を派遣したが、荒木は石山本願寺と同盟を結ぶ手土産として、これらの面々を捕らえて殺害するだろう、と種々の風聞が聞こえてきた。信長の耳にも達し、困ったことになったとは思ったが、打つ手がなかった。

ところが、どのように思ったのか、各砦の部将がこれらの面々を送り返してよこした。信長は喜び、全員を召し出して、「このたびは種々の風説があったにもかかわらず、うろたえもせずに耐えたことは、織田家の面目でもあり、お前たちそれぞれの手柄でもある」と称賛し、それぞれに衣服を賜った。ありがたいことであった。

十一月六日、西国毛利方の船六百余艘が[3]木津沖へ攻め寄せて来た。九鬼嘉隆の船隊が出

1 先年＝元亀四年、巻六(4)
2 摂津＝大阪府西北部・兵庫県東南部
3 木津＝大阪市浪速区

撃すると、敵はこれを包囲して南へ押し戻しつつ、辰《たつ》の刻から午《うま》の刻まで海戦となった。初めのうちは、九鬼は支えがたく見えたが、六艘の船には大砲が何門もあった。敵船を間近に引きつけ、大将の船とおぼしきものへ大砲を撃ち込み、大破させた。以後、敵船は恐れて寄りつかなかった。九鬼は敵船数百艘を木津の河口へ追い込んで撃破した。この海戦を見物していた人々は、九鬼嘉隆の大手柄に感嘆しない者はなかった。

十一月九日、信長は摂津へ向かって出陣。その日は[4]山崎に陣を取った。

翌日、滝川一益・明智光秀・丹羽長秀・蜂屋頼隆・氏家直通・安藤守就・稲葉一鉄に、[5]芥川・[6]糠塚《ぬかづか》・太田・[7]猟師川の一帯に陣を布《し》き、敵方[8]茨木の城に対して、太田の北の山に砦を建設するよう命じた。

織田信忠・織田信雄・織田信包・織田信孝、越前衆の不破光治・前田利家・佐々成政・原政茂・金森長近、および日根野弘就《ひねのひろなり》・日根野弘継《ひろつぐ》も出陣した。摂津の[9]天神の馬場に陣を張り、[9]高槻の敵城に対して天神山に砦を建設するよう命じた。

信長は山手の[9]安満《あま》というところに四方を見下ろして陣を構え、この安満にも連絡所としての砦を建設するよう命じた。

ところで、高槻の城主高山右近《うこん》は[10]吉利支丹《きりしたん》であった。信長は妙策を思いつき、[11]伴天連《ばてれん》を召し出して、「この際、高山が我らの味方になるよう取り計らってもらいたい。実現したら、吉利支丹の教会をどこに建ててもよいぞ。もし引き受けなければ、吉利支丹宗を禁制とする」と申し渡した。伴天連はこれを承知し、佐久間信盛・羽柴秀吉・松井友閑・大津長治が同道して高槻へ行き、高山を説得した。高山はもちろん荒木村重に人質を提出していたが、

4 山崎＝京都府乙訓郡大山崎町
5 芥川＝大阪府高槻市
6 糠塚・太田＝大阪府茨木市
7 猟師川＝茨木川
8 茨木＝茨木市
9 天神の馬場・高槻・安満＝高槻市
10 吉利支丹＝キリスト教徒
11 伴天連＝宣教師

人質を見殺しにしても信長方に付く方が将来のために良策であると判断し、伴天連の説得に応じて、高槻の城を明け渡した。信長は満足であった。

茨木の敵城に対峙するために築いていた太田の砦が完成したので、越前衆の不破・前田・佐々・原・金森および日根野を配備した。

十一月十四日、太田の砦を築いた滝川・明智・丹羽・蜂屋・氏家・安藤・稲葉、および武藤舜秀・羽柴秀吉・細川藤孝は、先陣として荒木の本拠伊丹《いたみ》(12)へ出陣し、足軽部隊を出撃させた。武藤舜秀の部隊がまず敵と遭遇して戦闘となり、馬上で組み打ちして敵首四つを討ち取った。これは安満へ届けて信長の実検に供した。付近を焼き払って伊丹に迫り、敵城近く刀根山《とねやま》(13)に陣を構えた。

砦はほかにも諸所に築いた。見野《みの》(14)の村には街道より南の山手に要害を築き、蜂屋・丹羽および蒲生賢秀と若狭衆が陣を据えた。小野原《おのはら》(15)には織田信忠・織田信雄・織田信孝が陣取った。

十一月十五日、信長は安満から郡山(16)へ陣を移した。

十一月十六日、高山右近が郡山の陣へ参上し、信長に挨拶をした。信長は大いに喜び、着ていた小袖を脱いで与え、また埴原《はいばら》新右衛門が献上した秘蔵の馬も賜った。ありがたいことである。このたびの褒賞として、摂津のうち芥川郡(17)を高山に与え、ますます忠勤を励むよう、使者を通じて伝えた。

十一月十八日、信長は惣持寺(18)まで出向き、織田信澄の軍勢に茨木《いばらき》の出入り口を押さえさせた。また、越前衆の不破光治・前田利家・佐々成政・金森長近・原政茂および日根野弘

12 伊丹＝兵庫県伊丹市
13 刀根山＝大阪府豊中市
14 見野＝兵庫県川西市
15 小野原＝大阪府箕面市
16 郡山＝茨木市
17 芥川郡＝高槻市
18 惣持寺＝茨木市

就・日根野弘継らには惣持寺に要害を築くよう命じ、太田の砦を引き払って、敵城近くまで進出させた。

十一月二十三日、信長は再び惣持寺を視察した。翌二十四日には、刀根山の砦へ陣中見舞いに、年寄り衆だけを従えて出かけた。その二十四日、(19)亥《い》の刻から雪が降りだし、意外にも夜通し断続的に降り続けた。

敵方茨木の城には、石田伊予・渡辺勘大夫・中川清秀《きよひで》の三人が立て籠もっていた。十一月二十四日夜半、中川清秀が味方に転じ、織田方の軍勢を引き入れて、石田・渡辺の手勢を追放した。中川に寝返りを勧めて斡旋したのは、(20)古田《ふるた》重然《しげなり》・福富秀勝・下石《おろし》頼重・野々村正《まさ》成《なり》、四人の才覚であった。この四人を茨木城の守備隊として配置した。摂津方面の過半は信長の勢力下に入り、上下とも満足したのである。

十一月二十六日、中川清秀に黄金三十枚を贈り、彼に協力した家臣三人には黄金六枚、それに衣服を添えて賜った。高山右近にも金子二十枚、その家老職二人には金子四枚に衣服を添えて賜った。

十一月二十七日、信長は郡山から(21)古池田に陣を移した。この日の朝は風が吹き募り、非常な寒さであった。夕方、中川清秀が古池田の陣へ挨拶に参上した。信長からは太刀および馬と馬具一式を拝領した。信忠から長船《おさふね》長光作の刀と馬、信雄から秘蔵の馬、信孝からも馬、信澄から刀をそれぞれ頂戴し、中川はありがたいことと感激して帰って行った。

十一月二十八日、信長は敵の本拠近く(22)小屋野《こやの》まで進出した。四方から詰め寄って、要所要所に陣を構えるよう命じた。

19 亥の刻＝午後十時前後
20 古田重然＝のちの織部
21 古池田＝大阪府池田市
22 小屋野＝昆陽、兵庫県伊丹市

一方、一帯の村々の農民たちは、揃って甲山《かぶとやま》(23)へ逃げ込んでしまった。信長は、許可も受けずにけしからぬことと思ったのか、堀秀政・万見重元に命じ、諸勢の徴発隊員を率いさせて、山々を探索させた。発見した農民たちは切り捨て、また兵糧や物資を思い思いに際限もなく徴発してきた。

次いで、滝川一益・丹羽長秀を出撃させた。両軍は、(23)西宮《にしのみや》・(24)茨住吉《うばらすみよし》・(25)芦屋《あしや》の里・(26)雀ガ松原・(27)三陰《みかげ》の宿・(28)滝山・(29)生田の森へ進出した。さらに敵方荒木元清が(30)花熊《はなくま》に立て籠もっているのを軍勢を配して封じ込め、山手を通って(31)兵庫へ進撃した。僧俗・男女の別なく撫で斬りに切り殺し、堂塔・伽藍・仏像・経巻の一堂一物も残さず一斉に焼き払い、さらに(32)須磨《すま》・一の谷まで進んで火を放った。

23 甲山・西宮＝兵庫県西宮市
24 茨住吉＝神戸市東灘区
25 芦屋＝兵庫県芦屋市
26 雀ガ松原＝神戸市東灘区
27 三陰＝御影、神戸市東灘区
28 滝山＝川西市
29 生田の森＝神戸市中央区
30 花熊＝花隈、神戸市中央区
31 兵庫＝神戸市兵庫区
32 須磨・一の谷＝神戸市須磨区

17 安部二右衛門の忠節

さて、(1)大和田というところが、(2)尼崎の隣にある。大坂から尼崎へ行くにも、伊丹へ行くにも、交通の要衝である。ここの城主は安部二右衛門《にえもん》という者であった。織田方に転じた芝山監物《けんもつ》と相談して、安部も織田方に味方することに決めた。

十二月一日夜、蜂須賀正勝《はちすかまさかつ》の斡旋で、安部と芝山が小屋野の陣に挨拶に来た。信長は非常に喜んで黄金二百枚を賜り、二人はありがたく頂戴して帰って行った。

ところが、安部二右衛門の父と伯父がこのことを聞いて、反対した。

1 大和田＝大阪市西淀川区
2 尼崎＝兵庫県尼崎市

「大坂の門跡と荒木殿に対して不義をするのは良くない。われら二人は絶対に賛成できない」と言って、城の天守へ上がり、二人で居すわってしまった。

安部は、これではとても駄目だと思い、「お二人のおっしゃることは御尤《ごもっと》もです。味方もせずに黄金を受け取ることはできませんから、金子《きんす》はかえしましょう」となだめた。そうして、芝山監物を通じ、「やはり従前どおり御敵《おんてき》に回ります」と、頂戴した黄金を小屋野の陣に返上して来た。信長は「それなら仕方ない」と言った。

さらに安部は、蜂屋頼隆・阿閉貞征の陣を足軽部隊に攻撃させた。鉄砲を撃ちかけ、「御敵いたすぞ」と叫ばせた。このような次第であったから、父も伯父も満足した。

安部は父と伯父を充分にだましておき、次に伯父を使者に立て、「以上のような状況で、従前と変わることはございません」と、尼崎に在城する(3)荒木村次と大坂へ報告させた。父も喜んで、天守から下りて来た。そこを取り押さえ、刀を取り上げて、すぐさま人質として京都へ送ってしまった。

十二月三日の夜、安部は小屋野の陣へ再び参上し、以上の苦心の次第を詳しく言上した。信長は、「先頃の忠節よりも更《さら》にあっぱれな働きで、感心した」と言い、ありがたいことに、差していた秘蔵の左文字《さもんじ》の脇差および馬と馬具一式を賜った。さらに太刀代として黄金二百枚を贈り、その上、摂津のうち(4)川辺《かわべ》郡一帯の支配を許した。芝山監物も、馬を頂戴した。

十二月四日、滝川一益・丹羽長秀は兵庫・一の谷を焼き払って軍勢を引き返し、伊丹をにらんで(5)塚口に陣を張った。

十二月八日(6)申《さる》の刻、諸勢は伊丹へ攻撃を開始した。堀秀政・万見重元・菅屋長頼の三人

3　荒木村次＝村重の嫡子
4　川辺郡＝兵庫県川辺郡
5　塚口＝尼崎市
6　申の刻＝午後四時前後

を指揮者として鉄砲隊を率いさせ、町の入り口へ押し寄せて銃撃させた。ついでお弓衆の平井長康・中野一安・芝山次大夫を三隊に分け、火矢を射込んで町に放火するよう命じた。(7)酉《とり》の刻から(8)亥《い》の刻まで敵城近く詰め寄って攻めたが、敵は城壁の際で防戦し、ここで万見重元が討ち死にした。

十二月十一日、諸所に対峙の砦を築くよう命じ、信長は古池田へ陣を移した。

各砦に布陣した部将は、塚口に丹羽長秀・蜂屋頼隆・蒲生氏郷・高山右近・織田信孝。(9)毛馬《けま》村に織田信包・滝川一益・織田信雄・武藤舜秀。(10)倉橋に池田恒興・同元助・同照政。(10)原田に中川清秀・古田重然。刀根山に稲葉一鉄・氏家直通・安藤定治・芥川某。郡山に織田信澄。古池田に塩河長満。(11)賀茂に織田信忠の軍勢。高槻の城は大津長治・牧村利貞・生駒一吉・同一正・湯浅直宗・猪子一時《かずとき》・村井貞成・武田左吉。茨木の城は福富秀勝・下石頼重・野々村正成。(12)中島に中川清秀。一つ屋に高山右近。大和田に安部二右衛門。以上のとおり、諸所に軍勢を配置した。

また、羽柴秀吉に加勢させるため、佐久間信盛・明智光秀・筒井順慶を播磨へ出陣させた。途次、摂津有馬郡の敵(13)三田《さんだ》の城に向かって(14)道場河原・三本松の二カ所に要害を築き、ここに羽柴秀吉の軍勢を入れた。次いで播磨へ出動し、別所長治が籠城する三木の城に対峙している砦々に、兵糧・鉄砲・弾薬を補給し、砦の補強をして帰陣した。

7 酉の刻＝午後六時前後
8 亥の刻＝午後十時前後
9 毛馬＝食満、尼崎市
10 倉橋・原田＝大阪府豊中市
11 賀茂＝加茂、兵庫県川西市
12 中島＝大阪市淀川区
13 三田＝兵庫県三田市
14 道場河原＝神戸市北区

18 明智光秀、八上城を包囲

明智光秀は直接、丹波《たんば》へ進撃し、波多野秀治《はたのひではる》・秀尚《ひでひさ》兄弟の八上《やかみ》城(1)を包囲した。周三里(2)四方を明智自身の軍勢で取り囲み、堀を掘り、塀や柵を何重にも隙間なくめぐらせた。塀際には兵が駐留する小屋を町家風に建てさせ、交替で厳重に警備させた。まったく蟻の這い出る隙もなく陣を張ったのである。

十二月二十一日、信長は古池田から京都に帰陣した。この日は雪が少し降った。

十二月二十五日、安土に帰城。

1 八上城＝兵庫県篠山市
2 三里＝約一二キロメートル

巻十二

天正七年（一五七九）

01 摂津・播磨の陣

信長は、近江の安土城で新年を迎えた。家臣の歴々は、摂津《せっつ》の伊丹《いたみ》方面、数カ所の砦に陣を張っていたので、新年の挨拶に出仕する者はなかった。

一月五日、九鬼嘉隆《くきよしたか》が堺の港から安土に来て、信長に年頭の挨拶をした。信長から「今は大坂の情勢もやや暇だから、故郷へ帰り、妻子の顔を見て、またなるべく早く戻って来るがよい」と、ありがたい言葉とともに休暇を賜った。九鬼は満足して、伊勢へ帰って行った。

一月八日、お小姓衆・お馬廻り衆・お弓衆に命じて、[1]馬淵《まぶち》から切り石三百五十箇余りを運ばせた。翌日、鷹狩りで獲った雁や鶴を彼らに賜り、ありがたく頂戴した。

二月十八日、信長上洛、二条の新邸に入った。二十一日、[2]東山で鷹狩りをし、二十八日、また東山で鷹狩り。

三月二日、[3]賀茂《かも》の山で鷹狩り。

三月四日、織田信忠《のぶただ》・織田信雄《のぶかつ》・織田信包《のぶかね》・織田信孝《のぶたか》が上洛。

三月五日、信長父子は摂津[4]伊丹へ出陣。山崎に陣宿。翌日は天神馬場からの道中、鷹狩りをして、[5]郡山に陣を取った。

三月七日、信長は[6]古池田まで進んで陣を据え、諸勢は伊丹の四方に陣を構えた。越前衆の不破光治・前田利家・佐々成政・原政茂・金森長近らも参陣した。織田信忠は、[7]賀茂の川岸と池の上の二カ所に砦を堅固に築いた。四方に陣を構えた諸勢も砦を築き、それぞれ前

1 馬淵＝滋賀県近江八幡市
2 東山＝京都市東山区・左京区
3 賀茂の山＝京都市左京区・北区
4 伊丹＝兵庫県伊丹市
5 郡山＝大阪府茨木市
6 古池田＝池田市
7 賀茂の川岸＝加茂、兵庫県川西市

面に堀を掘り、塀や柵を造った。

三月十三日、高槻の城に城番として大津長治を派遣しておいたが、病死したとのことであった。

三月十四日、信長は[8]多田の谷で鷹狩りをした。在地の塩河勘十郎という者が休憩の場を設け、信長に一献差し上げたところ、[9]胴服《どうぶく》を賜った。ありがたいことである。

三月三十日、信長は鷹狩り。[10]箕雄《みのお》の滝を見物。この日、十三尾という鷹が足を少し痛めたそうである。よい獲物をたくさん獲った鷹で、信長はほかに比べるものもないほどに秘蔵していたものである。毎日のように鷹狩りをして、信長も疲れるはずであるが、その気力の強さには皆が感嘆した。

四月一日、織田信忠のお小姓衆、佐治新太郎と金森甚七郎とが口論の末に切り合いとなり、甚七郎は刺し殺され、新太郎は切腹して果てた。二人とも年齢二十ほどの者である。喧嘩とはいえ手練の技を見せ、上下ともに感じ入った。

四月八日、信長は鷹狩りに出かけ、古池田の東の野原で気散じのひとあばれをやった。お馬廻り衆・お小姓衆には乗馬させ、お弓衆は信長のそばに置いて、乗馬組と徒歩《かち》組との二手に分け、乗馬組を徒歩組の中へ駆け込ませた。信長は徒歩組の中にいて、馬を右に左に避けつつ防いだ。しばらく大あばれをして気を晴らし、それからすぐに鷹狩りとなった。

同じく八日、[11]播磨へ軍勢を出した。越前衆の不破・前田・佐々・原・金森、および織田信澄・堀秀政。

四月十日、丹羽長秀・筒井順慶・山城衆が出陣。

8 多田＝川西市
9 胴服＝羽織
10 箕雄の滝＝箕面の滝、大阪府箕面市
11 播磨＝兵庫県南西部

四月十二日、織田信忠・織田信雄・織田信包・織田信孝が出陣。猪子《いのこ》高就・飯尾《いいのお》尚清の二人を、このたび播磨の三木方面に砦を構築するについての検使として同行させた。織田信忠の小屋野・池の上の両砦の留守居役を、永田正貞・牧村利貞・生駒一吉の三人に命じた。

四月十五日、丹波から明智光秀が馬を献上したところ、信長はそれを光秀に下賜すると言って、丹波へ送り返した。

四月十七日、関東常陸《ひたち》[12]の国の多賀谷《たがや》重経から、遠路はるばる曳いて馬を献上してきた。星河原毛《ほしかわらげ》[13]で、丈[14]は四寸八分[15]、七歳の太く逞《たくま》しい駿馬である。忍耐強く、三十里[16]を往復できるということである。信長はたいへん喜んだ。青地与右衛門に命じ、試乗させた。青地には岡崎正宗作の刀を賜った。これは佐々木家に伝来したものを佐々成政が手に入れて、黄金十枚で金銀飾りの鞘《さや》巻きに拵《こしら》え、信長に献上したものである。青地の名誉は世間への聞こえも良く、ありがたいことであった。多賀谷重経には、小袖五枚としじら[17]三十反を贈った。馬を曳いて来た使者には銀子《ぎんす》五枚を賜った。

四月十八日、塩河長満に銀子百枚を贈った。使者は森長定《ながさだ》[18]、副使は中西権兵衛。塩河は「過分の賜り物で誠にありがたいこと」と感激した。

稲葉貞通の河原口[19]の砦へ、伊丹の敵城から足軽部隊が出撃してきた。すぐさま塩河長満・氏家直通が迎え撃ち、しばらく戦闘、ひとかどの者三人を討ち取った。

播磨の三木[20]方面でも、敵の足軽部隊が攻撃してきて、織田信忠勢が敵首十ほどを討ち取り、勝利を収めたとの報告があった。

四月二十三日、丹波から明智光秀が、隼《はやぶさ》のまだ巣立ち前の子を捕らえて献上した。

12 常陸＝茨城県
13 星河原毛＝黄赤味を帯びた白地に白の斑点がある毛並み
14 丈＝馬の背丈は四尺（約一二一センチメートル）を標準とし、それを超えた分を何寸という。
15 四寸八分＝約一四・五センチメートル
16 三十里＝約一二〇キロメートル
17 しじら＝織物
18 森長定＝蘭丸
19 河原口＝兵庫県伊丹市
20 三木＝三木市

02 京都四条糸屋の事件

この頃、京都に前代未聞の事件が起こった。

下京[1]四条小結町《こゆいちょう》の糸屋の後家《ごけ》で、七十になろうかという老女がいた。娘が一人、いっしょに住んでいた。

四月二十四日の夜、娘は良い酒を買ってきて、母親が充分だというのに、さらに無理やり飲ませた。酔い臥した母親を土蔵にかつぎ入れ、夜更《ふ》けて人が寝静まってから刺し殺した。自分で死体を箱に入れ、厳重に縛った。家は法華宗であるのに浄土宗の[2]誓願寺の僧侶を呼び、人にわからぬように、死体を寺へ運んだ。

この家に下女が一人いた。娘は下女に美しい小袖を与え、この夜のことは絶対に内密にするよう言いつけた。しかし下女は、後で発覚したときの恐ろしさを思い、村井貞勝《むらいさだかつ》の役所へ駆け込んで事件を告げた。

村井貞勝は、すぐさま娘を逮捕して取り調べた。四月二十八日、娘を上京一条の辻から車に乗せて市中を引き廻し、六条河原で処刑した。

1 四条小結町＝京都市中京区

2 誓願寺＝京都市中京区

03 摂津・播磨の陣 続

四月二十六日、信長は古池田の近くへ出かけ、また例の大騒ぎをやった。この前のようにお馬廻り衆・お小姓衆を馬に乗せ、今回は(1)近衛前久《このえさきひさ》・(2)細川昭元《ほそかわあきもと》も馬に乗せて二手に分かれ、徒歩組が乗馬組をおもしろおかしく引きずり廻して、気晴らしをした。

織田信忠は、このたび播磨三木方面の要所に六カ所の砦を築いた。次いで小寺政識《こでらまさのり》の居城(3)御着《ごちゃく》を攻撃し、城下に火を放った。四月二十八日、信忠は(4)有馬郡まで引き返し、そこから直接、(5)野瀬《のせ》郡へ出動して、農作物を薙ぎ払った。

四月二十九日、信忠は古池田へ帰陣し、信長に播磨方面の戦況を報告した。信長から帰国の許可が出て、この日、(6)東福寺に到着。翌日、岐阜に帰城した。

越前衆と丹羽長秀は、敵(7)淡河《おうご》の城に対峙する砦の構築を命じられた。これを完成し、古池田に帰陣して報告した。越前衆には帰国の許可が出て、帰って行った。

そのほかの軍勢は、伊丹方面で陣を据えるよう命じられた。(8)塚口には、丹羽長秀・蜂屋頼隆・蒲生氏郷。塚口の東田中には、福富秀勝《ふくずみひでかつ》・山岡景佐《かげすけ》・山城衆。(9)毛馬には、細川藤孝・同忠興・同昌興。川端の砦には、池田恒興父子三人。(10)田中には、中川清秀・古田重然《しげなり》。四角屋敷には、氏家直通。河原の砦には、稲葉貞通・芥川某。賀茂の川岸には、塩河長満・安藤定治・伊賀七郎。池の上には、織田信忠の軍勢が交替で。(11)小屋野の古城には、滝川一益・武藤舜秀。深田には、高山右近。(12)倉橋には、池田元助。

1 近衛前久＝前関白
2 細川昭元＝室町幕府管領家の嫡流
3 御着＝兵庫県姫路市
4 有馬郡＝兵庫県三田市・神戸市東北部・西宮市西北部
5 野瀬郡＝大阪府豊能郡
6 東福寺＝京都市東山区
7 淡河＝神戸市北区
8 塚口＝兵庫県尼崎市
9 毛馬＝食満、尼崎市
10 田中＝尼崎市
11 小屋野＝昆陽、兵庫県伊丹市
12 倉橋＝大阪府豊中市

以上のとおり、伊丹の四方に砦を築き、二重三重に堀を掘り、塀や柵を造り、それぞれ厳重に警固するよう命令された。

04 安土城天主閣に移る

五月一日、信長は京都に帰還。

この頃、二条晴良《にじょうはるよし》・烏丸光康・三条西実枝・山科言継《やましなときつぐ》、嵯峨天竜寺の策彦周良《さくげんしゅうりょう》ら、要人が続いて病死した。

五月三日、信長は帰国の途についた。山中越え《やまなかご》(1)で坂本(2)に出、お小姓衆だけを従えて舟に乗り、まっすぐ安土に帰城した。

五月十一日、吉日につき、信長は安土城の天主閣に移った。

五月二十五日夜、羽柴秀吉は播磨(3)海蔵寺の砦に兵を忍び込ませ、これを乗っ取ってしまった。これにより、翌日、隣の淡河の城に立て籠もっていた敵も、城を捨てて退去した。

05 安土城天主閣の様子〔巻九(6)を移した〕

安土城天主閣の様子は、以下のとおりである。

1 山中越え＝京都市左京区北白川から大津市へ出る峠越え
2 坂本＝滋賀県大津市
3 海蔵寺＝神戸市北区

石蔵《いしぐら》の高さは(1)十二間余りである。この石蔵の内側を土蔵《どぞう》として使い、これを一階として七階まである。

二階は石蔵の上。広さは南北が(2)二十間、東西が(3)十七間。高さは(4)十六間半。柱の数は二百四本が立つ。本柱《ほんばしら》の長さは八間、太さは一尺五～六寸角ないし一尺三寸角の木材である。

座敷の内壁にはすべて布を張り、黒漆《うるし》を塗った。

西に十二畳敷。狩野永徳《かのうえいとく》に命じて墨絵で梅の絵を描かせた。下階から上階までいずれも、座敷の内部に絵を描いたところにはすべて金を用いた。同じ間のうちに付け書院がある。ここには(5)煙寺晩鐘《えんじばんしょう》の景色を描かせ、その前に(6)盆山《ぼんさん》が置いてある。次は四畳敷、棚に鳩の絵を描かせた。また十二畳敷があり、鵞鳥《がちょう》を描かせたので鵞鳥の間という。また、その次に八畳敷。奥の四畳敷には雉《きじ》が子をいつくしむ情景を描かせた。

南もまた十二畳敷で、唐の儒者《じゅしゃ》たちを描かせた。また八畳敷がある。

東は十二畳敷。次いで三畳敷。その次は八畳敷、食膳を調えるところである。また、その次に八畳敷、これも食膳を調えるところである。六畳敷、納戸《なんど》、また六畳敷。いずれも絵には金を用いた。

北の方には土蔵がある。その次に座敷。二十六畳敷、これは納戸である。西に六畳敷。次いで十畳敷。またその次に十畳敷。同じく十二畳敷。納戸の数は七つある。この下に金燈籠《きんどうろう》が置いてある。

三階には、十二畳敷、花鳥《かちょう》の絵があるので花鳥の間という。別に一段高く四畳敷の御座《ござ》の間《ま》がある。同じく花鳥の絵がある。

1 十二間余り＝約二三メートル
2 二十間＝約三六メートル
3 十七間＝約三一メートル
4 十六間半＝約三〇メートル
5 煙寺晩鐘＝瀟湘八景の一
6 盆山＝盆の上に石と砂で山岳の形を作ったもの

次いで南に八畳敷、賢人の間といい、瓢箪《ひょうたん》から駒の出る絵が描かれている。

東は麝香《じゃこう》の間。八畳敷・十二畳敷で、これは門の上に当たる。次いで八畳敷、呂洞賓《りょどうひん》という仙人と傅説《ふえつ》という宰相の図が描かれている。

北に二十畳敷、馬の牧場の絵がある。次いで十二畳敷、西王母《せいおうぼ》(7)の絵がある。

西には絵はない。縁側が二段、広縁である。二十四畳敷の物置用の納戸がある。入り口に八畳敷の座敷がある。

三階の柱の数は百四十六本が立っている。

四階は、西の十二畳の間には岩に種々の木々を描かせたので、岩の間という。次いで西の八畳敷には竜虎が闘う絵がある。

南の十二畳の間には竹をいろいろ描かせたので、竹の間という。次いで十二畳の間には松だけをいろいろ描かせたので、松の間という。

東には八畳敷、桐に鳳凰《ほうおう》を描かせた。次いでまた八畳敷、俗事を聞いた許由《きょゆう》が潁川《えいせん》で耳を洗い、それで汚れた潁川を避けて巣父《そうほ》が牛を曳《ひ》いて引き返す図、二人の生まれ故郷のように描かれている。次に小座敷、七畳敷で、金泥《きんでい》を引いただけで絵はない。

北は十二畳敷、ここにも絵はない。次いで十二畳敷、このうち西二間《けん》のところに手鞠桜《てまりざくら》の絵を描かせた。次いで八畳敷、庭籠《にわこ》に鷹の子が飼ってある情景を描かせたので、鷹の間という。

四階の柱の数は九十三本が立つ。

五階には、絵はない。南と北の破風《はふ》に当たるところ両方に四畳半の座敷がある。小屋の段

7 西王母＝中国古代の伝説上の仙女

という。

六階は平面八角形で、四間ある。外の柱は朱塗り、内の柱は金色。釈迦十大弟子など、釈《しゃく》尊成道説法《そんじょうどうせっぽう》の図。縁側には餓鬼ども・鬼どもを、縁側の突き当たりには鯱《しゃち》と飛竜を描かせた。

欄干《らんかん》の擬宝珠《ぎぼし》には彫刻を施した。

最上階七階は三間四方。座敷の内側はすべて金色、外側もまた金色である。四方の内柱には上り竜・下り竜、天井には天人が舞い降りる図、座敷の内側には[8]三皇・五帝・[9]孔門《こうもん》十哲・商山四皓《しょうざんしこう》・竹林《ちくりん》の七賢などを描かせた。

軒先には燧金《ひうちがね》・宝鐸《ほうたく》十二箇を吊るした。六十余ある狭間《はざま》の戸は鉄製で、黒漆を塗った。座敷の内外の柱はすべて漆で布を張り、その上に黒漆を塗った。

最上階の金具は後藤光乗《こうじょう》が手がけ、京都や地方の金工が補佐をして尽力した。六階以下は京都の躰阿弥《たいあみ》永勝が金具を担当した。

大工棟梁は岡部又右衛門、塗師頭《ぬしがしら》は刑部《ぎょうぶ》、銀細工師《しろがねざいくし》頭は宮西遊左衛門。瓦は唐人の一観に命じ、その指揮下に奈良の工人が焼いた。

普請の担当奉行は木村高重。

06 法華宗・浄土宗の宗論

五月中旬のことである。

8 三皇・五帝＝中国古代の伝説上の皇帝

9 孔門十哲・商山四皓・竹林の七賢＝中国古代の賢人

関東から浄土宗の(1)霊誉玉念《れいよぎょくねん》という長老が上方へ出てきて、安土の町で説法をした。この説法の会に、(2)法華《ほっけ》宗徒の建部紹智《たけべしょうち》と大脇伝介という二人が顔を出し、疑義を呈して問答をしかけた。霊誉長老は、「年若い方々に申し開きをいたしましても、仏法の奥深いところは御理解できますまい。お二人がこれぞと思う法華宗のお坊様をお連れくだされば、御返答いたしましょう」と答えた。説法の期間は七日間の予定だったのを十一日間に延長して、法華宗の方へ使者を出させた。

法華宗の方でも、それなら(3)宗論をやろう、ということになって、京都から頂妙寺の日珖《にっこう》、常光院の日諦《にってい》、久遠院《くおんいん》の日淵《にちえん》、妙顕寺の大蔵坊《たいぞうぼう》、堺の油屋の当主の弟で妙国寺の僧普伝《ふでん》という歴々の僧たちが来ることになった。

これを伝え聞いて、京都・安土内外の僧俗が安土に群れ集まった。

信長の耳にも達した。「当家の家臣にも法華の宗徒は大勢いるので、信長の考えで斡旋をするから、大袈裟なことはせぬように」と、菅屋長頼・矢部家定・堀秀政・長谷川秀一を使者として両宗に伝えた。

浄土宗側では、どのようにでも信長の指示に従う、と承諾したが、法華宗側は、勝つ見込みで傲《おご》り高ぶっていたから承知せず、ついに宗論をすることになってしまった。

そこで信長は、「それなら審判者を派遣するから、経過を書類にして勝負を報告せよ」と言って、京都五山のうちでも指折りの博学と評判の、日野に住む南禅寺の長老景秀鉄叟《けいしゅうてっそう》を審判者に招いた。ちょうど因果居士《いんがこじ》が安土に来ていたので、これも審判者に副《そ》えて、安土の町はずれ、浄土宗の寺浄厳院《じょうごんいん》の仏殿において宗論ということになった。寺内の警備に、織

1 霊誉玉念＝上野（群馬県）浄運寺の長老
2 法華宗＝日蓮宗
3 宗論＝教義論争

田信澄・菅屋長頼・矢部家定・堀秀政・長谷川秀一の五人が派遣された。

法華宗側はきらびやかな法衣を着飾り、頂妙寺日珖、常光院日諦、久遠院日淵、妙国寺普伝、および妙顕寺の大蔵坊が記録係として、法華経八巻と筆記用具を持って登場した。

浄土宗側は墨染めの衣で、いかにも質素な出で立ち。関東の霊誉長老と安土田中の西光寺の長老聖誉貞安《せいよていあん》が二人、これも筆記用具を持って登場した。

関東の霊誉長老が「私が言い出したことですから、私から発言いたしましょう」と言うのを、田中の貞安長老が抑えて、早口で第一問を発した。以下に両者の問答を書き付ける。

貞安が問うて言う。「法華経八巻のなかに念仏があるか」

法華宗側が答えて言う。「念仏ということはある」

貞安「念仏があるのならば、法華宗ではなぜ、念仏を唱える者は無間《むげん》地獄に落ちると説くのか」

法華「法華宗の阿弥陀《あみだ》と浄土宗の阿弥陀とは同じものか、別のものか」

貞安「阿弥陀はどの経に説かれている阿弥陀も同じものだ」

法華「それならなぜ、浄土宗では法華経の阿弥陀を捨てよと説くのか」

貞安「阿弥陀を捨てよと言うのではない。念仏を唱える時には念仏以外のことはいっさい捨てよと言うのだ」

法華「念仏を唱える時には法華経を捨てよという経文があるか」

貞安「法華経を捨てよという経文はある。浄土経には、人それぞれに適切な方便《ほうべん》をもって法を説けば、それぞれの悟りに到達させることができる、と書かれている。また、専ら阿弥陀仏を一心に念じよ、とも書かれている」

法華「無量義経では、方便をもって四十余年も法を説いたが、衆生《すじょう》はいまだに道を得ることができない、と言っている」

貞安「四十余年、法を説いても得道させることができなかったから以前の経典は捨てよと言うのならば、方座第四でいう妙《みょう》の一字は捨てるのか、捨てないのか」

法華「四十余年の四妙のなかのどの妙のことか」

貞安「法華経の妙だ。あなたは知らないのか」

法華宗側では答えられず、困っていた。

貞安が重ねて言った。「捨てるのか捨てないのかを尋ねたのに、返事がない」

この時、審判者をはじめとして満座の者一同がどっと笑った。聴衆は、法華宗側の僧がまとっている袈裟《けさ》を剝《は》ぎ取った。

時に天正七年五月二十七日午《うま》の刻(4)、関東の霊誉長老は立ち上がり、扇を開いて舞を舞うごとくに見えた。

頂妙寺の日珖は「妙」の一字に答えられず、群集に打擲《ちょうちゃく》され、法華経八巻は聴衆が寄ってたかって破り捨てた。法華宗の僧や宗徒たちは、四方へばらばらと逃げ散った。これを織田信澄らは町口・渡舟場まで追跡して捕らえておき、宗論勝負の記録を信長のもとへ届けた。

信長は時を移さず、午《うま》の刻に安土山を下り浄厳院へ出向いた。法華宗・浄土宗の両当事者を召し出した。まず関東の霊誉長老に扇を賜り、田中の貞安長老には団扇《うちわ》を賜って、二人を大いに褒めたたえた。審判者の景秀鉄叟長老には、先年、堺の者が献上した東坡《とうば》の杖を進呈

4 午の刻＝正午前後

した。

次いで大脇伝介を召し出して、「一国一郡を支配する身分でもすべきことではないのに、お前は俗人の塩売りの町人ではないか。このたびは霊誉長老の宿を引き受けたにもかかわらず、長老の応援もせず、人にそそのかされて問答を挑み、京都・安土内外に騒動を起こした。不届きである」と厳重に申し渡し、真っ先に首を斬った。

また妙国寺の普伝を召し出して、前々から近衛前久と雑談のおりに聞いていた普伝の行跡を問いただした。

普伝は九州から上京し、去年の秋から京都にいる。一切経《いっさいきょう》(5)のどの経のどこにどんな文言があるか、空で言えるほどの博識だそうである。ただし、何宗にも属していない。すべての宗派を学んだなかで法華宗は良い宗派だが、信長の指示があれば何宗にでもなると常々言っていた。普伝の行状といえば、ある時は紅梅の小袖、またある時は摺箔《すりはく》(6)の衣装など結構なものを着て、着古してぼろになると、仏縁を結ぶと称してこれを人々に与えていたそうである。得意顔をしていたが、よくよく調べてみると小袖は値打ちもないまがい物であった。これほど博識の普伝が納得して法華宗に入ったと伝えられれば、法華宗はますます繁栄するからと懇望され、金品を受け取って、このたび法華宗に属したのである。よい齢をして嘘をついたわけで、けしからぬことである。

「今度の宗論に勝ったら一生不自由しないようにしてやろうと法華宗から堅い約束をされ、金品を受け取って、役所へ届けも出さずに安土へ来たことは、日頃の言い分に反し、不届きである」と信長は追及した。「さらに、宗論の場で自分は発言せず、他人に問答をさせて、

5 一切経＝仏教聖典のすべて
6 摺箔＝金銀箔で文様を描く技法

勝ち目になったらしゃしゃり出ようと待ち構えていた。卑劣なたくらみで、誠にけしからぬ」と重ねて申し渡し、普伝の首も斬った。

残った法華宗の歴々の僧たちへは、次のように言い渡した。「大体において、武士たちは軍役《ぐんえき》を日々務めて苦労しているのに、僧職の者たちは寺庵を結構に造り、贅沢な生活をしている。それにもかかわらず、学問もしないで、妙の一字にも答えられなかったのは、誠に許しがたい。しかし、法華宗徒は口が達者だ。後日、宗論に負けたとは多分言うまい。宗門を変更して浄土宗の弟子になるか、さもなくば、このたび宗論に負けた以上は今後は他宗を誹《ひ》謗《ぼう》しない、との誓約書を出すがよい」

法華宗の僧たちは、いやおうもなく承知して、

「　誓約書

謹んで次のとおり誓約いたします。

一、このたび近江の浄厳院において浄土宗と宗論をいたし、法華宗が負けましたので、(7) 京都の僧普伝および塩屋伝介が成敗されました。

一、今後は他宗に対して決して非難はいたしません。

一、法華宗に寛大な御処置を賜りまして、誠にありがとうございます。私ども法華宗の僧はいったん宗門を離れ、改めて御許可を得てから前職に就かせていただきます。

天正七年五月二十七日

法　華　宗

上　　様

7 法華宗の負け＝事実は、宗論では法華宗側が優勢であったが、故意に法華宗の負けと判定し、挑戦的な姿勢をとる法華宗を、信長が事に乗じて弾圧したのである。

浄土宗様　」

このような誓約書を提出した。その上、「宗論に負けました」と書いてしまったからには、法華宗が負けたことを、道理に暗い女子供までが後の代まで聞き知ることになった。別の文言がいくらでもあったのに失敗した、と歴々の僧たちが後悔していると伝え聞いて、またまた世人はこれを笑い物にした。

建部紹智は堺の港まで逃げ延びたが、追っ手をかけられて逮捕された。このたびの騒動は大脇伝介・建部紹智二人の仕業《しわざ》が発端となったのだから、紹智もまた首を斬られた。

07 明智光秀、八上城を攻略

さて、丹波《たんば》の波多野兄弟の八上城《やがみ》を、去年から明智光秀が押し詰めて包囲し、周三里四方に堀を掘り、堅固な塀や柵を何重にもめぐらして、責めつけていた。籠城している兵のなかには、すでに餓死する者も出た。初めは草や木の葉を食い、後には牛馬を食い、忍耐尽き果てて無理無体に出撃してきた兵を、明智勢はことごとく切り捨てた。一方で敵方を調略し、波多野兄弟三人を捕らえた。

六月四日、波多野兄弟を安土へ護送した。信長は即刻、三人を安土慈恩寺の町はずれで磔《はりつけ》に掛けた。三人とも、さすがに観念したのか、神妙な最期を遂げたそうである。

六月十三日、丹後(1)の松田摂津守が、隼《はやぶさ》の巣立ち前の子を二羽献上した。

1　丹後＝京都府北部

六月十八日、織田信忠が安土へ御機嫌伺いに参上した。

六月二十日、信長は、伊丹方面に在陣の滝川一益・蜂屋頼隆・武藤舜秀《きよひで》・丹羽長秀・福富秀勝の五人へ鷂《はいたか》三羽・小男鷹《このり》二羽を、青山与三を使者として届けてやった。五人はありがたく拝受した。

六月二十二日、羽柴秀吉の与力《よりき》に付けられていた竹中重治が、播磨の陣中で病死した。信長はその後任として、お馬廻りを務めている弟竹中重隆を播磨へ派遣した。

六月二十四日、(2)先年、丹羽長秀に下賜した珠光《しゅこう》茶碗を、信長は再び召し上げた。その代わりといって、(3)鉋切《かんなぎり》の銘刀を賜った。長船長光《おさふねながみつ》の作。一段と上出来の刀で、伝来の系図も付属している。

七月三日、武藤舜秀が伊丹の陣中で病死した。

七月六日・七日の両日、安土山で相撲。

七月十六日、徳川家康《いえやす》から、酒井忠次《ただつぐ》を使者として馬が献上されてきた。奥平信昌・酒井忠次の二人も馬を献上した。

七月十九日、織田信忠に命じ、岐阜において、織田与八郎・前田玄以《まえだげんい》・赤座永兼《あかざながかね》の三人に井戸将元《まさもと》を討ち果たさせた。理由は、妻子を安土へ引き移らせず、他家をあちこちと渡り歩いて、常には安土にいないというだらけ者である。また先年は、文書を偽造して深尾和泉守に加担した。不届きな行跡を重ねたので、成敗したのである。

2　先年＝天正四年、巻九（一）

3　鉋切の銘刀＝鉋を切り割ったと伝えられる。

08 明智光秀、丹波を平定

七月十九日、明智光秀《あけちみつひで》が丹後《たんご》へ向かって進撃すると、丹波《たんば》(1)宇津《うつ》城の宇津頼重《よりしげ》は城を捨てて退却した。明智はこれを追撃させ、多数の敵を討ち取って首を安土へ提出した。次いで、(2)鬼箇城《おにがじょう》へ攻め寄せて付近を焼き払い、鬼箇城に対峙する砦を築いて軍勢を配備した。

八月九日、(3)赤井直正《なおまさ》が立て籠もる丹波(4)黒井城へ攻め寄せ、押し詰めると、敵も出撃してきた。これを攻撃し、敵が城内へ逃げ戻るのを追ってどっと外郭まで攻め込み、ひとかどの敵十余人を討ち取った。ついに赤井は種々の条件をのんで降参し、城から退去した。

明智光秀は、以上の経緯を詳しく報告した。信長は、明智が永年、丹波に在陣し、尽力してたびたびの戦果を挙げたことは比類ない功績であると、ありがたい感状を賜った。明智は天下に面目をほどこすこと、これ以上のものはなかった。

1 宇津城＝京都市右京区、旧北桑田郡京北町
2 鬼箇城＝京都府福知山市
3 赤井直正＝すでに死亡、その後継者
4 黒井城＝兵庫県丹波市、旧氷上郡春日町

09 出羽・陸奥から鷹を献上

七月十八日、出羽《でわ》(1)大宝寺《たいほうじ》の大宝寺義興《よしおき》から、駿馬五頭および鷹十一羽を献上してきた。このなかに白鷹が一羽あった。

七月二十五日、陸奥(2)遠野《とおの》の遠野孫次郎という者が、白鷹を献上した。石田主計《かずえ》という鷹匠が、北国の海路をはるばると風波をしのいで持参したのである。誠に雪のように白い、姿かたちも優れた見事な鷹で、見物の人々も感嘆した。信長はこれを秘蔵すること並々のものではなかった。

また、出羽の(3)仙北《せんぼく》というところの前田利信が、これも鷹を持参して献上し、信長に挨拶をした。

七月二十六日、石田主計・前田利信の二人を堀秀政の邸に招き、接待するよう堀に命じた。相席したのは(4)津軽《つがる》の南部政直《なんぶまさなお》である。三人は安土城天主閣を拝見して、「これほど結構なお城は、昔も今も見聞したことはございません。一生の思い出となりますもので、ありがたいことでございます」と言った。

遠野孫次郎へはまず取りあえずの挨拶として、衣服十重《かさね》、誠に結構なもので、織田家の紋が織り出してあり、色は十色、裏地も十色。それに(5)白熊《はぐま》二本と虎の毛皮二枚。以上三種を贈った。使者の石田主計には衣服五重に旅費として黄金が下賜され、ありがたく頂戴した。前田利信には衣服五重に黄金を添えて賜った。誠にありがたいことと感激して帰って行った。

1 大宝寺＝山形県鶴岡市
2 遠野＝岩手県遠野市
3 仙北＝秋田県大仙市、旧大曲市
4 津軽＝青森県
5 白熊＝ヤクの尾、白毛

八月二日、先に法華宗と宗論をした聖誉貞安長老へ銀子五十枚、浄厳院の長老へ銀子三十枚、日野の景秀鉄叟長老へ銀子十枚、関東の霊誉玉念長老へ銀子十枚、以上のとおり送り届けた。ありがたいことである。

八月六日、信長は近江の国中の力士を召し寄せ、安土山で相撲を取らせて見物した。(6)甲賀の伴正林《ともしょうりん》という者は、年齢なら十八、九か、これが良い相撲で七人抜きをやった。翌日もまた相撲をしたが、この日も優れた技を見せた。それで信長は、その場で正林を家臣に召し抱えた。ちょうどこの頃、鉄砲屋与四郎が罰せられて牢に入れられていた。この与四郎の私宅・資材・雑具を没収して正林に与え、また知行百石、金銀飾りの太刀、脇差大小一組、小袖、馬と馬具一式を賜った。名誉なことであった。

八月九日、柴田勝家が(7)加賀へ出陣し、(8)阿多賀《あたか》・(9)本折《もとおり》・小松の入り口まで焼き払い、さらに稲田を薙ぎ払って帰陣したそうである。

10 荒木村重、伊丹城を脱出

八月二十日、信長の命令で、織田信忠《のぶただ》は岐阜から摂津へ出陣した。この日は(1)柏原泊まり。翌日安土に到着。二十二日、堀秀政を伴って出発、(2)小屋野《こやの》に着陣した。

九月二日夜、荒木村重が五、六人の供を従え伊丹城を忍び出て、尼崎の城に移った。

6 甲賀＝滋賀県南部
7 加賀＝石川県南部
8 阿多賀＝安宅、石川県小松市
9 本折・小松＝小松市

1 柏原＝滋賀県米原市、旧坂田郡山東町
2 小屋野＝昆陽、兵庫県伊丹市

11 摂津・播磨の陣　続

九月四日、羽柴秀吉が播磨《はりま》から安土へ戻ってきて、備前《びぜん》(1)の宇喜多直家《うきたなおいえ》から降参の申し入れがあり、これを許すことにしたので、朱印状を頂きたい、と言上した。信長は、「事前に自分の意見も聞かずに談合するとはけしからぬ」と怒って、ただちに秀吉を播磨へ追い返した。

九月十日、播磨の敵、御着《ごちゃく》・曾禰《そね》(2)・衣笠《きぬがさ》の城が共同作戦で、三木《みき》の城へ兵糧を運び込もうとした。三木の城に立て籠もる軍勢は、この機に乗じて出撃し、谷衛好《もりよし》の陣地へ攻め寄せ、谷を討ち果たした。羽柴秀吉はこれを見て出撃し、合戦となった。討ち取った敵は、別所《べっしょ》甚大夫・別所三大夫・別所左近尉・三枝《さいぐさ》小太郎・三枝道右・三枝与平次・砥堀《とほり》孫大夫。このほか安芸・紀伊の武士で姓名を知らぬ者数十人を討ち取り、大勝利となった。

九月十一日、信長は京都へ出発。陸路を勢田《せた》まわりで上洛した。播磨三木方面で合戦となり、多数の敵を討ち取った、との報告は、逢坂《おうさか》(3)で受け取った。秀吉は先日、安土から追い返されたので、それを残念に思って合戦に励み、勝利を得たのだと察し、「三木城攻めの決着がつくまでは、いよいよ精根をつめて、城の出入り口の警戒その他、油断なく努力せよ」と、ありがたい書状を書き送った。

このたびは、相模(4)の北条氏政《ほうじょううじまさ》の弟氏照《うじてる》が鷹を三羽、在京中の信長に献上してきた。

九月十二日、織田信忠は伊丹在陣の軍勢半数を率いて尼崎へ出動、七松《ななつまつ》(5)というところに

1 備前＝岡山県東南部
2 曾禰＝曾根、兵庫県高砂市
3 逢坂＝滋賀県大津市
4 相模＝神奈川県
5 七松＝兵庫県尼崎市

敵城近く砦を二カ所築いた。塩河長満・高山右近を一隊、中川清秀・福富秀勝・山岡景佐を一隊として各砦に配備し、その他の軍勢とともに小屋野に帰陣した。

12 常見検校の事件

九月十四日、京都で[1]座頭《ざとう》たちの訴訟事件があった。経緯は次のとおりである。

摂津の[2]兵庫に常見《つねみ》という金持ちがいた。人に金を貸すたびに損をしていたのでは、必ず自分も貧乏になってしまうだろうと思い、一生金に困らず、楽しく暮らす方法を考え出した。

まず、この常見は目は普通に見えるのだが、その筋に手を回し千貫文積んで[3]検校《けんぎょう》となった。次いで京都に住もうと思い、京都の検校衆に話をつけて千貫文出資させた。こうして、常見検校と名乗って京都に住み、座頭たちから許可料や高利を取って、数年来贅沢に暮らしていた。

座頭たちの訴えは、従来は法規に従っていさえすれば何の心配もなく生業を続けてこられたが、富裕な者がこのように賄賂《わいろ》を使って検校となるのでは秩序を乱し、畏れ多いことである。その上、検校たちは結託し、貸し金の元利を徴収するに際して秤《はかり》に不正な手を加え、余分な金を取り上げるので迷惑している、ということであった。

このたび信長に訴状を提出したところ、座頭たちの言い分を認め、常見ほか検校たちの行為は不正であると判決を下した。常見たちを処罰しようとしたが、種々詫びごとを言い、黄

1 座頭＝遊芸・療治等を業とする盲人
2 兵庫＝神戸市兵庫区
3 検校＝盲人に与えられる官職

金二百枚を献上したので、赦免した。

13 宇治橋を架ける

常見検校らから献上された黄金二百枚を資金として、宇治川平等院[1]の前に橋を架けるよう、松井友閑・山口秀景の二人に命じた。後々までのためであるから堅牢な橋を造るよう申しつけた。

先に浄土宗と法華宗が宗論をしたが、その時の寛大な処置に対する謝礼として、京都の法華宗の僧たちが黄金二百枚を献上した。信長は、これを手許に置いておくのも気色《きしょく》が悪いと言って、伊丹方面・大坂方面・播磨の三木方面等々、諸所の砦に在陣して苦労している部将たちへ、五枚・十枚・二十枚・三十枚と分けて、それぞれ支給した。

九月十六日、滝川一益・丹羽長秀の二人に馬を賜った。ありがたいことである。青地与右衛門が使者であった。

1 平等院＝京都府宇治市

14 織田信雄を叱責

九月十七日、伊勢に在国の織田信雄《のぶかつ》は、伊賀[1]へ軍勢を侵攻させ、制圧しようとした。し

1 伊賀＝三重県西北部

かし合戦となり、柘植《つげ》三郎左衛門が討ち死にした。

九月十八日、信長の京都二条の新邸で、摂家・清華家の公家衆と細川昭元が蹴鞠《けまり》の会を催した。信長は見物しただけであった。

九月二十一日、信長は京都から摂津伊丹方面へ出陣した。この日は山崎泊まり。二十二・二十三の両日は雨降りで駐留。ここで織田信雄へ、上方(2)へ出陣もせずに勝手な合戦をするのはけしからぬ旨の書状を書き送った。その文面は、次のとおりであった。

「このたび伊賀の国境で負け戦をしたそうだが、誠に天の道理にそむく恐ろしいことで、天罰ともいえる。その理由は、お前が上方へ出陣すれば伊勢の武士や民衆が苦労をするというので、ようするに、隣国と合戦ということになれば他国への出陣をまぬがれることができるという意見に引きずられ、もっと厳しく言えば、若気の至りでそういう考えが正しいと信じて、このたびの事態となったのか。まったく残念なことだ。上方へ出陣すれば、それは第一に天下のためになり、父への孝行、兄信忠への思いやりともなり、結局のところお前自身の現在・将来のための功績となるはずだ。当然のことだが、三郎左衛門その他を討ち死にさせてしまったのは言語道断《ごんごどうだん》、けしからぬことである。本当にそのような考えでいるのならば、親子の縁を切るようなことにもなると思うがよい。なお詳細は、この書状を持参する使者が申し伝えるであろう。

九月二十二日

信　長

織田信雄殿」

2 上方＝摂津方面

九月二十四日、信長は山崎を出発、古池田(3)に至り陣を据えた。九月二十七日、伊丹を包囲する砦を視察。小屋野では滝川一益の陣にしばらくおり、それから塚口の丹羽長秀の陣へ行き、休息した。暮れ方に古池田へ帰陣。翌九月二十八日、京都に帰還。この日、初めて茨木の城に立ち寄った。

15 人売り女を処刑

この頃、下京場之町《ばのちょう》(1)の木戸番を勤める者の女房が、常日頃、多くの女を誘拐し、和泉《いずみ》の堺《さかい》(2)で売りとばしていた。このたび聞きつけて、村井貞勝《むらいさだかつ》が逮捕して取り調べたところ、女だてらに現在までに八十人ほど売ったと白状したそうである。ただちに処刑した。

九月二十九日、加賀の一揆勢で大坂へ連絡にきた者を、正親町季秀《おおぎまちすえひで》が捕らえ、信長のところへ護送した。信長は大いに喜び、この者をただちに成敗した。

16 直訴の町人を処刑

十月一日、山崎(1)の町人が、先年、明智光秀・村井貞勝の裁判で決着した訴訟事件について、偽りの文書を作って信長に直訴《じきそ》した。信長が村井に詰問したところ、その裁判の経緯と

3 古池田＝大阪府池田市

1 下京場之町＝京都市中京区
2 堺＝大阪府堺市

1 山崎＝京都府乙訓郡大山崎町

判決を言上した。信長は「不届きである」と申し渡し、この町人を処刑した。

十月八日、信長は戌の刻[2]に二条を出発、夜通しかけて、翌九日朝、日の出頃、安土に帰城した。

17 伊丹城を攻撃

滝川一益《たきがわかずます》は調略をもって、佐治新介を仲介として、伊丹《いたみ》側の中西新八郎を味方に引き入れた。十月十五日、中西の才覚で、足軽部隊長の星野左衛門・山脇勘左衛門・隠岐《おき》土佐守・宮脇又兵衛が寝返り、上臈塚《じょうろうづか》へ滝川の軍勢を引き入れた。滝川勢は多数の敵を切り捨てた。生き残った敵兵は、取るものも取りあえず、上を下への大慌てで伊丹城内へ逃げ込んだ。親子兄弟が上臈塚で討たれた者は、泣き悲しむばかりであった。

こうして、織田方の軍勢は伊丹の町を無傷で占領し、城と町方との間にある武家屋敷町を焼き払い、城をはだか城にしてしまった。岸の砦には渡辺勘大夫が立て籠もっていたが、これも混乱に乗じて織田方に転じようとして、多田[1]の館まで撤退した。しかし、事前に申し出ることもなく不届きであるとのことで、切腹を申しつけた。

また、鵯塚《ひよどりづか》は野村丹後の指揮下に雑賀《さいが》の軍勢も加わって守備をしていたが、兵のほとんどが討ち死にした。野村は降参して退去しようとしたが、許さず、切腹を命じて、首を安土へ送り届けた。荒木村重の妹は野村の妻となっていたが、伊丹城中でこれを聞き、世の中の

1 多田＝兵庫県川西市

2 戌の刻＝午後八時前後

憂いを一身に集めたかのように泣き悲しみ、これから後は生きていても仕方がないけれども、さらにまた、どんな憂き目を見ることかと思い嘆く有様は、目も当てられぬほど哀れであった。

織田方の軍勢は伊丹城を四方から押し詰め、櫓《やぐら》を築き、坑夫に隧道《ずいどう》を掘らせて攻め立てた。城内の敵から降参するので助命してほしいとの申し出があったが、許さず、攻撃を続けた。

十月二十四日、明智光秀は丹後・丹波両国を平定し、安土へ凱旋して信長に報告した。その折《おり》、しじら百反を献上した。

18 北条氏政、甲斐へ出陣

十月二十五日、相模の北条氏政《ほうじょううじまさ》が信長に味方することになり、六万ばかりの軍勢を率いて出陣、甲斐(1)を目指し、黄瀬川《きせがわ》を隔てて三島(2)に陣を構えた、との報告があった。武田勝頼《かつより》(3)も甲斐の軍勢を率いて出陣し、富士山の麓三枚橋《さんまいばし》(4)に陣地を築き、対陣した。徳川家康も北条氏政との共同作戦として駿河(5)へ進撃し、諸所に攻撃の火の手をあげた。

十月二十九日、越中の神保長住《じんぼうながずみ》が、信長に黒芦毛の馬を献上した。

十月三十日、備前の宇喜多直家の降参を許したので、代理として宇喜多基家が摂津の小屋野へ参上し、織田信忠にお礼の挨拶をした。羽柴秀吉が取り次ぎをしたものである。

1 甲斐＝山梨県
2 三島＝静岡県三島市
3 武田勝頼＝信玄の子
4 三枚橋＝静岡県沼津市
5 駿河＝静岡県中央部

19 二条の新邸を皇室へ献上

十一月三日、信長は京都へ出発。この日は勢田橋《せたばし》の茶屋に泊まった。勤番の家臣や御機嫌伺いに参上した人々に白鷹を見せた。

翌日、上洛。二条の新邸の工事が完了したので、十一月五日、これを皇室へ献上することについて申し入れた。宮中ではさっそく陰陽博士《おんようはかせ》に日取りを選定させ、十一月二十二日が吉日なので、この日に(1)東宮が新御所へ移ることに決まり、その支度が始められた。

十一月六日、信長は白鷹を携えて、(2)北野の辺りで鶉《うずら》狩りをした。

十一月八日、(3)東山から一乗寺まで鷹狩り。白鷹で初めて獲物を獲った。九日・十日両日、(4)一乗寺・修学寺の山で鷹狩り。上京《かみぎょう》(5)立売《たちうり》の町人が、狩り場へ酒肴を運び、接待した。信長は、町人たち一人一人に言葉をかけた。ありがたいことであった。

十一月十六日(6)亥の刻に、信長は二条の新邸から(7)妙覚寺へ移った。

1 東宮＝皇太子、誠仁親王
2 北野の辺り＝京都市上京区・北区
3 東山から一乗寺＝京都市東山区・左京区
4 一乗寺・修学寺の山＝京都市左京区
5 立売＝京都市上京区
6 亥の刻＝午後十時前後
7 妙覚寺＝京都市中京区

20 伊丹城に人質が残される

十一月十九日、伊丹城に立て籠もっていた荒木久左衛門その他、主だった部将たちは、妻子を人質として城に残し、(1)尼崎の城へ退去した。これは、尼崎・(2)花熊の二城を明け渡せ

1 尼崎＝兵庫県尼崎市
2 花熊＝花隈、神戸市中央区

ば人質の妻子らを助命するという、織田方が提示した条件を荒木村重《あらきむらしげ》に伝え、説得するためであった。退去する時、久左衛門は、

いくたびも毛利を憑《たの》みに(3)ありをかやけふ思ひたつ(4)あまの羽衣

〔何度も毛利の援軍を待ちながら有岡《ありおか》城に在城していたが、今日、尼崎城へ退去することを思い立ち、天の羽衣を残して出立する〕

という歌を一首詠み残していった。

織田信澄《のぶずみ》は伊丹城に軍勢を入城させ、各櫓《やぐら》に駐留して城内の警固に当たるよう命じられた。伊丹城に残された妻子たちは籠に入れられた形となって、互いに目と目を見合わせていた。余《あま》りの心細さに、

荒木村重の妻たしが荒木のもとへ送った歌

霜がれに残りて我は八重むぐら難波《なにわ》の浦の底のみくづに

〔私は霜にあって枯れ残った八重葎《やえむぐら》のようなものです。あとは難波の海に沈んで海底の水屑になるだけです〕

荒木村重の返歌

思ひきやあまのかけ橋ふみならし難波の花も夢ならんとは

〔天へ架けた橋を踏み鳴らすように難波の尼崎でがんばってきたが、その誇りも夢のようにはかないもの

3　ありをか＝居たのに・有岡。有岡城は伊丹城の別名。

4　あま＝天・尼崎

になろうとは思いもしなかった〕

あこからたしへ送った歌
ふたり行くなにか苦しき法《のり》の道風は吹くとも音《ね》さへ絶えずば
〔冷たい風が吹いてもお念仏の声を絶やさなければ、私も一緒に行く阿弥陀浄土への道はなんで苦しいことがありましょうか〕

お千代から荒木村重への歌
これほどの思ひし花は散りゆきて形見になるぞ君が面かげ
〔これほど思っていた私たちの仲は、あなたの面影を形見に残して、花が散るように終わりとなるのですね〕

荒木村重の返歌
百年に思ひしことは夢なれやまた後《のち》の代の又後の世は
〔百年も続くと思っていた私たちの仲は夢だったとしても、後の代のまた後に生まれて出会った時には、決して夢のようにはかないものではないと信じてください〕
このように詠み交わしたのであった。

21 東宮、二条の新御所に移る

天正七年十一月二十二日、東宮《とうぐう》が(1)二条の新御所へ移ることになった。出発時刻は(2)卯《う》の

1 二条の新御所＝京都市中京区

刻とされていたが、(3)辰《たつ》の刻になった。道筋は、一条から室町通りである。

行列の順序等は以下のとおり。

先頭には近衛前久《このえさきひさ》が立つ。次に五摂家の近衛信基《のぶもと》・九条兼孝《くじょうかねたか》・一条内基《いちじょううちもと》・二条昭実《にじょうあきざね》・鷹司信房《たかつかさのぶふさ》。これらの人は輿《こし》に乗る。輿の脇には侍衆の歴々が従う。介添えの人たち・中間《ちゅうげん》以下は輿の後に順序不同で従う。

次に、お奉行衆の大藤《おおとう》左衛門尉・大藤備前守・林越前守・小河亀千代丸。伝奏役は折烏帽《おりえぼ》子《し》、素襖《すおう》、袴《はかま》は股立《ももだ》ちを取る。

御物《ぎょぶつ》は五尺四方ほどある朱塗りの唐櫃《からびつ》に納め、これは台に載せてある。雑色《ぞうしき》は折烏帽子、素襖、袴は股立ちを取る。思い思いの引き綱をつけた金手棒《かなてぼう》で、刀類を持ったり腰を高くしている見物の群衆を注意して通る。

東宮の琴、これは錦の袋に入っている。四天王寺の楽人《がくじん》が従う。琴の持ち手は一人、風折《かざおり》烏帽子に布直垂《ぬのひたたれ》を着ている。

東宮の傘、これは白い傘袋に入っている。持ち手は仕丁《しちょう》、立《たて》烏帽子に白張《しらはり》を着ている。

一番の板輿《いたごし》には、(4)五の宮とその生母の(5)若御《み》局《つぼね》が一緒に乗っている。

二番の輿には、東宮妃の中山上臈《じょうろう》と同じく(6)勧修寺《かじゅうじ》上臈。

三番の輿に(7)大乳人《おおめのと》。

四番の輿に小上臈たち。

五番の輿に侍女の中将。

六番の輿に五の宮の乳人。

2 卯の刻＝午前六時前後
3 辰の刻＝午前八時前後
4 五の宮＝東宮の第五皇子。信長の猶子となった。
5 若御局＝万里小路秀康の娘
6 勧修寺上臈＝勧修寺晴子、のちの後陽成天皇の母
7 大乳人＝東宮の乳母

以上、輿は六丁である。仕丁は十徳《じゅっとく》を着る。侍衆が輿の左右に添っている。お供の女房衆は六十人、衣被《きぬかず》きで、皮足袋に一枚皮の草履を履く。この一群は誠に光り輝くばかりで、衣服に焚き込めた香がかおり、言いようもなく結構である。また下級の侍女たちで、衣服の袋などを持っている者もいる。

堂上方《どうじょうがた》と公家のお供衆は、飛鳥井雅教・庭田重保・柳原淳光・四辻《よつつじ》公遠・甘露寺経元・持明院《じみょういん》基孝・高倉永相《ながすけ》・山科言経《ときつね》・庭田重通・勧修寺晴豊《はれとよ》・正親町季秀・中山親綱・中院《なかのいん》通勝・烏丸《からすま》光宣・日野輝資・水無瀬《みなせ》兼成・広橋兼勝・吉田兼和・竹内長治・東坊城《ひがしぼうじょう》盛長・水無瀬親具・高倉永孝・葉室定藤・万里小路《までのこうじ》充房・四辻季満・四条隆昌・中山慶親・六条有親・飛鳥井雅継・水無瀬氏成・五条為名・中御門《なかみかど》宣光・富小路《とみのこうじ》秀直・唐橋《からはし》在通、以上。それぞれ徒歩でお供する。立烏帽子《たてえぼし》に絹の直垂《ひたたれ》、紋はいろいろ。素足に太緒の草履《ぞうり》を履く。風折《かざおり》烏帽子の懸け緒は紫の平打ち。飛鳥井雅教は紫の四打《よつう》ちの懸け緒である。吉田神社の神主吉田兼和は堂上方に加えられたので、このなかにいる。この人は白の八打《やつう》ちの懸け緒である。

輿添いの者が前を払って、東宮の輿。輿をかつぐ者は立烏帽子に白張を着る。北面の武士十一人。これは折烏帽子、素襖、袴、足半《あしなか》草履。輿の少し後に牛飼の童《わらわ》も従う。

続いて、清華家の公家衆、徳大寺公維《きんつな》・西園寺《さいおんじ》実益・三条西公明・大炊御門《おおいのみかど》経頼・久我《こが》季《すえ》通《みち》・三条公宣・花山院《かざんいん》家雅、以上。立烏帽子に絹の直垂、色はいろいろ。素足に太緒の草履を履いて、輿から少し離れて従う。公家衆のお供の侍・中間たちが順序不同で後に従う。三百人ほどもいただろうか。

おりしも輿の御簾《みす》へ朝日が差し込んで、信長が行列を見物しているところから確かに東宮

8 香色＝くすんだ黄色で赤味がかった色

の姿を拝見することができた。東宮は眉を描き、立烏帽子、絹の(8)香色《こういろ》の小直衣《このうし》に絹の白い袴であった。昔も後代も、このような間近で拝見することはないであろう。威儀と美しさは、とても言葉には表現できないほどであった。

白川雅朝と冷泉《れいぜい》為満の二人は、東宮の輿に付き添った。菊亭晴季《きくていはるすゑ》が御簾を上げる役であった。東宮の剣は中院通勝が持った。

御礼の取り次ぎは勧修寺晴豊であったそうである。

以上。

22 伊丹城の池田和泉、自害

十一月二十七日、信長は北野の辺りで鷹狩りをし、秘蔵の鶴《はいたか》を見失った。諸方を探させたところ、十二月一日、丹波《たんば》で発見され、捕らえて届けられた。

さて、伊丹の城には妻子たちの警固のため、吹田《すいた》某・泊々部《ほうかべ》某・池田和泉《いずみ》の三人が残されていたが、池田和泉は城内の状態をどのように見きわめたのか、歌一首、

露の身の消えても心残りゆく何とかならんみどり子の末

〔私は露のように消えていくが、心残りは幼い子供たちのこと。どのようになるのか、なんとか助かってほしいものだ〕

と詠みおき、その直後、鉄砲に弾薬を込めて自身で頭を撃ち砕き、自害してしまった。妻子たちはますます心細く、尼崎からの迎えが来るのを今か今かと待ちわびていた。誠に哀れ

な有様であった。

十二月三日、信長は直属の家臣上下ことごとくを妙覚寺へ召し寄せ、しじら・反物・板に巻いた織物など千反余りを積み置いて、お馬廻り衆その他諸人に下賜した。ありがたく頂戴した。

高山右近の父、高山飛騨守は、去年、伊丹方へ走り込んだ不届者なので、十二月五日、青木鶴を使者として北国へ護送させ、柴田勝家の監視下に預けた。

23 石清水八幡宮を修築

十二月十日、信長は山崎まで出掛けた。十一・十二の両日は雨降りのため、宝積寺《ほうしゃくじ》(1)に滞在。

石清水《いわしみず》(2)八幡宮は、本殿と前殿との間に昔から木製の樋が掛けてあった。これが腐って雨が漏り、社殿ははなはだしく朽廃していた。信長はこの状態を伝え聞いて、修築することにした。

すぐに山城(3)の信長直轄領の代官武田佐吉・林高兵衛・長坂助一を召し寄せ、六間(4)の樋を後々のためであるから唐金《からかね》(5)で、五つに分けて鋳造するよう命じた。

昔は大工の棟梁や諸職人の頭《かしら》たちがそれぞれ必要以上に工費を取り、無駄な費用を掛けていたので、その割には工事ははかばかしく進行しなかったものである。今回は必要な工費の

1 宝積寺＝京都府乙訓郡大山崎町
2 石清水八幡宮＝京都府八幡市
3 山城＝京都府南東部
4 六間＝約一二メートル
5 唐金＝青銅

ほかには少しも無駄がないように、それぞれの職種ごとに監督の担当者を任命し、一日も早い完成をめざして努力するよう、厳重に命令した。鍛冶屋・大工・製材業者・屋根葺師・鋳《い》物師《もじ》・瓦焼師などを召集し、また、大和の(6)三輪山《みわやま》から用材を伐り出させた。

八幡宮の社僧に起工式の吉日《きちにち》を尋ねたところ、恒例として宮中から日時を指示されるとのことだった。申請して待っていたところ、吉日と良い時刻を選定し、天正七年十二月十六日(7)卯《う》の刻と(8)勅諚《ちょくじょう》があった。

この頃、信長は、(9)八幡《やわた》の片岡鵜右衛門という者が所持していた珠光香炉を召し上げ、代償として銀子《ぎんす》百五十枚を下賜した。

24 伊丹城の人質を成敗

荒木方がこの期《ご》に及んでも尼崎・花熊《はなくま》の二城を明け渡さないのは、歴々の武士が人質となっている妻子や肉親を見捨てて、自分たちだけが助かろうとすることにほかならず、前代未聞の成り行きである。

伊丹城に残された多くの妻子たちは、現在の情況を聞かされて、これは夢なのか現実なのかと迷い、いとしい者たちとの別れの悲しさを何にもたとえようがなかった。あるいは幼い子を抱え、あるいは妊娠している者もいた。さて、どうしたらよいかと嘆きつつ、もだえこがれ、声も惜しまずに泣き悲しむ有様は、目も当てられなかった。この様子を見聞きすると、

6 三輪山＝奈良県桜井市
7 卯の刻＝午前六時前後
8 勅諚＝天皇の指示・命令
9 八幡＝八幡市

気丈《きじょう》な武士といえども岩や木ではないから、涙を流さぬ者はなかった。

信長は山崎で情況の報告を受け、かわいそうだとは思ったが、悪人を懲《こ》らしめるために伊丹城の人質を成敗《せいばい》するよう、詳細に命令を出した。

荒木村重の身内の者は京都で成敗せよとの命令で、十二月十二日の夕刻から夜通しかけて京都へ護送させた。妙顕寺(1)に大きな牢を造り、三十人余りの女たちを収容した。泊々部某・吹田某および荒木久左衛門の息子自念《じねん》の三人は、村井貞勝の役所の牢に入れさせた。このほか、摂津の国でひとかどの地位にいる者の妻子を選び出し、滝川一益・蜂屋頼隆・丹羽長秀の三人に預けて、磔《はりつけ》に掛けるよう命じた。

このようななかで、荒木五郎右衛門という者が、常日頃は妻との間はさほどしっくりとはいっていいなかったのに、このたび妻を捨て置いたことは道理に反したことであるといって、明智光秀を頼って駆け込み、自分の命と引き換えに妻を助けてくれるよう、いろいろと嘆願をした。しかし、どうしても聞き届けられず、結局、夫婦二人とも成敗された。哀れなことであったが、仕方がなかった。

京都へ護送された者たちは皆、涙ながらに親子兄弟のところへ、それぞれ最後の手紙を書き残した。

十二月十三日(2)辰《たつ》の刻に、人質百二十二人を尼崎に近い七松《ななつまつ》というところで磔に掛けることが決まり、それぞれ引き出された。さすがに歴々の妻女たちであったから、衣装を美しく着飾り、逃れられぬ運命と悟って神妙に並んでいた。この美しい妻女たちを、いかにも荒々しい武士たちが受け取って、幼児がいれば母親に抱かせたまま、次々と柱に引き上げ、磔に

1 妙顕寺＝京都市中京区
2 辰の刻＝午前八時前後

掛けた。そうして次々と鉄砲で撃ち殺し、または槍や薙刀《なぎなた》で刺し殺した。百二十二人の妻女たちが一斉に悲しみ叫ぶ声は天にも響くほどで、これを見守る人々は、目もくらみ心も消えて、同情の涙を押さえることができなかった。見た人は、二十日も三十日もの間、成敗された妻女たちの顔が浮かんで、忘れられなかったそうである。

このほかに、女三百八十八人、これは中級以下の武士の妻子と侍女たちである。男百二十四人、これは歴々の妻女たちに付けられていた若党《わかとう》その他である。合計五百十余人。矢部家定が検使を命じられ、これを家四軒に押し込め、枯れ草を積んで焼き殺した。風が起こり火が廻るにつれて、魚が反り返り跳びはねるように、あちこちとなだれ寄り、焦熱の炎にむせび、踊り上がり跳び上がり、悲鳴は煙とともに空に響いた。地獄の鬼の呵責《かしゃく》もこれかと思われた。肝《きも》も魂も消え失せて、二目と見られる人はなかった。哀れな有様は、言葉には言い尽くせない。

伊丹の城にはお小姓衆を二十日交替で詰めさせ、十二月十四日、信長は山崎から京都妙覚寺に帰還した。そうして、十二月十六日に荒木村重の身内の者を京都で成敗するよう、命令を出した。

さて、ことここに至った経緯を聞けば、哀れなことはいうまでもない。

去年十月下旬、荒木村重は魔が差して、信長に敵対することとなった。すぐさま十一月三日に信長は上洛。同九日に出陣、天神の馬場に砦を築いた。しかし、高槻《たかつき》の城も茨木の城も堅固であるから簡単には攻め崩されまいと、荒木も家臣たちも思っていたところ、意外にも、杖とも柱とも頼りにしていた高山右近《たかやまうこん》・中川清秀《なかがわきよひで》が織田方に寝返ってしまった。この時点でも、これほどの事態になるとは思っていなかったところが、信長はやすやすと小屋野へ陣を寄せ、隙間もなく伊丹を包囲して布陣するよう命じた。

十二月一日の夜、安部二右衛門も織田方に転じ、大坂・尼崎から伊丹への通路を遮断してしまった。このため荒木方では、上下ともに難儀なことになった。

しかしながら、安芸《あき》の毛利輝元《もうりてるもと》が一月十五日過ぎには必ず出陣し、西宮か越水《こしみず》あたりに本陣を据えて、吉川元春・小早川隆景・宇喜多直家を尼崎に布陣させ、雑賀・大坂の軍勢に先陣を務めさせて両側から攻撃し、織田勢を追い払って荒木の思いどおりに摂津を支配させようと、誠に本当らしく誓紙を書いてよこしたので、誰もが神仏に願をかけ、毛利の救援を頼りにしていた。

今年二月十八日、信長は再び上洛し、三月五日に出陣して古池田に陣を据え、信忠は賀茂の川岸に近々と砦を築き、伊丹城の四方に堀を掘り、堅固な塀・柵を二重三重に巡らした。伊丹城はまったく籠の中の鳥と同じであった。

この先どうなってしまうのかと心配ではあったけれども、春夏のうちに毛利の軍勢が救援に来れば、必ず決着がつくと待ち暮らしていた。どんな森や林でも春には花が咲くのだから、百花が咲き、摂津の国も穏やかになるだろうと朝夕待っているうちに、間もなく春も逝き、すでに楊梅《やまもも》・桃・李《すもも》の花は咲き散って、木々の緑は深くなり、衣替え、卯の花、郭公《ほととぎす》、五月雨《さみだれ》どきの物思いというように月日が過ぎた。その間に、激しい合戦で親が討たれ子が先立ち、誰も彼もひとかたならぬ嘆きは喩《たと》えようもなかった。それでまた、どうしたのだろうと中国筋へ何度か使者を遣わしたところ、兵馬の食糧が調い次第、七月中にも出陣しようと、先送りの返事であった。また八月には、国内に事件が起こって出陣できないといってきた。

今はすでに木々も落葉し、森もしだいに枯れ木となり、心細くなって戦意も失い、どうしようもなくなった。すると荒木村重が言うことには、「波多野兄弟が磔にかかったように、むざむざとは殺されるものか。城内の兵糧が尽きそうになったら、それより以前に軍勢を出撃させ、小屋野・塚口へ進撃して合戦をしよう。その間に、伊丹に残る三千の軍勢を三段に配置して、婦女子を囲んで退去するのは何の造作《ぞうさ》もないことだ。もし、この企てが実行できなかったときは、尼崎・花熊の二城を明け渡し、命は助かるようにしよう」と、城内の全員を力づけた。そうして九月二日の夜、荒木村重は五、六人を従え伊丹城を忍び出て、尼崎の城へ移って行った。

城内の者はますます気力を失い、誰もがこれから先どうなるのかと心配していたところ、十月十五日、星野左衛門・山脇勘左衛門・隠岐土佐守の足軽(3)部隊長三人が織田方に寝返りをした。日頃は伊丹で一方の旗頭《はたがしら》を務めるほどの武士の妻子は、人質として毎夜城内へ入れさせていたのに、運が尽きたしるしだったのか、未明に人質を帰らせた。そこで星野らは、上臈塚《じょうろうづか》へ織田方の軍勢を引き入れた。織田勢は、荒木方の兵を多数切り捨て、町を無傷のまま占領し、城と町方との間にある武家屋敷町を焼き払って城をはだか城にした。渡辺勘大夫が岸の砦から多田の館まで撤退したのを切腹させ、また、鵯塚《ひよどりづか》には野村丹後が大将として立て籠もっていたが、これも降参したが許されず、切腹させられた。

そうして明智光秀が、「尼崎・花熊の二城を明け渡して、助命を乞うがよい」と提示してきた。ありがたいことと思って荒木のもとへ伝えたが、埒《らち》が明かなかった。そこで、伊丹城の

3 部隊長三人＝宮脇又兵衛を加えて四人

主だった部将たちは、「この道理を荒木に伝え、両城を明け渡すように説得いたしましょう。もしも荒木が同意しなかったときは、私どもが先陣を承り、御軍勢に御出陣いただいて、即座に尼崎の城を攻略いたしましょう」と誓約し、妻子を人質として城に残し、泊々部・吹田・池田和泉を妻子たちの警固に残して、十一月十九日、尼崎へ出立して行った。

しかし、事態が好転しないことを見通した池田和泉は、鉄砲に弾薬を込め、自ら頭を撃ち砕いて自害した。世の中に命ほどはかないものはない。

尼崎からは、昨日までは立派なことを言っていた歴々の武士たちが、人質となっている妻子・肉親のことよりも自分たちの身の成り行きを思案するようなことばかり言ってきた。妻子たちは「こうなってはどうにも逃れられない運命ですから、お坊様をお願いいたしましょう」と言って、それぞれの寺の僧侶にお布施《ふせ》を献じ、数珠《じゅず》や経帷子《きょうかたびら》をもらい、極楽往生を願って身を慎んでいた。お布施には金銀を差し出す者もあり、着ている衣装を進呈する者もいた。以前から大切にしてきた華やかな綾・錦よりも、今は経帷子の方がありがたい。世にときめいていた時には聞くだけでも寒気がした経帷子を頂き、また戒名も授けてもらい、心強く思われるのであった。

千年も万年もと契《ちぎ》った夫婦・親子・兄弟姉妹の仲も裂かれ、思いもよらず京都で衆人に恥をさらすことになったが、今はもう荒木をも恨まず、前世で自分が犯した罪が原因でこのようにみじめな結果になったのだと諦めて、荒木の妻たしは、たくさんの歌を詠んで残した。

たし

消ゆる身は惜しむべきにもなきものを母の思ひぞ障《さわ》りとはなる

〔消えていく自分の身は惜しくないけれど、子を思う気持ちだけが煩悩《ぼんのう》となって往生の妨げになります〕

残しおくそのみどり子の心こそ思ひやられてかなしかりけり

〔この世に残して行く幼児の心を思いやると、哀れで悲しい〕

木末《こずえ》よりあだに散りにし桜花さかりもなくて嵐こそ吹け

〔盛りにもならぬうちに嵐が吹いて、梢から無駄に散ってしまう桜の花のような夫婦の仲でした〕

磨くべき心の月の曇らねば光とともに西へこそ行け

〔心の中の月は磨いて澄んでいますから、その光とともに西方浄土へ行きます〕

　おちい　　これはたしの侍女で、京殿《きょうどの》と呼ばれていた。

世の中の憂き迷ひをばかき捨てて弥陀《みだ》の誓ひに会ふぞうれしき

〔この世の煩悩を捨てて、あの世で阿弥陀様に救われるのは嬉しいことです〕

　隼人《はやと》の妻　　これは荒木の娘。

露の身の消え残りても何かせん南無阿弥陀仏に助かりぞする

〔露のようにはかない身が、この世に生き残っても仕方がない。だから阿弥陀様に救われるように、お念仏を唱えています〕

　おほて　　これも荒木の娘。

萌え出づる花はふたたび咲かめやと頼みをかけて有明《ありあけ》の月

〔花が再び咲くように私も再び生まれることができるだろうと希望をもって、西空に残

る朝方の月を見ています〕

ぬし　同じく。

歎くべき弥陀の教への誓ひこそ光とともに西へとぞ行く

〔阿弥陀様が必ず救ってくださるという教えを希望の光として西方浄土へ行くのですから、嘆くこともありません〕

荒木与兵衛の妻　これは村田因幡《いなば》の娘。

頼めただ弥陀の教への曇らねば心のうちは有明の月

〔阿弥陀様が必ず救ってくださると信じていますから、心の中は有明の月のように澄んでいます〕

さい

先立ちしこの身か露も惜しからじ母の思ひぞ障りとはなる

〔先に死んでいくこの身は少しも惜しくはありませんが、残していく子供のことを思うと、それが往生の妨げになります〕

誰もみな、思い思いの人に宛てて手紙などを書き残した。

さて、十二月十六日辰《たつ》の刻、荒木村重の身内の者たちを車一台に二人ずつ乗せて、京都市中を引き廻した。順番は次のとおりであった。

一番　吹田某、年齢二十くらい、これは荒木の弟。

野村丹後の妻、年齢十七、これは荒木の妹。

二番　荒木の娘、十五、隼人の妻、妊娠している。

たし　二十一。
三番　荒木の娘、だご、十三、隼人の妻の妹。
　吹田某の妻、十六、吹田因幡の娘。
四番　渡辺四郎、二十一、荒木元清の兄息子。渡辺勘大夫が娘と結婚させ、養子にした。
　荒木新丞《しんのじょう》、十九、右の弟。
五番　宗祭つまり伊丹源内の娘、三十五、伊丹安大夫の妻、八歳の子がいる。
　瓦林越後の娘、十七、北河原与作の妻。
六番　荒木与兵衛の妻、十八、村田因幡の娘。
　池田和泉の妻、二十八。
七番　荒木越中の妻、十三、たしの妹。
　牧左兵衛の妻、十五、たしの妹。
八番　泊々部某、五十くらい。
　荒木久左衛門の息子自念《じねん》、十四。

このほかに、車三台に子供たちを乳母《うば》ともども七、八人ずつ乗せた。上京一条の辻から室町通りを通って京都市中を引き廻し、(4)六条河原へ引き着けた。

成敗の担当奉行は越前衆の不破光治・前田利家・佐々成政・原政茂・金森長近の五人。このほか、役人、伝令、雑役、処刑の道具や死体を扱う者など数百人。いずれも具足《ぐそく》を着け、兜をかぶり、太刀・薙刀の抜き身を持ち、弓に矢をつがえて、いかにも恐ろしげな格好で車の前後を警固した。

4　六条河原＝京都市下京区

妻女たちは皆、肌には経帷子を着け、上には華やかな小袖を美しく着飾り、さすが歴々の妻女たちであるから、逃れられぬ運命と悟り、少しも取り乱さず神妙な態度であった。荒木村重の妻たしは有名な美人であった。以前ならたやすく人に顔を見せることもなかったのに、運命が狂えば仕方ないもので、いとも乱暴な雑役どもの手にかかり、肘《ひじ》をつかまれて車に乗せられた。最期《さいご》の時にも、たしは車から下りると帯を締めなおし、髪を高々と結い直し、小袖の襟を後ろへ引いて、見事に首を斬られた。

これを見ならって、その他の妻女たちも皆、見事な最期を遂げた。けれども、侍女や召使の女たちは、人目もはばからずに悶《もだ》え、泣き叫んで、哀れであった。

荒木久左衛門の息子、十四歳の自念と、伊丹安大夫の八歳の息子は、二人とも静かに「最期のところはここか」と言って敷き皮に坐り、自ら首を伸ばして斬られた。これを見て、さすが一流の武将の子は幼い時から立派なものだと、褒めたたえない者はなかった。

荒木村重一人のしでかしたことが原因で、一門・親類の上下が数も知れず、親子の別れに血の涙を流した。これら死んでいった人々の恨みが恐ろしいと、皆舌も引きつる思いでおののいた。

前々から頼まれていた寺々の僧たちが、死体を引き取り、弔いをした。これほど多数の成敗は、歴史始まって以来初めてのことであった。

十二月十八日、夜になってから、信長は二条の新御所に参内し、東宮に多くの金銀・反物などを献上した。翌十九日、京都を出発、道中は終日雨降りであったが、安土に帰城した。めでたいことである。

巻十三

天正八年（一五八〇）

01 羽柴秀吉、三木城を攻略

〔天正八年〕[1]正月一日、終日雪降りであった。近年、摂津方面にそれぞれ陣を据え、刻苦奮励しているのだから、年頭の挨拶は省略してよい、との指示が旧冬から出ていたので、部将たちの出仕はなかった。

一月六日、播磨三木《みき》[2]方面、羽柴秀吉は、別所友之《べっしょともゆき》が立て籠もる宮の上の砦へ近々と詰め寄ったところ、友之は戦闘を避けて三木《みき》の本城へ撤収し、別所長治《ながはる》と合流した。

一月十一日、羽柴秀吉は宮の上から敵地を展望し、別所吉親《よしちか》の居城鷹の尾の城下へ軍勢を寄せた。吉親も守りきれないと判断し、本城へ撤収した。これを追って三木城へ攻めかかると、城内から勇気ある武士が出撃してきて応戦した。羽柴勢は続々と詰め寄った。その時、本丸から出火して、城の一部が焼けた。

一月十五日、羽柴秀吉の与力として参陣していた別所重宗は、三木城内の小森与三左衛門という者を呼び出し、別所長治・吉親・友之の三人に書状を届けさせた。「摂津の荒木一族や丹波の波多野兄弟のような最期を迎えては、後々までも嘲笑されて残念です。悪あがきせず、切腹なさるのがよろしいでしょう」と書き送ったところ、「我々三人は切腹いたしますので、城内の将兵は御助命ください」と、小森を使者として嘆願の返事を送って来た。その返書には、次のように書かれていた。

「一昨年以来、困苦に耐えつつも御敵《おんてき》として立って参りました以上は、右に申し上げまし

1 天正八年＝一五八〇年
2 三木＝兵庫県三木市

た趣旨も、謹んでお断り申し上げる所存でございました。しかし、思いもかけず、城内の面々が覚悟を変えましたので、やむを得ぬこととなりました。この上は、今まで忠節を尽くしてくれた者どもが全員討ち果たされてしまうのは不憫《ふびん》なことです。御憐憫《ごれんびん》をもって御助命くださいますならば、我々三人は切腹いたす覚悟でございます。この旨、相違なくお伝えください。

敬白

一月十五日

別所友之
別所吉親
別所長治

浅野長吉殿
別所重宗殿」

右の返事を羽柴秀吉に伝えたところ、秀吉は感銘し、「籠城の兵たちは助けよう」と言って、酒二、三樽を城内へ送り届けた。

別所長治は満足であった。妻子・兄弟、および家老職の者たちを呼び集め、一月十七日に切腹するつもりであると、妻や子供たちにも申し聞かせた。そうして盃を取り交わし、今生《こんじょう》の別れをした。哀れだったことはいうまでもない。

次いで、長治から別所吉親に、十七日申の刻(3)《さる》に切腹するよう申し伝えた。すると吉親は、「腹を切れば、羽柴は必ず首を取り、都大路を引き廻した上で安土へ送るだろう。それでは世間で何や彼や言われて残念だから、城に火をかけて焼け死に、骨もわからぬようにしてし

3 申の刻＝午後四時前後

まおう」と言って、屋敷に火を付けた。これを見て家臣たちは、吉親を取り押さえ、いやおうもなく切腹させた。

一月十七日申の刻、別所長治は三歳の幼児を膝に置き、涙をのんで刺し殺した。次いで妻を引き寄せ、子供と同じく刺し殺した。別所友之も同様に、妻を刺し殺した。死体がいくつも転がっている有様は、目も当てられなかった。

次に、別所兄弟は手を取り合って広縁に出た。定めの位置に坐し、家臣たちを呼び出した。

「このたびの籠城では、兵糧が尽きて牛馬を食いながらも、城門を固めて籠城を成し遂げた。諸士の志、前代未聞の働きには、いくら礼を述べても申し足らぬ。今となっては、我々が切腹をして諸士の命が助かれば、これ以上の喜びはない」と言い残し、長治は腹を切った。三宅肥前入道が介錯《かいしゃく》をした。

そうして入道は、「これからも殿の御高恩にあずかる者は多かろうが、殿のお供をしようと言う者はあるまい。私はあたら家老職の家に生まれながら、さして重要なお役に立つこともなかった。言いたいことは多々あるが、お供をするのだ。三宅肥前入道の最期を見届けておけよ」と言って、腹を十文字に切り、腸《はらわた》を引きずり出して死んだ。

別所友之は、永年召し使った家来衆を呼び集め、太刀・刀・脇差・衣装などを形見として分け与え、兄の長治が切腹した脇差で、見事に腹を切った。長治二十六歳、友之二十五歳、誠に惜しむべきことであった。

ここに世にも稀な立派なことがあった。別所吉親の妻は畠山総州の娘である。自害の覚悟をして、男子二人、女子一人を左右に並べ、気丈にも一人ずつ刺し殺し、自分も喉を掻き切って、枕を並べて死んでいった。あっぱれな最期とはいえ、哀れなことであった。

その後、城内の者たちは助け出された。そのなかに、一人の小姓《こしょう》が短冊《たんざく》を持って出てきた。これを取り上げて見ると、辞世《じせい》の歌が書かれてあった。

別所長治

今はただ恨みもなしや諸人《もろびと》の命に替はる我が身と思へば

〔家臣たちの命と引き換えになる我が身なのだから、今は何も恨むことはないのだ〕

別所長治の妻

もろともに果つる身こそはうれしけれ後《おく》れ先立つ習ひなる世に

〔夫婦といっても後になったり先になったりして死ぬのが普通なのに、私は夫と一緒に死ぬのですからうれしいことです〕

別所友之

命をも惜しまざりけり梓弓《あずさゆみ》末の代までも名の残れとて

〔後の代まで名の残ることを願って、武士の名誉を全うして死ぬのだから命も惜しくはない〕

別所友之の妻

頼《たの》め来《こ》し後の世までに翅《つばさ》をも並ぶる鳥の契りなりけり

〔夫と私は、比翼《ひよく》の鳥が常に二羽一緒に飛ぶようにこの世を過ごしてきました。次の世でも常に一緒に生きようと約束したのです〕

別所吉親の妻

後の世の道も迷はじ思ひ子をつれて出でぬる行く末の空
〔かわいい子供をつれて行きますから、この世に残す煩悩もありません。ですから、あの世で道に迷うこともありますまい〕

三宅肥前入道
君なくば憂き身の命何かせん残りて甲斐のある世なりとも
〔生き残って生き甲斐のある世だとしても、主君が居られないのでは、この命は何の役にも立ちはしないのだ〕

このように悲痛な心情が詠まれていて、誰もみな深く感動し、同情の涙を禁じえなかった。

こうして、別所三人の首は安土へ届けられた。信長に敵対する者はことごとく成敗され、信長の威光はますます盛んなものとなった。それにしても、羽柴秀吉は一大覚悟をもって強敵をこのように征伐したのだから、武勇といい、知略といい、武士の面目これ以上のものはない。

02 石山本願寺へ勅使を派遣

二月二十一日、信長は上洛。妙覚寺に入った。

二月二十四日、白鷹を使って、一乗寺・修学寺・松ガ崎山で終日鷹狩りをし、多くの獲物を獲った。

二月二十六日、信長は本能寺《ほんのうじ》(1)を宿所とすることに決めて出向き、普請について村井貞勝に指示をした。

二月二十七日、山崎(2)へ出馬。ここで織田信澄・塩河長満・丹羽長秀の三人に、兵庫・花熊方面へ出動し、敵花熊城に対峙する適当な場所を選んで砦を堅固に造り、池田恒興《つねおき》父子三人に守備を引き継いで帰陣するよう命令した。

二月二十八日、終日雨降りで、信長は山崎に滞在。根来寺《ねごろじ》(3)の岩室坊《いわむろぼう》が参上して挨拶をした。馬と胴服を賜り、岩室坊はありがたく頂戴して帰って行った。

二月二十九日・三十日、山崎の西山で白鷹を使って鷹狩り。

三月一日、郡山(4)に到着。途中、天神馬場(5)・太田(6)の辺りでは鷹狩りをした。

さて、宮中から石山本願寺へ、信長と和睦するよう勧告の勅使が派遣された。勅使を務めたのは、近衛前久《このえさきひさ》・勧修寺晴豊《かじゅうじはれとよ》・庭田重保。信長は、勅使の補佐として松井友閑・佐久間信盛を同行させた。

今回、郡山での鷹狩りでは、賀藤彦左衛門が佐目毛《さめげ》(7)の馬を献上した。

三月三日、伊丹城(8)へ入り、荒木村重の居城の状態を検分した。次いで、兵庫方面を視察することにしたが、砦の建設はすでに完了し、前記三人は帰還したとのことで、中止。

三月七日、信長は伊丹から山崎まで戻った。途中、北山で鷹狩り。

三月八日、帰京し、妙覚寺に入った。

1 本能寺＝京都市中京区
2 山崎＝京都府乙訓郡大山崎町
3 根来寺＝和歌山県岩出市
4 郡山＝大阪府茨木市
5 天神馬場＝大阪府高槻市
6 太田＝茨木市
7 佐目毛＝やや赤みがかった芦毛
8 伊丹＝兵庫県伊丹市

03 北条氏政と縁を結ぶ

三月九日、北条氏政《ほうじょううじまさ》から鷹十三羽が献上された。鴻取《こうどり》・鶴取《つるどり》・真鶴取《まなづるどり》・乱取《らんどり》という四種類である。および馬五頭。以上を京都本能寺で献上した。(1)相模の鷹匠が、信長の鷹を据える架《ほこ》に献上の鷹を据えた。この日の取り次ぎ役は、滝川一益。

三月十日、氏政の使者が信長に挨拶をした。献上品の太刀と目録を披露《ひろう》したのは、佐久間信盛。献上品は、(2)白鳥二十本、熨斗《のし》一箱、鮑《あわび》三百、乾海鼠《ほしなまこ》一箱、伊豆(3)江川産の酒二荷と肴三種、以上。

北条氏政からの使者は、笠原康明。弟氏照からの使者は、間宮綱信。同副使は、原和泉守。

織田家側の伝奏役は、滝川一益。同補佐は、牧庵《ぼくあん》。北条家からの使者の口上を受ける役は、武井夕庵《せきあん》・滝川一益・佐久間信盛の三人。

織田・北条両家の縁を結び、(4)関東八州は北条家の領国であることが承認された。

献上品の太刀と目録が受納され、両家の縁が結ばれたことに対して、笠原康明が礼を述べた。氏照からの挨拶を間宮綱信が述べた。続いて、笠原・間宮両人および副使原和泉守が自身の挨拶を申し述べた。

それぞれが退出した後、信長が北条家の使者たちに伝えた言葉は、誠に結構なことであった。「滝川一益に案内をさせますから、京都をゆっくり見物され、それから安土へおいでください」と伝言し、その日、信長は京都を出立した。大津の松ガ崎辺りで白鷹を使って狩り

1 相模＝神奈川県
2 白鳥＝頸の長い白陶製の徳利
3 江川＝静岡県伊豆の国市
4 関東八州＝相模・武蔵・安房・上総・下総・上野・下野・常陸または伊豆

をし、夕刻になってから舟に乗り、(5)矢橋《やばせ》に上がって、安土に帰城した。

三月十三日、矢部家定を使者として、金銀百枚を北条家からの使者笠原・間宮両人に贈り、「京都で故郷への土産《みやげ》でもお買いなさい」と伝えさせた。

三月十五日、信長は、(6)奥の島山で鷹狩りをするため舟に乗り、(7)長命寺善林坊に到着、ここを宿所とした。三月十九日まで五日間滞在。信長自慢の白鷹は羽ぶりが特に優れて非常に珍しい、と聞き伝え、あちこちから鷹狩りを見物する人々が集まった。乱取という鷹は優れた飛翔力で、獲物をたくさん獲った。十九日、安土に帰城。

04 売僧無辺を処刑

無辺《むへん》という廻国《かいこく》の旅僧が、(1)石馬寺《いしばじ》の栄螺坊《さざえぼう》の宿坊に、少し前から住み着いていた。たびたび不思議な霊験《れいげん》を示すそうで、町人の間で評判となり、自分も丑時《うしどき》の秘法を授かりたいといって、相応の謝礼を用意し、男女が昼も夜も群れ集まって、門前に行列する有様であった。信長も無辺のことを何度か聞き及び、その人物を見届けてみたいと言いだした。

三月二十日、栄螺坊が無辺を連れて、安土山へ出頭した。信長はすぐに厩まで足を運び、無辺を引見《いんけん》した。つくづくと見て、思案の様子であった。

「客僧の生国はどこか」と尋ねた。「(2)無辺でございます」と答えた。また「(3)唐人《とうじん》か(4)天竺《てんじく》人か」と尋ねると、「ただの修行者でございます」と答えた。信長は、「人間の生まれるところは

5 矢橋＝滋賀県草津市
6 奥の島山＝奥島山、通称長命寺山、滋賀県近江八幡市
7 長命寺＝近江八幡市

1 石馬寺＝滋賀県東近江市、旧神崎郡五個荘町
2 無辺＝無限の世界
3 唐人＝中国人
4 天竺人＝インド人

「三国[5]だけだというのに、それ以外だと言うのは不思議なことだ。さては妖怪かもしれぬ。ならば火に炙《あぶ》ってみよう。火の用意をせよ」と命じた。この言葉に無辺は詰まり、「出羽の羽黒山《はぐろさん》[6]の者でございます」と答えた。

ようするに、売僧《まいす》[7]であった。近頃は「生まれ在所もなく、住居もなく、一途に布教活動のみ」という触れ込みで、人が持って来る金品は何でも自分のものとせず、自分は無欲だと称して、宿所へ全部差し出してしまう。しかし、その宿所へ何度でも立ち帰って居続けるのだから、無欲のように聞こえても、どうして無欲どころではないのである。

それはともかく、不思議な霊験を示すそうだと信長も聞いていたので、「さあ、験《げん》を見せてもらおう」と催促したが、一向にその様子も現れなかった。信長は、「大体、不思議な霊力のある人間というのは、顔から目の色まで普通とは違うし、人物全体もいかにも尊げに見えるものだ。お前は山中に住む下賤《げせん》の者にも劣る奴だ。女子供をだまし、国の宝を無駄遣いさせるとは、不届き千万」と言って、「もう良いから、無辺に恥をかかせてやれ」と命じた。無辺は俗人の髪をしていたが、それを所々まばらに鋏で切り落とし、裸にして縄を掛け、町中に追い放った。

その後よくよく聞いてみると、無辺は丑時の秘法を授けると称して、子供ができない女や病気の女などに対して、臍《へそ》くらべ[8]ということをやったそうである。信長は、先々のためだからといって、領国各地とそれぞれの国持ち大名へ、無辺を捕らえるよう手配した。間もなく捕らえ、出頭させて糾明し、処刑した。

「栄螺坊はなんでこの城下に、あのような不届き者を泊め置いたのか」と質《ただ》したところ、

5 三国＝日本・中国・インド
6 羽黒山＝山形県
7 売僧＝仏法をだしにして金をかせぐ不徳義な僧
8 臍くらべ＝不明

「石馬寺のお堂の雨漏りを修繕いたしたく存じまして、しばらくの間と思いまして泊め置きました」と答えた。それで信長は、勧進《かんじん》(9)のためにといって、銀子三十枚を下賜した。

05 花熊の合戦

三月二十一日、信長から相模の北条氏政《ほうじょううじまさ》に贈った品は、虎の皮二十枚、しじら三百反、ただし百反ずつ三箱、猩々緋《しょうじょうひ》(1)十五枚。以上。これは笠原康明が取り次いだ。北条氏照へは、緞子《どんす》二箱、以上。これは間宮綱信が取り次いだ。

三月二十五日、信長は奥の島(2)へ渡り、山中に野営。三月二十八日まで鷹狩りをした。ここで、世話をかけたということで、永田正貞に芦毛の馬を、池田秀雄に青毛(3)の馬を賜った。

三月二十八日、安土に帰城。

閏《うるう》三月一日、伊丹城詰めを三十日交替とし、矢部家定を派遣した。

閏三月二日、花熊城(4)の敵が出撃し、池田恒興の砦を攻撃して来た。すぐに足軽部隊が応戦した。池田元助・照政兄弟は年齢十五、六、まだ若年ではあったが、猛然と突撃し、火花を散らして戦った。父池田恒興も駆け込み、屈強の敵五、六人を槍で討ち取った。兄弟の比類ない働きは、その名を高からしめた。

9 勧進＝寄付金募集

1 猩々緋＝深紅色の舶来の毛織物

2 奥の島＝沖ノ島、沖島、滋賀県近江八幡市

3 青毛＝黒色の毛並み

4 花熊＝花隈、神戸市中央区、七月落城

06 石山本願寺と和睦

先に、石山本願寺に対して大坂から退去するよう、畏《おそ》れおおくも宮中から勅使《ちょくし》が派遣された。これを受けて、門跡顕如光佐《もんぜきけんにょこうさ》と北の方(1)は、主だった者たちの意見をきいた。「どのようにすべきか、どこにも遠慮せずに、心中思うところを残らず申し出るがよい」と諮問したところ、下間頼総《しもつまよりふさ》・平井越後・矢木駿河守・井上某・藤井藤左衛門その他が評議をして、長期の籠城に倦み疲れたのか、または時の流れを見きわめたのか、このたびは和睦をすべきである、という結論を提出した。

門跡は、今ここで勅命に背《そむ》けば、天の道にも違うことになって恐ろしいことだ。そればかりでなく、信長自身が出馬してきて、荒木・波多野・別所を征伐したように一族類縁ことごとく根絶やしにするであろう。近年、出城を五十一カ所も抱え、上下ともに苦労している者たちに褒賞さえ与えられないでいるが、せめてもの感謝のしるしに命だけは助けてやろう、と考えた。来たる七月二十日までに大坂から撤退することに決め、勅使の近衛前久・勧修寺晴豊・庭田重保、および松井友閑・佐久間信盛らに承諾の返事をし、誓紙《せいし》(2)を書くので検使を派遣してくれるよう願い出た。この旨を安土へ伝達したところ、青山忠元が検使に任命された。

閏《うるう》三月六日、青山は安土から天王寺へ、その日のうちに到着した。翌七日、誓紙の作成に立ち会い、署名を見届けた。誓紙に署名した人々、下間頼照《よりてる》の子仲之に黄金十五枚、下間

1 北の方＝門跡の妻
2 誓紙＝誓約書

頼廉《よりかど》に同十五枚、下間頼龍《よりたつ》に同十五枚、北の方に同二十枚、門跡には添え状をつけて同三十枚、以上を贈った。

07 柴田勝家、加賀・能登を制圧

閏《うるう》三月九日、柴田勝家《しばたかついえ》は(1)加賀へ進撃した。添川《そえかわ》・手取川《てどりがわ》を越えて、(2)宮の腰に陣を構え、諸方を焼き払った。(3)一揆勢は(4)野の市というところに、川を前にして立て籠もっていた。柴田勝家は野の市の一揆勢を多数切り捨てて追い払い、兵糧を分捕って数百艘の舟に積み、そこから次々と各地を焼き払いつつ奥地へ進み、(5)越中との国境を越えた。また(6)安養寺越《あんようじご》えの辺りまで進撃し、安養寺坂を右に見て、白山《はくさん》の麓の谷々へ侵入し、隅々まで残らず火を放った。

また、光徳寺の雇われ住職が立て籠もる(7)木越《きごし》の寺内町を制圧し、一揆勢多数を切り捨てた。次いで、(8)能登(9)末盛《すえのもり》の土肥《どひ》親真《ちかざね》の城を攻め、歴々の武士数人を討ち取って攻略し、陣を据えた。おりから、在地の長連龍《ちょうつらたつ》が(10)飯《いい》の山《やま》に陣を構え、柴田勢と協力して諸所を焼き払った。

1 加賀＝石川県南部
2 宮の腰＝金沢市
3 一揆勢＝一向一揆
4 野の市＝野々市、石川県石川郡野々市町
5 越中＝富山県
6 安養寺越え＝石川県白山市、旧石川郡鶴来町
7 木越＝金沢市
8 能登＝石川県北部
9 末盛＝石川県羽咋郡宝達志水町
10 飯の山＝飯山、石川県羽咋市

08 安土城下に屋敷地を賜う

閏三月十日、(1)宇津宮《うつのみや》の宇津宮貞林《ていりん》が、立川《たちかわ》三左衛門を使者として馬を献上してきた。太く逞《たくま》しい駿馬で、乗り心地も良く、信長は大いに気に入って、大切に飼うことにした。返礼として、しじら三十反、豹と虎の皮十枚、金襴二十反、衣服一重、黄金三枚、以上を立川三左衛門に託して贈った。ありがたく頂戴して帰って行った。

閏三月十六日から、菅屋長頼・堀秀政・長谷川秀一《ひでかず》の三人を担当の奉行として、安土城の南、新道の北に掘割を掘らせた。その土で田を埋め立て、伴天連《ばてれん》に屋敷地として与えた。

このたび、蒲生賢秀の家臣布施《ふせ》公保をお馬廻りに召し加え、これまた入り江を埋め立てて、屋敷地を与えた。ありがたく、光栄なことであった。

お馬廻り衆・お小姓衆にも土木工事を命じ、鳥打の入り江を埋め立てて町を造り、西北の湖岸に船着き場を数カ所掘らせ、担当の地区ごとに木や竹を植えさせた。さらに入り江を埋めさせて、それぞれに屋敷地として与えた。該当者は、稲葉刑部《ぎょうぶ》・高山右近・日根野《ひねの》六郎左衛門・日根野弘継・日根野半左衛門・日根野勘右衛門・日根野五右衛門・水野直盛・中西権兵衛・与語《よご》勝久・平松助十郎・野々村主水《もんど》・河尻秀隆。

このように命じておいて、信長は毎日、お弓衆を(2)勢子《せこ》にして鷹狩りをした。

四月一日、伊丹城詰めは、矢部家定に代わって、村井貞成が当番となった。

四月十一日、(3)長光寺山で鷹狩りをしようと出掛けたところ、(4)百々《どど》の橋に神保長住の使

1 宇津宮＝宇都宮、栃木県宇都宮市
2 勢子＝鳥獣を駆りたてる係
3 長光寺山＝滋賀県近江八幡市
4 百々の橋＝滋賀県近江八幡市、旧蒲生郡安土町

者が控えており、馬二頭を献上した。

四月二十四日、伊庭山《いばやま》(5)へ鷹狩りに出かけた。丹羽氏勝の家臣たちが、工事のため山から大石を引き下ろしていたが、それを信長が通る鼻先へ落としてしまった。信長は、丹羽の家臣たちのうち年輩の者を呼びつけ、不注意を叱責して、一人を手討ちにした。

09 石山本願寺門跡、大坂から退去

四月九日、石山本願寺の門跡が大坂から退去することになった。寺はひとまず新門跡 教如光寿《きょうにょこうじゅ》に引き継ぐことを、勅使へ届け出た。

しかし、雑賀《さいが》や淡路島から出征して来ている門徒たちは、近年は間道《かんどう》をくぐり抜けて運び込まれる兵糧《ひょうろう》によって籠城し、また妻子をも養ってきたのだが、折角これまで頑張ってきたのに今更ここから撤退するのは残念だと思い、新門跡を守り立てるので、とにかく門跡と北の方を退去させ、我々は当分ここに在城するのがよい、と口々にいうので、新門跡もこの方針に賛成し、右の趣旨を門跡に伝えた。

門跡・北の方・下間頼総・平井越後・矢木駿河守らは、退去するむねを勅使へ通告して、雑賀から迎え舟を来させ、四月九日に大坂から退去した。

5 伊庭山＝滋賀県東近江市、旧神崎郡能登川町

10 羽柴秀吉、播磨・但馬を平定

播磨の[1]宍粟郡《しそう》に宇野民部《うのみんぶ》が立て籠もっていた。四月二十四日、羽柴秀吉は民部の父と伯父の城を攻めて乗っ取り、二百五十余人を討ち取った。ついで宇野下野《しもつけ》の居城を攻め、これまた攻め破り、ここでも多数の敵を切り捨てた。その後、宇野民部の城は高山難所にあったので、麓を焼き払い、要所三カ所に砦を築き、軍勢を配備して厳重に対峙させた。

この勢いに乗って直接、[2]阿賀《あが》へ攻め寄せると、[3]安芸《あき》へ人質を提出していた敵方は舟に乗って退去した。それで、戦闘もせずに阿賀の寺内町を占領した。羽柴秀吉は当地の情況を視察し、寺の境内に軍勢を駐留させた。また、農民たちを呼び出し、[4]耕作地の明細書を提出するよう命令した。その後、[5]姫路に軍を収めた。

姫路は西国へ通じる街道の一拠点であり、また敵宇野民部の城にも近く、この二条件において要衝の地であった。そこで、秀吉は姫路に在城することに決め、城普請を命じた。

次いで羽柴秀吉は、弟秀長《ひでなが》の軍勢にさらに兵を増強し、[6]但馬《たじま》へ進撃させた。羽柴秀長は短期間で但馬を平定し、[7]太田垣に城を築いて、配下の兵を選んで各所に配備した。

こうして、播磨・但馬の両国を平定した。信長の威光はますます輝き、ありがたいことであった。それにしても、羽柴秀吉が決死の覚悟で両国を平定したことは、天下に面目をほどこし、後代までの名誉として、これ以上のものはないのである。

一方、北国方面では、柴田勝家が加賀に進撃して長らく在陣していた。信長はこの方面の

1 宍粟郡＝兵庫県宍粟市
2 阿賀＝英賀、兵庫県姫路市
3 安芸＝広島県西部、毛利輝元
4 耕作地の明細書＝面積・収穫量・耕作人等の書き出し
5 姫路＝姫路市
6 但馬＝兵庫県北部
7 太田垣＝竹田城、兵庫県朝来市、旧朝来郡和田山町、巻十(11)

情況を心配して、柴田のもとへ木下祐久《すけひさ》・魚住隼人《はやと》の二人を使者として派遣し、当地の情況を報告するよう伝えさせた。

木下・魚住は帰還して、加賀・能登両国をほぼ平定した様子を詳細に復命したところ、信長は喜び、遠路の苦労に対する褒賞として衣服に帷子を添えて賜った。二人はありがたく頂戴した。さらに、ありがたい上意の使者であるからといって、柴田勝家も木下・魚住の二人に馬を贈った。

11 安土城下の土木工事完了

五月三日、織田信忠《のぶただ》・織田信雄《のぶかつ》が安土に来た。それぞれ自分の屋敷を普請するについての指示を出した。

五月五日、安土山で相撲が行われた。織田家一門の人々が見物した。

五月七日、安土城下の掘割・船着き場・道路とも、工事が完了した。丹羽長秀・織田信澄は長期にわたり工事に尽力したので、休暇を賜った。「二人とも領国へ帰って用務を処理し、なるべく早く戻って来るがよい」と、ありがたい言葉を賜り、信澄は高島(1)へ、長秀は佐和山(2)へ帰って行った。

五月十七日、近江国中の力士を召し集め、安土山で相撲が行われた。お馬廻り衆が見物した。

1　高島＝滋賀県高島市
2　佐和山＝滋賀県彦根市

日野の長光・正林・あら鹿が優れた技能で勝ったので、褒美として銀子五枚を長光に賜り、ありがたく頂戴した。甲賀の谷からは力士三十人が来た。信長は「御苦労であった」と言って、黄金五枚を賜った。ありがたいことである。布施公保配下の布施五介という者を、信長は「良い力士だ」と言って知行百石で召し抱えた。この日の相撲では、あら鹿・吉五・正林が優れた技能で勝ち抜いたので、褒美として米五十石ずつを賜った。ありがたく拝領した。

12 石清水八幡宮、修築完成

さて、八幡《やわた》(1)の石清水八幡宮の修築については、担当の奉行として武田佐吉・林高兵衛・長坂助一の三人を任命し、去年十二月十六日に起工式を執行した。

そもそものことの起こりは、本殿と前殿との間に木製の樋が掛けてあった。これが腐って雨が漏り、社殿が朽廃したのであって、今度は後の代までのためであるから、唐金《からかね》で、長さ六間の樋を五つに分けて鋳造するよう命じた。

今年三月、仮殿に御神体を移し、間もなく前殿・本殿の屋根を葺《ふ》き合わせ、楼門・回廊を完成させた。社殿は高く堂々と立ち上がり、金箔を張って神前は光明輝き、七宝《しっぽう》をちりばめて荘厳《しょうごん》した。五月二十六日、御神体を本殿に移し終えた。

「神は人の敬《うやま》いに依《よ》って威を増す」(2)というのは、誠にこのことをいうのであろうか。信長の武運はますます長久、織田家一門の繁栄はますます確実なものとなった。参拝の人々は、

1 八幡＝京都府八幡市
2 神は人の敬いに依って威を増す＝神は人から崇敬されることによってますます威光を増す。

身分の上下にかかわりなく群れ集まり、ますます崇敬して礼拝した。
起工から九カ月で、八月中旬までには、すべての工事を完了した。

13 羽柴秀吉、因幡・伯耆へ侵攻

播磨の宍粟郡《しそう》に立て籠もっていた宇野民部が、六月五日夜中に退却を始めた。荒木重堅《あらきしげかた》・蜂須賀家政《はちすかいえまさ》がこれを追撃すると、心ある武士たちは続々と取って返し、あちこちで合戦となった。歴々の武士数十人を討ち取った。

翌六月六日、この勢いに乗って、羽柴勢は因幡《いなば》(1)・伯耆《ほうき》(2)両国の国境付近へ進撃し、諸所に攻撃の火の手をあげた。東国の軍勢が侵攻してきたと聞いて、国境付近の城主たちは、全く応戦のために出動することもなく、それぞれの縁を頼って降参を申し入れてきた。「人質を提出して、信長公のもとへ御挨拶に出向きましょう」と言ったことを報告すると、信長は大いに喜び、「羽柴秀吉、たびたびの手柄だ」と感心した。

六月十三日、信長の抱え力士円浄寺源七が、間違いをしでかして信長の勘気《かんき》に触れ、解雇された。

六月二十四日、近江の国中の力士を召し寄せて、安土山で相撲をした。明け方から夜に及び、提灯《ちょうちん》をつけて続けた。麻生《あそう》三五が勝ち抜いて、六人抜きをした。蒲生氏郷配下の小一という力士が良い相撲を取り、お褒《ほ》めの言葉を賜った。大野弥五郎もたびたび良い相撲を取っ

1 因幡＝鳥取県東部
2 伯耆＝鳥取県西部

て、このたび信長に召し抱えられた。名誉なことであった。

伊丹で荒木村重に離反し、信長の味方となった者のことであるが、中西新八郎・星野左衛門・宮脇又兵衛・隠岐土佐守・山脇勘左衛門、以上五人を池田恒興の与力にするよう命じた。

六月二十六日、土佐(3)の支配を許しておいた長宗我部元親《ちょうそかべもとちか》(4)が、明智光秀を介して、挨拶のしるしとして鷹十六羽および砂糖三千斤を献上した。それで信長は、お馬廻り衆に砂糖を分配した。

六月三十日、織田信忠が安土へ出向いてきた。

14 石山本願寺、撤退

石山本願寺の門跡《もんぜき》が雑賀《さいが》へ退去した後、七月二日に、藤井藤左衛門・矢木駿河守・平井越後の三人が、門跡の使者として挨拶にきた。勅使を務めた近衛前久・勧修寺晴豊・庭田重保が、この三人を連れてきたのである。取り次ぎをしたのは、松井友閑・佐久間信盛。門跡から信長に、太刀代として銀子百枚が献上された。織田信忠が使者の挨拶を受けた。信長は会わなかった。

信長からは、門跡の北の方へ書状を送った。書状に添えて贈った贈り物は、次のとおりであった。黄金三十枚を門跡へ、黄金二十枚を北の方へ、黄金十五枚を下間頼龍へ、同じく十五枚を下間頼廉へ、同じく十五枚を下間頼照の子仲之へ。以上。別に黄金二十五枚を、こ

3 土佐＝高知県
4 長宗我部元親＝土佐守

のたび使者としてきた右の[1]五人に賜った。翌日、礼を申し述べて帰って行った。

そうこうしているうちに、新門跡も大坂を明け渡すことを承諾した。

天正八年八月二日、新門跡が大坂から撤退することになった。勅使として、近衛前久・勧修寺晴豊・庭田重保が派遣された。右の補佐として荒屋善左衛門。信長が勅使に同行させた使者は、松井友閑・佐久間信盛。大坂の城ともいえる石山本願寺の堂宇を受け取る検使には、矢部家定が任命された。

そもそも大坂は、日本一の土地である。その理由は、奈良・堺・京都に近く、特に[2]鳥羽・淀から大坂の町口まで舟の交通が直結しており、同時に四方が自然の要害となっている。北は、鴨川・白川・桂川・淀川・宇治川という大河が幾筋にも流れ、また[3]二里、三里の範囲内に中津川・吹田川・江口川・神崎川が流れている。東南から東北へかけて、[4]尼上《にじょう》ガ岳《たけ》・[5]立田山《たつたやま》・[6]生駒山《いこまやま》・[7]飯盛山という遠山の景色を見て、その麓には道明寺川《どうみょうじがわ》・大和川《やまとがわ》に新開の運河や[8]立田の谷水が流れ込むという具合で、大坂の城の足元まで[9]三里、四里の間は、大小の河川が広範囲に網目のように流れている。西は、広々とした海で、日本の各地は無論、[10]唐土《とうど》・[11]高麗《こうらい》・[12]南蛮《なんばん》の船が出入りする。五畿[13]七道の産物が集まって売買され、その利潤で潤う経済力豊かな港町である。

そこに近隣諸国から[14]一向宗《いっこうしゅう》の門徒が集まった。加賀から城郭の建築技術者を招いて、[15]八町四方に敷地を整え、中央の高台に、彼らが「水上の御堂《みどう》」と呼ぶ堂宇を高々と建立した。前には池を掘って[16]一蓮托生《いちれんたくしょう》の蓮《はちす》を植え、後ろには[17]弘誓《ぐぜい》の舟を浮かべた。仏前には光明を明々と灯《とも》し、阿弥陀仏の名号《みょうごう》を唱える僧や門徒の声が満ちて、極楽往生の妨げとなる煩悩や

1 五人＝藤井ら三人、または勅使を含めて六人
2 鳥羽・淀＝京都市南区・伏見区
3 二里、三里＝約八〜一二キロメートル
4 尼上ガ岳＝二上山、大阪府南河内郡太子町〜奈良県葛城市
5 立田山＝竜田山、奈良県生駒郡三郷町〜平群町
6 生駒山＝大阪府東大阪市〜奈良県生駒市
7 飯盛山＝大阪府四條畷市
8 立田の谷水＝竜田川
9 三里、四里＝約一二〜一六キロメートル
10 唐土＝中国
11 高麗＝朝鮮
12 南蛮＝中国南部・東南アジアおよびそこを中継地とする西欧
13 七道＝東海道・東山道・北陸道・山陰道・山陽道・南海道・西海道
14 一向宗＝浄土真宗
15 八町＝約八七三メートル
16 一蓮托生＝共に極楽往生して同じ蓮華の上に生まれる
17 弘誓＝弘く衆生を救済するという誓願

罪業《ざいごう》を消滅させている。

この仏法繁栄の霊地を慕って民家が軒を接して建ち並び、富裕な家の炊煙《すいえん》が絶え間なく立ちのぼるようになった。この宗門一筋に帰依《きえ》する門徒が、遠国からも川や海を越えて参詣にくるので、昼も夜も、朝も暮れも、道に人影の絶えることがなかった。

このように石山本願寺は繁栄していたが、思いがけず天魔に魅入られた。信長が(18)ある年、野田・福島を攻撃した。野田・福島が陥落すれば次は大坂が攻められると考え、僧職の身をも顧みず(19)一揆を蜂起させた。このため信長は作戦が思うように進まず、野田・福島攻撃の軍勢を撤退させた。

その時の恨みを忘れられなかったためか、信長は今から(20)五年前の夏、門徒がこの寺へ参詣することを禁止し、禁を犯して参詣にきた門徒は敵とみなして捕らえ、諸方に陣を構えた。天王寺には原田直政に命じて対峙の砦を築かせた。大坂方は、この砦が完成しないうちにと考えて、すぐさま一揆勢を天王寺へ出撃させた。合戦となり、原田直政・塙安弘・塙小七郎・蓑浦《みのうら》無右衛門をはじめとして歴々が討ち死にし、大坂方はその勢いに乗じて天王寺を包囲した。そこで、信長はこれを後方から攻めようと、少数の軍勢で出陣した。その日は二度合戦となり、二度とも大坂方が負けて、多くの兵を討ち死にさせた。大軍が少数の軍勢に負けて誠に残念であったろう。

しかし、末法《まっぽう》の時に阿修羅《あしゅら》が荒れ狂うように、大坂方も闘争の炎を燃え上がらせ、及ばずながら(21)高津《こうづ》・(22)丸山・広芝・正山をはじめとして出城《でじろ》五十一カ所を築いて立て籠もり、城下の町から五万石の年貢を徴収し、運を天にまかせて、五年の間守りを固めてきた。しかし、

18　ある年＝元亀元年、巻三(9)
19　一揆＝一向一揆
20　五年前＝天正四年、巻九(3)(4)
21　高津＝大阪市中央区
22　丸山＝大阪市阿倍野区

味方は日を逐って衰え、出撃することもできず、調略活動もうまく進まなかった。信長の威光は盛んとなり、諸国七道みな信長に服するようになった。ここに至って、勅命が発せられたことでもあるし、時勢に従うことでもあるので、退城することを承諾したのである。

この[(23)]大坂に本拠を構えて以来、四十九年の歳月が流れた。その間、月日は昨夜の夢のように過ぎ去り、現実の世相を見れば、生死の去来、有為転変《ういてんぺん》の姿は雷光・朝露のようにはかなく消えた。確実なことは、ただ一心専念の念仏の功徳《くどく》で仏の世界に往生することだけである。とはいっても、長く親しんだこの地から離散する悲しみに、上下ともに涙に沈むのであった。

しかし、自分たちが大坂退城の後、必ず信長が来てここを検分するだろうと考え、隅々まで補修・掃除をさせ、表には弓・槍・鉄砲などの武器すべてを掛け並べ、内には資材・雑具を整えて体裁よく飾り置き、勅使および信長が派遣した役人たちへ引き渡した。

八月二日[(24)]未《ひつじ》の刻、雑賀・淡路島から数百艘の迎え船を呼び寄せ、近年になって構えた出城の者をはじめとして、門徒たちはそれぞれの縁を頼って、海上と陸路に蜘蛛《くも》の子を散らすように散り散りに別れて行った。おりしも、そうなる運命の時が到来したのか、松明《たいまつ》の火に悪風が吹き、堂宇に燃え移って、多くの伽藍《がらん》は一棟も残らず、三昼夜、黒雲となって焼け失せた。

23 大坂に本拠を構え＝天文元年、一五三二年
24 未の刻＝午後二時前後

15 宇治橋を検分

八月十二日、信長は京都を出発、宇治橋を検分して、舟で直接、大坂へ下った。

16 佐久間信盛・信栄を追放

大坂で信長は、佐久間信盛《さくまのぶもり》を懲戒する文書を自筆で書き上げた。次のとおりである。

「 通告

一、佐久間信盛・信栄《のぶひで》父子、五年間、天王寺に在城したが、その間、格別の功績もなかった。これは世間で不審に思われても仕方がない。信長も同感であり、弁護する余地もない。

一、その意図を推察するに、大坂方を大敵と考え、武力も行使せず、調略活動もせず、ただ居陣の砦を堅固に構えて何年か過ごしていれば、敵は僧職のことであるから、やがては信長の威光に屈して撤退するだろうと予測していたのか。しかし、武士の取るべき道はそうではない。このような情況下では、勝敗の機を見定めて一挙に合戦に持ち込めば、信長のため、ひいては佐久間父子のためにもなり、兵たちの苦労も終わって、誠に武士のとるべき道であった。しかるに、ひたすら持久戦のみに固執していたのは、分別もなく、未練がましいことであった。

一、丹波は明智光秀《あけちみつひで》が平定し、天下に面目をほどこした。羽柴秀吉は数カ国で比類ない功績を上げた。また池田恒興《いけだつねおき》は小禄《しょうろく》ながら短期間で花熊《はなくま》を攻略し、これも天下の称賛を得た。佐久間父子はこれを聞いて発奮し、ひとかどの戦果を上げるべきだったのだ。

一、柴田勝家は彼らの働きを聞き、すでに越前一国を領している身ながら、天下の評判を気にかけて、今春加賀に進撃し、一国を平定した。

一、武力による作戦が進展しなければ、利益誘導などの調略活動をし、なお不充分なところがあれば信長に報告し、指図《さしず》を受けて決着をつけるべきであった。しかるに、五年間一度も具申のなかったことは職務怠慢であり、けしからぬことである。

一、保田安政《やすだやすまさ》が先日よこした報告には、大坂の一揆勢を攻略すれば周辺に残る小城などは大方退散するはずだと書いてあったが、これに佐久間父子は連判《れんぱん》をしていた。しかし、自分では何も具申をせず、保田に報告書を送らせたのは、自分の手数を省くつもりで保田の報告に便乗し、あれこれ意見を述べたのか。

一、信長の家中でも信盛には特別な待遇を与えているではないか。三河にも、尾張にも、近江にも、大和にも、河内《かわち》にも、和泉《いずみ》にも与力《よりき》を付けてあり、さらに根来寺衆も与力として付けてあるのだから紀伊にも与力がある。勢力は小さい者たちではあるが、七カ国に与力を持ち、その上に自分の軍勢を加えて出動すれば、どんな合戦をしてもさほどの負け戦となるはずはないのだ。

一、小河《おがわ》[1]・刈屋《かりや》[2]の水野信元の死後、その地の支配を命じたので、以前より家臣の数も増

1 小河＝緒川、愛知県知多郡東浦町
2 刈屋＝刈谷、愛知県刈谷市

加したろうと思ったが、その様子もなく、かえって水野当時の旧臣の多くを解雇した。たとえそうだとしても、それ相当に後任者を補充しておけば以前と同様なのに、一人も補充せず、解雇した者の知行地《ちぎょうち》を直轄にして自分の収入とし、これを金銀に換えていたとは、言語道断の仕様である。

一、山崎を支配させたところ、それ以前に信長が目をかけていた者たちを間もなく追い払ってしまったのは、これも前項で述べた小河・刈屋での仕様と同じである。

一、昔から抱えていた家臣には知行を加増してやり、相応に与力を付け、新規に侍を召し抱えていれば、これほどの不手際をしなくても済んだはずであった。しかるに、けちくさい蓄財ばかりを心掛けていたから、今になって天下に面目を失い、その悪評は唐土・高麗・南蛮にまで知れ渡った。

一、(3)先年、朝倉義景が敗走のおり、戦機の見通しが悪いと叱ったところ、恐縮もせず、揚げ句に自慢をいって、その場の雰囲気をぶちこわした。あの時、信長は立場がなかった。あれほどの広言をしておきながら、長々と当地に滞陣しており、卑怯な行為は前代未聞である。

一、信栄の罪状は一々書き並べようとしても、とても書き尽くせるものではない。

一、大略をいえば、信栄は第一に欲が深く、気むずかしくて、良い家臣を抱えない。その上、職務に怠慢だという評判である。ようするに、父子ともに武士たるの心構えが不足しているから、このような有様なのである。

一、もっぱら与力を働かせ、当方の味方になるという者を信長に取り次ぐと、今度はその

3 先年、朝倉義景が敗走＝天正元年、巻六(12)

者を使って軍役を務める。自分の侍を召し抱えず、領内に知行人のない無駄な土地を作り、実際には自分の直轄として卑劣な収入を得ている。

一、与力や直属の侍までもが信盛父子を敬遠しているのは、ほかでもない。分別顔をして誇り、慈愛深げな振りをして、綿の中に針を隠し立てた上から触《さわ》らせるような、芯《しん》の冷たい扱いをするから、このようになったのである。

一、信長の代になってから三十年仕えているが、その間に佐久間信盛が比類ない手柄と称されたことは、一度もあるまい。

一、信長一代のうち戦に敗れたことはないが、(4)先年、遠江へ軍勢を派遣した時は、敵味方互いに勝ったり負けたりするのが当然だから、負けたといえば確かにそのとおりだった。しかし、徳川家康の応援要請があったのだから、不手際な合戦をしたとしても、兄弟が討たれ、またはしかるべき家臣が討たれるほどの活躍をしたのならば、信盛は運がよくて生還できたのかと他人も納得してくれただろうに、自分の軍勢からは一人も討ち死にを出さなかった。にもかかわらず、同僚の平手汎秀《ひろひで》を見殺しにして、平気な顔をしている。これをもって見ても、以上各条のとおり、心構えができていないことは紛れもない事実である。

一、この上は、どこかの敵を制圧して今までの恥をそそぎ、その後に復職するか、または討ち死にするかである。

一、父子とも髪を剃って(5)高野山《こうやさん》に引退し、年を重ねれば、あるいは赦免されることもあろうか。

4 先年、遠江へ軍勢＝元亀三年、巻五(6)
5 高野山＝和歌山県伊都郡高野町

右のとおり、天王寺在城数年の間にさしたる功績もなかった者の未練な子細《しさい》が、このたび保田の一件で了解できた。そもそも天下を支配する信長に口答えする者はあの時が初めてだったのであるから、かくなる上は、右末尾の二カ条を実行せよ。承諾しなければ、二度と赦免されることはないものと思え。

天正八年八月　日」

このように自筆で書き付け、佐久間信盛父子のもとへ、楠木長諳《ちょうあん》・松井友閑・中野一安の三人を使者として派遣し、遠国へ退去するよう命令した。

佐久間父子は、取るものも取りあえず、高野山へ退去した。しかし、そこにも居てはならない旨の命令が出たので、高野山を出て、紀伊の(6)熊野の奥へ、当てもなく逃亡した。この間に、代々召し使っていた使用人からも見捨てられ、身のまわりの物にも不自由な、見るからに哀れな有様であった。

八月十七日、信長は大坂から京都に帰った。京都では、家老の林秀貞、および安藤守就《もりなり》父子・丹羽氏勝を遠国へ追放した。理由は、かつて信長が尾張で苦心していた頃、信長に敵対したからである。

6 熊野＝和歌山県南東部

17 加賀の一揆首謀者を成敗

十一月十七日、柴田勝家《しばたかついえ》は調略によって、加賀の一揆勢の主だった者を諸所で捕らえ、成敗した。その首が安土へ提出されたので、信長はこれを松原町の西に懸《か》け晒《さら》しておいた。首は、若林長門《ながと》・その子雅楽助《うたのすけ》・同じく甚八郎・宇津呂丹波・その子藤六郎・岸田常徳・その子新四郎・鈴木義明・その子右京進《うきょうのしん》・同じく次郎右衛門・同じく太郎・鈴木采女《うねめ》・窪田経忠・坪坂新五郎・長山九郎兵衛・荒川市介・徳田小次郎・三林《みはやし》善四郎・黒瀬政義、以上十九人。

信長の喜びようは、ひとかたならぬものであった。

18 徳川家康、高天神城を包囲

遠江の(1)高天神《たかてんじん》の城は、武田勝頼《たけだかつより》が軍勢を入れて守備させていた。これを徳川家康が攻撃し、鹿垣《ししがき》を結い巡らして包囲し、家康自身が陣を据えた。

1 高天神＝静岡県掛川市、旧小笠郡大東町、巻七（9）

巻十四

天正九年（一五八一）

01 安土城下に馬場を築く

〔(1)天正九年〕正月一日、諸国の大小名・武将たちの年頭の出仕《しゅっし》は免除された。安土にいるお馬廻り衆だけは、西の門から入り東の門へ退出する間に信長が接見するとの触れが出ていて、面々はそのつもりでいたが、夜中から(2)巳《み》の刻まで雨が降ったので、出仕は中止となった。

安土城下町の北部、松原町の西、湖岸寄りに馬場を築くことになり、菅屋長頼《すがやながより》・堀秀政《ほりひでまさ》・長谷川秀一《はせがわひでかず》の三人を担当の奉行として、元日から工事が始まった。

正月二日、信長が鷹狩りで獲った数多くの雁や鶴を、安土各町の町人たちに下賜することになった。町人たちは、ありがたいことだといって、沙々貴《ささき》神社でお祝いの能を演じ、その会場で頂戴した。

正月三日、武田勝頼《たけだかつより》が、遠江の高天神《たかてんじん》城を包囲する徳川家康勢を後方から攻撃するため、(3)甲斐・(4)信濃の軍勢を動員して出陣したとの報告があった。織田信忠《のぶただ》は岐阜から出陣、尾張の清洲の城に陣を構えた。

正月四日、(5)横須賀《よこすが》の城の守備隊として、水野直盛《みずのなおもり》・水野忠重《ただしげ》・大野衆の三部隊を派遣した。

1 天正九年＝一五八一年
2 巳の刻＝午前十時前後
3 甲斐＝山梨県
4 信濃＝長野県
5 横須賀＝静岡県掛川市、旧小笠郡大須賀町

02 左義長

一月八日、左義長《さぎちょう》(1)の十五日に、お馬廻り衆は爆竹《ばくちく》(2)を用意し、頭巾《ずきん》装束に趣向をこらして思い思いの衣装で出場するよう指令が出た。近江衆にも、爆竹を持って左義長に参加するよう命じた。

北方東一番に出場するのは、平野定久・多賀常則・後藤高治・蒲生氏郷・京極高次・山崎秀家・山岡景宗・小川祐忠。南方に出場するのは、山岡景佐・池田秀雄・久徳《きゅうとく》左近兵衛・永田正貞・青地元珍《もとよし》・阿閉《あつじ》貞征・進藤賢盛。以上。

当日、馬場への入場は、先払いにお小姓衆。その次に信長。信長は、黒い南蛮風の笠(3)をかぶり、描き眉の化粧をし、赤い色のほうこう(4)を着け、唐錦《からにしき》の側次《そばつぎ》(5)、虎皮の行縢《むかばき》(6)を着けた。馬は芦毛《あしげ》。非常に足の速い馬で、飛ぶ鳥のようである。関東から出仕している矢代勝介という馬術家にも乗馬させた。

続いて、近衛前久・伊勢貞景。織田家一門の人々、すなわち、織田信雄《のぶかつ》・織田信包《のぶかね》・織田信孝・織田長益《ながます》・織田信澄《のぶずみ》。このほかの面々も美しく着飾って、思い思いの頭巾装束に趣向をこらして入場した。

十騎または二十騎ずつを一組にして早駆けさせた。馬の後ろに爆竹を着けて点火し、どっと囃《はや》したてて馬を駆けさせ、そのまま町へ乗り出し、また馬場へ戻ってこさせた。見物人が群れ集まり、皆がこの趣向に感嘆した。

1 左義長＝どんど焼き
2 爆竹＝竹筒に火薬を詰め、点火して爆発させるもの
3 南蛮風の笠＝鍔広のフェルト帽子
4 ほうこう＝不明
5 側次＝袖なし羽織
6 行縢＝脚部の前面を覆うもの

一月二十三日、明智光秀に命じ、京都で馬揃え《うまぞろ》(7)を行うので、それぞれできるだけ美々しく着飾って出場するよう、朱印状で国々に指令を出させた。

二月十九日、織田信雄・織田信忠が上洛。二条の妙覚寺を宿所とした。

二月二十日、信長が上洛。本能寺に入った。

二月二十三日、切支丹《きりしたん》の国から黒人が来た。年齢は二十六か七ぐらいに見えた。この男は全身が牛のように黒く、健康そうで立派な体格であった。しかも力が強く、十人力以上である。伴天連《ばてれん》が連れてきて、信長に挨拶させたのである。誠に信長の威光で、古今知り得なかった三国の名物や、このような珍しい人物を近々と見ることができて、ありがたいことである。

二月二十四日、北国越前から柴田勝家・柴田勝豊・柴田三左衛門が上洛し、数多くの種々珍しい物を献上して挨拶をした。

7 馬揃え＝騎馬武士の観閲パレード

03 京都馬揃え

二月二十八日、畿内および近隣諸国の大名・小名・武将たちを召集し、駿馬を集めて、京都で馬揃えを行い、天皇に御覧いただいた。

上京の内裏《だいり》の東側に、南北の長さ八町(1)の馬場を築き、そのなかに、毛氈《もうせん》で包んだ高さ八尺(2)の柱を縦方向に並べ立てて柵を造った。

1 八町＝約八七三メートル
2 八尺＝約二・四メートル

内裏の東門築地《ついじ》の外に、仮の宮殿を建てた。臨時のものではあったが、金銀で装飾した。当日はここに、清涼殿から天皇が出御になった。公卿・殿上人たちも多数、華やかな衣装で列席したので、衣服に焚《た》きこめた薫香《くんこう》が辺り一帯にただよった。摂家・清華家の人々が仮宮殿の左右に設けた桟敷《さじき》に居並んで、天皇の周囲を守護した。誠に威儀正しく優美な有様は、筆にも言葉にも述べがたく、これを見た者は誰も彼も晴れがましいことと思ったのであった。

信長は下京本能寺を(3)辰《たつ》の刻に出発し、室町通りを北へ上り、一条を東に折れて馬場に入った。

馬場入りの順序は、次のとおりであった。

一番は、丹羽長秀《にわながひで》、および摂津衆・若狭衆、(4)西岡《にしがおか》の革島一宣《かわしまかずのぶ》。

二番は、峰屋頼隆《はちやよりたか》、および河内衆・和泉衆、根来寺のうち大ガ塚、佐野衆。

三番は、明智光秀《あけちみつひで》、および大和衆・上《かみ》山城衆。

四番は、村井貞成《むらいさだなり》、および根来衆・上山城衆。

次に、織田家一門の人々。織田信忠は騎馬八十騎、美濃衆・尾張衆を従えた。織田信雄は騎馬三十騎、伊勢衆を従えた。織田信包は騎馬十騎。織田信孝も騎馬十騎。織田信澄も騎馬十騎。続いて織田長益・織田長利・織田勘七郎・織田信照・織田信氏・織田周防・織田孫十郎。

次に、公家衆。近衛前久《このえさきひさ》・正親町季秀《おおぎまちすえひで》・烏丸光宣《からすまみつのぶ》・日野輝資《ひのてるすけ》・高倉永孝。

次に、旧幕臣衆。細川昭元・細川藤賢《ふじかた》・伊勢貞景・一色《いっしき》満信・小笠原長時。

次に、お馬廻り衆・お小姓衆。いずれも、十五騎ずつで一組となるよう命じられた。

3 辰の刻＝午前八時前後
4 西岡＝京都市西京区

次に、越前衆。柴田勝家・柴田勝豊・柴田三左衛門尉・不破光治・前田利家・金森長近・原政茂。

次に、お弓衆百人。信長本隊の先払いとして平井長康と中野一安の二人が引率し、二手に分かれ二列になって進んで来た。全員が(5)打矢《うちや》を腰に差した。

信長の馬を曳かせた順序は、次のとおりである。厩《うまや》の(6)別当は青地与右衛門が担当した。左の先払いは、柄杓《ひしゃく》持ちはみちげ、草桶持ち、幟《のぼり》持ち。右の先払いは、水桶持ち、幟持ち、柄杓持ちは今若。

一番の馬は鬼芦毛。鞍の上敷は唐織物、(7)障泥《あおり》も同じ、雲形の文様は紅の金襴である。二番の馬は小鹿毛、三番は大芦毛、四番は遠江産の鹿毛《かげ》、五番は小雲雀《こひばり》、六番は(8)河原毛。これらの馬は、陸奥の津軽以下日本中の大名・小名たちが我も我もと競って、これぞという名馬をはるばると曳いてきて信長に献上した、数多くの名馬のなかでも特に優れた馬である。わが国でこれ以上の馬はないであろう。馬具も同様に、皆それぞれに素晴らしいものである。馬に添った中間衆《ちゅうげんしゅう》の出で立ちは、立烏帽子《たてえぼし》、黄色の水干《すいかん》、白の袴、素足に草鞋《わらじ》である。

七番は、武井夕庵《たけいせきあん》。山姥《やまうば》の扮装をした。ほかに坊主衆、すなわち、楠木長諳《くすのきちょうあん》・楠長雲・松井友閑が信長の先を払った。八番は、(9)曲彔《きょくろく》持ち四人、責任者は市若。曲彔には金地に雲と波が描かれている。

信長は大黒《おおぐろ》という馬に乗り、左右にお小姓衆・お小人《こびと》衆を従えた。左に、お先小姓《さきこしょう》とお小人五人。杖持ちは北若、薙刀《なぎなた》持ちはひしゃ、行縢《むかばき》持ちは小市若。右に、お先小姓とお小人六人。行縢持ちは小駒若、太刀持ちは糸若、薙刀持ちはたいとう。後に従うお小人衆は総勢

5 打矢＝手で投げる矢
6 別当＝長官
7 障泥＝馬の腹部両側に下げる泥よけ
8 河原毛＝たてがみは黒、他は白色の毛並み
9 曲彔＝椅子

二十七人、全員が赤い小袖に厚地の白の肩衣《かたぎぬ》、黒皮の袴をはいた。信長の行縢は、金地に虎の斑を刺繍した。鞍の上敷・障泥・手綱・腹帯・尾袋も同じ。房飾り付き紅の[10]鞦《しりがい》には瓔珞《ようらく》を下げた。

信長の装いは描き眉の化粧をし、金紗《きんしゃ》の[11]ほうこうを着けた。この金紗は、このたび織田家一門の人々の装束を調えるため、京都・奈良・堺で珍しい唐織物を探させたところ、近隣諸国から我劣らじと上等な唐綾・唐錦・唐繍物《からぬいもの》などを数多く献上したなかのものである。昔、唐土か天竺で帝王のために織ったものらしく、四方に織留《おりどめ》があって、真ん中に人の形を見事に織り出してある。現今、天下太平の世となったので、天皇・上皇のほうこうに用いるために輸入されたものである。このほうこうは、わざわざ信長のために織られたように、よく似合っていた。昔の名品を見ることができて、ありがたい御代である。

頭巾は唐冠《とうかむり》で、後ろに花を立てた。高砂大夫の扮装か。「梅花を折りて首に挿《さ》せば、二月の雪衣に落つ」という寓意か。

下に着た小袖《こそで》は、紅梅文様に白の段替わり、その段ごとに桐唐草《きりからくさ》文様。その上に蜀江錦《しょっこうにしき》の小袖、袖口を金糸の刺繍で縁取りしたものを着た。これは昔、大国から日本へ三巻だけ渡来したもののうちの一巻である。細川忠興《ただおき》が京都で探し求めて献上したものである。古今の名物が集まってくるのは、信長の威光によるものであることはいうまでもない。

肩衣《かたぎぬ》は、紅色の緞子《どんす》で桐唐草文様。袴も同じ。腰に牡丹の造花を挿した。これは天皇から頂戴したものだという。腰簑《こしみの》は[12]白熊《はぐま》。太刀は金銀飾り。脇差は金銀飾りの鞘巻《さやまき》。腰に鞭《むち》を差し、[13]弓懸《ゆがけ》は白革で桐の紋がある。沓《くつ》は猩々緋《しょうじょうひ》、沓の立ち上がりは唐錦《からにしき》。

10 鞦＝馬の鞍部から尾部にわたって掛ける飾り緒
11 ほうこう＝不明
12 白熊＝ヤクの尾、白毛
13 弓懸＝弓を射る時の革手袋

信長の出で立ちといい、馬場入りの儀式といい、さながら住吉明神が出現する時もこのようであろうかと思われ、皆、何とはなしに神々しく感じたのであった。

一方、近隣諸国から参加した大名・小名・武将たちも、晴れの儀式だからここが肝心と思い、それぞれの頭巾、出で立ちも我劣らじと、できる限りの趣向をこらした。面々の衣装は、下はたいてい紅梅か紅筋、上着は摺箔《すりはく》・唐繍物・金襴・唐綾・文様織の小袖。側次《そばつぎ》・袴も同じ。それぞれ腰簑を着けた。あるいは金色の幣、あるいは紅の組紐、刺繍した旗差し物を付けた者もいる。馬具にも趣向をこらし、押懸《おしかけ》(14)・鞦・手綱はそれぞれ上等な紅の組紐に房を下げ、また馬の胸から尻にわたって金襴緞子で覆い、房飾り、金色の幣、紅の組紐を付けた者もいる。また五色の糸で組紐にした鞦もある。足袋・草鞋《わらじ》に至るまで五色の糸で作らせた者もいる。太刀はたいてい金銀飾りである。多種多様な趣向は、いくら褒めても褒めきれない。数百人のことであるから、細かくは書き尽くせない。

初めは一組十五騎ずつという指示であったが、馬場が広いので、三組または四組ずつが一隊となって、入れ違い行き違い、間を置かず、馬同士ぶつからぬように、柵を右から左へと乗り廻し、辰の刻から未の刻まで行進した。駿馬が集まっていたけれども、書き尽くせない。

信長も無論、たびたび馬を乗り換えて、誠に飛鳥のように乗りこなした。関東から出仕している矢代勝介にも馬術を披露させた。織田信忠は芦毛の馬で、これは優れた早馬であった。装束も殊に優れて華やかであった。織田信雄は河原毛の馬。織田信孝は糟毛《かすげ》(15)の馬で、これは格別に足の利く早馬で、比類なく強健であった。このほか誰の馬もいずれ劣らぬ名馬で、どれがどれともいいがたい。それぞれ似合いの装束で、これもまた興趣をそそられた。

14 押懸＝馬の頭部から胸・胴・尾にわたって掛ける飾り緒
15 糟毛＝全体に灰色、体部に白色が混じる毛並み

最後に馬を駆け足にして行進し、天皇に御覧いただいた。誰も皆、乗馬は達者、華麗な出で立ちで、わが国は無論、異国にもこれほどの例はなかったであろう。見物の群衆は身分の上下にかかわらず、このように天下太平で庶民も生活に困らない、めでたい御代に生まれ合わせたことを喜び、歴史始まって以来の盛儀を見物できたのは生涯の思い出となることで、誠にありがたいことであった。

騎馬行進の途中、天皇は信長のもとへ十二人の勅使を派遣して、「このようなおもしろい催しを見ることができて、たいへん嬉しく思う」と、ありがたい言葉を伝えた。誠に、信長の名誉は書き尽くせないほどであった。

夕刻に至って、信長は馬場を退去し、本能寺に帰還した。誠にめでたい、めでたい。

三月五日、宮中からの要望があって、また騎馬行進をした。今回は、先の馬揃えのなかから名馬五百余騎を選んで出場させた。装束は全員、黒い笠にほうこうを着け、黒い胴服に裁《た》っ着《つ》け袴、腰蓑《こしみの》を着けた。

天皇をはじめ、公家衆・后方《きさきがた》・女官らが多数、美しい衣装で出かけてきて見物した。興じ喜ぶこと、一方ならぬものであった。信長の威光のお蔭で、かたじけなくも天皇を間近に拝見できて、ありがたい御代であると、見物の群衆は身分の上下にかかわらず、手を合わせて感謝・崇敬したのであった。

04 越中・加賀の反乱を制圧

三月六日、神保長住《じんぼうながずみ》・佐々成政《さっさなりまさ》および越中の国侍たちが上洛した。また、加賀[1]・越前[2]・越中[3]三カ国の大名たちも、このたびの馬揃えに参加し、その後も在京していた。

この隙に、敵河田長親《かわだながちか》は軍勢を動かそうとして、有名な刀工郷義弘《ごうよしひろ》の在所[4]松倉というところで反乱を起こした。作戦上、[5]越後から上杉景勝《うえすぎかげかつ》の軍勢を引き入れ、一揆勢を指揮して、佐々成政が軍勢を入れて置いた[6]小井手《こいで》の城を三月九日に包囲した。

一方、柴田勝家は加賀の白山の麓、[7]府峠《ふとうげ》というところに簡略な陣所を設け、軍勢三百人ほどを配備して、近辺の領地からの収納物を管理させておいたが、加賀の一揆勢が河田・上杉に呼応して蜂起し、府峠を攻撃して攻め破り、柴田が配備しておいた軍勢を全滅させた。柴田は、加賀の国の警備のため佐久間盛政を配備しておいたので、佐久間は府峠へ攻め寄せ、一揆勢を多数切り捨てて、陣所を奪い返した。これは、たいへんな手柄であった。

三月九日、信長は堀秀政に、[8]和泉の国で[9]検地《けんち》を実施し、数量を報告するよう命じて、和泉へ派遣した。

三月十日、信長は京都から安土に帰還した。

三月十二日、神保長住および越中の国侍たちが安土に到着した。国侍たちは馬九頭を献上した。佐々成政も、馬の鞍《くら》・鐙《あぶみ》・轡《くつわ》と黒鎧《くろよろい》を献上した。

三月十五日朝方、松原町の馬場で、信長は献上された馬の試乗をした。越中の国侍たちは、

1 加賀＝石川県南部
2 越前＝福井県東部
3 越中＝富山県
4 松倉＝富山県魚津市
5 越後＝新潟県
6 小井手＝小出、富山市
7 府峠＝石川県白山市、旧石川郡鳥越村
8 和泉＝大阪府南西部
9 検地＝耕地面積・収穫高などの調査

揃って信長に挨拶をした。信長は国侍たち一人一人に言葉をかけた。ありがたいことであった。ここで、上杉景勝が越中へ侵攻して小井手の城を包囲したことを報告した。すぐに信長は、先陣として越前衆の不破光治・前田利家・原政茂・金森長近・柴田勝家に日時を移さず出陣するよう命令し、それぞれに帰国の許可を与えた。越前衆および神保・佐々らは、夜を日に継いで急行し、越中に着陣した。

三月二十四日、佐々成政は(10)神通川《じんづう》・六道寺川《りくどうじ》を越えて、礪波郡《となみ》の(11)中田《なかだ》というところまで駆けつけた。しかし、敵上杉景勝・河田長親は、上方の軍勢が出陣したと聞きつけて、三月二十四日(12)卯《う》の刻に陣払いをして、小井手方面から撤退した。佐々成政は、敵が放った火の手を(13)三里ほど先に見かけ、常願寺川・(14)小井手川を越えて追撃したが、すでに敵は撤退してしまっていたので、どうすることもできなかった。しかし、小井手の城に籠城していた味方は、運を開いた。

05 細川藤孝、青竜寺城を献上

さて、細川藤孝《ほそかわふじたか》・忠興《ただおき》・昌興《まさおき》の父子三人は、たびたび忠節を尽くしたので、去年、(1)丹後の国を与えられた。それで細川藤孝は本拠を丹後へ移し、それまで居城していた(2)青竜寺《しょうりゅうじ》の城を信長に献上した。そこで、三月二十五日、信長は矢部家定《やべいえさだ》・猪子高就《いのこたかなり》の二人を城代として青竜寺へ派遣し、元細川領の検地をした上で在城するよう命じた。

10 神通川・六道寺川＝小矢部川・庄川
11 中田＝富山県高岡市
12 卯の刻＝午前六時前後
13 三里＝約一二キロメートル
14 小井手川＝白岩川

1 丹後＝京都府北部
2 青竜寺＝勝竜寺、京都府長岡京市

06 徳川家康、高天神城を奪還

遠江の高天神城《たかてんじん》に籠城する武田方の兵たちは、兵糧が尽きて過半数が餓死した。生き残った将兵が、三月二十五日亥《い》の刻(1)、囲みの柵を破って、こぼれ落ちるように出撃してきた。あちこちで合戦となり、徳川家康の軍勢が討ち取った敵の首数は、次のとおりであった。

鈴木重次・鈴木重愛が討ち取った首、百三十八。水野勝成が十五。本多重次が十八。内藤信成が七つ。菅沼忠久が六つ。三宅康貞が五つ。本多彦次郎が二十一。戸田忠次が七つ。本多光俊が五つ。酒井忠次が四十二。石川康通が十六。大須賀康高が百七十七。石川数正《かずまさ》が四十。松平康忠が十。本多忠勝が二十二。上村《うえむら》庄右衛門が六つ。大久保忠世が六十四。榊原康政が四十一。鳥居元忠が十九。松平督が十三。松平玄蕃允《げんばのじょう》が一つ。久野宗能が一つ。牧野菅八郎が一つ。岩瀬氏則が一つ。近藤康用《やすもち》が二つ。その他を含めて、首の総数六百八十八。

右のうち、部隊長格の首は次のとおりであった。

駿河先方衆では、岡部長保・三浦右近・森川備前守・朶石《もといし》和泉守・朝比奈弥六郎・進藤与兵衛・由比《ゆひ》可兵衛・由比藤大夫・岡部帯刀《たてわき》・松尾若狭守・名郷源太・武藤氏定・六笠彦三郎・神尾《かんのお》但馬守・安西《あんざい》平右衛門・安西八郎兵衛・三浦雅楽助《うたのすけ》。栗田隊の主だった者および信濃衆では、栗田鶴寿・栗田彦兵衛・その弟二人・勝俣主税助《かつまたちからのすけ》・櫛木庄左衛門・水島備中・山上備後守・和根川雅楽助。大戸《おおど》隊のうち主だった者は、大戸丹後守・浦野右衛門・江戸右馬《うまの》丞《じょう》。横田隊のうち主だった者は、土橋五郎兵衛尉・福島本目助。依田能登守隊のうち主だっ

1 亥の刻＝午後十時前後

た者は、依田《よだ》立慶・依田木工左衛門《もくざえもん》・依田部兵衛・大子原某・川三蔵・江戸力助。以上。

武田勝頼は、織田・徳川の武威を恐れて、甲斐・信濃・駿河三カ国の歴々の武士上下多数を、高天神で兵糧攻めにされて救援もせず、見殺しにして、天下に恥を晒《さら》したのである。信長の威光もあったけれど、徳川家康は天下に面目をほどこした。

三河の国の端に(2)土呂《とろ》・(3)佐崎《さざき》・大浜・(4)鷲塚という、海岸寄りに要衝の地がある。ここは経済力も豊かで、人口も多い町であった。(5)大坂から代理の住職が派遣されて一向宗が盛んになり、ついに国中の過半が門徒になった。徳川家康は、まだ壮年にも達しない以前から、必ずこの(6)一揆を征伐しようと決心し、長期にわたって怠らず、あちこちで自ら何度も合戦をして、たびたび戦果をあげ、名を高めた。一度も負け戦をせず、ついに本意を遂げて、(7)三河一国を平定した。年来の苦労と功績は、数えきれるものではない。

その後、遠江の(8)三方《みかた》ガ原で武田信玄と対陣して合戦。また、武田勝頼と(9)長篠《ながしの》で合戦をした。この二度の合戦においても、ひとかたならぬ手柄を立てたのであった。誠に武徳両道に優れていたから、神仏の加護があったのである。

2 土呂＝愛知県岡崎市
3 佐崎＝佐々木、岡崎市
4 大浜・鷲塚＝愛知県碧南市
5 大坂＝石山本願寺
6 一揆＝一向一揆
7 三河＝愛知県東部
8 三方ガ原＝静岡県浜松市
9 長篠＝愛知県新城市

07 竹生島に参詣

三月二十八日、信長は、菅屋長頼《すがやながより》を(1)能登《のと》の国(2)七尾《ななお》の城代《じょうだい》として派遣した。

四月十日、信長はお小姓衆五、六人を従えて、(3)竹生島《ちくぶしま》に参詣した。(4)長浜の羽柴秀吉の城

1 能登＝石川県北部
2 七尾＝石川県七尾市
3 竹生島＝滋賀県長浜市、宝厳寺・都久夫須麻神社

までは馬に乗り、そこから湖上[5]五里を舟で参詣した。安土から水陸あわせて片道十五里、往復三十里の行程を、その日のうちに帰還した。まったく、このようなことは聞いたこともない。しかし、信長の気力は並みの人とは違い、達者なことには皆感嘆したのであった。

遠路であるから今夜は長浜に宿泊するだろうと、誰もが考えていた。信長が帰城してみると、女房たちは、あるいは二の丸まで出かけている者もおり、あるいは[6]桑実寺《くわのみでら》へ薬師参りに行っている者もいた。城中の者は仰天して困惑し、慌てうろたえた。信長は、遊び怠けていた者を縛り上げ、桑実寺へは使いをやって、女房たちを出頭させるよう命じた。寺の長老は「お慈悲をもって女房衆をお助けください」と詫び言を言ったので、女房たちと一緒に、その長老も成敗した。

四月十三日、長谷川秀一《はせがわひでかず》・野々村正成《ののむらまさなり》の二人に、知行を過分に与えた。ありがたいことで、面目の至りであった。

四月十六日、若狭[7]の逸見昌経《へんみまさつね》が病死したので、信長は、逸見の所領八千石のうち、新たに与えた分、すなわち武藤友益・粟屋右京亮の旧領だった三千石は、武田元明に与えた。残り、逸見本来の所領は、丹羽長秀が幼少の頃から召し使ってきた溝口定勝という者を信長が召し抱えることとし、逸見昌経の跡目に任じて、五千石を給した。さらに、溝口に若狭の国の目付《めつけ》を命じ、若狭に在国して国内の地侍たちを監督し、善悪を報告するよう、忝《かたじけ》なくも朱印状をもって命令した。溝口としては後代まで誇りうる面目、これ以上のものはなかった。

四月十九日、武田元明・溝口定勝が岐阜へ参上し、織田信忠に礼を述べた。

4 長浜＝長浜市
5 五里＝約二〇キロメートル
6 桑実寺＝近江八幡市、旧蒲生郡安土町
7 若狭＝福井県西部

08 槇尾寺を焼き払う

先に、和泉の国の検地を堀秀政《ほりひでまさ》に命じた。堀は(1)槇尾寺《まきのおでら》の寺領についても土地日録の提出を命じたところ、寺中の僧たちは、検地の結果、土地の一部を没収されることを恐れ、山下の村を占拠して、目録の提出を拒否した。

信長はこれについて報告を受けると、「騒動を起こして謝罪もせず、命令に背くとは、不届きである。ただちに攻略し、寺僧全員の首を斬り、堂塔は焼き払え」と命令した。

そもそも槇尾寺というのは、樹木に覆われた高山の上にあり、険阻な山道を登れば、右手に(2)十町ほど滝川が流れ、水量多く逆巻いて、滝は轟々と鳴り、岩石は砕けて散乱するという、大変な難所である。寺僧たちは、この要害に拠って、あくまでも抵抗する構えであった。しかし、堀秀政の軍勢が山下に陣を構えると、守りきれないと悟り、寺から退去する覚悟をして、資材・道具類を縁を頼って運び出してしまった。

槇尾寺の本尊は、西国三十三カ所巡礼の四番目、霊験あらたかな観音菩薩である。寺は高野山金剛峯寺《こうごうぶじ》に属し、大伽藍を構えて繁盛している。昔、弘法大師が幼少の頃、槇尾寺の石《いわ》淵勤操僧正《ぶちごんぞう》に就いて学問をし、一字を聞けば十字・千字を悟った。師資相承《ししそうじょう》の縁浅からず、大師十二歳の時、石淵勤操僧正を授戒の師として、槇尾寺で出家した。その後、無上の道心を発し、諸国の霊地を訪ねて修行した。なかでも、(3)阿波の国の(4)大竜寺山《たいりゅうじさん》では、五穀を断って(5)求聞持法《ぐもんじほう》の修行をした。結願《けちがん》の暁、明星が飛び降って大師の口中に入り、その後は

1 槇尾寺＝施福寺、大阪府和泉市
2 十町＝約1キロメートル
3 阿波＝徳島県
4 大竜寺山＝徳島県阿南市
5 求聞持法＝虚空蔵菩薩を念じて記憶力を強化する行法

八万四千の経典を心の内に悟ったという。

それほど由緒のある槇尾寺が、信長の威光に恐れをなしたのか、世も末になって観音菩薩の力も尽き果てたのか、今や荒廃に帰そうという瀬戸際に立ち至った。嘆いてみても、どうすることもできない。

四月二十日、夜になって、まさに末法の世、いさかい闘うことだけが盛んになるという仏説そのままに、老若の寺僧七、八百人は武装をし、全員観音堂に集まった。本尊に別れを惜しみ、永年住みなれたところから離散するのを悲しんで、一度にどっと叫ぶ声は、雷鳴のように諸伽藍に響きわたった。その後、足取りも弱々しく、涙とともに寺を立ち出で、それぞれの縁者を頼って散り散りに、漂うごとくに退去して行った。哀れなこと、目も当てられなかった。

[6]承和《じょうわ》二年三月二十一日[7]寅《とら》の一刻、弘法大師が六十二歳で入定《にゅうじょう》してから、今年は七百四十七年目である。奇しくも同じ日、このたび今月二十一日、槇尾寺は寺僧が退散した。これは、高野山が破滅へと向かう始まりであったのであろうか。

四月二十一日、安土山で相撲をした。大塚新八が勝ち進み、褒美として信長の領地から百石を賜った。二番目にたいとうが技能すぐれた相撲を取り、三番目に永田正貞配下のうめという力士がおもしろい取り口を見せた。信長は、この二人にもたびたび言葉をかけてやった。ありがたいことであった。

四月二十五日、溝口定勝が高麗鷹六羽を手に入れて、これを信長に献上した。近頃は入手できなかったもので、信長は「珍しい」と言って喜び、かわいがって秘蔵した。

五月十日、和泉の槇尾寺の伽藍は、織田信澄・蜂屋頼隆・堀秀政・松井友閑・丹羽長秀が

6 承和二年＝八三五年
7 寅の一刻＝午前三時半頃

検分し、それぞれが建築用材として使えそうなところを少々解体して没収した。そのほかの堂塔・寺庵・僧坊、および経巻は、堀秀政が検使として立ち会い、少しも残さず焼き払ってしまった。

09 越中の城主を召喚し尋問

五月二十四日、越中の松倉に立て籠もっていた敵河田長親《かわだながちか》が病死した。信長に憎まれた者は、すべて自然に死んでいくのである。

六月五日、(1)相模《さがみ》の北条氏政《ほうじょううじまさ》から、馬三頭が献上されてきた。滝川一益の取り次ぎである。

六月十一日、越中(2)願海寺《がんかいじ》の城主、寺崎盛永・喜六郎父子を召喚し、ある件について尋問した。その後で、父子の身柄は丹羽長秀に預け、(3)佐和山の城に監禁させておいた。

1 相模＝神奈川県
2 願海寺＝富山市
3 佐和山＝滋賀県彦根市

10 羽柴秀吉、鳥取城を包囲

六月二十五日、羽柴秀吉は、軍勢二万余を率いて中国へ出陣した。(1)備前《びぜん》・(2)美作《みまさか》へ進撃し、また(3)但馬《たじま》方面から(4)因幡《いなば》へ侵攻した。

吉川経家《きっかわつねいえ》が立て籠もる(5)鳥取の城は、四方とも人里から離れた険しい山城である。因幡の

1 備前＝岡山県東南部
2 美作＝岡山県東北部
3 但馬＝兵庫県北部
4 因幡＝鳥取県東部
5 鳥取＝鳥取市

国は、北から西へかけて海が漫々と広がっている。鳥取の城と西方海岸との真ん中に、城から[6]二十五町ほど隔てて、町際をかすめて東南から西へ[7]大河が流れている。この川は橋がなく、舟渡しである。城から二十町ほど隔てて、この川際に中継の出城がある。また、[8]河口にも中継の出城がある。安芸から軍勢を迎え入れるために、この二カ所に出城を築いたのであった。

鳥取の城の東に、[9]七、八町ほど隔てて、同じくらいの高さの山がある。羽柴秀吉はこの山に登り、敵城を展望して本陣を構えた。そうして、ただちに鳥取城を包囲させ、ついで中継の出城二カ所の間を遮断した。本城・出城それぞれに鹿垣《ししがき》を巡らせて包囲し、敵城から五、六町乃至《ないし》七、八町の距離まで近づけて諸部隊を陣取らせた。堀を掘っては柵を立て、また堀を掘っては塀を立て、土塁を高々と築かせ、切れ目もなく二重または三重の櫓《やぐら》を立てさせた。部隊長たちの陣には、特に堅固な櫓を築かせた。

背後から攻められないように、包囲陣の後方にも堀を掘り、塀・柵を立てた。馬を乗り廻しても、遠方から射込まれる矢に当たらないように、周[10]二里の間は前後に土塁を高々と築かせた。その内側に陣屋を町家のように建てさせ、夜は各陣屋ごとに篝火《かがりび》を白昼のように焚かせ、巡回を厳重に命じた。海上には警備の舟を配置し、海沿いの村々は焼き払った。丹後・但馬から海上を舟で、自由に兵糧を運び込ませ、この方面の戦いが決着するまで何年でも在陣できるよう、周到な用意をした。

安芸の軍勢が後方から攻めてきた場合は、二万余の軍勢のうちから数千挺の弓と鉄砲の兵を選抜し、まず矢戦《やいくさ》をさせる。その後、陣地へ攻め掛かってきたら、充分に手を焼かせた上

6 二十五町＝約二・七キロメートル
7 大河＝袋川
8 河口＝千代川
9 七、八町＝約七六三～八七二メートル
10 二里＝約八キロメートル

で、どっと切り掛かり、敵全員を討ち果たして、中国筋を一気に平定してしまおうという堅陣を構えたのであった。

11 七尾城の家老を成敗

六月二十七日、能登七尾の城で、旧城主畠山当時からの家老遊佐続光《ゆさつぐみつ》、その弟、伊丹孫三郎の三人は、たびたび反逆の画策をしたので、菅屋長頼《すがやながより》に命じて切腹させた。これによって、温井景隆《ぬくいかげたか》・弟三宅長盛《みやけながもり》も、やがて自分らも処分されるであろうと察知して、逃亡した。

12 越中の城主らを成敗

七月六日、越中(1)木舟《きぶね》の城主石黒成綱《いしぐろしげつな》、および家老石黒与左衛門・伊藤次右衛門・水巻采女佐《うねめのしょう》ら一門が、三十騎ほどで安土へ出向いてきた。途中、佐和山で丹羽長秀《にわながひで》が一行を捕らえ、切腹を命じる手筈《てはず》になっていたが、石黒らは(2)長浜までできて、いち早く様子を悟り動きを止めた。そこで、丹羽長秀は長浜へ出動し、石黒成綱らが町家にひそんでいるのを取り囲んだ。さすがに石黒らは抵抗し、丹羽の兵ひとかどの者二、三人が討ち死にした。戦いの末、生き残った一門の歴々十七人は、屋内で切腹して果てた。

1 木舟＝富山県高岡市
2 長浜＝滋賀県長浜市

七月十一日、越前から柴田勝家が、黄鷹六羽を献上してきた。同時に、切り石数百箇も献上した。

七月十五日、安土城の天主閣および[3]惣見寺《そうけんじ》にたくさんの提灯《ちょうちん》を吊るさせ、また、お馬廻り衆を新道に配置し、または入り江に舟を浮かべさせて、それぞれに松明《たいまつ》を灯させた。城下一帯が明るく、灯は水に映って、言いようもなく面白く、見物の人々が群れ集まった。

七月十七日、信長は、織田信忠へ秘蔵の[4]雲雀毛《ひばりげ》の馬を贈った。有名な駿馬である。寺田善右衛門を使者に命じ、岐阜へ届けさせた。

同じく七月十七日、佐和山に監禁しておいた越中の寺崎盛永・喜六郎父子に切腹を命じた。息子喜六郎はまだ十七歳という若さで、顔も姿も立派に美しく育った若者であるが、その最期の振るまいは哀れであった。父子互いに挨拶をし、父寺崎盛永が「親が先に行くのが筋である」と言って切腹した。若党が介錯《かいしゃく》した。その後で喜六郎は、父が切腹して流した血を掌に受けて舐《な》め、「私もお供いたします」と言って、見事に腹を切った。立派な最期であったが、哀れで見てはいられなかった。

3 惣見寺＝摠見寺
4 雲雀毛＝たてがみ・尾は黒く、体部は黄色と白が混じった毛並み

13 出羽から鷹を献上

七月二十日、[1]出羽大宝寺《たいほうじ》の大宝寺義興《よしおき》から、挨拶として鷹と馬を献上してきた。翌日、返礼として小袖・反物などを贈った。

1 出羽大宝寺＝山形県鶴岡市

七月二十一日、秋田(2)の安東愛季《あんどうちかすえ》から挨拶があった。取り次ぎは神藤《しんどう》右衛門。黄鷹五羽、生きている白鳥三羽、以上が献上された。右のうちに巣立ち前の鷹が一羽あった。信長はこれを可愛がり、秘蔵した。安東愛季へ返礼として贈ったものは、小袖十枚、これには信長の紋が付いている。緞子《どんす》十巻。別に黄金二枚、これは使者の小野木という者に賜った。

七月二十五日、織田信忠が安土に来た。信長は森長定を使者として、脇差を以下の三人に贈った。織田信忠へ岡崎正宗の作。織田信雄へ粟田口《あわたぐち》吉光作。織田信孝へも粟田口吉光作。どれも有名な逸物で、高価なものであった。

14 安土馬揃え

八月一日、畿内および近隣諸国の大名・武将たちを安土へ召集し、馬揃えを催した。

信長の装束は、白い衣服、笠をかぶり、ほうこうを着け、虎の皮の行縢《むかばき》、芦毛の馬に乗った。近衛前久《このえさきひさ》、および織田家一門の人々の出で立ちは、下に白の帷子《かたびら》、上には絹の帷子、あるいは辻が花染めの小袖を片袖脱ぎにして、袴は金襴《きんらん》・緞子《どんす》・刺繍《ししゅう》・摺箔《すりはく》など、いろいろであった。笠もいろいろ、皆ほうこうを着けて乗馬した。見物人が大勢集まった。

八月六日、会津(1)の蘆名盛隆《あしなもりたか》から挨拶があって、あいそう駮《ぶち》(2)の馬を献上してきた。これは奥羽地方で有名な、稀にみる名馬だそうである。

八月十二日、織田信忠は尾張・美濃の国侍《くにざむらい》を岐阜へ召集し、長良川の河原に馬場を築か

2 秋田＝秋田県秋田市

1 会津＝福島県西部
2 あいそう駮＝不明

せた。前後に高々と築地を築かせ、左右には高さ八尺の柵を造らせて、毎日、乗馬の訓練をさせた。

15 鳥取へ出陣の用意

八月十三日、因幡《いなば》の国鳥取城の救援に、安芸《あき》から毛利輝元《もうりてるもと》・吉川元春《きっかわもとはる》・小早川隆景《こばやかわたかかげ》が出陣するとの風説があった。そこで信長は、在国の部将たちは命令がありしだい、信長の先陣として出陣できるよう、夜を日に継いで少しも油断なく出動態勢を整えるように命令を発した。

丹後では細川藤孝《ほそかわふじたか》父子三人、丹波では明智光秀《あけちみつひで》、摂津では池田恒興《いけだつねおき》を大将として高山右近《たかやまうこん》・中川清秀《なかがわきよひで》・安部二右衛門《あべにえもん》・塩河吉大夫《しおかわきちだゆう》らに先に命令が出され、このほか、近隣諸国の武将、お馬廻り衆にも無論、出陣準備をして待機するよう命令が発せられた。「このたび毛利の軍勢が鳥取救援に出陣した時は、信長自ら出陣し、東西の軍勢がぶつかって合戦を遂げ、西国勢をことごとく討ち果たし、日本全国残るところなく信長の支配下に置く決意である」とのことであったから、部将たちもその覚悟で臨んだのであった。

なかでも、細川・明智の両人は、大船に兵糧を積み込ませ、細川は船の指揮者に松井康之を、明智も船の指揮者を任命して、因幡の鳥取川(1)に停泊させておいた。

八月十四日、信長は秘蔵の馬三頭を羽柴秀吉に贈った。使者は高山右近。「鳥取方面を詳細に視察し、帰って報告せよ」との命令で、馬を曳いて鳥取の陣へ赴いた。羽柴秀吉は、「身

1 鳥取川＝千代川

に余る名誉で、ありがたいことです」と述べたという。

16 高野聖を成敗

八月十七日、(1)高野聖《こうやひじり》を探索して数百人を捕らえ、諸国から連行させて、ことごとく成敗した。

その理由は、高野山では摂津伊丹の残党たちを召し抱えていた。その中に一人、二人出頭させねばならない者がいて、信長は朱印状をもって高野山に命令したのだが、高野山ではその返事をしなかった。それだけでなく、信長が派遣した使者十人ほどを殺害した。高野山は毎々、信長の怒りに触れた者を召し抱え、不届きであるので、このような処置をとったのである。

1 高野聖＝高野山金剛峯寺の勧進僧

17 織田信雄、伊賀を平定

九月三日、織田信雄《のぶかつ》は(1)伊賀の国へ出陣した。

先陣を務めたのは、(2)甲賀方面からは、甲賀衆・滝川一益《たきがわかずます》・蒲生氏郷《がもううじさと》・丹羽長秀《にわながひで》・京極高《きょうごくたか》次《つぐ》・多賀常則《たがつねのり》・山崎秀家《やまざきひでいえ》・阿閉貞征《あつじさだゆき》・阿閉貞大《さだひろ》、それに織田信雄。

1 伊賀＝三重県西北部
2 甲賀＝滋賀県南部

(3)信楽《しがらき》方面からは、堀秀政《ほりひでまさ》・永田正貞・進藤賢盛・池田秀雄・山岡景宗・青地元珍・山岡景佐・不破直光・丸岡民部少輔《みんぶしょうゆう》・青木玄蕃允《げんばのじょう》・多羅尾光太。
(4)加太《かぶと》方面からは、滝川雄利《たきがわかつとし》を大将として伊勢衆、それに織田信包《のぶかね》。
(5)大和方面からは、筒井順慶《つついじゅんけい》と大和衆。以上。

このように、諸方面から侵攻した。

(6)柘植《つげ》の福地某が降参したので許し、人質を提出させて、さらに不破直光を柘植の城警固のために入城させた。また、(7)河合の田屋某という者が降参して、有名な「山桜」の茶壺および「きんこう」の茶壺を差し出した。しかし、信長は「きんこう」は返し、「山桜」の壺だけを受け取って、これを滝川一益に賜った。

九月六日、信楽方面隊と甲賀方面隊とが合流し、一団となって、敵の(8)壬生野《みぶの》の城・(9)佐《さ》那具《なご》・峯伏《みねおろし》等へ進撃した。織田信雄は(10)御代《みだい》河原に陣を据え、滝川一益・丹羽長秀・堀秀政および近江衆・若狭衆も接近して陣を構えた。

九月八日、信長は賀藤《かとう》与十郎・万見《まんみ》重元の息子・猪子高就《いのこたかなり》・安西某の四人を召し寄せて、知行をそれぞれに賜った。ありがたいことである。

また、小袖を以下の人々に賜った。狩野永徳・息子光信・木村高重・木村重章・岡部又右衛門・その息子・宮西遊左衛門・その息子・竹尾源七・松村某・後藤光乗・刑部《ぎょうぶ》・新七・奈良大工。諸職人の頭たちに数多くの小袖を下賜した。皆、ありがたく頂戴した。

九月十日、佐那具・峯伏を諸勢が攻撃し、寺院や(11)一之宮の堂坊・社殿をはじめとして一帯ことごとくを焼き払った。すると、佐那具から敵の足軽部隊が出撃してきた。滝川一益・

3 信楽＝滋賀県甲賀市、旧甲賀郡信楽町
4 加太＝三重県亀山市、旧鈴鹿郡関町
5 大和＝奈良県
6 柘植＝三重県伊賀市、旧阿山郡伊賀町
7 河合＝川合、伊賀市、旧阿山郡阿山町
8 壬生野＝伊賀市、旧阿山郡伊賀町
9 佐那具・峯伏＝伊賀市、旧上野市
10 御代河原＝伊賀市、旧阿山郡伊賀町
11 一之宮＝敢国神社、伊賀市、旧上野市

堀秀政の二隊は頃合いを見定めて突撃し、屈強の武士十余人を討ち取り、この日はそれぞれの陣所へ引き揚げた。

九月十一日、佐那具を攻略するはずであったが、敵は夜中に退散してしまった。佐那具には織田信雄の軍勢を一部駐留させ、諸勢はさらに奥地へ進撃した。諸方面から攻め込んだ軍勢が合流したので、ここで郡ごとに攻撃担当の部隊を決めた。それぞれの裁量で作戦を進め、各地の諸城を破壊するよう命じられた。

阿我《あが》郡[12]は、織田信雄の担当で、これを制圧した。

山田郡[13]は、織田信包が制圧した。

名張《なばり》郡[14]は、丹羽長秀・筒井順慶・蒲生賢秀・多賀常則・京極高次および若狭衆。右の諸隊が各地で討ち取った敵は、小波多《おばた》父子兄弟三人、東田原[15]の高畠四郎兄弟二人、西田原[15]の城主某、吉原の城主吉原次郎。以上。

綾《あや》郡[13]は、滝川一益・堀秀政・永田正貞・阿閉貞征・不破光治・山岡景隆・池田秀雄・多羅尾光太・青木玄蕃允・青地元珍および甲賀衆。右の諸隊が各地で討ち取った敵は、河合の城主田屋甚之丞、岡本某、国府[16]の高屋父子三人、糟屋蔵人、壬生野の城主某、荒木[16]の竹野屋左近。また、木興《きこ》[16]の城を攻略し、上服部党・下服部党を全滅させた。このほか、多数の敵を切り捨てた。

右のほか、一揆勢が大和の国境付近、春日山《かすがやま》[17]へ逃亡

12 阿我郡＝三重県旧名賀郡
13 山田郡・綾郡＝旧阿山郡
14 名張郡＝三重県名張市
15 東田原・西田原＝名張市
16 国府・荒木・木興＝伊賀市、旧上野市
17 春日山＝奈良県山辺郡山添村

したのを、筒井順慶が山中へ分け入って探索し、指導者格七十五人、そのほか数もわからぬほど切り捨てた。

こうして伊賀の国を平定し、四郡のうち三郡は織田信雄の所領、一郡は織田信包の所領として与えられた。以上。

中国、因幡の国鳥取から高山右近が帰還し、鳥取方面の堅固な布陣の様子を図面にして詳しく報告した。これにも、信長は大いに喜んだ。

十月五日、稲葉刑部・高橋虎松・祝《はふり》重正らに知行を賜った。

十月七日、白の鷹の羽が生え替わり、初めて鳥屋《とや》から出した。信長は(18)愛智川《えちがわ》辺で朝の鷹狩りをした。帰途、桑実寺から新町通りへ直行して検分し、伴天連の教会に立ち寄った。ここで、土木工事について命令を出した。

18 能登・越中の諸城を破壊

信長は、(1)能登《のと》の国四郡を前田利家《まえだとしいえ》に与えた。ありがたいことであった。

これより先に、菅屋長頼《すがやながより》に命じて能登・越中の、一国各一城を除いて、他の諸城をことごとく破壊させた。菅屋は使命を果たして、安土に帰還した。

18 愛智川＝愛知川、滋賀県東近江市

1 能登の国四郡＝羽咋・鹿島・鳳至・珠洲

19 伊賀を視察

十月九日、信長は伊賀の国を視察するため、織田信忠《のぶただ》・織田信澄《のぶずみ》を同伴して安土を出発した。その日は(1)飯道山《はんどうさん》に登り、ここから近江の国を展望して、飯道寺に泊まった。

十月十日、(2)一之宮に到着。信長は少しも休息せず、一之宮の上にある(3)国見山《くにみやま》という高山に登って、まず国中の様子を展望した。

信長の休息・宿泊する御殿を滝川一益が立派に建て、織田信忠の御殿も、そのほかの諸勢が手落ちなく造っておいた。珍しい食物を調えて食事を出し、充分な心づかいで接待した。織田信雄《のぶかつ》・堀秀政《ほりひでまさ》・丹羽長秀《にわながひで》も、休息所や宿泊所を競って立派に造った。御殿の造作といい、食事の用意といい、大変なもので、道中の休憩時にも酒肴を出す用意をした。信長の果報は大変なもので、諸将が信長を崇敬し、その威光に恐懼《きょうく》する有様は、筆にも言葉にも述べ尽くせないほどであった。

十月十一日、雨降りのため滞在。

十月十二日、信長は、織田信雄の陣所、筒井順慶・丹羽長秀の陣所、また奥地の(4)小波多《おばた》というところまで、家老衆十人ほどを従えて視察した。そうして、要所要所の村々を指摘して砦を築くよう命令した。

十月十三日、伊賀の一之宮から安土に帰城。

十月十七日、(5)長光寺山で鷹狩りをした。伊賀の国を平定した諸勢が、揃って帰陣した。

1 飯道山＝滋賀県甲賀市、旧甲賀郡水口町
2 一之宮＝三重県伊賀市、旧上野市
3 国見山＝南宮山、伊賀市、旧上野市
4 小波多＝小波田、三重県名張市
5 長光寺山＝滋賀県近江八幡市

十月二十日から安土城下の土木工事を開始した。信長は「北と南の二カ所、新町と鳥打に、引き続き伴天連の住居を建てさせよう」と言って、お小姓衆・お馬廻り衆に命じ、沼地を埋め立て、町家を建築させた。

20 羽柴秀吉、鳥取城を兵糧攻め

このたび因幡の鳥取では、一郡の男女ことごとくが城内へ逃げ込んで立て籠もった。しかし、下々の農民その他は、長期戦の用意はなかったから、たちまち餓死してしまった。

初めのうちは、五日に一度、あるいは三日に一度、鐘をつき、それを合図に、雑兵《ぞうひょう》が全員で柵ぎわまで出てきて、木の葉や草を採り、特に稲の切り株は上々の食い物であったようであるが、後にはこれらも採り尽くし、城内で飼っていた牛馬を殺して食い、寒さも加わって、弱い者は際限もなく餓死した。餓鬼《がき》のように痩せ衰えた男女が、柵ぎわへまろび寄り、苦しみ喘《あえ》ぎつつ「引き出して、助けてくれ」と悲しく泣き叫ぶ有様は、哀れで見るに堪えなかった。これらの者を鉄砲で撃ち倒すと、まだ息のある者にも人々が群がり、手に手に持った刃物で手足をばらし、肉を剝《は》がした。五体のなかでも特に頭部は味がよいと見えて、一つの首を数人で奪いあい、取った者は首を抱えて逃げて行った。まったく、命を守る瀬戸際となると、こんなにも情けないことになるのであった。

一方、大義のために自分の命を犠牲にするという道義も尊いものである。城内から降参の申し入れがあって、「吉川経家《きっかわつねいえ》・森下道与・奈佐日本介《なさやまとのすけ》、三将の首を提出するので、城内に残る者は助け出していただきたい」と嘆願してきた。これを信長に報告し、指示を仰いだところ、「それで良い」との回答があった。さっそく、羽柴秀吉が承諾の返事を城内へ伝えると、日時を移さず三将は切腹し、その首を届けてきた。

十月二十五日、鳥取に籠城していた者が助け出された。まったく餓鬼のように痩せ衰えて、誠に哀れな有様であった。あまりにも哀れであったので食い物を与えると、食い過ぎて過半数の者が頓死してしまった。

鳥取城はこうして決着がつき、城内の補修・清掃をさせ、城代として宮部継潤《けいじゅん》を入城させた。

21 羽柴秀吉、伯耆へ出陣

伯耆《ほうき》[1]には、織田方の南条元続《なんじょうもとつぐ》・小鴨元清《おがもともときよ》の兄弟二人が居城する城があった。十月二十六日、吉川元春《きっかわもとはる》が進攻して南条の城を包囲した、との報告があった。羽柴秀吉は、「南条を見殺しにしたら世間のもの笑いとなり、無念である」と言って、吉川勢を後方から攻め、東西の軍勢が互いに接して一戦に及ぼうと決心した。

十月二十六日、まず先発隊を出陣させ、十月二十八日、羽柴秀吉が出陣した。因幡国内、伯耆との国境近くに、山中幸盛《やまなかゆきもり》の弟亀井真矩《かめいさねのり》が織田方として居城していた。羽柴秀吉はここ

1 伯耆＝鳥取県西部

まで進軍した。ここから伯耆へは山と谷続きで大変な難所であったが、南条の城を目指して急行した。

南条元続は、羽衣石《うえいし》(2)という城を守備していた。同じく、南条の兄小鴨元清は、岩倉(3)というところに居城していた。二人が織田方としての態度を崩さずにいたので、吉川元春が進撃し、右の両城を攻撃しようとして、羽衣石から三十町(4)ほど隔てた馬之山《うまのやま》(5)というところに陣を張ったのである。

十月二十九日、越中から佐々成政が、黒部(6)育ちの馬、当歳駒・二歳駒をはじめとして十九頭を献上してきた。

十一月一日、関東下野《しもつけ》の蜷川《にながわ》郷(7)の皆川広照《みながわひろてる》が、名馬三頭を献上した。根来《ねごろ》寺の智積院《ちしゃくいん》は皆川の伯父である。この智積院も皆川の使者に同行して参上した。堀秀政の取り次ぎであった。信長は皆川広照に返書を送り、返礼の品を添えた。しじら百反、紅五十斤、虎の皮五枚、以上。別に黄金一枚、これは使者としてきた関口石見《いわみ》という者に賜った。

さて伯耆では、羽柴秀吉は羽衣石の付近に七日間在陣して、国中に兵を出動させ、兵糧を取り集めた。蜂須賀家政《はちすかいえまさ》・荒木重堅《あらきしげかた》の二人を吉川勢への備えとして馬之山に対峙させ、秀吉自身は羽衣石・岩倉両城に連絡して、軍勢と兵糧・弾薬を充分に補給した。その上で、来春、吉川勢に決戦を挑もうと申し合わせた。

十一月八日、羽柴秀吉は播磨の姫路に帰陣した。吉川元春も、なすところなく軍勢を引き揚げた。

2 羽衣石という城＝南条城、鳥取県東伯郡湯梨浜町
3 岩倉＝鳥取県倉吉市
4 三十町＝約三・三キロメートル
5 馬之山＝東伯郡湯梨浜町
6 黒部＝富山県黒部市
7 蜷川郷＝皆川荘、栃木県栃木市

22 淡路島を平定

十一月十七日、羽柴秀吉と池田元助《いけだもとすけ》の二人は、淡路島《あわじ》へ軍勢を出した。岩屋[1]へ上陸して攻め寄せると、敵は降参の申し入れをしてきて、協議が調った。そこで池田元助の軍勢を岩屋に駐留させ、警備するよう命じた。

十一月二十日、羽柴秀吉は姫路に帰陣した。池田元助も、同時に軍を収めた。淡路島を誰の知行地とするか、まだ信長は決めなかった。

1 岩屋＝兵庫県淡路市

23 織田勝長に対面

十一月二十四日、犬山[1]の織田勝長《かつなが》が、安土に来て初めて信長に挨拶をした。この人は、以前[2]信長が武田信玄と友好関係にあった頃、信玄から信長の末子を養子にしたいとの申し入れがあって、甲斐[3]へ赴いたのである。しかし、結局、織田・武田の関係がまずくなって、武田家から送り返してきたのを、犬山の城主にしたのであった。信長は、小袖・刀・鷹・馬・槍、その他いろいろ取り揃えて勝長に贈った。勝長の側近の者にまで、それぞれ相応の品を賜った。

1 犬山＝愛知県犬山市
2 以前＝元亀三年（一五七二）
3 甲斐＝山梨県

24 悪党を処刑

近江の永原[(1)]の隣、野尻[(2)]の郷の東善寺に、延念《えんねん》という裕福な住職がいた。

十二月五日、近くの蜂屋[(2)]の郷の八という男が、つつもたせ[(3)]を企てた。若い女を雇って、雨の暮れ方に東善寺へ駆け込ませ、「しばらくの間、雨宿りをさせてくださ い」と頼み込ませた。延念が「迷惑だから」と言うのに、女は庭の隅で焚き火をし、あたっていた。後から八が押し入り、「出家の身で、若い女を泊めておくとは、けしからぬ」と言いがかりを付け、口止め料を要求した。延念が断ると、八はさらに悪態をついた。

土地の代官野々村正成《ののむらまさなり》と長谷川秀一《はせがわひでかず》の二人で、この男女を捕らえ、尋問した上、男女ともに処刑した。哀れにも自滅したのであった。

1 永原＝滋賀県野洲市
2 野尻・蜂屋＝滋賀県栗東市
3 つつもたせ＝男女が共謀して他の男を誘惑し恐喝する犯罪

25 羽柴秀吉、感状を頂戴

さて、歳末には遠近諸国の大小名や一門の人々が安土に来て、信長に挨拶をしたので、門前市をなす有様であった。歳暮《せいぼ》の贈り物として、金銀・舶来物・衣服・紋織など、結構なものを我も我もと献上した。いろいろと高価な献上品は、数も知れないほどであった。これらの人々が信長を恐懼・崇敬すること、並々のものではなかった。信長の果報が優れている有様は、わが国には比べる者もいない。信長の威光については、いうまでもないことである。

歳暮の挨拶のために羽柴秀吉が播磨から戻ってきて、小袖二百枚を献上した。ほかに、女房衆それぞれにも小袖を贈った。これほど素晴らしく、大量な贈り物は、いまだかつてなかったことで、安土城内上下の者が驚嘆した。

信長は、「このたび、因幡の国鳥取の堅固な城と大敵に対し、一身の覚悟をもって戦い、一国を平定したことは、武勇の誉《ほま》れ前代未聞である」との感状を書き、秀吉に賜った。秀吉はこれを頂戴し、面目の至りであった。信長も満足し、十二月二十二日、褒美として茶の湯道具十二種の名物を賜った。秀吉はこれを拝領し、播磨へ帰って行った。

巻十五

天正十年（一五八二）

01 年頭の出仕

〔天正十年〕[1]正月一日、近隣諸国の大名・小名や織田家一門の人々は、それぞれ安土に滞在して、年頭の挨拶に出仕した。大変な人数であったので、百々《どど》の橋から惣見寺《そうけんじ》へ登るところの山裾に積み上げてある石垣を踏み崩してしまった。石と一緒に崩れ落ちて、死んだ人もいた。怪我人は数もわからぬほどであった。刀持ちの若党たちで、刀を紛失して困っている者も多かった。

信長に挨拶する順番は、一番は、織田家一門の人々である。二番は、近隣諸国の大小名たち。三番は、安土在勤の人々。

このたびは、大名でも小名でも一様に、年賀のお祝い金を[2]百文ずつ、自身で持参するようにと、堀秀政《ほりひでまさ》・長谷川秀一《はせがわひでかず》の二人を通じて触れが出ていた。惣見寺《そうけんじ》の毘沙門堂《びしゃもんどう》と舞台を見てから表門を入り、三の門の内、天主閣の下の[3]白洲《しらす》へ参上した。ここで、信長からそれぞれに言葉をかけられた。先に記したとおり、織田信忠《のぶただ》・織田信雄《のぶかつ》・織田長益《ながます》・織田信包《のぶかね》、その他織田家一門の人々、次が諸国の大小名であった。一同、階段を上がり、座敷のなかへ招き入れられ、忝《かたじけ》なくも[4]御幸《ごこう》の間《ま》を拝見した。

ついで、お馬廻り衆・甲賀衆などが白洲へ招かれ、しばらく待っていたところ、「白洲では皆冷えるだろうから、南殿へ上がり、江雲寺御殿を見るがよい」との指示が伝えられたので、そこを見せてもらった。

1 天正十年＝一五八二年
2 百文＝現在の価値で一万〜一万五千円
3 白洲＝白砂を敷きつめてある所
4 御幸の間＝天皇の行幸を迎える部屋

座敷はすべて金で装飾され、各部屋とも狩野永徳《かのうえいとく》に命じて、各地の風景を描かせてあった。多様な景色は、山あり、海あり、田園あり、村里ありで、誠におもしろく、言葉には表現できないほどであった。

「ここから廊下を進み、御幸の間を見るがよい」との指示で、もったいなくも天皇が行幸《ぎょうこう》になる御殿へ招き入れられ、拝見した。誠にありがたく、一生の思い出となることであった。

廊下から御幸の間はすべて檜皮葺《ひわだぶ》きで、飾り金物が日に輝き、部屋のなかはすべて金で装飾されていた。四方とも壁に金箔を貼り、その上に絵の具を厚く盛り上げて絵画が描かれていた。金具の部分はすべて黄金を使用し、魚子《ななこ》の地に唐草《からくさ》を彫り、天井は組み入れ天井。部屋の上も下も輝いて、感嘆すること、心にも言葉にも表現できないほどであった。畳は備後《びんご》表《おもて》で青々と、縁《へり》は高麗縁《こうらいべり》または雲繝縁《うんげんべり》であった。正面の二間奥に、天皇の御座所らしく、御簾《みす》が下がって一段高くなっている上段《じょうだん》の間があった。金で飾りたてて光り輝き、妙香が四方にただよっていた。そこから東に続いて部屋が幾間もあった。ここにも、金箔の上に色彩豊かな絵画がさまざまに描かれていた。

御幸の間を拝見した後、初めに控えていた白洲へ下りたところ、「台所口へ参れ」との指示があったので行くと、信長は厩《うまや》への入り口に立っていた。十疋ずつのお祝い金を、もったいなくも信長自身が受け取って、後ろ手に投げ入れた。諸国の大小名たちは、ほかに金銀や舶来物、いろいろ珍しい物を献上した。その数は大変なものであった。

(5) 十疋＝百文

02 左義長

信長は、一月十五日の左義長《さぎちょう》に爆竹《ばくちく》を持って出場するよう、近江衆に命じた。命じられた人々は、北方東一番には、平野定久・多賀常則《たがつねのり》・後藤高治《ごとうたかはる》・山岡景宗《やまおかかげむね》・蒲生氏郷《がもううじさと》・京極高次《つぐ》・山崎秀家《やまざきひでいえ》・小川祐忠《おがわすけただ》。南方には、山岡景佐《やまおかかげすけ》・池田秀雄《いけだひでお》・久徳左近兵衛《きゅうとくさこんひょうえ》・永田正貞・青地元珍・阿閉貞大《あつじさだひろ》・進藤賢盛。以上。

当日、一番に馬場へ入ったのは、菅屋長頼《すがやながより》・堀秀政《ほりひでまさ》・長谷川秀一《はせがわひでかず》・矢部家定《やべいえさだ》、およびお小姓衆・お馬廻り衆。二番目は、畿内衆と近隣諸国の大名・小名たち。三番目は、織田信忠《のぶただ》・織田信雄《のぶかつ》・織田長益《ながます》・織田信包《のぶかね》、その他一門の人々。四番目が、信長であった。

信長が軽やかに着た装束は京染めの小袖、頭巾をかぶり、笠は少し上へ長く四角であった。腰簑は白熊《はぐま》、脇差、行縢《むかばき》は赤地金襴で裏は紅梅。沓《くつ》は猩々緋《しょうじょうひ》。馬は、仁田某が献上したやばかげ、奥羽から献上された駮《ぶち》の馬、遠江産の鹿毛《かげ》、どれも秘蔵の馬三頭。信長は、これらの馬を取り替え引き替えして乗馬した。矢代勝介にも乗馬させた。

この日は雪が降り、風もあって非常に寒かった。[1]辰《たつ》の刻から[2]未《ひつじ》の刻まで乗馬をした。人々が群れ集まり、感嘆しながら見物した。夕方になって馬を収めた。めでたい、めでたい。

1 辰の刻＝午前八時前後
2 未の刻＝午後二時前後

03 佐久間信栄を赦免

(1)先年、佐久間信盛《さくまのぶもり》・信栄《のぶひで》父子が追放されて他国へ流浪したが、信盛は紀伊の国熊野《くまの》の奥で病死した。信長はこれを不憫《ふびん》に思ったのか、一月十六日、息子信栄を赦免し、旧領を(2)安《あん》堵《ど》した。佐久間信栄は、美濃の岐阜へ参上して、織田信忠《のぶただ》に礼を述べた。

一月二十一日、(3)備前の宇喜多直家《うきたなおいえ》も病死したので、羽柴秀吉は、宇喜多家の家老たちを引き連れて安土へ参上し、右の経緯を報告した。家老たちは、信長に黄金百枚を献上して挨拶をした。信長は、家督を宇喜多秀家が継ぐことを承認し、家老たちそれぞれに馬を賜った。一同は感謝して帰国した。

1 先年＝天正八年、巻十三（16）
2 安堵＝所領の領有を承認すること
3 備前＝岡山県東南部

04 伊勢の大神宮に寄進

一月二十五日、(1)伊勢《いせ》の大神宮《だいじんぐう》では、式年遷宮《しきねんせんぐう》が(2)「三百年来中絶しているので、近年のうちに信長の援助によって復活したいと、大神宮の上部貞永《うわべさだなが》が堀秀政《ほりひでまさ》を通じて願い出た。

「どれぐらいの費用を用意すればできるのか」と尋ねると、「(3)千貫ございますれば、そのほかは勧進《かんじん》で実施できましょう」と言上した。信長は、「一昨年、石清水八幡宮を修築した時、初めは三百貫必要だろうということであったが、実際には千貫以上かかってしまったので、

1 伊勢の大神宮＝三重県伊勢市
2 三百年来＝実は、内宮では百二十年、外宮では十九年
3 千貫＝現在の価値で一億～一億五千万円

大神宮は千貫ではとてもできないだろう。庶民に迷惑をかけさせてはいけない」と言って、とりあえず三千貫を寄進するよう命じ、そのほかは必要に応じて寄進するということにした。そして、平井長康を担当奉行として、上部貞永を補佐させることにした。

一月二十六日、森長定を使者として、織田信忠のもとに派遣した。「岐阜城の土蔵に、先年、銭《ぜに》一万六千貫を入れておいた。多分、穴あき銭を綴った縄も腐った頃だろうから、信忠から担当者を任命して綴りなおし、遷宮に必要だという申し出があったら渡してやるように」と、指示を伝えさせた。

05 織田信張、雑賀へ出陣

一月二十七日、紀伊[1]の雑賀《さいが》[2]で、鈴木重秀《すずきしげひで》[3]が同地の土橋守重《つちはしもりしげ》を切腹させた。その経緯は、去年、土橋守重が鈴木重秀の義理の父を殺害した。その遺恨で、このたび鈴木が、信長の内諾を得た上で土橋の館を攻め、守重を切腹に追い込んだのであった。

以上の経過を報告したところ、信長は、鈴木の応援として、織田信張《のぶはる》を大将として根来衆・和泉衆を派遣した。すると、土橋守重の息子、根来寺《ねごろじ》の千職坊《せんしきぼう》が土橋の館へ駆け込み、兄弟と一緒に立て籠もった。

1 紀伊＝和歌山県
2 雑賀＝和歌山市
3 鈴木重秀＝雑賀孫一

06 木曾義昌の忠節

二月一日、信州(1)木曾の木曾義昌《きそよしまさ》が味方に転じたので、武田征討の軍を出すようにと、(2)苗木《なえぎ》の遠山友忠《とおやまともただ》が調略の成功を織田信忠に報告してきた。すぐに信忠は、これを平野勘右衛門を使者として信長に上申した。すると信長の指示は、「武田方に境を接する遠山の軍勢を出し、木曾から人質を提出させよ。それから出馬する」ということであった。そこで遠山友忠父子は、まず木曾義昌と協議し、義昌の弟木曾義豊《よしとよ》を人質として提出させた。信長は喜び、義豊を菅屋長頼《すがやながより》に預けた。

二月二日、武田勝頼《たけだかつより》・信勝《のぶかつ》父子および(3)武田信豊《のぶとよ》は、木曾義昌が謀反したことを聞くと、(4)新府《しんぷ》の新城から出陣し、一万五千ほどの軍勢で諏訪《すわ》の(5)上原《うえのはら》へ進出して陣を据え、諸方面への出撃態勢を整えた。

二月三日、信長は、諸方面から出陣するよう命令を発した。駿河からは徳川家康《とくがわいえやす》、関東からは北条氏政《ほうじょううじまさ》、飛驒《ひだ》からは金森長近《かなもりながちか》が大将として進撃するよう命じ、(6)伊那へは信長と信忠が二手に分かれて進攻すると指令した。

二月三日、織田信忠は、森長可《もりながよし》・団忠直《だんただなお》を先陣として、尾張・美濃の軍勢を率いて、木曾・(7)岩村両方面へ出陣させた。

1 木曾＝長野県木曾郡
2 苗木＝岐阜県中津川市
3 武田信豊＝勝頼のいとこ
4 新府＝山梨県韮崎市
5 上原＝長野県諏訪市
6 伊那＝長野県上伊那郡・下伊那郡
7 岩村＝岐阜県恵那市

武田方は伊那への入り口の警固のため滝ガ沢(8)に砦を構え、下条信氏を配備しておいた。しかし、その家老下条九兵衛が反逆し、二月六日、信氏を追放して織田方に転じ、岩村方面から河尻秀隆の軍勢を引き入れた。

07 雑賀の陣

こちらは雑賀方面。紀伊雑賀の土橋守重《つちはしもりしげ》の館を攻撃するについて、その検使として野々村《ののむら》正成《まさなり》を派遣した。織田信張《のぶはる》は無論油断なく詰め寄ったので、千職坊は守りきれないと知って三十騎ばかりで退却した。それを斎藤六大夫が追撃し、千職坊を討ち取った。二月八日、その首を安土へ持参して信長の実検に供したところ、斎藤六大夫は褒美として、森長定を通じて小袖と馬を頂戴し、面目をほどこした。千職坊の首は安土城下の百々橋《どどばし》際に晒《さら》され、これを皆が見物した。

二月八日、土橋守重の館を攻略し、残党を討ち果たした。館の補修・清掃を命じ、城代として織田信張を入れておいた。

8 滝ガ沢＝長野県下伊那郡平谷村

08 木曾・伊那の陣

二月九日、信長は信濃の国へ出陣するに当たって、次のとおり命令を発した。

「命令

一、信長が出馬するについては、大和の軍勢を出陣させる。これは筒井《つつい》順慶《じゅんけい》が率いて出陣すること。筒井はそのつもりで、適切な用意をしておくこと。ただし、高野山《こうやさん》寄りの武将は若干残し、また吉野口を警固するよう命ずる。

一、河内連判衆は、烏帽子形《えぼしがた》[1]・高野山[2]・雑賀方面を警戒すること。

一、和泉一国は、紀伊に対して警戒すること。

一、三好康長は、四国へ出陣すること。

一、摂津の国は、父池田恒興が留守居し、息子二人[3]の軍勢が出陣すること。

一、中川清秀は、出陣すること。

一、多田は、出陣すること。

一、上山《かみ》城衆は、出陣の用意を油断なくしておくこと。

一、羽柴秀吉は、中国地方全体を警備すること。

一、細川藤孝は、息子忠興および一色《いっしき》満信を出陣させ、藤孝はその国[4]を警固すること。

一、明智光秀は、出陣の用意をすること。

以上、遠路の出陣であるから、軍勢は少数を率い、在陣中兵糧が続くように用意する必

1 烏帽子形＝大阪府河内長野市
2 高野山＝金剛峯寺、和歌山県伊都郡高野町
3 池田恒興の息子二人＝元助・照政
4 藤孝はその国＝丹後

要がある。ただし、少数といえども大部隊と同様に、相応の力を発揮し、粉骨砕身の働きをせねばならない。

二月九日　　　　　　　　　　　　　朱印」

二月十二日、織田信忠が出陣し、その日は土田《どた》[5]に陣宿。十三日、高野《こうの》[6]に陣宿し、十四日、岩村に着陣した。信長は、滝川一益《たきがわかずます》・河尻秀隆《かわじりひでたか》・毛利長秀《もうりながひで》・水野直盛《みずのなおもり》・水野忠重を派遣した。

二月十四日、信州松尾[7]の城主小笠原信嶺《おがさわらのぶみね》が織田方に味方すると申し出たので、団忠直《だんただなお》・森長可《もりながよし》を先陣として、妻子《つまご》[8]方面から晴南寺《せいなんじ》[9]へ進撃した。さらに木曾峠を越えて梨子野《なしの》峠[10]へ軍勢を上らせると、小笠原信嶺はこれに呼応して、諸所に戦いの火の手を揚げた。

敵飯田[11]の城には、坂西織部《ばんざいおりべ》・保科正直《ほしなまさなお》が立て籠もっていたが、守りきれぬと見て、二月十四日の夜になって退却した。二月十五日、森長可はこれを三里[12]ほど追撃し、市田《いちだ》[13]というところで逃げ遅れた者十騎ほどを討ち取った。

二月十六日、敵は今福昌和《いまふくまさかず》を大将として、足軽部隊を藪原《やぶはら》[14]から鳥居峠[15]へ進撃させた。木曾義昌の軍勢も遠山友忠父子が加わり、奈良井坂[16]から駆け上って鳥居峠で合戦となった。討ち取った敵は、跡部治部丞・有賀備後守・笠井某・笠原某。以上。首の総数は四十余り、屈強の敵を討ち取った。木曾方面から加勢に駆けつけた軍勢は、織田長益・織田某・織田孫十郎・稲葉貞通・梶原景久・塚本小大膳・水野藤次郎・簗田彦四郎・丹羽氏次。以上。右の軍勢は、木曾義昌とともに鳥居峠を占領した。敵馬場信春の息子昌房は、深志《ふかし》[17]の城に立て籠もり、鳥居峠に対峙して陣を構えた。

織田信忠は、岩村から難所を越えて、平谷《ひらや》[18]に陣を進めた。翌日、飯田に陣を移した。

5 土田＝岐阜県可児市
6 高野＝瑞浪市
7 松尾＝長野県飯田市
8 妻子＝妻籠、長野県木曾郡南木曾町
9 晴南寺＝清内路、長野県下伊那郡阿智村
10 梨子野峠＝下伊那郡阿智村
11 飯田＝飯田市
12 三里＝約一二キロメートル
13 市田＝下伊那郡高森町
14 藪原＝木曾郡木祖村
15 鳥居峠＝木曾郡木祖村～塩尻市
16 奈良井坂＝長野県塩尻市
17 深志＝長野県松本市
18 平谷＝下伊那郡平谷村

(19)大島の城には敵日向宗栄《ひゅうがむねひで》が立て籠もり、これが城主だったが、小原継忠《おばらつぐただ》・(20)武田信廉《たけだのぶかど》および関東の安中景繁《あんなかかげしげ》らも守備に加えられ、大島城を警固していた。信忠が攻め寄せると、戦況が好転することは難しいと考えて、夜中に退却してしまった。そこで信忠は大島城を占領して在城し、ここには河尻秀隆・毛利長秀を駐留させて、森長可・団忠直および松尾の城主小笠原信嶺らに先陣を命じ、さらに前方の(21)飯島へ進撃させた。

すると前方から、農民たちが自分の家に火をかけて、こっちへ出向いてきた。その理由は、武田勝頼は近年、新規の税や労役を課し、また新たに関所を設けるなど、庶民は苦労の絶え間がなかった。重罪犯でも賄賂《わいろ》を出せば赦免し、軽い罪でも懲らしめのためと称して磔《はりつけ》に掛け、あるいは斬首した。このため、人々は嘆き悲しみ、身分の上下にかかわらず勝頼を忌み嫌い、内心では信長の領国になれば良いと願っていたので、この時を幸いとばかりに、人々は織田方に協力しようと立ち働いたのであった。

さて、信長は、「木曾・伊那方面の情況をつぶさに見て、報告せよ」と、聟《むこ》・犬という小者《こもの》二人を使者として信濃の前線へ派遣した。二人は帰還して、「信忠卿は大島まで進撃し、格別のこともございません」と言上した。

ところで、武田方は、近年、遠江方面の警固のため、駿河の(22)江尻《えじり》に城を築き、(23)穴山梅《あなやまばい》雪《せつ》を配備しておいた。このたび、徳川家康を通じて味方になるようにと働きかけると、穴山はすぐに承知し、甲斐の(24)府中に人質として預けておいた妻子を、二月二十五日、雨夜にまぎれて盗み出した。

穴山梅雪反逆の報を受けると、武田勝頼父子および武田信豊は、本拠の城を守ろうと決心

19 大島＝下伊那郡松川町
20 武田信廉＝勝頼の叔父
21 飯島＝長野県上伊那郡飯島町
22 江尻＝静岡市清水区
23 穴山梅雪＝武田勝頼のいとこ
24 府中＝山梨県甲府市

して、二月二十八日、諏訪の上原を陣払いして、新府の城に軍勢を撤退させた。

09 織田信忠、高遠城を攻略

三月一日、織田信忠《のぶただ》は、飯島から軍勢を発進させ、天竜川を越えて貝沼原(1)に集結させた。松尾の城主小笠原信嶺《おがさわらのぶみね》を案内者として、河尻秀隆《かわじりひでたか》・毛利長秀《もうりながひで》・団忠直《だんただなお》・森長可《もりながよし》および足軽部隊を先発させ、信忠は母衣衆《ほろしゅう》十人ほどを従えて、仁科盛信《にしなもりのぶ》(2)が立て籠もる高遠《たかとお》(3)城の下(4)を流れる川の手前にある高山に駆け上った。敵城の構えや動静を展望し、その日は貝沼原に陣を取った。

高遠の城は、三方が険しい山で、背後は山の尾続きである。城の麓に西から北へ富士川(5)がたぎって流れ、城の構えはことのほか堅固である。村里から城まで三町(6)ほどの間は、下は大川、上は高山で、崖ぎわの道は一騎ずつしか通れないという難所である。しかし、川下に浅瀬があった。ここを松尾の小笠原信嶺を案内者として、夜の間に森長可・団忠直・河尻秀隆・毛利長秀らが押し渡り、川に面した城の大手へ詰め寄った。

保科正直《ほしなまさなお》は飯田の城主であったが、飯田城を退去した後、高遠城に立て籠もっていた。保科はここで、城内に火を放って織田方に転じようとし、この計画を小笠原信嶺のもとへ夜中に知らせてきたが、これを信忠に伝える時間もなかった。

三月二日払暁、攻撃開始。信忠は山の尾続きに城の搦手《からめて》へ攻め掛かり、大手の口は森長

1 貝沼原＝長野県伊那市
2 仁科盛信＝武田勝頼の弟
3 高遠＝伊那市
4 高遠城下の川＝三峰川
5 富士川＝藤沢川
6 三町＝約三二七メートル

可・団忠直・毛利長秀・河尻秀隆・小笠原信嶺。敵も大手口から出撃し、数刻の切り合いとなった。敵多数を討ち取ると、生き残った兵は城内へ逃げ込んだ。このようななかで、信忠は自身で武器を持ち、兵たちと先を争うかのように塀ぎわへ突進し、柵を破り、塀の上へ上って、「一斉に突入せよ」と号令した。お小姓衆・お馬廻り衆は、我劣らじと乗り込んだ。大手から、搦手から、遮二無二《しゃにむに》突入し、火花を散らして戦った。敵も味方も傷を受け、討ち死にした者がごろごろと転がっていた。

城内の将兵は、妻子を一人ずつ引き寄せて刺し殺し、無論切り死に覚悟で打って出た。この時、諏訪《すわ》勝右衛門の妻は抜き身を提げて切ってまわり、その比類ない活躍は前代未聞のことだった。また、十五、六歳の美しい若衆が一人、台所の隅から弓を射って多数を射倒し、矢が尽きると刀を抜いて切りまわり、ついに討ち死にした。負傷者・死人、ごったがえして数も知れなかった。

討ち取った首は、仁科盛信・原昌栄・春日河内守・渡辺金大夫・畑野源左衛門・飛志《ひし》越後守・神林十兵衛・今福又左衛門。小山田《おやまだ》昌行、これは仁科盛信の脇大将だった。小山田昌貞・小幡《おばた》因幡守・小幡五郎兵衛・小幡清左衛門・諏訪勝右衛門・飯島民部丞・飯島小太郎・今福昌和。以上。首の総数は四百余りあった。仁科盛信の首は、信長のもとへ送り届けた。

このたび、織田信忠は険阻な難所を越えて、東国の強豪として名高い武田勝頼に戦いを挑んだ。名城として聞こえた高遠の城に、ここが要《かなめ》とばかりに屈強の武士を入れて守備していたのを、一気に攻め込んで攻略した。東国・西国にその名を轟かせ、信長の後継者としての役割を立派に果たした。代々に伝えられるべき功績で、まさに後代の手本となるものである。

三月三日、織田信忠は上諏訪《かみすわ》(7)方面へ進撃し、諸所を焼き払った。そもそも当地の諏訪大社は、日本に二つとない、不思議なほどに霊験あらたかな神秘な明神である。しかし、本殿をはじめとして諸々の社殿すべてが、一時の煙と化した。神の威光といっても、どうしようもないことであった。関東の安中景繁《あんなかかげしげ》は大島から退去した後、諏訪湖のほとりにある高島(7)という小城に再び立て籠もった。しかし、ここも守りきれないと悟り、城を織田勝長《かつなが》に明け渡して退散した。

木曾方面、鳥居峠の軍勢は、深志《ふかし》へ進軍して攻撃した。敵深志の城は馬場昌房《ばばまさふさ》が守備していたが、守りがたいと見て降参し、城を織田長益《ながます》に明け渡して退散した。

7 上諏訪・高島＝長野県諏訪市

10 徳川家康、甲斐へ侵攻

徳川家康は、穴山梅雪《あなやまばいせつ》を案内者として従え、駿河から富士川沿いに進んで甲斐の国へ侵攻し、文殊堂《もんじゅどう》の麓、市川(1)へ進撃した。

1 市川＝山梨県西八代郡市川三郷町

11 武田勝頼、新府から撤退

武田勝頼《たけだかつより》は、高遠の城でしばらくは支えることができると思っていたが、意外にも早々と落城し、すでに織田信忠は新府へ向かって進撃しているとの報告が、さまざまに入ってきた。新府の城に詰めている一門の上下も、家老衆も、戦いへの対策は全くせず、それぞれの妻子たちを退去させることに取り紛れ、ほかのことは忘れ去り、大騒ぎの状態だったから、勝頼の下には一隊の軍勢もまとまらなかった。

こんななかで、武田信豊《のぶとよ》は、信濃の佐久郡《さくぐん》小諸《こもろ》(1)に立て籠もり、しばらくは防戦する覚悟で勝頼と別れ、下曾根賢範《しもそね》を頼って小諸へ退去した。勝頼は孤立し、織田方の攻撃を一手に引き受けることとなった。

三月三日(2)卯《う》の刻、武田勝頼は新府の城に火を掛けて、退去した。城には各所から提出させた人質が多数残っていた。これを閉じ込めたまま、焼き殺す形になった。人質たちのどっと泣き悲しむ声は天にも響くほどで、その哀れな有様はどうにも表現しようがない。

去年十二月二十四日、(3)古府《こふ》から新府の新城へ、勝頼と夫人たち、武田一門が引き移った時には、輿車《こしぐるま》には金銀をちりばめ、馬も鞍も美しく飾って、近隣の武将たちを騎馬させて従え、崇め奉られていた。見物人が群れ集まった。栄華を誇り、常日頃は簾中《れんちゅう》深くにいて、やたらには人に顔も見せず、大切にかしずかれ、寵愛《ちょうあい》された婦人たちが、あれから幾ばくもないのに、変わり果てた姿となった。(4)勝頼の夫人、勝頼の側室高畠《たかばたけ》のおあい、勝頼の伯母大方、(5)信玄の末娘、信玄の父信虎が京上臈に産ませた娘、このほか武田一門・親類筋の婦人たち、その付き人など、二百余人のなかで馬に乗ったのは、二十人を過ぎなかったろう。歴々の婦人・子供たちが踏みなれぬ山道を歩き、足は血に染まって、落人の哀れさは、とても見てはいられなかった。

1　小諸＝長野県小諸市
2　卯の刻＝午前六時前後
3　古府＝山梨県甲府市
4　勝頼の夫人＝北条氏政の妹
5　信玄の末娘＝お松

かつて住みなれた古府にも落ち着けず、名残《なごり》を惜しみつつ直ちに出で立って、小山田信茂《おやまだのぶしげ》を頼って、勝沼《かつぬま》(6)というところの山中から駒飼《こがつこ》(7)という山村へ逃げ延びた。ようやく小山田(8)の城に近づいたところ、小山田は承知の上で勝頼一行を呼び寄せたにもかかわらず、ここで無情にも突き放し、城には収容できぬと言ってきた。勝頼一行上下の者は、はたと途方に暮れ、困り果てた。

新府を出立した時、武士は五、六百人はいた。途中で徐々に逃亡し、今は逃れられない近侍の者が、わずかに四十一人となった。田子《たご》(9)というところの民家に応急の柵をつけ、ここを宿所として足を休めた。勝頼は、左を見、右を見た。大勢の婦人たちが、勝頼一人を頼りにして累々と坐っていた。我が身一つであれこれ考え、考えるばかりでどうしようもなかった。過酷な運命をもたらした誰彼を、今さら討ち果たすことも、思うばかりで、我が身一つの力ではできないことであった。

一国の主として生まれた人は、他国を侵略しようと欲し、多くの人を殺すのは日常茶飯《さはん》のことである。信虎《のぶとら》から信玄《しんげん》、信玄から勝頼まで武田家三代、この間に人を殺すこと数千人といっても、本当の数は知れない。世の中の盛衰、時節の転変は、防ぎようもない。あっと言う間に因果歴然、今の状態になった。天を恨むな、人を責めるな。闇から闇の道に迷い、苦難の淵に沈む。ああ、哀れな武田勝頼。

6 勝沼＝山梨県甲州市、旧東山梨郡勝沼町
7 駒飼＝甲州市、旧東山梨郡大和村
8 小山田の城＝岩殿山城、大月市
9 田子＝田野、甲州市、旧大和村

12 信長、甲斐へ出陣

三月五日、信長は、近隣諸国の軍勢を率いて出陣した。その日は近江国内、(1)柏原の上菩提院《じょうぼだいいん》に泊まった。翌日、仁科盛信《にしなもりのぶ》の首を届けてきたのを(2)呂久《ろく》の渡しで検分し、岐阜へ運ばせて長良川の河原に掛け晒した。これを上下の者が見物した。七日は雨降り、岐阜に滞在。

三月七日、織田信忠《のぶただ》は、上諏訪《かみすわ》から(3)甲府へ入国、一条蔵人《いちじょうくらんど》の私宅に陣を据えた。ここで、武田勝頼の一門・親類・家老の者を探索して捕らえさせ、ことごとく成敗した。以下の者である。一条信龍《のぶたつ》・清野美作守・朝比奈摂津守・諏訪越中守・武田上総介・(4)今福昌和・小山田信有・武田信廉・山県三郎兵衛の子・武田信親《のぶちか》。これら全員を成敗した。

織田勝長《かつなが》・団忠直《だんただなお》・森長可《もりながよし》に足軽部隊を率いさせて(5)上野《こうずけ》の国へ派遣したところ、小幡信真《おばたのぶざね》は人質を提出し、別段のこともなかった。駿河・甲斐・信濃・上野四カ国の地侍たちは、信忠に帰服の挨拶をするため、それぞれの縁を頼って出頭してきた。それで、信忠の陣屋の門前はごったがえした。

三月八日、信長は、岐阜から(6)犬山まで進んだ。九日は(7)金山《かねやま》泊まり。十日、高野《こうの》に陣宿。十一日、岩村に着陣。

1 柏原＝滋賀県米原市
2 呂久の渡し＝揖斐川、岐阜県瑞穂市
3 甲府＝山梨県甲府市
4 今福昌和＝三月二日に戦死しているが、原文どおり。
5 上野＝群馬県
6 犬山＝愛知県犬山市
7 金山＝兼山、岐阜県可児市

13 武田勝頼、切腹

三月十一日、滝川一益《たきがわかずます》は、武田勝頼《かつより》父子・夫人たち・一門が駒飼《こがつこ》の山中へ逃げ込んだことを知り、険阻な山中へ分け入って探索したところ、田子というところの民家に応急の柵を造って居陣していた。そこで、滝川益重《たきがわますしげ》・篠岡《ささおか》平右衛門に先陣の指揮を命じて包囲させた。

勝頼ほか一同、逃れることはできないと悟り、誠に美しい歴々の婦人、子供たちを一人ずつ引き寄せて、あたかも花を折るように、四十余人を刺し殺した。その後、残った者たちは、散り散りになって打って出て、討ち死にした。

武田勝頼の若衆土屋昌恒《つちやまさつね》は、弓を取り、矢をつがえては放ち、つがえては放ち、矢数が尽きるまで散々に射尽くして、屈強の武士多数を射倒した末、勝頼のあとを追って切腹した。高名を後代に伝える、比類ない働きであった。

武田勝頼の子信勝《のぶかつ》は十六歳。さすがに家柄、育ちも良く、顔立ちは美しく、肌は白雪のようで、その容姿は誰よりも優れていた。信勝を見た人はあっと息をのみ、思いを懸けない者はなかった。しかし、この世は無常。悲しいことに、老人を後に残して若者が先立つことはよくある例で、朝顔は夕暮れを待たずにしぼみ、人の命もかげろうのようにはかない。信勝もまた、家の名誉を守るため、勇敢に切りまくって討ち死にした。後世に名を残す、立派な働きであった。

討ち死にまたはあとを追って切腹した歴々は、武田勝頼・武田信勝・長坂光堅《ながさかみつかた》・秋山紀伊

1 巳の刻＝午前十時前後

守・小原《おばら》下総守・小原継忠・跡部勝資《かつすけ》・その息子・安部加賀守・土屋昌恒・大龍寺麟岳《りんがく》。麟岳は長老ながら比類ない働きであった。以上。その他も含めて、武士は四十一人。婦人たちが五十人。三月十一日[1]巳《み》の刻、全員切腹または討ち死にを遂げた。

武田勝頼父子の首は、滝川一益から織田信忠の実検に供した。信忠は、これを関可平次、桑原助六の二人に持たせ、信長のもとへ届けさせた。

14 越中に一揆勢が蜂起

さて、越中の[1]富山の城には神保長住《じんぼうながずみ》が居城していた。このたび信長父子が信濃方面へ出陣したところ、武田勝頼は、「要害の地に拠って合戦を遂げ、織田勢をことごとく討ち果たしたので、この勢いに乗じて越中の国でも一揆勢を蜂起させ、その国を思いどおりに支配するがよい」と、さも事実のように越中の国侍たちへ虚報を伝えた。越中ではこれを事実と信じ込み、小島六郎左衛門・加老戸《かろうと》式部の二人が一揆勢を指揮し、神保長住を城内に監禁し、三月十一日、富山の城を無傷で乗っ取り、近辺に戦火を揚げた。

柴田勝家《しばたかついえ》・佐々成政《さっさなりまさ》・前田利家《まえだとしいえ》・佐久間盛政《さくまもりまさ》らは、「富山の一揆勢が占拠した城は、時日を移さず我々一同が包囲いたしましたので、落城するまで幾日もかかりません」と報告した。信長の返事は、次のとおりであった。

「武田勝頼・武田信勝・武田信豊・小山田信茂・長坂光堅をはじめとして、武田家宿老の

1 富山＝富山市

者はことごとく討ち果たし、駿河・甲斐・信濃をとどこおりなく平定したので、心配は無用である。甲斐から報告がきたので、通知する。そちらの一揆も、思う存分に始末せねばならぬことは無論である。

三月十三日

柴田勝家殿
佐々成政殿
前田利家殿
不破直光殿」

三月十三日、信長は岩村から(2)禰羽根《ねばね》へ陣を移し、十四日、平谷《ひらや》を越え、(3)浪合《なみあい》に陣を取った。ここへ武田勝頼父子の首を関可平次・桑原助六が持参し、実検に供した。信長は、矢部家定に命じて、この首を飯田まで運ばせた。

十五日、(4)午《うま》の刻から雨が強く降った。この日、飯田に陣を構え、勝頼父子の首は飯田に掛け晒した。上下の者が、これを見物した。十六日、駐留。

15 武田信豊、切腹

信濃《しなの》の佐久《さく》郡小諸《こもろ》に、下曾根賢範が立て籠もっていた。武田信豊《のぶとよ》は下曾根を頼って、わずか二十騎ほどでここへ撤退してきた。下曾根は城に収容することを承諾し、信豊を二の丸へ

2 禰羽根＝根羽、長野県下伊那郡根羽村
3 浪合＝下伊那郡阿智村
4 午の刻＝正午前後

招き入れたが、ここで無情にも変心し、二の丸を包囲して、建物に火をかけた。

信豊の若衆に、朝比奈弥四郎という者がいた。この戦いでは討ち死に以外にないと覚悟を決め、上原に在陣の時、諏訪の要明寺の長老を導師として、戒をたもって仏道に入り、道号《どうごう》をつけてもらった。その道号を札に書いて頸に掛け、最後まで切りまくり、信豊が切腹すると介錯して、あとを追って自分も切腹した。誠に立派であった。信豊の姪の夫で百井《ももい》という者も、ここで一緒に切腹した。

下曾根賢範は、武田信豊に従ってきた武士十一人をこうして切腹させ、織田方に味方する証拠として信豊の首を持参し、信忠の陣へ出頭した。信忠は、これを長谷川与次に持たせ、信長のもとへ届けさせた。

三月十六日、信長が飯田に駐留している時、武田信豊の首が実検に供された。仁科盛信《にしなもりのぶ》が乗っていた秘蔵の芦毛の馬と、武田勝頼の乗馬大鹿毛《おおかげ》も献上されたが、大鹿毛は信忠に譲った。武田勝頼が最後に差していた刀は、滝川一益《たきがわかずまさ》から信長へ献上した。これを届けてきた使者の稲田九蔵に、信長は小袖を賜った。ありがたいことであった。

武田勝頼・同信勝・同信豊・仁科盛信四人の首は、京都へ持参して晒《さら》し首にするよう、長谷川宗仁に命じて上洛させた。

三月十七日、信長は、飯田から大島を経て飯島へ進み、陣を取った。

16 羽柴秀吉、備前へ出陣

三月十七日、(1)羽柴秀勝《はしばひでかつ》の具足初め、初陣《ういじん》ということで、備前の(2)児島《こじま》に敵城が一カ所残っていたので、羽柴秀吉が補佐をし、ここへ出陣して攻撃した。信長のもとへ、その報告があった。

1 羽柴秀勝＝信長の子、秀吉の養子になった。
2 児島＝岡山県倉敷市

17 上諏訪の陣構え

三月十八日、信長は、高遠の城に陣を取った。

三月十九日、上諏訪の法花寺に陣を据え、逐次、諸勢の陣構えについて指示をした。

陣を構えた部将たちは、織田信澄・菅屋長頼・矢部家定・堀秀政・長谷川秀一・福富秀勝・氏家行継・竹中重隆・原政茂・武藤康秀・蒲生氏郷・細川忠興・池田元助・蜂屋頼隆・阿閉貞征・不破直光・高山右近・中川清秀・明智光秀・丹羽長秀・筒井順慶。このほか、お馬廻り衆の陣取りについても、逐次指示をした。

18 木曾義昌・穴山梅雪、参上

三月二十日、木曾義昌《きそよしまさ》が信長の陣に参上し、馬二頭を献上した。斡旋したのは菅屋長頼。その場での取り次ぎは滝川一益。信長は、刀と黄金百枚を進呈した。刀の拵《こしら》えは、梨地蒔絵《なしじまきえ》、金具の箇所は鍍金《ときん》、地彫りがほどこされている。目貫《めぬき》・笄《こうがい》には十二神将の地彫り、後藤光乗の作。また、知行の追加として信濃のうち二郡を賜った。義昌が退出する時、信長は縁まで送って出た。光栄なことであった。

三月二十日夕刻、穴山梅雪《あなやまばいせつ》が挨拶に参上し、馬を献上した。信長は、脇差と小刀に鞘《さや》袋・燧《ひうち》袋を添えて進呈した。脇差の拵えは、梨地蒔絵、金具の箇所は鍍金、地彫りがほどこされている。小刀は、柄まで梨地蒔絵。信長は、「よくお似合いです」と言った。また、穴山の本領を安堵《あんど》した[(1)]。

小笠原信嶺《おがさわらのぶみね》も挨拶に参上し、駮《ぶち》の馬を献上した。馬は信長の意にかない、秘蔵した。「このたびの忠節は立派であった」と言って、本領安堵の朱印状を、矢部家定・森長定を使者として賜った。ありがたいことであった。

三月二十一日、北条氏政《ほうじょううじまさ》から、端山《はやま》という者を使者にして、馬および江川産の酒・白鳥徳利などを献上してきた。滝川一益の取り次ぎであった。

1　本領安堵＝元からの領地を継続して支配することを承認すること

19 滝川一益、上野の国を拝領

三月二十三日、信長は滝川一益《たきがわかずます》を召し寄せ、上野《こうずけ》の国および信濃のうち二郡を賜った。「年を取ってから遠国へ派遣するのは気の毒だが、関東八州の警固を命じるぞ。老後のもう一働きとして上野に在国し、東国支配の取り次ぎ役として一切を委任しよう」と言って、忝《かたじけ》なくも信長秘蔵の葡萄鹿毛《えびかげ》(1)の馬を賜った。「この馬に乗って入国するがよい」と言葉を賜った。滝川一益は、天下に面目をほどこしたのであった。

1 葡萄鹿毛＝体部は赤味ある栗色、たてがみ・尾・脚先は黒色の毛並み

20 諸勢に兵糧を支給

三月二十四日、信長は、「各隊とも駐留して、兵糧などに困っているだろう」と言って、菅《すが》屋長頼《やながより》に命じて兵員名簿をまとめさせ、信濃の深志《ふかし》で、兵の人数に応じて扶持米《ふちまい》を支給した。ありがたいことである。

三月二十五日、上野の国の小幡信真《おばたのぶざね》が甲府へ出頭し、織田信忠に帰服の挨拶をした。信忠は、小幡に帰国の許可を与えた。滝川一益が小幡に同行して、上野へ出立した。

三月二十六日、北条氏政が馬の飼料として米千俵を、諏訪まで運び届け、献上した。

21 兵を帰国させる

信長は、このたび信忠が名城として名高い高遠の城を攻略したので、その手柄に対する褒美として、梨地蒔絵拵えの刀を贈った。「天下支配の権も譲ろう」と伝えた。

東国では当面手数のかかることもなかったので、信忠は信長に礼を述べるために甲府を出立、三月二十八日、諏訪に到着した。この日は一時的な豪雨があり、風もあって、非常な寒さであった。多くの人が凍死した。

信長は「諏訪から富士山の麓を見物し、駿河・遠江を廻って帰京する。兵たちは当地から帰し、諸将だけが信長の供をせよ」と指示を出した。信長の出陣に従ってきた兵たちは諏訪で任務を解かれ、三月二十九日、木曾方面から、あるいは伊那方面から、それぞれ思い思いに帰国の途についた。

22 旧武田領を分配

三月二十九日、信長は、旧武田領を次のとおり分割して支給すると発表した。

記

甲斐の国は、河尻秀隆《かわじりひでたか》に与える。ただし、穴山梅雪《あなやまばいせつ》が元から支配していた所領は除く。

駿河の国は、徳川家康《とくがわいえやす》に進呈する。

上野の国は、滝川一益《たきがわかずます》に与える。

信濃の国のうち、高井《たかい》・水内《みのち》・更科《さらしな》・埴科《はにしな》の四郡は、森長可《もりながよし》に与える。森は、(1)川中島に在城すること。このたび先陣を務め、尽力したので、褒美として与えられた。面目の至りである。

同じく木曾谷《きそだに》の二郡は、木曾義昌《よしまさ》の旧来の所領で、元のとおり。

同じく安曇《あずみ》・筑摩《ちくま》の二郡は、木曾義昌の所領として追加する。

同じく伊那一郡は、毛利長秀《もうりながひで》に与える。

同じく諏訪一郡は、河尻秀隆《かわじりひでたか》に与える。これは、甲斐の国の一部に穴山梅雪の所領があるので、その代替地としてである。

同じく小県《ちいさがた》・佐久《さく》の二郡は、滝川一益に与える。

以上、信濃の国十二郡。
(2)岩村は、団忠直《だんただなお》に、このたび尽力したので与える。
金山《かねやま》・(3)米田島《よなだじま》は、森長定《もりながさだ》に与える。これは長定の兄森長可にとっても、ありがたいことであった。

また、甲斐・信濃両国にあてて次の訓令を発布した。

「　国掟　　甲斐・信濃両国
一、関所・(4)駒口《こまのくち》では、税を徴収してはならない。
一、農民には、正規の年貢以外に不法な税を課してはならない。

1 川中島＝長野市
2 岩村＝岐阜県恵那市
3 米田島＝岐阜県加茂郡川辺町・八百津町
4 駒口＝荷馬に対する関所

一、忠節を尽くす者は取り立て、反抗する国侍は切腹させるか、または追放すること。
一、裁判は、よく念を入れて究明した上で判決を下すこと。
一、国侍たちは丁重に扱い、しかし油断なく警戒すること。
一、大体知行主《ちぎょうぬし》が欲張るから家臣たちが困窮するのである。所領相続の際には、やたらに自分の直轄領とせず、諸人に分配支給し、または新たに家臣を召し抱えること。
一、本国[5]の者で奉公を希望する者がいる場合は、雇用関係を調査し、以前に雇っていた者へ届け出た上で採用すること。
一、諸城は堅固に修築しておくこと。
一、鉄砲・弾薬・兵糧を備蓄しておくこと。
一、支配する所領内では、知行主の責任において道路を造ること。
一、所領の境界が入り組み、時に領有権について争論することがあっても、怨恨を抱いてはならない。
右に定めたほか、不都合な事態が生じた場合は、出頭して直接に申告をすること。
天正十年三月　日
」

23 信長、帰陣の途に就く

信長が帰国の途にある間は、信濃の諏訪に織田信忠《のぶただ》を駐留させ、甲斐から富士山麓を見、

5 本国＝尾張・美濃

駿河・遠江を廻って帰京する、との意向であった。

四月二日、一時、雨が降ったが、前々から発表されていたので、信長は諏訪を出発し、(1)大《だい》ガ原《はら》に到着した。宿泊所の建設や食事の用意など、滝川一益が指揮して、上下数百人のための仮設宿舎を建て、充分な接待をした。

北条氏政は武蔵野で鳥狩りをし、獲った雉《きじ》を五百羽以上も献上した。信長は、菅屋《すがや》長頼《ながより》・矢部《やべ》家定《いえさだ》・福富秀勝《ふくずみひでかつ》・長谷川秀一《はせがわひでかず》・堀秀政《ほりひでまさ》の五人に担当させて、お馬廻り衆を召し寄せ、名簿を記入させてから、遠国から到来した(2)珍物を分配した。信長の威光によるもので、ありがたいことであった。

四月三日、大ガ原を出発して(3)五町ばかり進むと、これこそ名山という富士山が、山あいから見えた。真っ白に雪が積もり、誠に美しく素晴らしい景色を見て、皆、心を躍らせた。

武田勝頼の居城であった甲斐の(4)新府城の焼け跡を見て、それから(5)古府に到着した。織田信忠が、武田信玄の館跡を整備して立派な仮御殿を建てたので、信長はここに滞在した。ここで、丹羽長秀・堀秀政・多賀常則に休暇を与えた。三人は(6)草津へ湯治に出掛けた。

1 大ガ原＝台ヶ原、山梨県北杜市、旧北巨摩郡白州町
2 珍物＝雉
3 五町＝約五四五メートル
4 新府＝山梨県韮崎市
5 古府＝甲府市
6 草津＝群馬県吾妻郡草津町

24 恵林寺を成敗

さてこのたび、(1)恵林寺《えりんじ》が(2)六角次郎を隠しておいたことが発覚し、恵林寺を成敗することになった。織田信忠から恵林寺僧衆成敗の奉行として、織田元秀・長谷川与次・関長安・

1 恵林寺＝山梨県甲州市、旧塩山市
2 六角次郎＝義賢の子

赤座永兼が任命された。

右の奉行たちは恵林寺へ出向き、寺内の僧衆を老若残さず山門に集合させ、二階へ上がらせた。廊門から山門にかけて刈り草を積み、火をつけた。初めは黒煙が立ちのぼって見えなかったが、しだいに煙はおさまって焼け上がり、階上の人の姿が見えるようになった。快川《かいせん》紹喜《じょうき》長老は少しも騒がず、きちんと坐ったまま動かないでいた。そのほかの老若・稚児・若衆たちは、躍り上がり、跳び上がり、互いに抱き合って泣き叫び、焦熱地獄・大焦熱地獄のような炎にあぶられ、地獄・畜生道・餓鬼道の苦しみに悲鳴を上げている有様は、目も当てられなかった。

こうして、長老格の者だけでも十一人を焼き殺した。そのうち名の知れている人は、宝泉寺の雪岑《せっしん》長老、東光寺の藍田《らんでん》長老、高山の長禅寺の長老、大覚和尚長老、長円寺の長老、快川紹喜長老。なかでも快川長老は世に知られた名僧で、先年、宮中から忝《かたじけ》なくも円常国師という国師号を下賜された。近年国師号を下賜されるということは名誉なことで、天下に面目をほどこしたのであった。

四月三日、恵林寺はこうして滅亡した。老若・上下百五十人余りが焼き殺されたのであった。

これとは別に、諸所で成敗した者は、諏訪刑部《ぎょうぶ》・諏訪采女《うねめ》、(3)段嶺《だみね》の地侍某、長篠《ながしの》の菅沼満直。これらは農民たちが捕らえて殺害し、首を提出したのであった。農民たちには褒美として黄金を与えた。これを聞いた農民たちは、またあちこちで一応名の知れた程度の者を探し出して殺し、首を届けてきた。

3　段嶺＝田峰、愛知県北設楽郡設楽町

25 飯羽間右衛門尉を成敗

飯羽間《いいばさま》右衛門尉を生け捕りにして、提出した者があった。飯羽間は(1)先年、明智の城で武田方に寝返り、坂井越中守の親類を多数討ち果たしたので、今度は坂井越中守に命じて飯羽間を成敗させた。秋山万可・秋山摂津守は、長谷川秀一に命じて成敗させた。

北条氏政から馬十三頭および鷹三羽が献上されてきた。このなかには鶴取りの鷹があったそうである。使者の玉林斎が信長のもとへ参上したが、どれも信長の気に入らず、返却された。

1 先年＝天正二年、巻七（4）

26 飯山の一揆を制圧

森長可《もりながよし》は川中島の(1)海津《かいづ》に駐留していた。四月五日、(2)飯山《いいやま》に陣を張っていた稲葉貞通《いなばさだみち》から、一揆が蜂起して飯山を包囲したとの報告が届いた。そこで森は、稲葉重通・同刑部・同典通・国枝《くにえだ》重元らを稲葉貞通の応援に飯山へ派遣した。織田信忠も団忠直を派遣した。すると敵は山中へ撤退し、(3)大蔵の古城を補強して、芋川《いもかわ》親正という者を一揆勢の指揮者として立て籠もった。

四月七日、敵は(4)長沼方面へ八千ほどで出撃してきた。そこで森長可が駆けつけて対陣し、

1 海津＝長野市
2 飯山＝長野県飯山市
3 大蔵＝大倉、長野市、旧上水内郡豊野町
4 長沼＝長野市

頃を見てどっと攻め掛かり、七、八里ほど追撃して千二百人余りを討ち取った。さらに大蔵の古城を攻めて、女・子供千人余りを切り捨てた。以上、首の総数は二千四百五十余りあった。

このような情況だったので、飯山を包囲した一揆勢も無論退却した。森長可は飯山を引き継いで、自分の軍勢を駐留させた。稲葉貞通は信忠の本陣諏訪へ帰陣し、稲葉重通・稲葉刑部・稲葉典通・国枝重元は近江の安土へ帰陣して、以上の経過を報告した。

森長可は毎日山中へ出動して、諸方から人質を提出させ、また農民たちには村へ帰るよう命令して、粉骨砕身の活躍であった。

27 信長、甲斐から帰陣

四月十日、信長は東国の戦後処理を済ませて、甲府を出発した。

ここに笛吹川《ふえふきがわ》という、(1)善光寺《ぜんこうじ》から流れ出ている川があった。橋が架けてあったので、徒歩の者を渡らせ、騎馬の者も渡らせて、この日は(2)右左口《うばぐち》に陣を取った。

徳川家康は信長の行路に万全の配慮をして、兵が担いだ鉄砲に竹木が当たらぬよう切り払い、街道を拡張し、石を除き、水を撒いた。道の左右には、びっしりと隙間なく警固の兵を配置した。信長の行く先々、宿泊地ごとに、陣屋を堅固に建て、二重三重に柵を造り、さらに将兵たちの小屋を千軒以上も陣屋の周囲に建て、朝夕の食事の用意を家臣たちにぬかりな

1　善光寺＝山梨県甲府市
2　右左口＝甲府市、旧東八代郡中道町

く申し付けておいた。信長は、家康の心づかいを殊勝なことと感心したのであった。

四月十一日早朝、左右口を出発。女坂《おんなざか》(3)を上って山地へ入った。谷あいに休憩所と厩が立派に建ててあり、酒肴の接待があった。柏坂《かしわざか》も山深く樹木が鬱蒼と繁っていたが、道の左右の大木を伐り払い、道を整備し、石を除き、山々峰々には隙間なく警固の兵が配備されていた。柏坂の峠には休憩所が小綺麗に建ててあって、酒肴が供された。この日は、本栖《もとす》(4)に陣を取った。本栖にも宿泊所が輝くばかりに立派に建ててあり、二重三重に柵を造り、さらに将兵のための小屋が千軒以上も宿泊所の周辺に建ててあり、将兵の食事が用意されてあった。家康の配慮はありがたいことであった。

四月十二日、本栖を未明に出発した。真冬のような寒さであった。富士山の裾野、かみ(5)のが原・井手野《いでの》で、お小姓衆たちが無闇やたらに馬を乗り廻して大騒ぎをした。富士山を見ると、高嶺に雪が積もって白雲のようであった。誠に稀に見る名山である。同じく裾野の人穴《ひとあな》(6)を見物した。ここにも休憩所が建ててあり、酒肴が供された。

浅間《せんげん》(7)神社の神官・社僧が道を清掃して途中まで出迎えにきており、信長に挨拶をした。

昔(8)、源頼朝《みなもとのよりとも》が狩りの館を建てた上井手(9)の丸山がある。西の山には白糸《しらいと》(9)の滝という名所もある。この辺りのことを詳しく尋ね、浮島ガ原(10)ではしばらく乗馬を楽しみ、浅間神社へ戻った。

このたび、北条氏政は共同作戦として出陣したが、興国寺《こうこくじ》(11)・鐘《か》突免《ちょうめん》に陣を張り、時機を失した軍勢を出して、駿河路の富士山西麓を進軍し、味方地域の浅間神社の社殿をはじめとして本栖まで一帯に火を放った。しかし家康は、浅間神社は要害の地にあるので、境内に宿

3 女坂＝甲府市、旧西八代郡上九一色村
4 本栖＝山梨県南都留郡富士河口湖町、旧西八代郡上九一色村
5 かみのが原・井手野＝静岡県富士宮市
6 人穴＝洞窟、富士宮市
7 浅間神社＝富士宮市
8 昔＝建久四年、一一九三年
9 上井手・白糸の滝＝富士宮市
10 浮島ガ原＝静岡県富士市
11 興国寺・鐘突免＝静岡県沼津市

泊所を、一夜の泊まりとはいえ金銀を飾って美々しく建て、周囲には将兵のための小屋を建て並べ、ひとかたならぬ接待をした。ここで、信長は、吉光作の脇差、一文字作の長刀、黒《くろ》駮《ぶち》の馬、以上を家康に贈った。どれも信長秘蔵のものであった。

四月十三日、浅間神社を早朝に出発し、浮島ガ原から(12)足高山《あしたかやま》を左に見て、(13)田子《たご》の浦を通って富士川を越えた。(14)神原《かんばら》に休憩所が設けてあり、酒肴が供された。しばらく馬を止め、土地の者に吹上の松・六本松・和歌之宮の由来を尋ね、遠くに見える(15)伊豆浦や(16)目羅《めら》ガ崎などについても話を聞いた。興国寺・吉原・三枚橋・鐘突免・天神川、また伊豆・相模の境にある(17)深沢の城などについても尋ねた。神原の浜辺を通って(18)由井《ゆい》へ行き、磯辺の波に袖を濡らし、(19)清見《きよみ》ガ関《せき》、興津《おきつ》の沖の白波を見、(19)三保《みほ》ガ崎、三保の松原、羽衣の松などを見れば、海は波静かに天下は治まってのどかであった。各地の名所を興味深く見物し、(19)江尻の南山を越えて(20)久能《くのう》の城を視察し、この日は江尻の城に泊まった。

四月十四日、江尻を夜明け前に出発した。(20)駿河の府中の入り口に休憩所が建ててあり、酒肴が供された。ここで今川氏の旧跡や千本桜の由来を詳しく聞き、安倍川《あべかわ》を越えた。この川下の左の山の手に、武田勝頼が最近築いた(20)持舟《もちふね》という城がある。また、山中の街道沿い(20)丸子《まりこ》の川端に、出城の山城がある。難所として知られた(21)宇津《うつ》ノ谷《や》峠への登り口に休憩所が建ててあり、酒肴が供された。

宇津ノ谷峠を越えると、(22)田中がようやく近くなり、藤枝の宿の入り口に、誠にこぢんまりとした偽之橋《いつわりのはし》という名所があった。街道の左手、田中の城から山の尾が海岸へ延びたところに、(23)花沢の古城がある。これは昔、小原鎮実が立て籠もっていた時、武田信玄がこの

12 足高山＝愛鷹山、沼津市
13 田子の浦＝富士市
14 神原＝蒲原、静岡市、旧庵原郡蒲原町
15 伊豆浦＝静岡県賀茂郡南伊豆町
16 目羅ガ崎＝妻良ヶ崎、賀茂郡南伊豆町
17 深沢＝静岡県御殿場市
18 由井＝由比、静岡市、旧庵原郡由比町
19 清見ガ関・興津・三保ガ崎・三保の松原・羽衣の松・江尻＝静岡市、旧清水市
20 久能・駿河の府中・持舟・丸子＝静岡市
21 宇津ノ谷峠＝静岡市～藤枝市、旧志太郡岡部町
22 田中＝静岡県藤枝市
23 花沢・山崎＝静岡県焼津市

城を攻め損じ、将兵を多数討ち死にさせて敗退した城である。同じく[23]山崎に当目《とうめ》の虚空蔵《こくうぞう》菩薩《ぼさつ》が祀られている。熱心に尋ねて、この日は田中の城に泊まった。

四月十五日、田中を未明に出発し、[24]藤枝の宿を越えた。[24]瀬戸川の河原に休憩所が建ててあり、酒肴が供された。瀬戸川を越えると、瀬戸の染め飯という街道の名物を売る店があった。[25]島田の町は[26]有名な刀工の在所である。ここで大井川を越えた。川の中を大勢の人足が歩き渡り、旅人を無事に渡すのである。[27]牧野原の城を右に見て、[27]諏訪之原を過ぎ、菊川を渡って、上れば[28]小夜《さよ》ノ中山である。ここに休憩所が小綺麗に建ててあって、酒肴が供された。ここから[29]日坂《にっさか》を越えて、[29]懸川《かけがわ》に泊まった。

四月十六日、懸川を早朝に出発した。[30]見付の国府の上、鎌田ガ原・三《み》カ野《の》坂に休憩所が建ててあって、酒肴が供された。ここから[31]馬伏塚《まむしづか》・高天神《たかてんじん》・小山を手に取るように眺望し、[32]池田の宿から天竜川に着いた。ここには舟橋が架けてあり、小栗《おぐり》吉忠・浅井道忠・大橋某の三人が責任者として配備されていた。

そもそもこの天竜川は、信濃の川が集まって流れ出た大河で、水量豊かに轟々と流れ、川面は荒涼、幅広く、まったくのところ、容易に舟橋を架けられるところではない。そこに舟橋を架けたというのは、歴史始まって以来初めてのことである。国中の人数を動員して大綱数百本を引き張り、多数の舟を集め、馬を渡らせるのだから非常に堅固に、実に見事に架けてあった。川の中にも橋の前後にも、見張りの者をしっかりと配置してあった。三人の責任者の苦労は、大変なものであったろう。

この橋の工事だけでも、家康の出費は膨大なものであったはずである。諸国遠方まで道路

24 藤枝・瀬戸川の河原＝藤枝市
25 島田＝静岡県島田市
26 有名な刀工＝島田義助
27 牧野原・諏訪之原＝島田市
28 小夜ノ中山＝島田市～掛川市
29 日坂・懸川＝静岡県掛川市
30 見付の国府＝静岡県磐田市
31 馬伏塚・高天神＝掛川市
32 池田＝磐田市

を整備し、河川には舟橋を架け、沿道に警備の兵を配置し、泊まりごとに屋形《やかた》を建て、また行路の要所要所に絶えず休憩所や厩を数多く、それぞれ立派に造り、食事の材料は京都・堺へ人を派遣して諸国の珍しい品々を買い集め、信長を心から崇敬して接待したのであった。そのほか、信長に従う将兵の数日間の食事も提供し、千五百軒ずつの小屋を行く先々に建てるなど、家康の万端にわたる配慮と並々ならぬ苦労は、誠に大変なことであった。だからこそ、道中どの地においても、将兵の誰もが家康の努力に感謝したのであって、その功績は言葉には尽くせない。信長が感激し喜んだことは、いうまでもない。

大天竜は舟橋を渡り、小天竜も越えて、浜松[33]に泊まった。ここでお小姓衆・お馬廻り衆の全員に帰国の許可を与えたので、思い思いに本坂[34]越えまたは今切《いまぎれ》[35]で浜名湖を渡り、先に帰陣した。お弓衆・鉄砲衆だけ残って、信長の供をすることになった。

去年、信長は西尾義次に命じて、黄金五十枚で兵糧八千俵余りを調達しておいた。これは、今回のような時に役立てるためのものであった。しかし信長は、「もう必要はなくなった」と言って、八千余俵を家康の家臣たちに分配し、進呈した。皆ありがたく頂戴し、礼を申し述べた。

四月十七日、早朝に浜松を出発し、今切の渡しを渡った。ここには飾り付けた御座船が用意されてあり、船の中では酒肴が供された。ほかに供の者たちのためにも、多数の舟が用意されていた。前後に航行の責任者が先導または随行し、油断なく渡航した。

船から上がり、七、八町行くと、右手に浜名の橋[36]という、ちょっとしたところだが、名にしおう名所があった。家康の家臣の渡辺弥一郎という者が、気をきかして浜名の橋や今切

33 浜松＝静岡県浜松市
34 本坂＝浜松市～愛知県豊橋市
35 今切＝浜松市～静岡県湖西市、旧浜名郡新居町
36 浜名の橋＝湖西市、旧浜名郡新居町

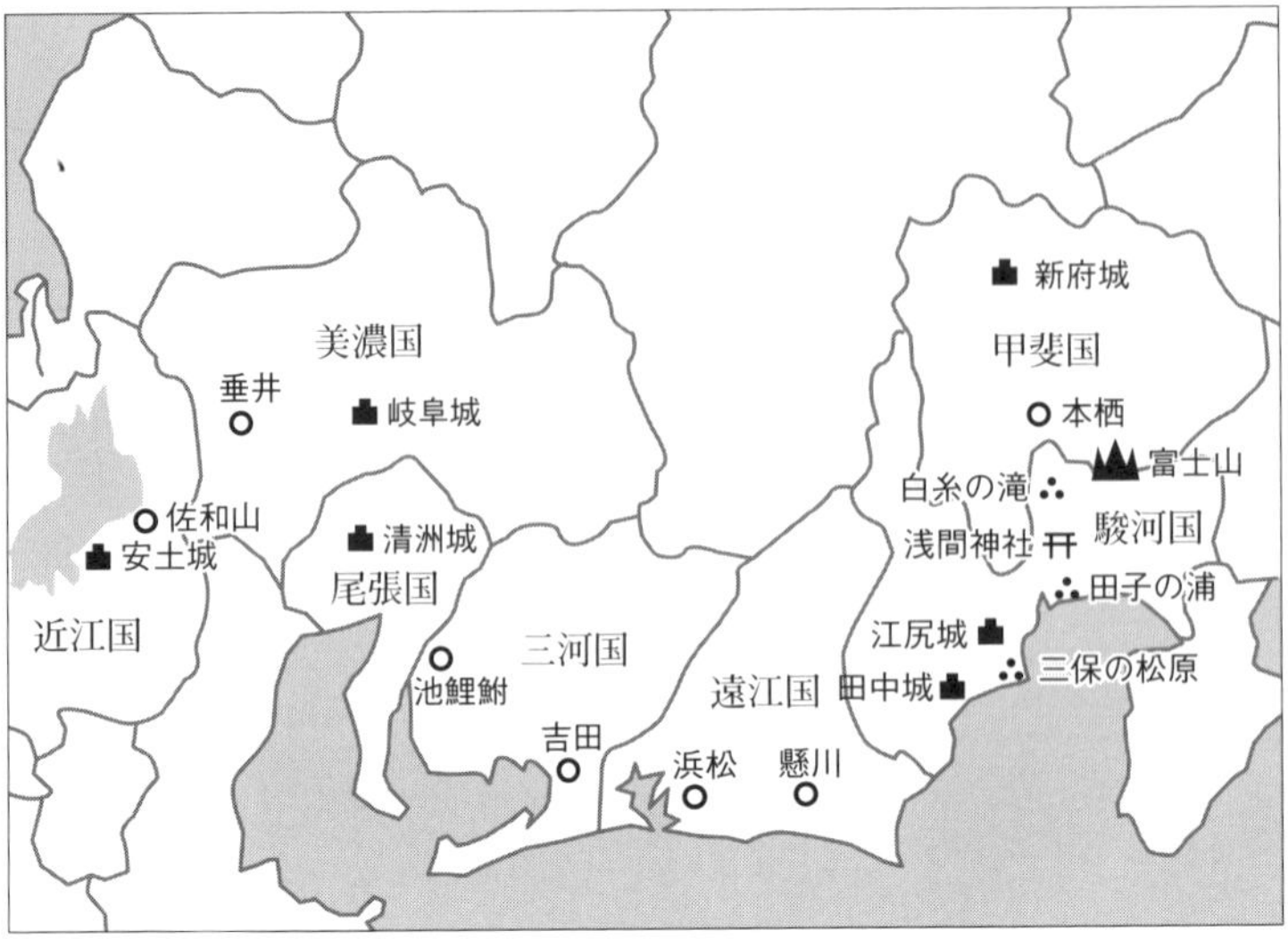

の由来、また舟人の暮らしなどをいろいろ説明したので、信長は感心して黄金を賜った。渡辺弥一郎は自分なりの才覚で、面目をほどこしたのであった。[37]汐見坂には休憩所・厩がそれぞれ建ててあって、酒肴が供された。夕方になって雨が降り出し、[38]吉田に泊まった。

四月十八日、[39]吉田川を越えた。[40]五位《ごい》には休憩所が小綺麗に建ててあって、表の入り口にしゃれた橋を架け、風呂を新しく建て、珍しい品を揃えて酒肴が供された。並々でない御馳走であった。本坂・[41]長沢の街道は山地で、あちこちに岩石が露出していた。それをこのたびは金棒で岩を突き砕き、石を除き、地ならしがしてあった。[42]山中の宝蔵寺には、境内に休憩所が立派に建ててあって、僧も侍童も老若そろって迎えに出て、信長に挨拶をした。[42]正田《しょうだ》の町から[43]大比良《おおひら》川を越えた。岡崎城下のむつた川・[44]矢作《やはぎ》川にも、工事をして橋を架けてあった。徒歩の者が渡り、騎馬の者もそのまま渡った。矢作の宿を過ぎ、[45]池鯉鮒《ちりゅう》に泊まった。ここでは、水野忠重が屋形を建てて、食事の接待をした。

37 汐見坂＝静岡県湖西市
38 吉田＝愛知県豊橋市
39 吉田川＝豊川
40 五位＝御油、愛知県豊川市
41 長沢＝愛知県豊川市、旧宝飯郡音羽町
42 山中・正田＝愛知県岡崎市
43 大比良川＝大平川
44 矢作＝岡崎市
45 池鯉鮒＝愛知県知立市

四月十九日、清洲[46]まで進み、四月二十日、岐阜に到着した。

四月二十一日、美濃の岐阜から安土へ帰陣する途中、呂久《ろく》の渡しでは稲葉一鉄が御座船を飾りたてて用意し、船中で酒肴の接待をした。垂井《たるい》[47]では、織田勝長が屋形を建てておき、酒肴の接待をした。今洲《います》[48]では、不破直光が休憩所を建てて酒肴の接待をした。柏原[49]では、菅屋長頼が休憩所を建てて酒肴の接待をした。佐和山[50]では、丹羽長秀が休憩所を建てて酒肴の接待をした。山崎[50]では、山崎秀家が休憩所を建てて酒肴の接待をした。

このたびは、京都・堺・畿内・近隣諸国の面々が陣中見舞いにはるばると出掛けてきて、信長の屋形・休憩所の門前は人々で賑わった。道中でも、いろいろな品物が数多く献上された。信長の威光がどこにもあまねく及び、誠にありがたい時代である。

四月二十一日、安土に帰陣。

46 清洲＝愛知県清須市
47 垂井＝岐阜県不破郡垂井町
48 今洲＝今須、不破郡関ケ原町
49 柏原＝滋賀県米原市、旧坂田郡山東町
50 佐和山・山崎＝滋賀県彦根市

28 織田信孝、阿波へ出陣

このたび、信長は阿波《あわ》[1]の国を織田信孝《のぶたか》に与えた。そこで信孝は軍勢を率いて出陣、五月十一日、住吉[2]に到着した。ここで四国[3]へ渡海するための船を手配し、準備は半ばまで進んだ。

1 阿波＝徳島県
2 住吉＝大阪市住吉区
3 四国＝長宗我部元親

29 徳川家康・穴山梅雪を接待

信長は、この春、東国へ出陣し、武田勝頼《たけだかつより》・同信勝《のぶかつ》・同信豊《のぶとよ》ほか武田勝頼一門の歴々を討ち果たして、本懐を遂げた。そして駿河・遠江両国を徳川家康に進呈し、穴山梅雪《あなやまばいせつ》には本領を安堵した。その御礼のため、このたび家康と梅雪が安土へ来ることになった。信長は「この二人を丁重に接待しなければならぬ」と言って、まず街道を整備させ、「二人の宿泊地ごとに国持ち・郡持ちの大名たちが出向き、できる限りの手を尽くして接待せよ」と命令した。

五月十四日、家康と穴山梅雪は近江の番場《ばんば》(1)に到着した。丹羽長秀《にわながひで》が、番場に建てておいた仮の館で、食事を調え一夜の接待をした。同じ日に、織田信忠が上洛の途次、番場に立ち寄ってしばらく休息した。この時にも、丹羽長秀が酒肴の接待をした。信忠は、その日のうちに安土へ出発した。

五月十五日、家康は番場を出発し、安土に到着した。信長は「宿舎は大宝坊がよかろう」と言い、接待のことは明智光秀に命じた。光秀は、京都・堺で珍しい食料を調達し、たいへんに気を張って接待した。十五日から十七日まで三日間に及んだ。

1 番場＝滋賀県米原市

30 羽柴秀吉、高松城を水攻め

羽柴秀吉は、中国筋[1]備中へ出陣した。[2]宿面塚《すくもづか》の城は難なく攻め寄せて攻略し、多くの敵を討ち取った。ついで、隣のえつたの城へ攻め寄せたところ、敵は、降参して退去し、[3]高松の城へ合流して立て籠もった。そこで秀吉は、また高松城へ攻め寄せた。地勢を見て判断し、[4]くもつ川・えつた川という二つの川を堰《せき》止めて水を溢れさせ、水攻めにすることにした。

[5]安芸から毛利輝元《もうりてるもと》・吉川元春《きっかわもとはる》・小早川隆景《こばやかわたかかげ》が軍勢を率いて駆けつけ、秀吉の軍勢と対陣した。

信長はこれらの情勢を聞いて、「今、安芸勢と間近く接したことは天の与えた好機である。自ら出陣して、中国の歴々を討ち果たし、九州まで一気に平定してしまおう」と決心した。堀秀政《ほりひでまさ》を使者として秀吉のもとへ派遣し、種々の指示を伝えた。明智光秀《あけちみつひで》・細川忠興《ほそかわただおき》・池田《いけだ》恒興《つねおき》・塩河吉大夫《しおかわきちだゆう》・高山右近《たかやまうこん》・中川清秀《なかがわきよひで》には先陣として出陣するよう命じ、ただちにそれぞれ帰国の許可を与えた。

五月十七日、明智光秀は安土から[6]坂本に帰城し、その他の面々も同様に国もとへ帰って、出陣の用意をした。

1 備中＝岡山県西部
2 宿面塚＝岡山市
3 高松の城＝清水宗治、岡山市
4 くもつ川・えつた川＝足守川
5 安芸＝広島県西部
6 坂本＝滋賀県大津市

31 幸若大夫と梅若大夫

信長は、「五月十九日に、安土山の惣見寺《そうけんじ》で、(1)幸若大夫《こうわかだゆう》に舞を舞わせ、次の日は、(2)四座の能では珍しくないので(3)丹波猿楽の(4)梅若《うめわか》大夫に能をさせ、家康と彼が召し連れて来た人々に、このたびの道中の苦労を忘れてもらうために見物させよう」と命じた。

当日、桟敷《さじき》の内には、(5)近衛前久、信長、家康、穴山梅雪、楠長諳・長雲、松井友閑、武井夕庵、土間には、お小姓衆・お馬廻り衆・お年寄衆と家康の家臣たちが坐った。

初めの舞は「大織冠《たいしょくかん》」、二番目は「田歌《たうた》」。舞はよくできて、信長の機嫌はたいへん良かった。能は翌日演じさせるとの指示であったが、まだ日が高いうちに舞が終わったので、この日、梅若大夫が能を演じた。ところが、能は不出来で見苦しかったので、信長は大変立腹して梅若大夫をひどく叱責した。幸若大夫の楽屋へ菅屋長頼《すがやながより》・長谷川秀一《はせがわひでかず》の二人を使いに出し、「能の後に舞を舞うのは本式ではないが、御所望であるので、もう一番舞うように」と意向を伝えさせた。そこで幸若大夫は「和田酒盛《さかもり》」を舞った。これもまた優れた出来で、信長の機嫌は直った。

信長は、森長定を使いに出して幸若大夫を召し出し、褒美として黄金十枚を賜った。幸若大夫は面目をほどこし、外聞もよく、ありがたく頂戴した。次に、梅若大夫が能を不出来に演じたことはけしからぬと思ったが、黄金を出し惜しみしたように世間で取り沙汰されるかも知れぬと考えて、以上の趣旨をしかと伝えたうえで、梅若大夫にも金子十枚を賜った。過

1 幸若大夫＝義重
2 四座＝大和猿楽、観世・宝生・金剛・金春
3 丹波猿楽＝丹波の矢田を本拠とする。
4 梅若大夫＝家久
5 近衛前久＝二月太政大臣、五月辞任

分なことで、ありがたいことであった。

五月二十日、丹羽長秀・堀秀政・長谷川秀一・菅屋長頼の四人に、徳川家康接待の用意を命じた。座敷は江雲寺御殿。家康・梅雪・石川数正《いしかわかずまさ》・酒井忠次《さかいただつぐ》、このほか家康の家老衆にも食事を出し、忝《かたじけ》ないことには信長自身も膳を並べて一緒に食事をし、敬意を表することひとかたならぬ様子であった。食事が終わると、家康と供の人々を上下残らず安土城に招き、帷《かた》子《びら》を贈って、歓待をしたことはいうまでもない。

32 徳川家康・穴山梅雪、上洛

五月二十一日、家康一行は上洛した。信長は「このたびは、京都・大坂・奈良・堺をのんびりと御見物なさるとよいでしょう」と言って、案内者として長谷川秀一《はせがわひでかず》を同行させた。織田信澄《のぶずみ》・丹羽長秀《にわながひで》の二人には、「大坂で家康公の接待をせよ」と命じた。二人は大坂へ出向いた。

33 明智光秀、中国へ出陣

五月二十六日、明智光秀《あけちみつひで》は中国へ出陣のため坂本《さかもと》を出発し、丹波《たんば》の亀山《かめやま》(1)の居城に到着し

1 亀山＝京都府亀岡市

た。

翌二十七日、亀山から(2)愛宕山《あたごやま》へ参詣、一夜参籠した。光秀は考えるところがあってか、神前に参り、太郎坊の前で二度も三度もおみくじを引いたそうである。

二十八日、西坊《にしのぼう》で連歌《れんが》の会を催した。発句《ほっく》は明智光秀。

ときは今あめが下知る五月かな　明智光秀

〔今、時は五月雨《さみだれ》の降りしきる五月である。裏に、今こそ土岐《とき》氏の庶流である明智が天下を取る時だ、という意味が隠されているともいえる〕

水上《みなかみ》まさる庭のまつ山　西坊行祐《にしのぼうぎょうゆう》

〔川上の水音が高く聞こえる庭には松山が見える〕

花落つる流れの末を堰《せき》止めて　里村紹巴《さとむらじょうは》

〔水の流れを堰止めるように花がたくさん散る〕

このように(3)百韻《ひゃくいん》を詠んで、神前に納めた。

五月二十八日、丹波の亀山に帰城。

34 信長、上洛

(1)五月二十九日、信長は上洛した。

安土城本丸のお留守衆に、織田信益《のぶます》・賀藤《かとう》兵庫頭・野々村又右衛門・遠山新九郎・世木《せぎ》弥

2 愛宕山＝愛宕神社・白雲寺、京都市右京区

3 百韻＝百句から成る連歌

1 五月二十九日＝翌日が六月一日

左衛門・市橋源八・櫛田忠兵衛。二の丸の御番衆に、蒲生《がもう》賢秀《かたひで》・木村《きむら》高重《たかしげ》・雲林院《うじい》祐基・鳴海助右衛門・祖父江《そぶえ》秀重《ひでしげ》・佐久間《さくま》盛明《もりあき》・簑浦《みのうら》次郎右衛門・福田三河守・千福《せんぷく》遠江守・松本《まつもと》為《ため》足《たり》・丸毛《まるも》長照・鵜飼某・前波《まえば》弥五郎・山岡景佐《やまおかかげすけ》。これらの者に命じ、お小姓衆二、三十人を召し連れて上洛した。「ただちに中国へ出陣せねばならぬので、戦陣の用意をして待機、命令ありしだい出陣せよ」という命令であったから、このたびはお小姓衆以外は随行しなかった。

35 明智光秀、謀反

そしてここに、思いがけない事態が勃発した。

六月一日夜になって、丹波の亀山で明智光秀は信長への反逆を企て、明智秀満《ひでみつ》、明智次右衛門・藤田伝五・斎藤利三《さいとうとしみつ》らと相談して、信長を討ち果たし天下の主となる計画を練り上げた。

亀山から中国筋へは(1)三草山《みくさやま》を越えるのが普通である。しかし光秀はそこへ向かわず、亀山から馬首を東へ向けた。「(2)老《おい》の山《やま》へ上り、(3)山崎を廻って(4)摂津の地を進軍する」と兵たちには触れておき、先に相談した部将たちに先陣を命じた。

六月一日夜、軍勢は老の山へ上った。右へ行く道は山崎・(5)天神馬場を経て摂津街道、左へ下れば京都へ出る道である。ここを左へ下り、桂川を越えたところで、ようやく夜も明け

1 三草山＝兵庫県加東市
2 老の山＝老ノ坂、京都府亀岡市〜京都市西京区
3 山崎＝乙訓郡大山崎町
4 摂津＝大阪府西北部・兵庫県東南部
5 天神馬場＝大阪府高槻市

方になった。

36 信長、本能寺で切腹

明智光秀の軍勢は、早くも信長の宿所[1]本能寺を包囲し、兵は四方から乱入した。信長もお小姓衆も、その場かぎりの喧嘩を下々の者たちがしているのだと思ったのだが、全くそうではなかった。明智勢は鬨《とき》の声を上げ、御殿へ鉄砲を撃ち込んできた。信長が「さては謀反だな、誰のしわざか」と問いただすと、[2]森長定《もりながさだ》が「明智の軍勢と見受けます」と答えた。信長は「やむをえぬ」と一言。

明智勢は間断なく御殿へ討ち入ってくる。表の御堂に詰めていた御番衆も御殿へ合流し、一団となった。厩からは矢代勝介・伴太郎左衛門・伴正林・村田吉五が切り込んで討ち死にした。このほか、お中間衆の藤九郎・藤八・岩・新六・彦一・弥六・熊・小駒若・虎若・息子小虎若をはじめとして二十四人、厩で討ち死にした。

御殿のなかで討ち死にした者は、森長定・[3]長氏・[4]長隆の兄弟三人、小河愛平・高橋虎松・金森義入・菅屋角蔵・魚住勝七・武田喜太郎・大塚又一郎・狩野又九郎・薄田与五郎・今川孫二郎・落合小八郎・伊藤彦作・久々利《くくり》亀・種田亀・山田弥太郎・飯河宮松・祖父江孫・柏原鍋兄弟・一雲斎針《いちうんさいしん》阿弥《あみ》・平尾久助・大塚孫三・湯浅直宗・小倉《おぐら》松寿。

お小姓衆は、敵勢に打ち掛かり打ち掛かりして討ち死にした。湯浅直宗・小倉松寿、この

1 本能寺＝京都市中京区
2 森長定＝蘭丸
3 森長氏＝力丸
4 森長隆＝坊丸

二人は、町中の宿舎で変事を知り、敵勢のなかにまぎれ込んで本能寺へ駆け込み、討ち死にした。台所口では、高橋虎松がしばらく敵勢をおしとどめ、比類ない働きをした。

信長は、初めは弓をとり、二つ三つと取り替えて弓矢で防戦したが、どの弓も時がたつと弦《つる》が切れた。その後は槍で戦ったが、肘に槍傷を受けて退いた。それまで傍らに女房衆が付き添っていたが、「女たちはもうよい、急いで脱出せよ」と言って退去させた。

すでに御殿は火をかけられ、近くまで燃えてきた。信長は、敵に最期の姿を見せてはならぬと思ったのか、御殿の奥深くへ入り、内側から納戸《なんど》の戸を閉めて、無念にも切腹した。

37　織田信忠、二条の新御所で切腹

織田信忠《のぶただ》はこの変事を聞き、信長に合流しようと思い、妙覚寺[1]を出たところ、村井貞勝《むらいさだかつ》父子三人が駆けつけてきて、信忠に言った。「本能寺はもはや敗れ、御殿も焼け落ちました。敵は必ずこちらへも攻めてくるでしょう。二条の新御所[2]は構えが堅固で、立て籠もるのによいでしょう」と。これを聞いて、ただちに二条の新御所へ入った。信忠は「ここは戦場と

1　妙覚寺＝京都市中京区
2　二条の新御所＝京都市中京区

なりますので、東宮様[3]・若宮様[4]は内裏へお移りなさった方がよいでしょう」と言い、心ならずも東宮と若宮にお別れの挨拶をして、内裏へ送り出した。

ここで評議はまちまちであった。「退去なさいませ」と進言した者もいた。しかし信忠は、「これほどの謀反だから、敵は万一にも我々を逃がしはしまい。雑兵の手にかかって死ぬのは、後々までの不名誉、無念である。ここで腹を切ろう」と言った。神妙な覚悟は、痛ましいことであった。

そうこうしているうちに、間もなく明智の軍勢が攻め寄せてきた。猪子高就《いのこたかなり》・福富秀勝《ふくずみひでかつ》・野々村正成《ののむらまさなり》・篠川《しのかわ》兵庫頭・下石頼重《おろしよりしげ》・毛利良勝《もうりよしかつ》・赤座永兼《あかざながかね》・団忠直《だんただなお》・坂井越中守・桜木伝七・逆川《さかがわ》甚五郎・服部小藤太・小沢六郎三郎・服部六兵衛・水野九蔵・山口半四郎・塙《ばん》伝三郎・斎藤新五・河野善四郎・寺田善右衛門、その他、それぞれ次々と打って出て、切り殺し切り殺されつつ、我劣らじと戦った。敵味方互いに知り知られる間の戦いなので、刀の切っ先から火を噴くようで、まったく、張良《ちょうりょう》[5]が知力を発揮し、樊噲《はんかい》[6]が威力を振るったのにも劣らぬほどだった。各人それぞれの手柄があった。

そのなかで、小沢六郎三郎は烏帽子屋の町家に寄宿していた。信長が自害したと聞き、「ならば信忠卿の御座所へ行き、お供をしよう」と言った。宿の亭主をはじめ隣家の者たちも駆けつけて、「二条の御所もすでに敵方が取り囲んでおりますから、お入りにはなれません。きっと最後までお隠しいたし、お助けいたしますから、ここからお立ち退きなさい」と、いろいろ説得した。けれども小沢は聞き入れず、明智勢の味方のように装って、槍をかつぎ、町通りを二条へ上って行った。亭主や隣家の者たちは名残《なごり》惜しく思い、後を追いかけて見

3 東宮＝誠仁親王
4 若宮＝和仁王、のちの後陽成天皇
5 張良＝中国古代の名将
6 樊噲＝中国古代の功臣

送っていると、小沢は御所へ駆け込んだ。信忠に挨拶をして、その後、表門の守備についた。守備の者たちは力を合わせ、次々と打って出た。各々の活躍ぶりは、誠に言いようもなく見事なものであった。

かれこれするうちに、敵は近衛前久邸の屋根に上がり、御所を見下ろす位置から弓と鉄砲で攻めたてた。負傷者・死者が数多く出て、戦う者はしだいに少なくなった。ついに敵は御所に突入し、建物に火を放った。信忠は、「私が腹を切ったら、縁の板を引きはがし、遺体を床下へ入れて隠せ」と言い、介錯《かいしゃく》は鎌田新介に命じた。一門の人々、主だった家の子・郎《ろう》等《どう》らが枕を並べて討ち死にし、死体が散乱している有様を見て、哀れに思った。信忠の身近くまで建物は燃えてきた。ついに信忠は切腹し、鎌田新介が是非もなく首を打ち落とした。遺命のとおりに信忠の遺体は隠しておき、後に荼毘《だび》に付した。哀れな有様は、見るのもつらいことであった。

ここで討ち死にした人々は、織田長利・織田勝長・織田勘七郎・織田元秀・織田小藤次・菅屋長頼・菅屋勝次郎・猪子高就・村井貞勝・村井清次・村井貞成・服部小藤太・永井新太郎・野々村正成・篠川兵庫頭・下石頼重・下方弥三郎・春日源八郎・団忠直・桜木伝七・寺田善右衛門・塙伝三郎・種村《たなむら》彦次郎・毛利良勝・毛利岩・斎藤新五・坂井越中守・赤座永兼・桑原助六・桑原九蔵・逆川甚五郎・山口小弁・河野善四郎・村瀬虎・佐々清蔵・福富秀勝・小沢六郎三郎・土方《ひじかた》次郎兵衛・石田孫左衛門・宮田彦次郎・浅井清蔵・高橋藤・小河源四郎・神戸《かんべ》二郎作・大脇喜八・犬飼孫三・石黒彦二郎・越智《おち》小十郎・平野新左衛門・平野勘右衛門・水野宗介・井上又蔵・松野平介・飯尾《いいのお》敏成・賀藤辰・山口半四郎・竹中彦八郎・河崎与介・村井宗信・服部六兵衛・水野九蔵。

(7)先年、安藤守就に落ち度があって追放された。その時、安藤の家来に松野平介という者がいた。武勇に優れ才知ある者と聞いて、信長は松野を召し抱え、相応の所領を与えた。松野は面目をほどこしたのであった。このたびは、松野平介は遠方にいたので、戦いが済んでから(8)妙顕寺へ駆けつけてきた。明智方の斎藤利三は年来の知り合いだったので、斎藤の方から妙顕寺へ使いを出し、「早いうちに出頭して、明智殿に挨拶しなさい。何も遠慮されることはないでしょう」と言ってやった。しかし、松野は信長に召し抱えられた時の子細を寺僧たちにこまごまと話して聞かせ、「ありがたくも過分の知行をいただきながら、御用の時に参陣できなかった。その上なお敵に降参して、明智を主君として敬わねばならぬのは無念である」と言って、斎藤のもとへ手紙を書き置き、信長の跡を追って切腹した。本当に、「道義に比べれば命は軽い」というのは、このようなことを言うのである。

また、土方次郎兵衛という者は、代々の御家人であった。信長が自害したとき、上京の柳原にいて時を過ごし、間に合わなかった。信長が自害したと聞いて、「その場に参上してお供をせず、残念だ。お跡を追って切腹しよう」と言って、知人のもとへ手紙を書き送り、召し使っている下人たちに武具・刀・衣装を形見として与え、立派に切腹をした。名誉なこと、いうまでもない。

7 先年＝天正八年、巻十三（16）

8 妙顕寺＝京都市中京区

38 安土城お留守衆の様子

六月二日辰《たつ》の刻[1]、信長父子・一門および歴々の家臣たちを討ち果たして、明智光秀は「逃げのびた者がいるだろうから、家々を捜せ」と命じた。兵たちが洛中の町家に踏み込んで落人を探索する様子は、目も当てられぬほどだった。都の騒ぎは大変なものだった。

その後、明智光秀は、近江の軍勢が攻め上ってくるだろうと考え、その日、京都からただちに勢田《せた》[2]へ軍を進め、勢田城主山岡景隆《やまおかかげたか》・山岡景佐《かげすけ》兄弟に「人質を出し、明智方に協力せよ」と申し入れた。すると山岡兄弟は、「信長公の御恩は浅くはない。ありがたいことと思っているので、どうにも御協力はできかねる」と答えて、勢田の橋を焼き落とし、居城に火をつけ、山中へ退去した。こうして明智光秀は、新手の軍勢を加えることができず、勢田の橋ぎわに陣を構えて守備の部隊を置き、自身は坂本へ帰陣した。

六月二日巳《み》の刻[3]、安土には風のたよりに、明智光秀が謀反を起こし、信長・信忠父子・一門、そのほか家臣たちが切腹した、という噂が聞こえてきた。上の者も下の者もこの噂を聞いたが、うっかりしたことを自分から言い出しては大変だと考えて、初めのうちは目と目を見合わせて用心していたが、しだいに大変な騒ぎになった。そのうちに、京都から下男たちが逃げ帰ってきて、とうとう噂は事実と知れわたった。こうなると、自分一身の身の処し方に取りまぎれて、泣き悲しむ者もない。常日頃の蓄えや重宝の道具類も持ち出せず、家を捨て、妻子だけを引き連れて、美濃・尾張の人々は本国をめざして思い思いに退去して行っ

1 辰の刻＝午前八時前後
2 勢田＝瀬田、滋賀県大津市
3 巳の刻＝午前十時前後

た。

その日、二日の夜になって、山崎秀家《やまざきひでいえ》が自宅を焼き払い、安土から山崎の居城へ退去したので、ますます騒ぎが大きくなった。蒲生賢秀《がもうかたひで》は、こうなったら奥向きの婦人たち・子供たちをひとまず日野谷まで退去させようと相談をまとめた。息子蒲生氏郷《うじさと》を(4)日野から(5)腰越《こしごえ》まで迎えにこさせ、牛馬・人足なども日野から呼び寄せた。

六月三日(6)未《ひつじ》の刻、婦人たちに「御退去なさい」と言った。婦人たちは「どうしても安土を捨ててお立ち退きなさるのなら、天主閣にある金銀・太刀・刀を持ち出し、城に火をかけてお立ち退きなさい」と言った。けれども、蒲生賢秀はたぐい稀な無欲の人だった。「信長公が年来お心を尽くして、金銀をちりばめた、天下に二つとないお城を造ったのを、蒲生の一存で焼き払い、むなしく焦土と化してしまうのは、畏《おそ》れ多いことだ。その上、金銀や名物の道具類を勝手に持ち出しては、世間の嘲《あざけ》りの種にもなろう」と考えた。安土の城は木村高重《きむらたかしげ》に預けおいて、婦人たちそれぞれに警固の兵を付け、退去して行った。下々の女中たちは徒歩で従ったので、足に血がにじんで、哀れな様子は目も当てられぬほどだった。

39 徳川家康、堺から退去

こうしたなかで、徳川家康《とくがわいえやす》・穴山梅雪《あなやまばいせつ》・長谷川秀一《はせがわひでかず》の一行は、和泉の(1)堺で信長父子自害のことを聞き及び、取るものも取りあえず、(2)宇治田原《うじたはら》を経て退去した。しかし、途中で一

4 日野＝蒲生郡日野町
5 腰越＝蒲生郡安土町
6 未の刻＝午後二時前後

1 堺＝大阪府堺市
2 宇治田原＝京都府綴喜郡宇治田原町

挨勢に遭遇し、穴山梅雪は殺害された。徳川家康と長谷川秀一は、桑名(3)から舟に乗り、熱田(4)の港に着いた。

3 桑名＝三重県桑名市
4 熱田＝名古屋市熱田区

『信長公記』記事年表

天文3〔一五三四〕
1歳――5月　信長誕生。幼名吉法師、那古野城に居住。

天文9〔一五四〇〕
7歳――6月　信秀、三河の安祥城を攻略し、信広を配備。

天文11〔一五四二〕
9歳――8月　信秀、三河で今川義元を撃退（小豆坂の合戦）。
8月　斎藤道三、美濃守護土岐頼芸を追放。

天文13〔一五四四〕
11歳――9月　信秀、美濃の稲葉山城下へ侵攻し敗退。
9月　水野信元、今川義元に背き信秀に属す。

天文15〔一五四六〕
13歳――吉法師、元服。三郎信長と名乗る。

天文16〔一五四七〕
14歳――初陣、三河の吉良・大浜を攻撃。
9月　信秀、美濃の稲葉山城下へ侵攻し敗退。
11月　信秀、美濃の大柿城を救援して斎藤道三と戦う。
11月　信友、信秀に対し攻勢に出る。

天文17〔一五四八〕
15歳――3月　信秀、三河で今川義元に敗退（第二次小豆坂の合戦）。
この年、信秀、信友と和睦。信秀、斎藤道三と和睦。信長、道三の娘帰蝶と結婚。

天文18〔一五四九〕
16歳――1月　信秀、犬山衆・楽田衆と戦い撃退。
11月　信広、今川義元に捕らえられ、人質交換で戻る。

天文20〔一五五一〕
18歳――3月　信秀、病死。信長、家督を継ぐ。末盛城を信行に譲る。

天文21〔一五五二〕
19歳 ――4月 今川方に転じた山口教吉と戦う(三の山・赤塚の合戦)。
8月 信友と戦い、深田・松葉両城を奪取。

天文22〔一五五三〕
20歳 ――閏1月 平手政秀、信長の行状を諌死。
4月 斎藤道三と正徳寺で会見。

天文23〔一五五四〕
21歳 ――1月 今川方の村木城・寺本城を攻撃。
7月 尾張守護斯波義統、清洲衆に攻められて自害。
7月 柴田勝家、清洲を攻撃(中市場の合戦)。

天文24〔一五五五〕
22歳 ――4月 信光と謀議して清洲城を乗っ取り、居城とする。尾張下二郡を平定。那古野城を信光に譲る。
6月 信次、秀孝を頓死させ守山から逃走。

弘治2〔一五五六〕
23歳 ――4月 尾張・三河の両守護、会見。
4月 斎藤道三、子義龍と戦い敗死。
この年、信安・信広、斎藤義龍と協約して信長に敵対。
信行・林秀貞・柴田勝家、信長に敵対。

弘治3〔一五五七〕
24歳 ――11月 信行を清洲城に招き謀殺。

永禄元〔一五五八〕
25歳 ――7月 岩倉を攻撃(浮野の合戦)。

永禄2〔一五五九〕
26歳 ――2月 上洛して将軍足利義輝に謁見。刺客に遭遇。
3月 岩倉城を攻略し、尾張上四郡をほぼ平定。

永禄3〔一五六〇〕
27歳 ――5月 今川義元を桶狭間に討つ(桶狭間の合戦)。
5月 松平元康(徳川家康)、三河の岡崎城に帰還。

永禄4［一五六一］

28歳 —— 4月　三河の梅ガ坪・伊保・矢久佐を攻撃。この後、松平元康と講和し尾張・三河国境を定める。

5月　美濃へ侵攻（森辺の合戦・十四条の合戦）

6月　北尾張の於久地城を攻撃。

永禄5［一五六二］

29歳 —— 1月　松平元康と会見し同盟を結ぶ。

永禄6［一五六三］

30歳 —— 7月　松平元康、今川氏真と絶縁。

この年、小牧山に築城し移転。

永禄7［一五六四］

31歳 —— 7月　美濃の加治田城、味方となる。

8月　美濃の宇留摩城・猿啄城を攻略。

永禄8［一五六五］

32歳 —— 5月　将軍足利義輝、三好義継・松永久秀に攻められて自害。

9月　美濃の堂洞砦を攻略。

永禄9［一五六六］

33歳 —— 2月　一乗院覚慶、還俗して足利義秋（のち義昭）と改名。

9月　木下藤吉郎に洲の俣城を築かせる。

永禄10［一五六七］

34歳 —— 8月　稲葉山城を攻略し、井口を岐阜と改め居城とする。斎藤龍興、伊勢長島へ敗走。

10月　岐阜城下加納を楽市とする。

永禄11［一五六八］

35歳 —— 7月　足利義昭を岐阜に迎えて支援。

8月　六角義賢に入京への協力を要請。

9月　六角義賢を攻撃して排除。足利義昭を奉じて入京。

10月　足利義昭、将軍となる。

10月　領国内の関所を撤廃。

永禄12〔一五六九〕 36歳

- 1月 三好三人衆ら、足利義昭を攻撃（六条の合戦）。
- 2月 将軍御所の普請に着工。
- 4月 ルイス・フロイスにキリスト教の布教を許可。
- 4月 内裏の修理に着工。
- 8月 伊勢（北畠具教）へ出陣。
- 10月 伊勢を平定。

元亀元〔一五七〇〕 37歳

- 4月 越前（朝倉義景）へ出陣、手筒山城を攻略。
- 4月 浅井長政、挙兵。信長、越前から撤兵。
- 5月 六角義賢、杉谷善住坊に信長を狙撃させる。
- 6月 六角義賢、南近江に反攻（落窪の合戦）。
- 6月 北近江（浅井長政）へ出陣、小谷城を攻撃。
- 6月 浅井長政・朝倉景健と姉川で戦う（姉川の合戦）。
- 8月 摂津へ出陣、三好三人衆らを攻撃（野田・福島の陣）。
- 9月 石山本願寺（顕如光佐）挙兵。
  9月以降、浅井長政・朝倉義景と坂本方面で戦う（志賀の陣）。
- 11月 信興、長島一揆（一向一揆）に攻められ小木江城で自害。
- 11月 六角義賢と和睦。
- 12月 浅井長政・朝倉義景と和睦。

元亀2〔一五七一〕 38歳

- 2月 近江の佐和山城を接収。
- 5月 木下藤吉郎ら、浅井長政と箕浦で戦う（箕浦の合戦）。
- 5月 伊勢長島（一向一揆）を攻撃し敗退（大田口の合戦）。
- 8月 近江へ出陣。
- 9月 志村城・金ガ森城を攻略。
- 9月 比叡山延暦寺を焼き打ち。
  9月以降、皇室・公家衆救済のため施策を実施。

元亀3〔一五七二〕 39歳

- 1月 信忠・信雄・信孝、元服。
- 3月 北近江へ出陣。与語・木本を焼き払う。
- 3月 京都武者小路に邸を普請。
  この頃、石山本願寺と和睦交渉開始。

4月 三好義継・松永久秀、謀反。
7月 初陣の信忠とともに北近江へ出陣。竹生島を砲撃。
8月 北近江の虎御前山に築城。
9月 将軍義昭に十七ヵ条の意見書を送り失政を責める。
12月 徳川家康、遠江で武田信玄と戦い敗退(三方ガ原の合戦)。

元亀4［一五七三］
40歳
2月 将軍義昭、挙兵し近江の石山・今堅田に陣を築く。
4月 京都の将軍御所を攻撃、のち和睦。
4月 六角義治を支援する百済寺を焼き打ち。
5月 近江の佐和山で大船を造らせる。7月に完成。
7月 将軍義昭、挙兵。のち降伏して追放され、室町幕府滅亡。
7月 村井貞勝を京都所司代に任命。
7月 近江へ出陣、高島を攻撃。
7月 天正に改元。
8月 一乗谷(朝倉義景)を攻略、越前を平定。
8月 小谷城(浅井長政)を攻略。北近江を羽柴秀吉に与える。
9月 杉谷善住坊を処刑。
9月 北伊勢(一向一揆)へ出陣。
11月 三好義継を討伐。
12月 松永久秀、降伏し多門山城から退去。

天正2［一五七四］
41歳
1月 朝倉義景・浅井久政・長政の首を肴に酒宴。
1月 越前(一向一揆)へ羽柴秀吉らを出陣させる。
2月 美濃の明智城、武田勝頼に攻められ落城。
3月 香木蘭奢待を切り取る。
4月 石山本願寺、挙兵。
4月 六角義賢、南近江の石部城から退散。
5月 賀茂祭りの競馬に所蔵の馬を出場させる。
6月 遠江の高天神城、武田勝頼に攻められ落城。
7月 伊勢長島(一向一揆)へ出陣、9月に平定。
12月以降、領国に道路を造らせる。

天正3［一五七五］

42歳

3月 武田勝頼、三河の足助に侵攻。信忠、出陣。

4月 公家領について徳政令を発令。

4月 摂津・河内（三好三人衆・石山本願寺）を攻撃。

5月 武田勝頼を三河の有海原で撃退（長篠の合戦）。

6月 信忠、武田方の岩村城を攻撃、11月に攻略。

7月 東宮の蹴鞠の会を観る。

8月 越前（一向一揆）へ出陣。

9月 加賀・越前を平定。越前の八郡を柴田勝家に与える。

10月 石山本願寺と和睦。

10月 京都で茶の湯。千宗易（利休）が茶頭を務める。

11月 権大納言兼右大将に任じられる。家督を信忠に譲る。

天正4［一五七六］

43歳

1月 安土に築城。

2月 安土城に移る。

4月 安土城天主閣に着工。京都二条邸の普請を開始。

4月 石山本願寺、挙兵。荒木村重らを出陣させる。

5月 大坂（石山本願寺）へ出陣、軽傷を負う。

7月 毛利水軍と木津川河口付近で戦う（木津浦の海戦）。

11月 内大臣に昇進。

天正5［一五七七］

44歳

2月 雑賀（一向一揆）へ出陣（雑賀の陣）、3月に和睦。

3月 内裏の築地を修理。

6月 安土城下を楽市楽座とする。

閏7月 二条の新邸に移る。近衛信基、信長邸で元服。

8月 柴田勝家を加賀へ出陣させる。

8月 松永久秀謀反、信貴城に立て籠もる。

9月 信忠、松永討伐に出陣。

10月 信忠、信貴城を攻略。

10月 信忠、三位中将に任じられる。

10月 羽柴秀吉を播磨・但馬へ出陣させる。

11月 右大臣に昇進。

12月 羽柴秀吉、播磨・但馬を平定。

12月 名物道具を信忠に譲る。

天正6〔一五七八〕

45歳

1月 安土城で茶の湯。城内を巡覧させる。
1月 宮中の節会を復活させる。
1月 出火のお弓衆を叱責。家臣の妻子を安土に移住させる。
2月 羽柴秀吉を播磨へ出陣させる。別所長治、謀反。
2月 安土山で相撲大会。
4月 信忠・信雄・信孝・信包ら、大坂へ出陣。
4月 官位を辞任。
4月 明智光秀らを丹波(荒木氏綱)へ出陣させる。
4月 毛利輝元ら上月城を攻撃。羽柴秀吉ら高倉山に対陣。
4~5月 諸将を播磨へ出陣させる(高倉山西国の陣)。
5月 京都・安土に洪水。
6月 祇園会を見物。
6月 九鬼嘉隆、丹和沖で雑賀党を撃退(丹和沖の海戦)。
7月 信忠ら、播磨の神吉城(神吉則実)を攻略。
8月 安土城で相撲大会。
9月 斎藤新五を越中(河田長親)へ出陣させる。
9月 九鬼嘉隆の大船を検分。
10月 荒木村重、謀反、石山本願寺と盟約。
11月 九鬼嘉隆、木津沖で毛利水軍を撃破。
11月 摂津(荒木村重)へ出陣。
12月 安土に帰陣。

天正7〔一五七九〕

46歳

3月 摂津へ出陣。箕雄の滝を見物。
5月 安土に帰陣。竣工した安土城天主閣に移る。
5月 法華宗・浄土宗の宗論。法華宗を弾圧。
6月 明智光秀、丹波の八上城(波多野秀治)を攻略。
8月 明智光秀、丹波を平定。
9月 荒木村重、家臣・妻子を残して伊丹城を脱出。
9月 独断で伊賀へ出陣し敗退した信雄を叱責。
10月 伊丹城を攻撃。
10月 明智光秀、丹後を平定。
10月 徳川家康・北条氏政、駿河で武田勝頼と対陣。
11月 二条の新邸を皇室へ献上。
11月 荒木久左衛門ら、人質を残して伊丹城を退去。
11月 東宮、二条の新御所に移る。

12月 石清水八幡宮の修築に着工。
12月 荒木村重の妻子ら伊丹城の人質を成敗。

天正8〔一五八〇〕

47歳——1月 羽柴秀吉、播磨の三木城(別所長治)を攻略。
3月 石山本願寺へ和睦勧告の勅使が派遣される。
3月 北条氏政と縁を結ぶ。
閏3月 石山本願寺と和睦。
閏3月 柴田勝家、加賀・能登(一向一揆)を攻撃。
4月 顕如光佐、石山本願寺から退去。
4月 羽柴秀吉、播磨・但馬を平定。
5月 安土城下の土木工事を完了。
6月 羽柴秀吉、因幡・伯耆へ侵攻。
8月 細川藤孝に丹後を、明智光秀に丹波を与える。
8月 石山本願寺(教如光寿)、撤退。伽藍焼亡。
8月 佐久間信盛・信栄を追放。林秀貞らを追放。
11月 柴田勝家、加賀の一揆首謀者を成敗。

天正9〔一五八一〕

48歳——1月 安土城下に馬場を築く。
1月 安土で左義長。
2月 京都で馬揃え。天皇が観覧。
3月 上杉景勝、越中へ侵攻。河田長親、反乱。佐々成政らが制圧。
3月 堀秀政に和泉で検地をさせる。
3月 細川藤孝、山城の青竜寺城を献上。
3月 徳川家康、高天神城を奪還。
4月 竹生島に参詣。
4月 検地に服さない槇尾寺を攻撃。
6月 越中の寺崎盛永らを召喚し監禁。
6月 羽柴秀吉、因幡の鳥取城(吉川経家)を兵糧攻め。
7月 越中の城主らを成敗。
8月 安土で馬揃え。
8月 諸将に鳥取へ出陣の用意を命じる。
8月 高野聖を成敗。
9月 信雄・信包ら、伊賀を平定。
10月 能登を前田利家に与える。
10月 伊賀を視察。
10月 羽柴秀吉、鳥取城を攻略。
10月 羽柴秀吉、伯耆で吉川元春と対陣。

天正10［一五八二］

49歳

1月 一門・大小名・諸士らに安土城内を巡覧させる。
1月 安土で左義長。
1月 佐久間信栄を赦免。
1月 伊勢の大神宮造替に資金を援助。
1月 信張を雑賀（千職坊）へ出陣させる。
2月 武田方の木曾義昌、味方に転じる。武田勝頼、諏訪に陣を構える。信忠・徳川家康・北条氏政、出陣（木曾・伊那の陣）。武田方の穴山梅雪、味方に転じる。武田勝頼、新府へ撤収。
3月 信忠、信濃の高遠城（仁科盛信）を攻略。武田勝頼、新府から撤退。信長、出陣。武田勝頼、田野で敗死。
3月 越中に一揆勢が蜂起。柴田勝家らが制圧。
3月 羽柴秀吉、備前・備中へ出陣。
3月 滝川一益に上野と信濃二郡を、徳川家康に駿河を与える。
4月 甲斐の恵林寺を成敗、快川紹喜らを焚殺。
4月 甲斐から東海道経由で帰陣。
5月 信孝、阿波へ出陣用意。
5月 徳川家康・穴山梅雪を安土で接待。
5月 羽柴秀吉、備中の高松城（清水宗治）を水攻め。
5月 徳川家康・穴山梅雪、上洛。
5月 明智光秀、中国へ出陣。その途上で謀反。
6月 明智光秀に攻められ、信長、本能寺で切腹。信忠、二条の新御所で切腹（本能寺の変）。蒲生賢秀、安土城の婦人たちを退去させる。徳川家康、堺から退去。

注1　記事欄には、『信長公記』の記事以外の項目も若干補った。
2　主語を略した事項は信長の事績である。
3　年齢は信長の年齢

『信長公記』関係系図

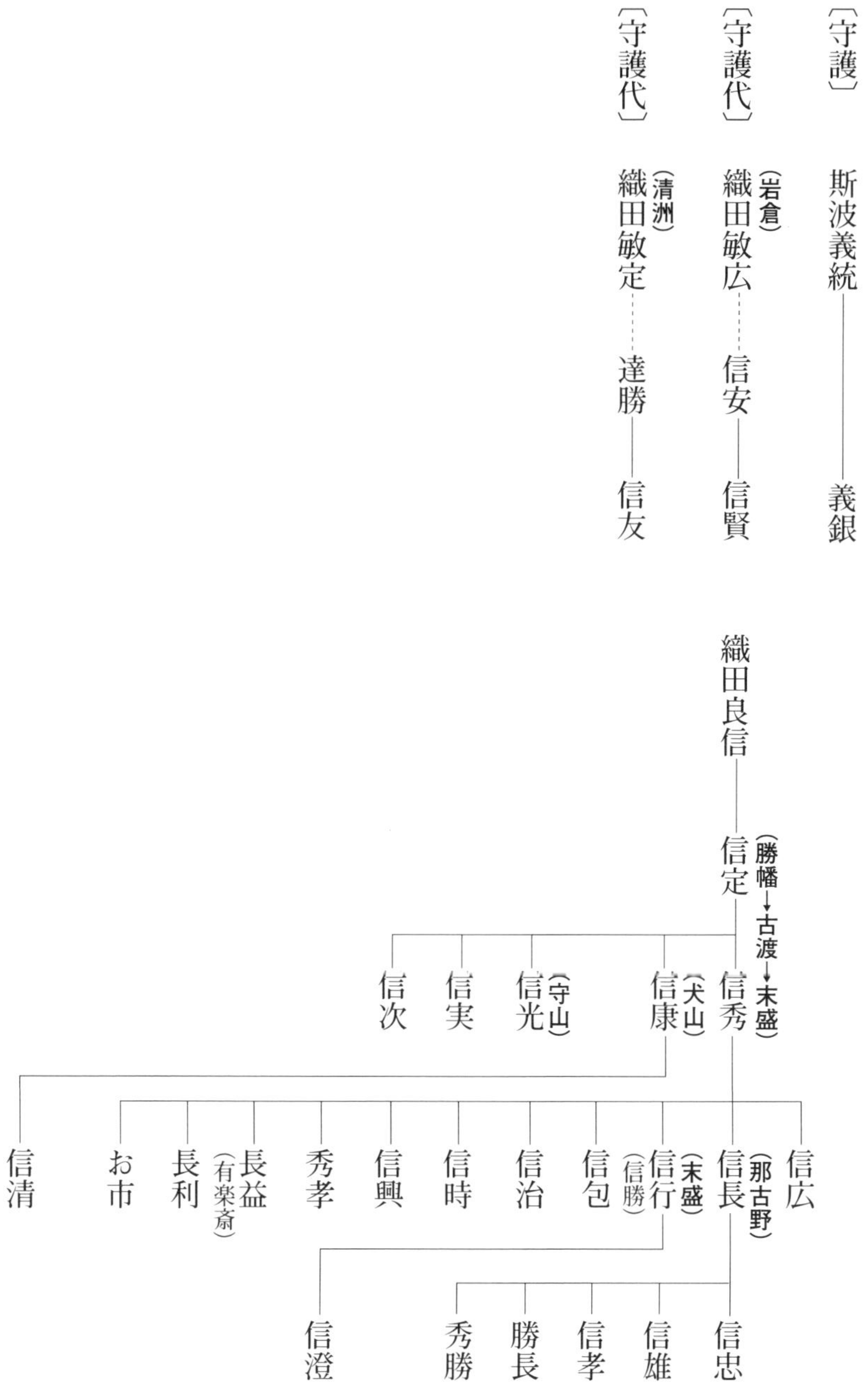
〔守護〕
斯波義統
義銀
〔守護代〕
(岩倉)
織田敏広
信安
信賢
〔守護代〕
(清洲)
織田敏定
達勝
信友
織田良信
信定
(勝幡→古渡→末盛)
信秀
(犬山)
信康
(守山)
信光
信実
信次
信広
(那古野)
信長
(末盛)
信行
(信勝)
信包
信治
信時
信興
秀孝
長益
(有楽斎)
長利
お市
信清
信忠
信雄
信孝
勝長
秀勝
信澄

『信長公記』主要登場人名索引

凡例

太田牛一……首(16)(34)(46)

人物名

首巻の16節、34節、46節に登場

あ

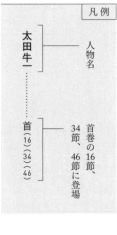

い

か

き

く

け

こ

さ

し

す

せ

そ

た

な

に

ぬ

ね

の

は

ひ

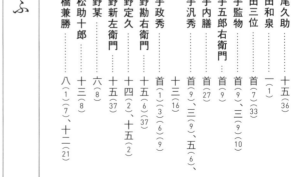

ふ

へ

ほ

ま

み

む

も

や

ゆ

よ

ら

り

れ

ろ

わ

ブックデザイン　三森健太(JUNGLE)
本文DTP　石塚麻美
地図作成　有限会社エヴリ・シンク

［著者］
太田牛一（おおた　ぎゅういち／うしかず）
大永７年（1527）～慶長18年（1613）。織田信長の側近として活躍する。本能寺の変後、豊臣秀吉に召し出された。文才にも恵まれ、同時代の名将たちの伝記を書き残した。

［訳者］
中川太古（なかがわ　たいこ）
1934年、東京都八王子市に生まれる。國學院大學文学部文学科を卒業。出版社に勤務し、歴史・美術・芸能・民俗関係の出版企画・編集を担当した。

地図《ちず》と読《よ》む 現代語訳《げんだいごやく》 信長公記《しんちょうこうき》

2019年９月28日　初版発行
2023年５月25日　６版発行

著者／太田《おおた》 牛一《ぎゅういち(うしかず)》
訳者／中川《なかがわ》 太古《たいこ》
発行者／山下 直久
発行／株式会社KADOKAWA
〒102-8177　東京都千代田区富士見2-13-3
電話 0570-002-301（ナビダイヤル）

印刷所／大日本印刷株式会社

ISBN 978-4-04-604242-2　C0021